KB273670

레알 마드리드 레볼루션

세계 최고 축구팀 레알 마드리드의
경영 전략과 혁신 이야기

레알 마드리드 레볼루션

스티븐 G. 맨디스 지음 | 김인수 옮김

THE REAL MADRID REVOLUTION

SAY KOREA

이 책을 축구 팬들에게 바칩니다.

"축구 팬이 아니더라도 충분히 즐길 수 있을 만큼 쉽게 술술 읽히는, 아주 매력적인 경영서적을 만나 무척 반갑다. 글로벌 스포츠 산업은 슈퍼스타들을 키우고, 거래하고, 그 팬덤과 문화 및 컨텐츠를 바탕으로 영속적인 사업을 만든다는 점에서 K-pop 산업의 미래와도 맞닿아 있다. 수많은 스포츠 리그들이 사모펀드와 그 투자자들의 투자 대상이 되고 있는 이 시점에서, 위너를 골라낼 수 있는 투자자를 꿈꾸는 여러분들에게 이 책을 권한다."

_김태엽, 어펠마캐피탈 한국 대표

"어느덧 세계 축구는 비즈니스 전략 경쟁의 시대에 돌입해 있다. 이러한 흐름 속에서『레알 마드리드 레볼루션』은 '성공의 대명사'인 레알 마드리드가 어떻게 그들의 철학과 방식을 구축하고 확장해왔는지를 명쾌한 필치로 기술한다. 이 책은 축구 팬에게는 지식을, 경영자에게는 통찰을, 리더에게는 전략을 제공할 것이다."

_한준희, 쿠팡플레이 축구해설위원

"레알 마드리드의 성공은 우연이 아니라 설계된 결과다. 철저한 데이터 수집과 분석, 명확한 철학, 그리고 사람을 중심에 둔 문화가 만들어낸 지속 가능한 승리의 시스템이다.『레알 마드리드 레볼루션』은 이 위대한 스포츠 기업이 어떻게 하나의 '승리 구조'를 구축했는지 가장 설득력 있게 보여주는 책이다. 축구 팬뿐 아니라 경영자, 리더, 브랜드 전략가까지 반드시 읽어야 할 혁신의 교과서다."

_신현암, Factory8 대표

"이 책은, 첫 번째 책 『레알 마드리드 웨이The Real Madrid Way』(2016)와 마찬가지로, 역사상 가장 영향력 있는 스포츠 관련 서적 중 하나가 될 것이다. 축구 팬이든 레알 마드리드 팬이든, 이 책을 읽고 나면 스포츠와 비즈니스를 바라보는 새로운 시각을 갖추게 된다."

_**빌리 빈**Billy Beane,
애슬레틱스Athletics **야구 운영 총괄 전 부사장, 소수 지분 투자자**

"그 누구도 들려준 적 없는 비하인드 스토리를 통해 경기장 안팎에서 레알 마드리드 그리고 축구를 분석한 역사상 가장 완벽한 연구서."

_**데이비드 홉킨슨**David Hopkinson,
매디슨스퀘어가든스포츠Madison Square Garden Sports **전 사장 및 COO**

"『레알 마드리드 웨이』를 재미있게 읽으면서 떠오른 아이디어들을 팀 개선에 적용해 많은 도움을 받았다. 이번 책 역시 내게 영감과 도움을 줄 것이다."

_**매튜 콜드웰**Matthew Caldwell,
플로리다 팬서스 Florida Panthers **사장 및 CEO**

"스티븐은 레알 마드리드의 내부에 들어가 철저한 조사 및 연구를 통해 놀라운 정보들을 알아냄으로써 다른 책들과 확연한 차별화를 이루어냈다."

_**키얀 소바니**Kiyan Sobhani,
〈**매니징 마드리드**Managing Madrid〉 **팟캐스트 진행자**

"레알 마드리드가 10년 동안 여섯 번의 유러피언 컵 우승 달성을 향해 지나온 여정 그리고 축구계의 변화를 모색하고 이끌어낸 그들의 영향력에 대한, 그동안 세상에 드러나지 않았던 이야기가 담겨 있다."

_스튜어트 울펜슨Stewart Wolfenson,
페냐마드리디스타로스앤젤레스Peña Madridista Los Angeles **회장**
주엉 녓 응우옌Dương Nhật Nguyên
페냐마드리디스타베트남Peña Madridista Vietnam **회장**

3장. 레알 마드리드 방식: 세계 1위 클럽은 어떻게 경영되는가

4장. 이제 누가 어떻게 클럽을 지배하는가: 정부 유관 기관, 사모펀드, 다중 클럽 소유 모델

하프타임: 축구 산업은 더 이상 지속 가능하지 않다

일러두기

이 책에서 1유로는 1613원, 1파운드는 1870원, 1달러는 1374원으로 환산했다. (2025. 7. 10. 기준)

2024년 6월 1일, 런던 웸블리 스타디움에서 2023~24 UEFA 챔피언스 리그UEFA Champions League 결승전이 열렸다. 이날 경기에서 레알 마드리드Real Madrid CF는 다니 카르바할Dani Carvajal(토니 크로스Toni Kroos의 어시스트)과 비니시우스 주니오르Vinícius Júnior(주드 벨링엄Jude Bellingham의 어시스트)의 골로 보루시아 도르트문트Borussia Dortmund를 2:0으로 누르며 대미를 장식했다. 비니시우스는 리오넬 메시Lionel Messi를 제치고, 두 번의 챔피언스 리그 결승전에서 골을 넣은 최연소 선수가 되었다. 또한 이날 경기에서 그가 기록한 8개의 드리블은 2015년 유벤투스Juventus FC 전에서 리오넬 메시가 기록한 10개 다음으로 최다 기록이다.

이로써 레알 마드리드는 UEFA 챔피언스 리그 통산 열다섯 번째 우승을 차지했다. 더 놀라운 건, 2014년 리스본부터 2024년 런던까지 10년 동안 여섯 번이나 정상에 올랐다는 사실이다. 레알 마드리드는 1992년 챔피언스 리그 개편 이후 결승전에 아홉 번 진출해 아홉 번 모두 우승하는 완벽한 승리를 거두었다. 2014년 이후 레알 마드리드는 다른 경쟁 팀들의 우승 횟수[1]를 합친 것보다 더 많은 챔피언스 리그 타이틀(6회)을 차지했다. 그리고 프리미어 리그Premier League 클럽 전체를 합친 것만큼이나 많은 유러피언 컵European Cup(챔피언스 리그의 전신) 우승을 달성했다.

이번 우승은 플로렌티노 페레스Florentino Pérez 회장이 레알 마드리드 회장으로 재임한 기간인 19년 동안 일곱 번째 유러피언 컵 우승에 해당한다. 이는 과거 1943년부터 1978년까지 35년간 레알 마드리드 회장으로 재임한 산티아고 베르나베우Santiago Bernabéu의 여섯 번 우승보다 많다. 일곱 번의 유러피언 컵만 놓고 보자면, AC 밀란AC Milan이 클럽 창단 이후 일곱 번 우승했고, 리버풀Liverpool FC이 여섯 번, 그리고 바르셀로나FC Barcelona가 다섯 번 우승했다.

다니 카르바할, 나초 페르난데스Nacho Fernández, 토니 크로스, 루카 모드리치Luka Modrić는 유러피언 컵 6회 우승으로 레알 마드리드의 전설 파코 헨토Paco Gento와 함께 유러피언 컵 최다 우승 기록을 세운 선수가 되었다. 특히 레알 마드리드 아카데미 출신인 다니 카르바할은 여섯 번의 결승전에 모두 선발 출전해 우승한 유일한 선수가 되었다. 카를로 안첼로티Carlo Ancelotti는 감독으로 다섯 번째 우승을 거두는 대기록을 세웠다(그는 선수로서도 두 번 우승했다).

레알 마드리드와 플로렌티노 페레스는 안주하지 않을 것이다. 팬들의 기대에 부응하기 위해 항상 더 많은 것을 원하고 요구할 것이다. 레알 마드리드의 회장, 감독, 선수가 우승과 더불어 세운 기록들은 경기장 안팎에서 더욱 동기를 부여하는 기폭제로 작용할 것이다. 레알 마드리드는 클럽의 가치와 결과, 특히 유러피언 챔피언스 리그에서의 활약으로 자신들이 누구인지를 분명히 보여준다.

이처럼 자신만의 독특한 방식으로 승리하려는 레알 마드리드의 열정에 버금가는 것이 있다. 바로 팀 승리에 대한 커뮤니티의 자부심이다. 런던의 결승전에서 선수들은 커뮤니티의 기대를 온몸으로 느꼈다. 팬들은 단순한 승리가 아니라 절대 포기하지 않는 정신을 선수들에게 기대했다. 커뮤니티의 정체성과 그들이 지지하는 가치를 대표한다는 것은 막중한 책임감과 대단한 자부심을 수반한다. 레알 마드리드가 경기장 안팎에서 우세한 위치에 설 수 있는 비결은 바로 커뮤니티 구성원들의 열정과 가치에 있다. 그 열정과 가치야말로 레알 마드리드의 문화 그리고 지속 가능한 경제—스포츠 모델의 시발점이자 종착점인 것이다.

관중석에서 응원가가 울려 퍼지는 가운데 플로렌티노 회장은 이렇게 말했다. "이 전설적인 팀은 지난 10년 동안 챔피언스 리그에서 여섯 번의 우승을 차지했습니다. 그건 이 엠블럼을 지닌 선수는 그 누구도 포기하지 않으며, 우리는 불가능하게 보이는 일, 설명하기 어려운 일을 마법처럼 해낼 수 있다는 증거입니다. 우리는 열다섯 번째 유러피언 컵 우승, 서른여섯 번째 라리가LaLiga 우승, 열세 번째 스페인 슈퍼컵Supercopa de España 우승 등 인상적인 시즌을 보냈습니다. 이 팀은 모든 것을 바쳤고 승리와 트로피를 계속 갈망하고 있다는 것을 보여주었습니다. 이 시점에서 우리는 이미 새로운 꿈, 즉 열여섯 번째 유러피언 컵을 차지하기 위해 지금 이 순간 이미 노력하고 있다는 점을 미리 말씀드립니다."

2018년에 크리스티아누 호날두Cristiano Ronaldo를 매각하자, 많은 전문가가 레알 마드리드의 위대한 시대가 저물었다고 평했다. 2021년에는 많은 전문가가 레알 마드리드는 음바페Kylian Mbappé Lottin와 계약해야 한다고 말했다. 하지만 레알 마드리드는 2022년과 2024년 유러피언 컵에서 우승했다.

그리고 2024년 6월 3일, 레알 마드리드는 음바페의 영입을 발표했다. 세계 최고의 선수 중 한 명으로 손꼽히는 음바페가, 지난 세 번의 유러피언 챔피언스 리그에서 두 번의 우승을 거머쥐고 2024 발롱도르Ballon d'Or 최종 후보에 이름을 올릴 젊은 선수들(주드 벨링엄, 비니시우스 주니오르)을 보유한 현 챔피언 클럽에 합류하게 된 것이다.

2024년, 레알 마드리드는 딜로이트 풋볼 머니 리그Deloitte Football Money League 순위에서 가장 높은 수익을 올린 클럽으로, 「포브스Forbes」 순위에서는 세계에서 가장 가치 있는 축구 클럽으로 선정되었다. 또한 레알 마드리드는 감동을 안겨주고 수익을 창출하기 위한, 경기장의 대대적인 복원 작업을 성공적으로 완료했다. 새로운 모습의 경기장은 2024년 5월 테일러 스위프트Taylor Swift의 콘서트를 개최하고 2025년 NFLNational Football League 경기 개최지로 선정되는 등 레알 마드리드의 미래에 중요한 역할을 할 것이다. 마지막으로, 2024년 5월에 스페인 법원은 유럽축구연맹Union of European Football Associations, UEFA과 국제축구연맹Fédération Internationale de Football Association, FIFA이 공정한 경쟁을 저해하는 행위를 하고 있으며 클럽들의 유러피언 슈퍼 리그European Super League 합류를 금지한 것은 잘못되었다고 판결했다. 2023년 12월에 유럽 사법 재판소European Court of Justice에서도 유사한 판결을 내린 바 있다.

FIFA는 레알 마드리드를 20세기 최고의 축구 클럽으로 선정했다. 레알 마드리드는 21세기 최고의 축구 클럽으로 인정받기 위해 끊임없이 노력할 것이다.

2024년은 여러 면에서, 경기장 안팎으로, '레알 마드리드 방식The Real Madrid Way'이 이어진 한 해였다. 동시에 '레알 마드리드 혁신The Real Madrid Revolution'이 빛난 한 해이기도 했다.

[사진 0-1] 레알 마드리드, 2024 UEFA 챔피언스 리그 우승팀.

[사진 0-2] 웸블리 스타디움에서 벌어진 2024 챔피언스 리그 결승전에서 74분에 1:0 상황을 만드는 다니 카르바할의 헤딩.

[사진 0-3] 토니 크로스, 루카 모드리치, 나초 페르난데스, 다니 카르바할 (좌측부터). 유러피언 챔피언스 리그에서 6회 우승을 거두며 레알 마드리드의 전설 파코 헨토와 함께 최다 우승 기록을 세웠다.

[사진 0-4] 레알 마드리드의 열다섯 번째 유러피언컵 우승이자 플로렌티노 회장의 일곱 번째 우승(회장 재임 19년 동안)으로 산티아고 베르나베우의 6번(회장 재임 35년 동안)보다 많다. 이 트로피는 14개의 다른 트로피들과 함께 회의실에 놓이게 된다. 뒤에는 FIFA 20세기 최고의 클럽 상이 보인다.

그 이후

2024년 5월 8일, 산티아고 베르나베우 경기장에서 경기를 관전하던 나는 경기 종료 몇 분을 남긴 상황에서 이런 생각이 들었다. 냉정하게 판단할 때 레알 마드리드가 이 경기에서 판세를 역전해 승리할 수는 없을 거라고. 하지만 그러면서도 왠지 레알 마드리드가 해낼 수 있다는 믿음이 사라지지 않았다. 나는 선수, 코치 그리고 관중석에 있는 모든 사람이 그렇게 믿고 있다는 것을 느낄 수 있었다. 처음에는 그런 자신감이 어디서 나올까 궁금했지만 결국 내가 직접 기적을 경험하는 행운을 통해 그 믿음을 온전히 이해할 수 있었다. 레알 마드리드 아카데미 출신 교체 선수인 호셀루José Luis Sanmartín Mato가 바이에른 뮌헨FC Bayern Munich과의 챔피언스 리그 준결승 2차전에서 두 골(88분, 90+1분)을 넣으며 놀라운 역전승을 거둔 것이다. "아시, 아시, 아시 가나 엘 마드리드Así, Así, Así gana el Madrid." 나는 이제 그 말이 무엇을 뜻하는지 확실히 이해한다. "이것이 레알 마드리드가 승리하는 방식이다."

나는 이 책과 관련된 수익 모두를 자선 단체에 기부했으며 앞으로도 기부할 것이다. 내가 지금껏 쓴 책과 관련된 수익은 모두 그렇게 했다. 나는 레알 마드리드로부터 과거에 어떠한 보상을 받은 적이 없고 지금도 그렇다. 레알 마드리드는 이 책에 관해 또는 내가 했던 말이나 출판 내용 어떤 것에도 권한이나 승인을 해준 적이 없다. 내게 레알 마드리드 커뮤니티 그리고 정보를 이용할 수 있는 권한을 제공했을 뿐이다. 이 책에서 표현한 의견은 전적으로 나의 개인적 의견이며 레알 마드리드의 견해나 의견을 반영하지 않는다.

나는 컬럼비아 대학교 경영대학원Columbia University Business School의 금융·경제 부문의 겸임 부교수로 지내며 컬럼비아 대학교 스포츠 매니지먼트 석사 과정에서도 학생들을 가르쳤다. 축구에 관한 기사 및 여러 권의 책을 썼고 전 세계 여러 프로 스포츠 클럽과 리그에 자문을 제공했다. 이후 2020년에 FIFA에서 내게 연락을 해 도움을 요청했다. 나는 컬럼비아 대학교에서 가르치는 일을 그만두고 FIFA의 수석 학술 고문으로 갔다. FIFA에서는 주로 클럽과 연맹 임원들에게 전략 계획, 재무 비즈니스 모델, 기업 지배구조에 대해 가르치고 학술 연구를 발표하고 수행했으며 '경영대학원 사례'를 작성하고 데이터 분석을 수행한다. FIFA를 위해서는 보통 한 달에 며칠 정도 일한다. 이 책은 FIFA에서 하는 나의 업무와 아무런 관련이 없으며, 내 개인 시간을 쪼개 작업한 것이다. FIFA는 이 책을 쓸 수 있는 권한을 준 적도, 쓰라고 승인해준 적도 없다. 이 책에서 표현한 의견은 전적으로 나의 개인적 의견이며 FIFA의 견해나 의견을 반영하지 않는다.

이 책에 대해 여러 측면으로 비판이 있을 것으로 예상한다. 자신이 좋아하거나 싫어하는 클럽과 리그가 있고, 축구라는 스포츠와 일반적인 스포츠에 대해 자신만의 확실한 생각을 가진 사람이 많다. 레알 마드리드 팬도 아니었고 심지어 축구 팬으로 자라지 않은 나조차도 편견과 호감 그리고 적대감이 있다는 것을 깨닫는다. 하지만 조사하고 데이터 분석을 하면서 그리고 비판적 평가도 적극적으로 구하면서, 최선을 다해 그런 감정을 배제하려고 조치했다.

나는 레알 마드리드나 클럽 임원진이 완벽하다거나 혹은 다른 클럽이나 조직에 비해 좋다거나 나쁘다고 말하려는 것이 아니다. 설명을 돕기 위해 관점을 제공하는 것뿐이다. 나는 많은 클럽과 조직과 그곳의 임원들을 좋아하고 존경한다. 이 책의 일부를 읽고 나서, 내게 건설적인 피드백을 주기 위해 내가 내린 결론의 일부 또는 대부분에 동의하지 않는 사람들도 있었지만, 대부분의 사람들은 내가 충분한 조사를 통해 이 책을 썼고 자신들도 몰랐던 흥미로운 사실(및 역사)을 알게 되었다고 인정해주었다.

이 책이 독자들에게 새로운 무언가를 배우고 축구에 대해 더 폭넓게 생각할 수 있는 계기가 되기를 바란다. 독자들이 이 책을 읽으면서, 내가 교육 활동을 통해 배운 것들을 활용해 이 흥미로운 주제에 대해 새로운 지식을 전하고 설명하고자 최선을 다했다는 점을 기억해주었으면 한다. 이 책의 내용에 대해 동의하는 독자도, 동의하지 않는 독자도 있을 수 있다. 다른 측면을 더 다루었어야 한다거나 좀 더 깊은 검토가 필요하다고 생각하는 독자도 있을 수 있다. 나는 건설적인 피드백을 얼마든지 환영한다. 학구적이고 호기심 많은 사람의 입장에서, 나는 언제나 합리적인 결론에 도달하기 위해 배우고 노력하려고 한다.

이 책에는 레알 마드리드 외에도 다른 클럽, 조직, 비즈니스, 임원 등을 언급한 부분들이 있다. 전체적인 맥락에서 주제를 이해하기 위해 필요한 정보라고 생각하기에 포함시켰다. 또한 대부분의 섹션에는 '곁들이는 이야기'들을 집어넣었다. 곁들이는 이야기는 해당 장의 전체적인 흐름과는 약간 거리가 있지만 주제를 좀 더 잘 설명하기 위해 새로운 정보를 삽입한 부분이다. 곁들이는 이야기에는 어떤 아이디어를 분명히 하거나 독자의 이해를 돕기 위한 역사적 설명이나 데이터 또는 학술 이론 분석이 주로 포함된다. 마지막으로 섹션이나 챕터의 끝에 '그 이후'라는 부분을 포함시켜 독자에게 가장 최근의 정보를 제공하고자 했다.

이 책에 대해 어떤 생각이나 의견이 있다면 언제든지 컬럼비아 대학교의 'sgm2130@columbia.edu'로 이메일을 보내주면 된다. 모든 이메일에 답장하겠다고 약속할 수는 없지만, 모든 내용을 읽어보겠다는 약속은 할 수 있다.

그라운드 입장:
축구 산업에 일어난 대전환

우리가 '축구 팬'이 아니라고?

내가 축구에 대해 개인적 생각이나 의견을 말하면 일축해버리는 사람들이 있다. 내가 리버풀이나 마르세유 또는 나폴리 같은 동네에서 자라지도 않았고, 홈경기마다 아버지 손을 잡고 경기장을 찾지도 않았으며, 보루시아 묀헨글라트바흐Borussia Mönchengladbach나 클럽 아틀레티코 오사수나Club Atlético Osasuna 같은 축구 클럽의 회원도 아니라는 이유 때문이다. 그들의 눈에 비친 나는 축구 문화나 승격과 강등에 얽힌 희망과 위협도, 자국 리그와 컵 대회의 진정한 의미도, 클럽과 도시가 서로 녹아든 관계 등도 이해하지 못하는 사람일 뿐이다. 그들 생각에 나는 진정한 '팬'이 아니다.

하지만 나는 좋아하는 클럽과 대회를 TV나 기기로 시청하기 위해 연간 1000달러 정도의 구독료를 지불하고, 여름에는 축구장에서 경기를 관람하기 위해 연간 수백 달러의 입장료를 내며, 게다가 셔츠 등 기념품을 구매하기 위해 연간 수백 달러를 소비한다. 이런 내가 팬이 아니라면, 나는 무엇이란 말인가?

그리고 중요한 경기로 경기장이 혼잡스러울 게 분명한 날에는 종종 팀 셔츠를 입고 바에 가서 뜻이 맞는 사람들과 어울려 한잔하고 응원도 하면서 축구 경기를 본다. (물론 중계 시간이 미국에서 바에 가기에는 애매할 때가 많다.) 이런 우리가 팬이 아니라면, 우리는 무엇이란 말인가?

한편 내 친구들의 자녀 또래로, 자신이 좋아하는 클럽을 열심히 응원하는 Z세대 아이들은 경기 전체를 시청하는 일이 드물다. (사실은 클럽보다는 FIFA 비디오 게임을 하면서 애착을 갖게 된 자신의 '최애' 선수를 더욱 열정적으로 응원하는 경우가 많다.) 중요한 경기라면 처음부터 끝까지 보겠지만, 대체로 유튜브

YouTube를 보거나 온라인으로 다른 일을 하는 걸 더 좋아한다. 그렇게 경기 중계 시간에 다른 기기를 켜놓고 자기 할 일을 하다가 골이 터지거나 극적인 상황이 벌어지는 등 자신의 관심을 끄는 진행자의 목소리가 들리면 그제야 행동에 나선다. 소셜 미디어를 통해 친구들과 중요한 장면을 함께 보고 이야기를 나눈다. 이런 아이들이 팬이 아니라면, 이들은 무엇이란 말인가?

프리미어 리그의 해외 TV 중계권의 가치는 이제 국내 TV 중계권의 가치를 넘어섰다. 2016~2019년, 프리미어 리그의 영국과 해외 TV 중계권료는 각각 53억 4000만 파운드(약 9조 9858억 원)와 31억 파운드였다. 하지만 2022~2025년에는 영국과 해외의 중계권료가 각각 50억 파운드와 50억 5000만 파운드로 바뀌었다.[2] 프리미어 리그의 글로벌 팬이 자국 팬보다 많아서 이런 역전 현상이 벌어진 것이다.

2020년 6월, 에버턴Everton FC과 리버풀의 머지사이드 더비Merseyside derby가 열렸다. 코로나19COVID-19가 유행하면서 중단되었다가 재개된 정규 시즌 첫 라운드에서 두 팀이 맞대결을 펼치는 경기였다. 이 경기는 스카이스포츠Sky Sports를 통해 550만 명이 시청하면서 영국 축구 TV 중계 역사상 최다 시청자 기록을 세웠다.[3] 스카이스포츠는 (영국 인구 6700만 명 중) 1200만 명의 가입자를 보유하고 있다. 한편 프리미어 리그 경기는 전 세계 2억 명의 가입자가 시청하며,[4] 188개국의 8억 8000만 가구에 방송된다.[5] 영국 외 다른 나라의 시청자는 팬이 아니라면, 이들 모두는 무엇이란 말인가?

'진짜 리버풀 팬'은 누구인가?

나는 학자이자 연구자로서 역사와 데이터를 좋아한다. 역사와 데이터를 근거로 사회적 통념을 설명할 수도, 아니면 이의를 제기할 수도 있기 때문이다. 자, 그렇다면 이를 '팬덤Fandom'이라는 개념과 연관 지어 생각해보자.

예를 들어 리버풀 팬들이 내 팬심의 '진정성'을 의심하는 말을 하면, 혹은 유러피언 슈퍼리그에 관해 이야기를 나누고 있으면, 나는 그들에게 리버풀 구단 또는 프리미어 리그의 창설 이유나 경위에 대해 알고 있느냐고 물어본다. 그 와중에 내가 리버풀의 '공식 스폰서' 맥주인 칼스버그Carlsberg(덴마크 맥주)를 홀짝이고 있으면 '집안의 여러 세대에 걸쳐' '충성스럽게' 리버풀 시즌 티켓을 구매한다는 팬이 (미국인 팬들은 욕심이 많다는 말을 하면서) 정가의 세 배나 되는 가격으로 내게 티켓을 팔려고 한다. 어쨌든 내 질문에 대한 답을 하는 사람은 거의 없다.

답을 알게 되면 당신도 놀랄 수 있다. 하지만 그 전에 이걸 한번 생각해보라. 리버풀은 전 세계에 걸쳐 수억 명의 팬을 보유하고 있다. 이들은 리버풀 (축구단의 이름이 곧 도시의 이름이듯 둘은 뗄 수 없는 관계다.)의 '진정한' 가치, 문화, 전통, 역사에 열성적이다. 많은 이들이 그들 중에서도 리버풀을 가장 잘 이해하는 이는 시즌 티켓 소지자들일 것이라고 믿는다. 하지만 2020년 12월 기준, 리버풀의 시즌 티켓 소지자 2만 7000명(구장 수용 인원 5만 4000명) 가운데 리버풀 우편번호 지역 거주자는 5832명(시즌 티켓 구매자의 22퍼센트, 수용 인원의 11퍼센트)뿐이다.[5]

리버풀이 아닌 다른 지역에 거주하면서 시즌 티켓을 소지한 사람이 1만 9000명이 넘는다. 이들을 진정한 팬이라 하지 않는다면 누가 진정한 팬이란 것인가?

참고로 에버턴의 시즌 티켓 소지자 3만 500명 중에서 2만 5674명(시즌 티켓 소지자의 84퍼센트, 전체 수용 인원 약 5만 3000명의 48퍼센트)이 리버풀 우편번호 지역에 거주한다. 그렇다면 에버턴의 시즌 티켓 소지자가 리버풀의 시즌 티켓 소지자보다 더 '진정한' 리버풀 팬이라는 걸까?[7]

리버풀과 에버턴은 비교 대상이 아니다

프리미어 리그의 리버풀과 에버턴은 둘 다 리버풀 시를 연고지로 삼고 있다. (양 팀의 홈구장 사이 거리는 1.5킬로미터 이내로 서로 시야에 들어온다). 리버풀은 글로벌 브랜드로서 글로벌 스포츠, 마케팅, 미디어, 엔터테인먼트, 콘텐츠 회사다. 하지만 에버턴은 사실상 그 수준에 미치지 못한다. 에버턴은 2021~22시즌에 2억 1400만 유로(약 3200억 원)의 수익을 올렸다. 그에 비해 리버풀은 7억 2200만 유로를 벌어들였다. 2023년 11월, 프리미어 리그는 에버턴이 2021~22시즌까지 3년 동안 1억 2450만 파운드(약 2328억 원)의 손실을 봤고 이는 수익성 및 지속 가능성 규정의 허용 기준인 1억 500만 파운드를 초과한 금액이라며, 에버턴의 승점 10점을 삭감했다. 선수 연봉에서 리버풀은 에버턴보다 2배 이상을 지출했으며, 이런 재정적 차이는 성적의 차이로도 이어졌다. 2011년 1월 이후로 에버턴이 리버풀을 이긴 적은 한 차례뿐이다. 프리미어 리그 2022~23시즌에서 리버풀은 5위를 차지했고, 에버턴은 17위를 기록하며 간신히 강등을 면했다. 여러 면에서 에버턴과 리버풀은 사실상 비교가 되지 않는다.

레알 마드리드의 경우, 6만 127명(구장 최대 수용 인원 8만 1044명의 약 75퍼센트)이 시즌 티켓을 소유하고 있고, 이들 모두 클럽 소유권 그리고 4년에 한 번 열리는 클럽 회장 선출에 투표권을 행사할 수 있는 시민 회원인 '소시오 Socio'다.[8]

그렇다면 유럽의 전문가들이 흔히 말하는 '축구는 팬의 것'이라는 표현에서 팬은 정확히 누구를 뜻하는 것인지 의문이 든다. 왜냐하면 나는 팬이란 단어에 굉장히 포괄적인 의미가 담겨 있다고 생각하기 때문이다.

축구는 정말 팬의 것일까?

앞서 언급한 내용 중에서 좀 더 자세한 설명을 위해, 팬들이 모르고 그냥 지나칠 수 있는 사실 몇 가지를 살펴보도록 하자.

● 슈퍼리그

선덜랜드Sunderland AFC **회장이 새로운 '슈퍼리그**Super League**' 계획에 대해 우려를 표하다.[9]**

당시 선덜랜드 회장이었던 밥 머레이Bob Murray는 이렇게 말했다. "그건 축구의 장기적인 미래를 위해서는 좋지 않을 겁니다."

이 헤드라인과 인용문은 1991년 6월 기사에서 잉글랜드 프리미어 리그에 관한 내용을 발췌한 것이다.

1991년 6월, 기자회견이 열렸다. (잉글랜드)축구협회The Football Association, The FA는 '축구의 미래를 위한 청사진'을 발표하면서 18개의 클럽이 분리된 프리미어 리그를 지지하며 이는 국제대회에서 잉글랜드 축구의 경쟁력을 높이는 데 도움을 줄 것이라고 밝혔다. 그런데 당시 잉글랜드 축구 국가대표팀 감독 그레이엄 테일러Graham Taylor는 그런 논의에 참여한 적이 없다며 이렇게 말했다. "이게(프리미어 리그가) 잉글랜드 팀의 발전을 위한 것이라는 말을 다 받아들이기는 힘들군요. 이 주장 속에는 탐욕이 곳곳에 깔려 있다고 생각합니다."[10] (실제로 잉글랜드는 1966년 월드컵 이후 지금까지 주요 국제대회에서 우승한 적이 없으며, 잉글랜드 프리미어 리그는 상위 5개 리그 중 외국인 선수가 차지

하는 비율이 가장 높다. EPL 창설 이후로 리그 우승을 차지한 영국인 감독은 단 한 명
도 없다.)

축구 관련 작가이자 「가디언The Guardian」 특파원 데이비드 콘David Conn은
이렇게 썼다.

> "이것이 뜨거운 논란 속에서 흐지부지 사라진 진실이었다. 프리미어
> 리그는 분리되어 나왔고, 축구로 흘러들어올 모든 돈을 차지하는 것
> 이 목적이었다."[11]

(잉글랜드)축구협회와 언론은 새로운 리그가 분리된다면 잉글랜드를 위해
좋은 일이 될 것이라고 홍보했다. 그러는 와중에도 아스널Arsenal FC, 에버턴,
리버풀, 맨유Manchester United FC, 토트넘Tottenham Hotspur FC 등 빅5 클럽의 대
표들은 비스카이비British Sky Broadcasting, BSkyB(현 스카이스포츠Sky Sports) 및
영국 최대 민영방송 ITV와 비밀리에 만나 자기 클럽이 분리되어 나와서 새
로운 리그에 참여할 경우 방송사가 얼마나 많은 돈을 지불할 수 있는지 알아
보고 있었다.

(잉글랜드)축구협회와 언론은 새로운 리그가 잉글랜드의 월드컵 우승에
촉매제 역할을 할 뿐만 아니라 빅 클럽도 하위 리그로 강등될 수도 있다며 설
득에 나섰다. 하지만 콘은 이렇게 썼다. "오늘날 그런 일이 일어날 수 있다고
믿는 사람은 아무도 없다. 평등이라는 말은 흔적도 없이 사라졌다는 사실을
모두가 알고 있기 때문이다." 콘이 이 글을 쓴 것은 2004년이다!

2008~09시즌 프리미어 리그에서 여섯 번째와 일곱 번째로 많은 수익
을 올린 클럽 간의 격차는 단 200만 파운드(약 37억 원)에 불과했다. 그런데
2019년에는 이 격차가 1억 9100만 파운드(약 3571억 원)로 '기록적인' 차이

를 나타냈다. 이 액수는 첼시Chelsea FC나 리버풀 또는 맨시티Manchester City FC 가 연간 지출하는 선수 연봉보다 많은 금액이다! 또한, 빅6(아스널, 첼시, 토트 넘, 맨시티, 맨유, 리버풀이 여기에 해당하며, 이제는 뉴캐슬Newcastle United FC을 포함 해 빅7으로 불리면서 규모가 커지고 있다.)와 나머지 프리미어 리그 클럽들 사이 의 격차는 클럽 간 해외 TV 중계권 수익 분배 방식의 변화에 따라 더욱 커질 것이다.

● 리버풀 오너십: 축구는 누구의 것인가?

2021년 4월, 유러피언 슈퍼리그 창설이 공식적으로 발표되자 리버풀의 한 팬은 이렇게 말했다. "(구단주들은) 탐욕스럽게 돈만 추구하면서 팬들을 무 시했습니다. 축구는 그들의 것이 아니라 우리의 것입니다. 우리 축구 클럽은 우리의 것이지 그들의 것이 아니라고요. 축구 팬을 위한 생각은 전혀 없이 그 저 돈, 교만, 탐욕으로만 클럽이 운영되고 있는데, 이게 우리의 도전 과제인 겁니다."[12]

다시 한번, 나는 정중하게 묻지 않을 수 없다.

그들이란 정확히 누구를 말하는 것인가? '우리 것'은 누구의 것을 말하며, '축구 팬'은 정확히 누구를 의미하는가?

저 팬의 주장과 이 질문을 이해하려면, 리버풀이 어떻게 그리고 왜 만들어 졌는지를 이해해야 한다. 리버풀은 구체적으로 말하면 재정적인 이유로 분 리되어 설립된 클럽이며, 사실상 영리 회사였다. (일부 사람들은 리버풀이 '팬' 을 위해서가 아니라 '탐욕' 때문에 설립되었다고 한다).[13]

존 하울딩John Houlding은 부유한 양조업자이면서 지주였다. 1878년에 창 단한 축구 클럽 에버턴 FC는 안필드를 홈구장으로 빌려 쓰고 있었는데, 안필 드 소유주였던 하울딩은 에버턴을 상대로 경기장 임대료 인상과 더불어 경기 중 자신의 경기장에서 맥주 독점 판매권을 갖고 싶어 했다. 당시 에버턴은 (하울딩도 소속된) 회원들이 운영하는 클럽이었고, 회원들은 하울딩이 클럽을 재정적으로 착취하려 한다고 생각했다. 결국 하울딩은 에버턴과 결별하고 자신의 클럽, 리버풀 FC를 설립하여 안필드에서 경기를 치르게 하고 경기에서 자신이 만든 맥주를 판매하기 시작했다.[14]

1892년, 리버풀은 정관에 구체적인 규정을 두고 이를 통해 회원 기반 클럽이 아닌 영리 회사로 설립되었다. 사실상 리버풀은 영국 최초의 영리법인 형태의 축구 구단 중 하나였다. 1892년 당시에는 대주주가 상업적, 재정적 목적으로 자신의 클럽을 소유하고 지배한다는 생각이 참신한 아이디어로 통했다. 영국에서 회원 기반 축구 클럽들의 주식회사 전환은 1888년에야 시작되었다.

리버풀의 기업지배구조에는 다음과 같은 내용의 규정이 있다. "회사에 상품이나 자금을 공급하고 이익을 보는 일에 관여하거나 참여한다는 이유로 이사직 사퇴를 강요할 수 없다." 따라서 하울딩은 자신의 맥주를 얼마든지 판매할 수 있었다.[15]

영국에서 회원 소유 축구 클럽의 시대가 저물어가고 있다

영국의 회원 기반 축구 클럽이 주식회사로 전환한 최초의 사례는 1888년 버밍엄 시티Birmingham City FC였다. 영국의 축구 클럽들은 주로 영리 민간 기업으로 전환하면서 토지를 매입하고, 관중석과 경기장을 신축·개보수하며, 수익보다 더 많은 선수 급여 지급으로 발생하는 손실을 충당했다. (1885년에 축구협회는 선수들의 급여 지급을 합법화했다.) 선수들이 합법적으로 급여를 받기 시작하면서, 클럽은 몸값이 비싼 좋은 선수를 확보하고자 더 많은 자금과 수익을 마련하기 위해 전환을 꾀하기 시작했다.

1888년 버밍엄 시티의 전환 이후로 이를 따르는 클럽들이 늘어났고, 1921년에 이르러서는 풋볼 리그Football League의 86개 클럽 중 84개 클럽이 민간 기업으로 바뀌었다. 이 클럽들의 평균 주가와 가치는 평균적인 노동자 계층의 지지자가 감당하기엔 너무 높은 경우가 많았다. 그리고 클럽 대부분은 수익보다 높은 선수 연봉으로 손실을 입고 있었기에 자본 조달에 나서야 했다. 따라서 주식은 일반적으로 일부 부유한 지역 사업가들에게 집중되었으며, 그들 중에는 클럽으로부터 혜택을 받거나, 클럽이나 지역 정치 또는 둘 다에 관여한 사업가가 많았다.[16]

시간이 지나면서 구단주들은 점점 더 많은 돈을 벌 수 있는 방법을 찾아 나섰고, 그에 따라 규칙도 계속해서 변경되었다. 예를 들어 1983년에 빅5(아스널, 에버턴, 리버풀, 맨유, 토트넘)는 입장료를 원정 팀과 나누지 않고 홈 팀이 모두 챙기도록 리그 규정을 바꿨다. 그때부터 대형 경기장을 항상 팬들로 가득 채우는 클럽들은 더 많은 돈을 벌어들였다. 하지만 그게 다가 아니었다. 결국 축구 클럽들의 소유주는 몇몇 부유한 지역 사업가에서 외국의 억만장자로 바뀌었다.[17]

축구를 향한 사람들의 관심 증가와 더불어 외국인 구단주의 등장은 축구 경기의 수요 증가와 비용(선수 급여) 증가로 이어졌다. 경기장 관련 안전 규정이 새로이 제정되면서 좌석 공급 감소와 티켓 가격 상승을 불러왔다. 일부 현지 팬들은 높은 티켓 가격을 감당할 수 없었고, 이는 그들의 소속감에 부정적인 영향을 미쳤다. 경기장들이 새로운 '소비자를 위한 대성당'처럼 멋지게 리모델링되고 티켓 가격 할인 혜택을 주던 입석 구역이 사라지면서 현지 팬들의 소외감은 더욱 커졌다. 입석 구역 폐지는 1990년대 안전 기준이 강화되면서 나타난 의도치 않은 결과이기도 했다.

4장에서 자세히 살펴보겠지만, 최근에는 클럽 소유권이 정부 유관 기관, 사모펀드, 다중 클럽 소유Multi-club Ownership, MCO 모델과 밀접한 방향으로 변화하고 있다. 이런 변화는 필요한 자금의 규모와 당면한 위험 때문에 일어났다. 축구는 커다란 비즈니스가 되었고 스포츠 자체보다 엔터테인먼트와 브랜드에 더 중점을 두고 있다. 상위 클럽들의 경우 이런 현상이 두드러진다.

스페인의 경우

스페인의 축구 팬들은 영국보다 훨씬 더 오랫동안 축구 클럽을 '소유'했으며, 스페인의 일부 팬들은 여전히 클럽을 소유하고 있다. 1990년 이전의 스페인 축구 클럽들은 회원들이 자신의 이익을 위해 소유하고 운영하는 상호 조직Mutual Organization 형태였다. 1980년대에 이르자 과다한 선수 급여 지급과 급격한 부채 증가 등 부실한 재정 관리 때문에 거의 모든 클럽의 재정적 생존 가능성이 위협받았다. 그러면서 클럽의 채무 불이행 시 누가 책임을 져야 하는지에 대한 불확실성이 문제로 대두되었다. (당시 많은 회원들은 지방 정부 기관이 클럽을 구해줄 것이라 생각했다.) 그러자 1990년, 스페인 정부가 개입하면서 클럽의 법적 구조를 규제하는 스포츠법 10/1990Sports Law 10/1990을 제정했다. 이 규정은 클럽들이 1985~86시즌 동안 지출보다 수입이 많았다는 것과 더불어 스스로 재정 안정성을 확보해 살아날 수 있다는 것을 증명할 수 없다면 모두 스포츠 공개 유한 법인Sociedad Anonima Deportiva, SAD으로 전환해 재정적 책임성을 높이도록 요구했다.

SAD 구조 전환이 클럽들의 무책임한 씀씀이와 과도한 자금 차용을 다 막기에는 역부족이지만, 그래도 이제 사람들은 재정적 책임을 져야 하는 주체가 SAD라는 사실을 대부분 알고 있다. 초기에는 아주 다양한 사람들이 SAD의 소유권을 갖고 있었지만 시간이 지나면서 소유권이 집중되었고, 오늘날에는 고액 자산가들이 대부분의 SAD를 관리한다.

스페인의 42개 프로 클럽 가운데 재정적 생존 가능성을 증명할 수 있었던 레알 마드리드, 바르셀로나, 아틀레틱 빌바오Athletic Bilbao(현 Athletic Club), 오사수나 네 클럽만이 지금까지도 비영리 회원 소유 클럽으로 남아 있다. 이 클럽들에게는 부유한 구단주가 없다. 따라서 이들은 지속 가능한 경제—스포츠 모델을 개발해야만 했다.

스포츠법 10/1990에 따르면, 비영리 회원 소유 클럽에서 선출된 회장과 이사회는 구단 총예산 중 15퍼센트의 자금을 개인 능력으로 보증하고 손실의 100퍼센트를 부담해야 한다. 이 법적 조항은 회원 소유 클럽의 재정적 책임과 의무 기준을 강화하기 위해 추가되었다. 하지만 이 조항은 레알 마드리드가 재정적으로 성공을 거두면서 의도치 않은 결과를 불러오기도 했다. 회장 후보군이 크게 줄어들면서 아주 부유한 사람만이 클럽 회장 선거에 출마할 수 있게 된 것이다.[18]

독일의 경우

1998년 이전까지 독일의 축구 클럽은 회원으로 구성된 협회만 소유할 수 있었다. 즉 클럽은 비영리 단체로 운영되었으며 개인의 소유가 허용되지 않았다. 1998년 10월, 독일축구협회German Football Association, DFB는 클럽이 축구팀을 공개 또는 비공개 유한 회사로 전환할 수 있도록 허락하는 판결을 내렸고 이후 상황이 바뀌었다. 하지만 회원들, 즉 시민과 비영리 단체가 모클럽의 지분을 최소 50퍼센트에 더해 주식 1주를 추가로 소유하도록 했고 (50+1 규정), 이는 클럽 회원들이 여전히 과반수의 투표권을 가질 수 있도록 보장하는 역할을 하고 있다.[19] 예를 들어 바이에른 뮌헨은 아우디Audi, 아디다스Adidas, 알리안츠Allianz가 각각 지분 8.33퍼센트를 소유하고 있지만 나머지

75퍼센트는 팬들이 소유하고 있다. 보루시아 도르트문트는 독일 증권거래소에 상장되어 있고 클럽 지분의 67퍼센트가 자유롭게 유통되므로 이론적으로는 누구나 매수할 수 있지만, 여전히 회원들이 클럽을 통제하고 있다.[20] 보루시아 묀헨글라트바흐(글라트바흐Gladbach)는 회원들이 100퍼센트를 소유하고 있다.[21]

독일에서 50+1 규정을 찬성하는 사람만 있는 건 아니다. 독일 축구 클럽들이 프리미어 리그 팀들과의 경쟁에서 우위를 점하기 위해 필요한 대규모 투자를 이 규정이 가로막고 있다고 지적하는 사람들도 있다. 바이에른 뮌헨의 명예 회장 울리 회네스Uli Hoeness(전 바이에른 뮌헨 선수, 감독, 회장)는 바이에른 뮌헨이 국제무대에서 뒤처질 위험에 처했다고 믿고 있으며, 따라서 독일이 50+1 규정을 완화하기를 바란다고 말했다.[22]

2023년 3월 7일, 챔피언스 리그 16강전에서 첼시가 보루시아 도르트문트를 합계 점수 2:1로 따돌리고 승리를 거뒀다. 축구 이적 전문 사이트 트랜스퍼마크트transfermarkt.com에 따르면, 첼시의 팀 가치는 10억 3000만 유로(약 1조 6614억 원), 보루시아 도르트문트의 팀 가치는 5억 2200만 유로였다. 첼시는 2023년 1월 이적 시장에서 새로운 선수 영입을 위해 약 3억 2300만 파운드(약 6040억 원)를 지출했다. 역설적이게도, 일부 영국 팬들은 프리미어 리그가 50+1 규정을 채택해 클럽에 대한 통제력을 높이기를 바라고 있다. 그렇게 되면 선수단의 가치가 하락하고 이 규칙의 적용을 받지 않는 클럽들과의 대결에서 경쟁력이 떨어질 가능성도 배제할 수 없다. (참고로, 그러면 프리미어 리그 클럽들과 레알 마드리드, 바르셀로나, 바이에른 뮌헨이 유사한 조직 구조를 갖춘 관계가 된다는 점을 유의할 필요가 있다.)

하울딩은 또한 초기 리버풀 FC의 사회적 정체성도 만들어갔다. 그는 적극

적인 보수주의자들과 중산층 이상의 남성들이 주주가 되기를 원했다.

하울딩이 리버풀 정관에 명시한 또 다른 규칙은 "집행위원회는 경기장과 재정에 관한 단독 통제권, 선수 참여와 경기 일정 조정 및 임기 중 회원 선출을 포함한 모든 사항에 대한 독점적인 권한을 가져야 한다."라는 것이었다. 당연히 하울딩은, 당시 회원 클럽으로 회원 각각에게 투표권이 있었던 에버턴 FC과 달리, '회원'이나 '팬'의 투표권 행사를 특히 원하지 않았다.

「애슬레틱뉴스The Athletic News」는 리버풀 FC의 주주들에 대해 이렇게 묘사했다. "자기들이 마음에 들 때만 만나서 대중에게는 자기들이 원하는 만큼만 상황을 알려주는 비공개 상태의 몇몇 신사들." 1899년 5월 자 기사였다!

리버풀은 회원들의 클럽이 전혀 아니었고 팬들이 '소유'한 적이 결코 없었다. 그러니까 리버풀 팬이 "리버풀은 팬들의 소유"라고 말하면, 나는 "언제부터?"라고 물어볼 수밖에 없다. 특히 리버풀 팬의 대다수가 리버풀 외의 지역에 그리고 영국이 아닌 해외에 살고 있는데, 그가 말하는 '팬'은 정확히 누구를 의미한단 말인가?

2022년, 팬들이 유러피언 슈퍼리그에 대해 항의하자 리버풀은 정관을 변경하면서 구단의 의사결정 과정에 '팬'의 역할을 부여한다고 발표했다.

결국 대다수 대형 축구 리그와 클럽들의 역사와 전통은 돈과 권력을 포함해 여러 동기를 발판으로 구축되었다고 할 수 있다.

가장 성공적인 회원 소유 축구 클럽, 레알 마드리드

레알 마드리드는 4년마다 회장 선출을 비롯해 예산 등 주요 사항을 두고 투표에 참여하는 회원(소시오)들이 소유해왔다. 팬들이 축구를 소유한다는 점에 대해 레알 마드리드는 팬들이 구단의 역사, 기풍, 법적 조직 체계에 깊숙이 연관되어 있기 때문이라고 말한다. 이 말은 사실이다.

레알 마드리드는 한 명의 억만장자 또는 국가가 후원하는 기관이 아니라 회원들이 소유하고 있다. 이러한 구단은 지속적인 구단 운영을 위한 경제—스포츠 모델이 필요하다. 코로나19 기간 동안 상위 5대 리그[23]에서 매년 수익을 남겼다고 밝힌 구단은 레알 마드리드가 유일했다. 2023년 6월 30일을 기준으로 레알 마드리드는 경기장 리모델링 프로젝트를 위한 자금 조달을 제외하면 부(-)의 순채무액을 유지하고 있다. (부채보다 현금이 더 많다는 의미다.)

1999~2000년에 챔피언스 리그 규정이 국가별로 최대 4개 팀까지 참가하도록 바뀌었고, 이후 레알 마드리드는 유러피언 챔피언스 리그가 24회 열리는 동안 모두 빠짐없이 참가했다. 그리고 그중 여덟 번 우승을 차지했다. (2000, '02, '14, '16, '17, '18, '22, '24) 챔피언스 리그에 리버풀은 열네 번 참가하여 두 번 우승했으며, 에버턴은 한 번 참가에 그쳤다. (2005~06 시즌 3차 예선에 진출했으나 비야레알Villarreal CF에게 패했다).[24]

2014년에 나는 레알 마드리드의 놀라운 성공 비결을 담은 책을 집필할 수 있게 되면서 그 성공 뒤에 숨겨진 이야기들을 접할 수 있었다. 그리고 그 내용을 담아 『레알 마드리드 웨이: 가치를 통해 지구상에서 가장 성공적인 팀을 만들어내는 방법The Real Madrid Way: How Values Created the Most Successful

Team on the Planet』이라는 제목의 책을 출간했다. 당시만 해도 나는 축구에 완전한 문외한이었다. 미국에서 태어나 자랐고 금융과 컨설팅 분야에서 일하고 있었다. 사회학 박사학위를 받았고 경영대학원 금융 및 경제학과에서 강의했다. 스페인어도 할 줄 몰랐고 유럽 프로 축구와 레알 마드리드에 대해서는 아는 게 거의 없었다.[25] 이런 내게 레알 마드리드가 클럽의 속살을 들여다볼 수 있도록 접근을 허락하다니, 나뿐만 아니라 내가 스포츠계에서 만난 사람들도 놀라움을 금치 못했다.[26] 다행히도 빌리 빈Billy Beane, 알렉스 퍼거슨 경Sir Alex Ferguson, 데이비드 스턴David Stern처럼 스포츠계를 대표하는 인물들이 내게 의견과 피드백을 주면서 책 집필에 힘을 보태주었다.

내가 그 책을 쓴 주된 이유는 지적 호기심과 학문적 기여도 때문이었다. 마이클 루이스Michael Lewis의『머니볼Moneyball』을 읽었고 이를 원작으로 만든 영화도 보고 나자 이런 질문에 대한 답을 찾고 싶어졌다. '성공적인 스포츠 팀을 만드는 비결은 무엇일까?'

이렇게 규모가 크고 성공적인 스포츠 팀의 경기 현장은 물론 비즈니스 측면까지 모두 치밀하게 분석할 수 있는 연구원 자격을 받은 건 내가 처음이었다. 나는 조사와 분석을 통해 예상치 못했던 사실들을 알게 되었고,『머니볼』이 촉발한 데이터 분석이 스포츠에서 성공의 주요 수단이라는 기존의 통념에 이의를 제기하게 되었다. 선수 선발부터 재정 관리에 이르기까지 경기장 안팎에서 적용되는 레알 마드리드의 우승 공식은 데이터 분석보다는 클럽 팬층의 문화와 가치에 부합하는 전략에 바탕을 두고 있었다.

1990년대의 레알 마드리드 사례에서 볼 수 있듯이, 가장 재능 있는 (그리고 가장 비싼) 선수 영입은 우승 기록을 추가할 수 있는 비결이기도 하지만 재정적으로 재앙의 원인이 될 수도 있다. 레알 마드리드의 현 임원들은 클럽이 레알 마드리드 커뮤니티에게 봉사하기 위해 존재한다고 믿는다. 팬들이 왜

팀이 존재하고 어떻게 클럽이 승리를 거두며 누구와 함께 승리하는지에 더 관심이 많다는 점을 알아냈기 때문이다. 레알 마드리드는 누가, 어떻게, 왜 커뮤니티 브랜드와 정체성을 만들어내고 엄청난 열정과 충성심을 불러일으키는지 알아낸 후, 이를 놀라운 마케팅과 상업적 성공으로 이어갔다. 결과적으로는 팬들이 추구하는 가치를 지닌 세계 최고의 선수들을 끌어들이고 비용을 지불한다. 또한 클럽의 가치와 문화는 최고의 선수들이 우승 트로피를 위해 함께할 수 있는 강력한 환경을 제공한다.

첫 번째 책을 쓰기 위해 연구를 시작한 이후, 레알 마드리드는 UEFA 챔피언스 리그에서 여섯 차례 우승을 거뒀다.('14, '16, '17, '18, '22, '24)[27] 지난 8년을 되돌아보며, 나는 책의 속편을 쓸 만큼 그사이 많은 변화가 있었는지 자문해보았다.

이 책을 위해 조사를 시작하면서 보니, 클럽을 떠난 선수(베일Gareth Bale, 라모스Sergio Ramos, 호날두)도 많았지만, 새로 들어온 선수(벨링엄, 호드리구Rodrygo Goes, 발베르데Federico Valverde, 비니시우스 주니오르)도 많았고, 여전히 남아 있는 선수(카르바할, 크로스, 모드리치, 나초)도 일부 있었다. 경기력은 크게 변하지 않은 것 같았다. 레알 마드리드는 그 누구보다 많은 우승 트로피를 들어 올렸다.[28] 게다가 발롱도르 수상자(벤제마Karim Benzema, 모드리치, 호날두)도 가장 많이 배출했다.

레알 마드리드는 여전히 약 9만 4000명의 소시오가 소유하고 있었으며, 4년마다 클럽의 회장과 이사회를 선출했다.[29] 플로렌티노 페레스가 여전히 회장직을 맡고 있었다.

대부분의 고위 임원들(호세 앙헬 산체스José Ángel Sánchez, 마누엘 레돈도Manuel Redondo, 에밀리오 부트라게뇨Emilio Butragueño, 카를로스 오카냐Carlos Ocaña)와 이사회(에두아르도 페르난데스Eduardo Fernández, 페드로 로페스Pedro López, 엔리케 산체스

Enrique Sánchez)가 여전히 클럽에 남아 있었고, 경기장 밖의 모습도 크게 변하지 않은 것 같았다. 2021~22시즌, 레알 마드리드는 여전히 매우 탄탄한 재정 상태를 유지하고 있었다. 축구계에서 최상의 재무 건전성과 운용 상태라 할 정도였다.[30] 이들은 코로나19 기간에도 수익을 거두었고, 경기장 리모델링 프로젝트를 위한 자금 조달을 제외하면 부(-)의 순채무액(부채-현금)을 유지했다.[31]

레알 마드리드는 여전히 아마존Amazon에서 가장 많은 유니폼을 판매하고 있었고 소셜 미디어에서 가장 많은 팔로어(5억 5000만 명 이상)를 보유하고 있었다.[32] 2014~15시즌에 레알 마드리드는 5억 7700만 유로(약 9300억 원)의 매출을 기록하며 딜로이트 풋볼 머니 리그 순위에서 1위를 차지했다. (딜로이트 풋볼 머니 리그는 회계법인 딜로이트가 매년 전 세계 축구 빅 클럽들의 재정 성과를 분석하여 수익을 기준으로 공개하는 팀 순위다.)

2020~21 시즌에는 6억 4100만 유로(약 1조 340억 원), 맨체스터 시티보다 400만 유로 적은 매출을 올리며 2위를 기록했다. (레알 마드리드는 이듬해 2022/23 딜로이트 풋볼 머니 리그에서 1위를 차지했다.)

그렇다. 1위는 맨체스터 유나이티드가 아니라 맨체스터 시티였다.[33]

2008~09시즌, 맨시티는 딜로이트 풋볼 머니 리그 순위에서 19위였다. 2008년, 아랍에미리트UAE 부총리 셰이크 만수르Mansour bin Zayed Al Nahyan가 이끄는 아부다비유나이티드그룹Abu Dhabi United Group, ADUG이 맨체스터 시티의 지배 지분을 인수했다.[34] 맨시티의 모기업인 시티풋볼그룹City Football Group, CFG은 전 세계에 걸쳐 10개가 넘는 축구 클럽의 지분을 소유한 다중 클럽 소유주가 되었다. 그리고 12년 만에 맨시티는 매출 1위에 올랐다. 2022년, 국제축구연맹FIFA 산하 국제스포츠연구센터축구연구소CIES Football Observatory는 지난 10년간 맨시티 서포터스 '시티즌Cityzen'들이 지불한 이적

료를 합하면 총 17억 유로(약 2조 7421억 원)에 달한다고 밝혔다.[35]

[표 0-1] 딜로이트 풋볼 머니 리그 순위

2008~09			2020~21			
순위	클럽	유로 (단위: 백만)	순위	클럽	유로 (단위: 백만)	08~09 대비
#1	레알 마드리드	401	#1	맨시티	645	543%
#2	바르셀로나	366	#2	레알 마드리드	641	239%
#3	맨유	327	#3	바이에른 뮌헨	611	322%
#4	바이에른 뮌헨	290	#4	바르셀로나	582	216%
#5	아스널	263	#5	맨유	568	231%
#6	첼시	242	#6	PSG	556	455%
#7	리버풀	217	#7	리버풀	550	333%
#19	맨시티	102				
#21	PSG	101				

파리 생제르맹Paris Saint-Germain FC, PSG은 2008~09시즌에 21위였다. 2011년, 카타르 정부의 스포츠 펀드인 카타르스포츠인베스트먼트Qatar Sports Investments, QSI가 PSG의 지배 지분을 매입했다.[36] (QSI는 카타르국부펀드인 카타르투자청Qatar Investment Authority, QIA과 별도의 조직이다.) 그리고 2020~21시즌에 PSG는 6위로 올라섰다. PSG도 다중 클럽 소유 모델을 추구하고 있다.

가장 흥행하는 축구 대회, 프리미어 리그

프리미어 리그는 국내 및 해외 TV 중계권료 측면에서 다른 어느 축구 리그보다 큰 성공을 거두고 있다. 축구 상위 5개 리그는 잉글랜드의 프리미어 리그, 독일의 분데스리가Bundesliga, 스페인의 라리가, 이탈리아의 세리에 ASerie A, 프랑스의 리그 1Ligue 1이다.[37] [표 0-2]를 보자. 딜로이트에 따르면 2020~21시즌 프리미어 리그는 55억 유로(약 8조 8715억 원), 분데스리가는 30억 유로, 라리가는 29억 5000만 유로, 세리에 A는 25억 유로, 리그 1은 16억 유로의 수익을 올렸다.[38]

[표 0-2] 2020~21시즌 리그별 수익

순위	클럽	단위(십억)	1위 비교 %
#1	프리미어 리그	5.50	
#2	분데스리가	3.00	55%
#3	라리가	2.95	54%
#4	세리에 A	2.50	45%
#5	리그 1	1.60	29%

영국 내에서 프리미어 리그를 시청하기 위해 스카이에 가입한 사람은 약 1200만 명에 달한다. 스페인 사람들은 영국인만큼 TV를 많이 보지 않기 때문에 TV 시청을 위한 구독료나 비용에 그리 많은 돈을 들이지 않는다.[39] 또한 영국의 평균 연간 소득은 약 4만 9000달러(약 6732만 원)로 스페인의 약 3만 2000달러에 비해 높다. (미국은 약 7만 6000달러다.)[40] 스페인 인구는 영국의 70퍼센트(스페인 4700만 명, 영국 6700만 명)이지만, 스페인 라리가의 중계

권을 보유한 모비스타Movistar의 가입자는 영국의 3분의 1 수준인 약 300만 명에 불과하다.[41]

전 세계적으로 보면 프리미어 리그는 타의 추종을 불허한다. 프리미어 리그의 연간 해외 TV 중계권 수익은 16억 유로(약 2조 5808억 원)이고 라리가는 8억 9700만 유로, 분데스리가는 2억 4000만 유로이며 리그 1은 8000만 유로에 불과하다.[42] 해외 시장 규모의 성장에 힘입어 영국의 방송 계약이 전체적으로 증가한 것과 달리 프랑스, 독일, 이탈리아 리그는 모두 감소하고 있다.[43]

『레알 마드리드 웨이』에서, 나는 레알 마드리드를 비롯해 국내 프로 축구 리그들이 처한 문제 또는 어려움에 대해 언급했다. 프리미어 리그는 축구의 NBANational Basketball Association 리그 격으로 발전해 나가고 있으며 다른 프로 스포츠 리그(및 국내 축구 클럽)의 존재감을 약화시킬 여지가 있다는 점이다. 2015년, 라리가 회장 하비에르 테바스Javier Tebas는 이렇게 말했다. "우리는 향후 5년 내에 프리미어 리그가 축구의 NBA로 올라서고 나머지 유럽 리그는 2부 리그로 전락할 수 있는 위험 상황을 맞이하고 있습니다."[44] 리그 간의 상당한 수익 격차는 선수 연봉(그리고 아마도 선수 재능)의 큰 차이로 이어진다. 프리미어 리그의 선수 총연봉은 39억 유로(약 6조 2907억 원)로 19억 5000만 유로인 분데스리가의 약 두 배에 달한다.

「오프더피치Off The Pitch」가 발표한 선수 연봉 데이터베이스에 따르면, 2022년 11월 기준으로 프리미어 리그 20개 팀 1군 선수 530명의 기본 연봉 중앙값은 310만 유로(약 50억 원)였다. 두 번째로 높은 연봉을 주는 리그는 세리에 A로 110만 유로(프리미어 리그의 35퍼센트)였다.[45] 4위를 기록한 라리가의 주전급 선수 498명의 연봉 중앙값은 83만 7520유로(프리미어 리그의 27퍼센트)였다.[46]

[표 0-3] 2022년 11월 중순 기준, 상위 5개 리그의 선수 연봉 중앙값 순위

순위	클럽	유로(단위: 백만)	1위 비교 %
#1	프리미어 리그	3.1	
#2	세리에 A	1.1	35%
#3	분데스리가	.9	29%
#4	라리가	.8	27%
#5	리그 1	.5	16%

출처: 「오프더피치」 선수 연봉 데이터Off The Pitch Player Salary Data

선수 연봉뿐만이 아니다. 프리미어 리그는 선수 이적료에서도 가장 많은 돈을 썼다. [표 0-4]에서 볼 수 있듯이, 두 번째로 많은 돈을 지출한 세리에 A보다 거의 네 배나 되는 이적료가 발생했다. 순 지출Net Spending(이적료 수입에서 이적료 지출을 뺀 금액)이 마이너스 21억 유로(약 3조 3873억 원)로 다른 나라의 리그에 비해 훨씬 높으며, 순 지출 마이너스 5200만 유로를 기록한 라리가를 제외하면 이적료에서 마이너스를 기록한 리그는 없다. 이적료 지출에서 이런 엄청난 차이는 유럽 축구가 위험한 불균형 상태에 있다는 걸 잘 보여준다. 이런 상태가 지속된다면 다른 모든 리그는 결국 프리미어 리그의 선수 육성을 위한 '마이너 리그' 신세로 전락할 수 있으며, 유럽 축구의 무게 내지는 위상이 떨어질 수밖에 없다.

이런 격차를 보면 당연히 이런 궁금증이 든다. '그러면 유럽의 다른 리그가 프리미어 리그, 더군다나 정부 유관 기관이 소유하고 무한한 자원을 보유한 리그에 경쟁 상대가 될 수 있을까?'[47] 2023년, 토트넘 구단주 다니엘 레비Daniel Levy가 이 문제에 대해 언급했다. "지난 10년 동안 프리미어 리그의 지형이 크게 바뀌었습니다. 일부 팬들이 더 많은 돈을 쓰라고 요구하는 것은 이해할 수 있지만, 그렇게 해서 살아남을 수 있는 구단은 많지 않습니다. 우리

[표 0-4] 2022~23 시즌 상위 5개 리그 이적료 지출 및 수익

순위	리그	이적료 지출 (단위: 유로, 백만)	1위 비교 %	이적료 수입 (단위: 백만)	순 지출
#1	프리미어 리그	−3,075		1,000	−2,075
#2	세리에 A	−798	26%	824	26
#3	리그 1	−699	23%	797	98
#4	라리가	−558	18%	506	−52
#5	분데스리가	−559	18%	600	44

출처: 트랜스퍼마크트

는 국부 자산의 클럽 소유와 컨소시엄의 자금 조달이 증가하는 리그에서, 시장을 지배하고 왜곡할 수 있는 능력을 지닌 소수의 손에 놓인 리그에서 경쟁하고 있습니다."[48] 레비의 이 말은 프리미어 리그 내에서 벌어지고 있는 상황을 언급한 것이다. 그렇다면 그 외의 리그에 있는 클럽들은 어떨까?

프랑스의 리그 1은 TV 중계권료가 가장 낮았지만 PSG는 딜로이트 풋볼 머니 리그 순위에서 빠르게 상승할 수 있었다. 무슨 일이 있었을까? 2023년 1월, 라리가 회장 테바스는 「오프더피치」와의 인터뷰에서 말했다. "저는 (카타르) 정부가 PSG를 소유하고 있다는 사실에 개의치 않습니다. … 제가 신경 쓰는 것은 그들이 계속 적자를 보며 클럽을 운영하면서 축구와는 아무 관련 없는 돈을 축구에 투입한다는 점입니다. … 이는 급여와 선수 측면에서 엄청난 인플레이션을 초래하고 도미노 효과를 일으켜서 다른 클럽들의 손실 발생을 초래합니다."[49] 일부 클럽이 재정적 페어플레이 규정Financial Fair Play rules, FFP rules을 우회해서 선수들에게 더 많은 돈을 쓸 수 있도록 스폰서, 특히 직간접적으로 통제 또는 영향력을 행사하는 스폰서와의 계약 가치를 인위적으로 부풀려 수익을 증대시키고, 이런 이유로 선수들의 급여가 올라간다고 의심의 눈길을 보내는 사람이 많다.

전체 선수 급여는 전체 수익보다 빠르게 상승하고 있다. 다음은 2023년 보고서에 나온 알렉산데르 체페린Aleksander Čeferin UEFA 회장의 글이다. '최근 몇 년간 전례 없는 혼란을 겪었음에도 급여는 계속 상승하면서 코로나19 이전에 비해 평균 16퍼센트가 상승했습니다. 지난 10년 동안 최상위급 선수들의 연봉은 두 배 이상 올랐습니다. 그런 추세 자체를 부정적으로 보지는 않지만, 많은 이들이 무모한 성공을 추구하면서 경제적 지속 가능성에 타격을 주고 있다는 점은 분명합니다.' FFP가 일관되게 적용되고 엄격하게 시행되었다면 과연 이런 상황이 발생했을지 당연히 의문이 든다.

정부 유관 기관이 클럽을 소유하는 추세가 이어지면서, 2021년에는 사우디아라비아국부펀드Public Investment Fund, PIF가 프리미어 리그 클럽 소속 뉴캐슬 유나이티드의 지분을 인수했다. 사우디아라비아의 국내 총생산은 UAE의 약 2배, 카타르의 4배 정도다. 3억 5000만 파운드(약 6545억 원)의 사우디 펀드 인수가 확정된 후 뉴캐슬 팬들은 홈구장 세인트 제임스 파크에 모여들어 열렬히 환호했다.[50] 사우디 펀드 인수로 이제 뉴캐슬은 축구계에서 가장 부유한 구단주를 내세우게 되었다. 뉴캐슬의 전설적인 공격수 앨런 시어러Alan Shearer는 소셜 미디어에 앞장서 축하의 글을 올렸다. "됐습니다. 우리는 다시 희망을 가질 수 있게 됐습니다."

하지만 인수 소식에 모두가 축하와 환호를 보낸 건 아니었다. 전 유명 선수이자 BBC의 축구 하이라이트 프로그램 〈매치 오브 더 데이Match of the Day〉의 진행자 게리 리네커Gary Lineker는 트위터Twitter(현 X)에 이런 글을 올렸다. '축구 팬들은 자신의 클럽이 성공하기를 원하지만, 그 대가는 뭘까? @NUFC 뉴캐슬 서포터들이 직면한 딜레마.' 그것은 클럽과 서포터들의 기대 그리고 가치의 한계를 넘어서 결정해야 하는 딜레마다. 축구의 원칙과 가치마저도 훼손하는 대가를 치러야 할 수도 있다.

내가 이 책의 집필을 위해 연구를 시작할 무렵이었던 2022년 11월 18일, 「오프더피치」는 이런 글을 발표했다. "맨체스터 시티 정상에 오르다: 세계에서 가장 많은 수익을 창출하는 축구 클럽 … 레알 마드리드, FC 바르셀로나, 맨체스터 유나이티드 같은 거물급 클럽들이 불과 몇 년 만에 아부다비 소유의 클럽에게 추월당했다. 정상에 오를 다음 차례는 뉴캐슬 유나이티드일까?"[51] 맨시티와 PSG의 성공을 보면서 나는 생각했다. '아마도.' 프리미어 리그 순위를 살펴보니 뉴캐슬은 이미 '빅6'[52]에 진입해 있었다. 그러면서 궁금해졌다. '정부 소유나 다름없고 무한한 자원을 갖춘 일부 프리미어 리그 클럽에게 일반 프리미어 클럽이 경쟁 상대가 될 수 있을까?'

2023년 1월, 「오프더피치」와의 인터뷰에서 테바스는 프리미어 리그를 향한 우려의 목소리를 이어갔다. "제가 걱정하는 것은 프리미어 리그이고, 사실 수년 전부터 걱정이 됐지만 … 그런데 이제 프리미어 리그는 일 년 내내 손실을 보는 리그가 되어버렸습니다. 모든 클럽이 손해를 보고 있어요. 프리미어 리그에는 지속 가능성이 없습니다. 프리미어 리그는 재정적으로 지속 가능한 모델이 아닙니다." 레스터 시티Leicester City FC는 종종 프리미어 리그에서 가장 잘 운영되는 클럽 중 하나로 손꼽힌다. 2015~16시즌에 레스터 시티가 어떻게 5000 대 1의 확률을 뚫고 프리미어 리그 우승 트로피를 차지했는지 모두가 한마디씩 하고 싶어 한다. 하지만 아무도 입 밖에 내고 싶어 하지 않는 사실이 있다. 레스터 시티는 2018~19시즌 2000만 파운드(약 374억 원), 2019~20 시즌 6730만 파운드, 2020~21 시즌 3120만 파운드의 적자를 기록한 데 이어 2021~22 회계 연도에는 9250만 파운드의 적자를 기록했다. 그리고 38경기에서 9승만을 거둔 2022~23시즌을 끝으로 2부 리그로 강등되었다. 하지만 재정적으로 지속 가능한 모델의 부재는 프리미어 리그 클럽들만의 문제가 아니다. 대부분의 리그, 대부분의 클럽에게 재정적으로 지속 가능한 모델이란 없다.

챔피언스 리그도 능가하는 프리미어 리그 시청률

　재정적 지속 가능성은 일단 제쳐두자. 2023년 2월 15일 수요일에 나는 TV에서 어떤 축구 경기를 중계하는지 살펴봤다. UEFA 챔피언스 리그 16강전에서 보루시아 도르트문트 vs. 첼시, 브뤼헤Club Brugge KV vs. 벤피카SL Benfica 경기가 있었고, 프리미어 리그에서는 아스널 vs. 맨시티, 그리고 라리가에서는 레알 마드리드 vs. 엘체Elche CF 경기가 있었다.[53] 전 세계 시청률 면에서, 프리미어 리그 정규 시즌 경기가 UEFA 챔피언스 리그 16강 경기를 쉽게 따돌렸다! 그리고 레알 마드리드의 라리가 경기는 시청률이 최하위에 머물렀다. 따라서 UEFA, 라리가, 레알 마드리드 등 기타 리그와 대회 및 클럽은 프리미어 리그에 대해 신경을 써야 한다. 또 하나, 축구 경기가 집중적으로 '수요일'에 열리는 것에도 주의를 기울여야 한다.

누가 어떻게 클럽을 지배하는가?

다시 소유권 이야기를 해보자. 클럽의 새로운 주인 자리를 정부와 밀접하게 관련된 기관만 차지하는 것이 아니다. 거대 사모펀드 운용사(아크토스 Arctos Parthers, 아레스Ares Management Corporation, 클리어레이크Clearlake Capital Group, CVCCVC Capital Partners, 엘드리지Eldridge industries, 오크트리Oaktree Capital Management, 레드버드RedBird Capital Partners, 실버레이크Silver Lake Technology Management, 식스스스트리트Sixth Street, 777파트너스777 Partners)도 최근 유럽 축구 클럽의 지분을 인수하거나 또는 향후 수익에 대한 권리를 확보한 그룹에 속한다. 2018년, 유럽 축구 상위 5개 리그에 쏟아진 사모펀드 투자액은 6670만 유로(약 1075억 원)에 달했다.

2022년, 투자 회사 엘드리지의 회장 토드 볼리Todd Boehly와 미국에 본사를 둔 사모펀드 회사 클리어레이크캐피털은 로만 아브라모비치Roman Abramovich[54]가 매물로 내놓은 첼시를 최대 42억 5000만 파운드(약 7조 9475억 원)에 인수했다.[55] 당시 스포츠 팀으로서는 역대 최고가를 기록한 거래였다. 첼시 구단주의 신분이 러시아의 신흥 재벌 올리가르히Oligarch[56]에서 미국의 기관 투자자 그룹으로 넘어갔다는 사실은 축구 클럽 시장이 얼마나 광범위하게 변하고 있는지를 잘 보여준다. 축구 클럽과 관련해서, (1) 한때 거물들의 허울뿐이던 적자 자산을 이제는 투자 수익의 잠재력을 지닌 매력적인 금융 기회로 보는 시각이 점점 더 늘어나고 있으며 (2) 클럽 가격과 투자 비용이 너무 높아 부호라도 개인적으로는 감당할 수 있는 사람이 점점 줄어들고 있다. (첼시 인수를 위해 적어도 두 곳이 넘는 사모펀드가 참여하는 컨소시엄을 구성해야 했다.)

흥미롭게도 미국에서는 정부 유관 기관, 국부펀드, 사모펀드가 주요 스포츠 구단을 인수할 수 없지만 유럽에서는 원하는 대로 할 수 있다. 그리고 미국과 유럽의 스포츠 소유권에는 근본적인 차이가 있다. 미국의 주요 스포츠에서 구단주는 팀이 시즌 중반에 최하위에 머물러 있어도 강등으로 인해 재정에 심각한 부정적 결과가 미칠까 봐 걱정할 필요가 없다. 하지만 동일한 상황에서 유럽 축구 클럽 구단주는 엄청난 압박감을 느낀다. 그 압박감에서 벗어나기 위해 이용할 수 있는 창구 중 하나가 이적 시장이다. 자금을 관리해야 하는 사모펀드라면 강등으로 인한 수익 손실 가능성은 더더욱 큰 압박감으로 다가올 테고, 그러다 보면 무리한 이적료 지급으로 이어질 수 있다. 강등은 그 자체로 끝나는 게 아니라 유럽 챔피언스 리그 출전 자격과 수당 그리고 상금도 모두 날아간다는 뜻이다. 첼시의 2023년 1월 지출액만 해도 3억 2300만 파운드(약 6040억 원)인데, 이는 겨울 이적 시장에서 세리에 A, 라리가, 분데스리가, 리그 1 클럽들의 지출을 모두 합친 것보다 많은 금액이다. (첼시는 최근 세 번의 이적 시장에서 11억 유로(약 1조 7743억 원)이 넘는 돈을 썼다. 따라서 시장 왜곡의 주범이 맨시티와 파리 생제르맹 그리고 중동이라고 쉽게 말하긴 힘들다.) 첼시와 리버풀은 프리미어 리그 2022~23시즌을 각각 12위와 5위로 마무리하면서, 최소 5000만 파운드(약 935억 원)에 이르는 상금과 참가 수당을 날릴 판이다. (사우디아라비아국부펀드의 뉴캐슬은 4위를 차지했다).[57] 또한 많은 스폰서가 성적에 따라 지원 혜택 또는 비용을 달리하기 때문에 강등은 클럽의 수익에 상당한 영향을 미칠 수 있다. 수익성과 지속 가능성을 고려하는 FFP 규정에 따라 첼시와 리버풀의 선수단 예산도 영향을 받을 수 있다.

첼시의 매각 가격이 발표된 후, 리버풀과 맨유도 클럽 매각에 대한 협상 관련 보도가 사실이라고 확인해주었다. 정부 유관 기관과 대형 사모펀드는 이미 다른 클럽의 지분을 소유하고 있음에도 클럽 인수에 가장 많은 관심을 보였다. 잉글랜드의 축구 선수로서 맨유에서 선수 생활 모두를 바쳤던 게리 네빌Gary Neville은 스카이스포츠 팟캐스트에서 카타르 자본의 맨유 인수 가능성에 대해 어떻게 생각하느냐는 질문을 받자 이렇게 답했다. "소 잃고 외양간 고치는 식이죠. … 맨유도 어떤 국가의 소유로 들어가느냐 마느냐에 대해 얘기할 수는 있습니다. 뉴캐슬과 맨시티라는 두 클럽이 국가 자금의 지원을 받고 있으니까요. 다른 나라의 자본이 들어올 수 있도록 길이 이미 열렸다는 말이죠. 그러니 맨유는 안 된다고 하기는 어려울 것 같은데, 카타르 소유라. … 마치 우리 축구 리그에서 중동 국가들이 소유권 인수를 통해 부동산 대결을 펼치고 있다는 느낌이 드네요. 사우디아라비아는 뉴캐슬, 아부다비는 맨시티." 나는 이런 생각을 하지 않을 수 없다. '중동 국가가 그리 많은 것도 아닌데, 그러면 프리미어 리그 또는 유럽 리그에서 (중동 자본의 지원을 받지 않는) 다른 클럽들은 어떻게 할 것이며, 이것이 경쟁의 정당성 측면에서는 어떨까?'

정부 유관 기관과 대형 사모펀드의 클럽 인수에는 서로 다른 두 개의 주요 동기가 있을 수 있다. 사모펀드에게는 클럽 인수가 투자자를 위한 매력적인 수익 창출이라는 재정적 유인이 될 수 있다. (놀랍게도 재정적 페어플레이 규정은 미국의 사모펀드처럼 재정적 유인이 있는 주체가 더 안전하게 클럽을 인수할 수 있도록 해주었다. 규칙에 따라 경쟁에 참여하는 억만장자라도 원하는 만큼 돈을 무조건 쓸 수는 없다. 제한이 있다. 또한 이론적으로는, 이미 글로벌 브랜드를 등에 업고 수익원을 확보한 클럽은 돈을 펑펑 쓰는 신규 진입자로부터 더 많은 보호를 받는다.) 정부 유관 기관은 종종 투자 수익 창출 또는 그 외의 목적을 가지고 클럽 인수에 뛰어든다. (두 가지 목적 중 하나를 또는 둘 다 원할 수 있다.)[58]

FIFA 임원진은 사모펀드 투자자들이 시간이 지나면서 상업적으로 충분한 힘을 얻게 되면, 유러피언 슈퍼리그의 경우처럼, 향후 이탈을 강행할 수도 있다고 주장했다.[59] 그리고 일부 정부 유관 기관은 정치적 또는 다른 동기를 지니는 반면에, 일부는 사모펀드 소유주에게 지분을 매각하고 있다. 사모펀드 운용사 실버레이크는 맨체스터 시티의 모회사 지분을 소유하고 있다. 2023년, PSG는 미국 사모펀드 그룹 아크토스파트너스에 최대 12.5퍼센트의 지분을 매각했다. 사우디아라비아국부펀드는 첼시의 소유주 중 한 곳인 클리어레이크의 지분 5퍼센트를 소유하고 있다.[60] 사모펀드가 정부 유관 기관이 지배하는 클럽의 소수 지분을 매입할 경우 또는 그 반대의 경우에도 역학 관계와 동기에 영향을 미치게 된다.

클럽 소유권을 얻기 위해 정부 유관 기관이나 사모펀드만 참여하는 것은 아니다. 프리미어 리그를 살펴보면 빅6(이제는 뉴캐슬을 포함한 빅7)를 무너뜨리려는 또 다른 클럽이 있었다. 바로 울버햄튼 원더러스Wolverhampton Wanderers FC, 별칭 울브스(Wolves)다. 애당초 프리미어 리그 내에서는 빅6 클럽과 뉴캐슬이 주도하는 분리 리그가 사실상 이미 존재할 뿐만 아니라 성장세에 있었다. 2016년, 울브스는 중국의 대기업 푸싱인터내셔널Fosun International Limited에 인수되었다. 그런데 흥미로운 반전이 있다. 푸싱은 슈퍼 에이전트 조르제 멘데스Jorge Mendes[61]가 이끄는 축구 에이전시의 지분도 소유하고 있다. 울브스의 여러 감독과 선수들은 멘데스와 긴밀한 관계를 맺고 있다. 5장에서 살펴보겠지만, 슈퍼 에이전트에게는 훨씬 더 많은 돈, 권력, 영향력에다 잠재력 또는 갈등으로 비칠 수 있는 부분이 있다. 또 다른 예로, 2017년에 라리가의 지로나Girona FC는 슈퍼 에이전트 페레 과르디올라Pere Guardiola[62]가 44.3퍼센트, 맨시티의 모기업인 CFG가 44.3퍼센트의 지분을 소유하는 클럽이 되었다. CFG는 다중 클럽 소유 모델을 운영하고 있는데, 이제는 지로나도 그중 하나가 된 것이다. 2023~24시즌에는 한때 지로나가 순위에서 바르셀로나보다 앞서기도 했다. 오늘날 CFG는 전 세계 주요 도시에서 13개 축구 클럽의 전부 또는 일부를 사적으로 소유하고 있는 세계 최고의 축구 클럽 소유주이자 운영자다. (당시 지로나는 여섯 번째 클럽이었다.)

다중 클럽 소유의 증가에는 UEFA의 중요한 결정도 한몫을 톡톡히 했다. 2016~17시즌, 레드불 라이프치히Red Bull Leipzig(독일)와 FC 레드불 잘츠부르크Red Bull Salzburg(오스트리아)는 각 리그에서 좋은 성적을 거두며 UEFA 챔피언스 리그 본선 조별리그 직행 티켓을 확보했다. 그런데 공교롭게도 두 클럽 모두 레드불Red Bull의 자금 지원을 받고 있었다. 그래서 많은 이들이 UEFA가 대회의 공정성과 정당성 유지를 위해 둘 중 한 클럽의 챔피언스 리그 출전을 막을 것으로 믿었다. 그러나 UEFA는 두 클럽 모두 출전을 허용했다. 이 결정 이후로 다중 클럽 소유가 크게 증가했다. 이제 맨시티를 비롯해 여러 사모펀드 회사들이 여러 클럽의 지분을 소유하고 있다. (그리고 첼시도 다중 클럽 모델을 따르겠다고 발표했다.)[63] 그 후 나는 궁금해졌다. '동일한 중동 국가의 정부와 밀접한 관련이 있는 개인들 혹은 기관들이 클럽을 인수한다면 어떻게 될까?' 예를 들어 어느 중동 국가의 왕족 출신 형제 두 명이 프리미어 리그의 빅6 클럽 두 곳의 지분을 각각 소유한다면 두 클럽 모두 챔피언스 리그에 진출할 수 있을까?[64] 두 형제는 자신들의 클럽이 두 개의 레드불 클럽처럼 엄밀히 따지자면 별개의 클럽이고, 적어도 레드불과 달리 브랜드와 직접적인 연관성도 없다고 주장할 수 있다. 만약 두 형제 또는 그들과 연관된 펀드가 다른 축구 클럽을 지배하는 사모펀드 회사의 주요 투자자라면 어떨까? 명백한 사실은, 시간이 지나면서 몇몇 정부 유관 기관 및 사람들은 빅 클럽들에 대해 충분한 통제권을 확보했고, 축구계에 훨씬 더 많은 권한과 영향력을 행사할 수 있게 되었다는 점이다.

사모펀드의 클럽 소유는 여러 면에서 중요성을 띠며 축구계에 변화를 불러올 가능성이 크다. 투자 회사는 매력적인 수익을 창출해야 하며, 이는 현금 흐름을 늘려야 한다는 것을 의미한다.[65] 투자 회사 엘드리지의 회장이며 첼시의 공동 소유주가 된 토드 볼리는 프리미어 리그에도 미국의 여러 주요 스포츠에서 실행하는 '올스타 게임'을 도입하자고 제안했다. 기자로부터 이 아이디어를 전해 들은 리버풀의 위르겐 클롭Jürgen Klopp 감독은 이렇게 말했다. "그 사람(볼리)은 그냥 기다리고만 있을 사람이 아니죠. 멋지네요. 올스타 게임 날짜를 잡는 즉시 제게 연락주세요. ⋯ 묘기 농구단 할렘 글로브트로터스Harlem Globetrotters도 데려와서 축구팀하고 대결시킬 계획이라던가요?" 클롭은 빡빡한 경기 일정을 문제 삼았고, 이는 더 많은 TV 수익 창출을 위해, 즉 방송 중계권을 팔기 위해 더 많은 시합을 잡아야 하는 클럽, 리그, 협회에게 중요한 문제다. 하지만 경기가 많아질수록 경기의 질과 선수들의 경기력은 떨어질 수 있다.

볼리는 축구계가 실질적으로 변화에 저항하는 문화를 지니고 있다는 점을 인정했다. 그러면서도 "진전이 있을 것"이라고 예상했다.[66] 1990년대에 잉글랜드의 빅5 클럽 구단주들도 진전이라는 결론에 도달했고, 이는 프리미어 리그의 새로운 탄생으로 이어졌다. 그리고 당시 구단주들은 상당한 재정적 수익을 기대하는 기관 투자자들도 주위에 없었고 클럽을 위해 그렇게 많은 비용을 지출해야 한다는 압박을 받지도 않았다. 또한 정부 유관 기관 및 다중 클럽 소유주와 경쟁하지도 않았다.

기억해야 할 사실이 있다. 정부 유관 기관과 사모펀드 그리고 다중 클럽 소유주가 새로운 구단주로 등장하는 가운데서도 레알 마드리드는 여전히 회원 소유 클럽으로 남아 있다. 현재 레알 마드리드는 선수 영입 자금 마련을 위해 지분 매각이나 주식 발행으로 자본을 조달할 수 없다. 그렇다고 레알 마드리드가 재정 및 기타 이유로 다중 클럽 소유 모델로 전환하는 것도 어려운 일이다. 내가 이야기를 나눴던 레알 마드리드 팬들은 단계별로, 즉 빅 클럽 역할을 하는 페어런트 클럽Parent Club과 그 아래 단계에서 파트너 역할을 하는 피더 클럽Feeder Club들로 구단들을 여럿 소유한다는 생각을 받아들이지 않는다. 자신이 페어런트 클럽의 팬이라면 그 자체로 운이 좋다고 느낄 수도 있는 반면에 피더 클럽의 팬이라면 뛰어난 선수가 페어런트 클럽으로 옮겨가는 모습을 보며 그다지 유쾌하지 않을 수도 있다.[67]

소유권의 변화(유러피언 슈퍼리그 발표와 그에 따른 반응 및 의견은 말할 것도 없고)를 보면서 나는 무언가 실질적인 변화가 발생했다는 것을 깨닫고 더 알아봐야 할 필요가 있다고 생각했다. 그렇게 조사하고 살펴보며 알아낸 사실들을 보니 뜻밖이었다.

이 책에서는 축구계에 일어나고 있는 심각한 체제 변화에 대해 생각해보려 한다.

- 축구는 다른 스포츠 및 플랫폼들과의 글로벌 엔터테인먼트 경쟁에서 뒤처지기 시작했다.
- 정부와 밀접하게 관련된 기관, 사모펀드 그리고 다중 클럽 소유 모델이 확산되고 있다. (재정적 페어플레이 규정을 회피하기 위해 긴밀한 제휴 관계에 있는 스폰서의 수익을 부풀리는 부분 그리고 여러 역할을 지닌 사람들/기관들이 이해 상충으로 인식할 수 있는 부분을 포함한다.)
- 과거에 증가하던 방송 수익이 이제 정점을 찍었을 수도 있는데, 선수 급여와 인프라 비용의 증가 속도는 훨씬 더 빨라지면서 클럽들의 경제 모델은 대부분 지속 불가능성과 위험이 훨씬 더 커졌다.
- 프리미어 리그는 '축구의 NBA'가 되어가고 있다. (그리고 빅6와 뉴캐슬은 덩치를 키워가면서 이미 다른 프리미어 리그 클럽들과 차별적인 그들만의 리그를 형성해가고 있다.)

- 상위 5대 축구 리그 중 (프리미어 리그가 아닌) 다른 리그에서도 글로벌 브랜드로 우위를 갖춘 소수의 클럽들이 재정 면에서 그리고 성적 면에서, 중계권 수익과 챔피언스 리그 출전에 수익을 대부분 의존해야 하는 자국의 다른 클럽들과 비교해서, 더욱 차별화를 이루고 있다. 이 때문에 게임에 대한 흥미가 떨어지고, 리그 우승 팀 또는 챔피언스 리그 출전권을 확보할 팀의 예측 가능성이 높아진다.

- 같은 연고지에 거주하면서, 여러 세대에 걸쳐, 변함없이 시즌 티켓을 구매하는 클럽 팬들은 세계 자본주의에 반발한다. 또한 지역 라이벌 관계에 얽매이지 않고 경기장에 한 번 가본 적도 없는 새로운, (그리고 더 어린) 훨씬 더 많은 수의 전 세계 팬들에게도 역시 반발심을 느낀다.[68]

- 경기가 더 많아지고 일정이 더욱 빡빡해지고 있는데도 FIFA와 UEFA가 계속해서 토너먼트를 확대하면서 선수에게는 더 많은 체력이 요구되고 있다. 이는 경기 수, 운동 강도, 부상 간에 존재하는 상관관계 때문에 더 많은 선수 부상으로 이어진다.

- 축구의 규제 시스템은 관할권에 따라 종종 다르고, 일관성 없이 집행되며, 법정 소송이 제기되는, 일종의 꿰어맞추기 식의 규정으로 인식되어왔다. FIFA, UEFA, 리그, 클럽, 선수들이 생각하는 이익이 서로 상충되는 경우가 종종 있다.

- FIFA와 UEFA는 축구의 수십억 달러 규모의 초국가적 활동(클럽에 대한 규제 기능, 클럽을 활용한 토너먼트 개최로 수익 창출 기능, 클럽에 대한 사법 및 징계 기능 포함)을 통제하고 있지만, (잠재적인 갈등을 포함한 여러 면에서) 철저한 규제나 감독을 받지 않는 것으로 드러났다.

- 슈퍼 에이전트는 선수 이적료와 급여 인상을 통해 더 많은 돈을 벌어

들이고 있으며, 그 어느 때보다 강력한 힘을 지니고 있을 뿐만 아니라 클럽에 끼치는 영향력도 커지고 있다.

- 선수들은 자체적으로 글로벌 브랜드가 되었으며 클럽보다 수익을 더 많이 올리는 선수도 많다. 이러한 추세에는 팬들에게 자신을 더 많이 알리고 인지도를 높일 수 있는 비디오 게임도 포함된다.

- 축구 미디어는 즉각적인 뉴스가 되었으며, (선수들의 이적 이슈와 선수 개인의 자산과 사생활에 대해 팬들이 관심을 갖고 유튜브, 인스타그램Instagram, 틱톡TikTok을 통해 스포츠 뉴스를 접하게 되는 사람들이 많아지는 상황을 포함해서) 이런 뉴스의 편집에 대한 관리는 제한적으로 이루어지고 있다.

- 돈을 아끼지 않고 쓰는 추진력을 바탕으로 사우디아라비아 축구는 글로벌 무대로 올라섰다. 사우디 프로 리그Saudi Pro League, SPL는 슈퍼스타 선수들과 계약을 맺었고, SPL 클럽은 2022 FIFA 클럽 월드컵FIFA Club World Cup 결승에 진출했으며, 사우디아라비아는 2022 월드컵에서 아르헨티나를 이겼다. 또한 사우디아라비아국부펀드가 관리하는 뉴캐슬은 2022~23 프리미어 리그에서 4위를 차지하며 유러피언 챔피언스 리그 진출권을 획득했다.

또한 스포츠와 엔터테인먼트 그리고 콘텐츠에서는 심각한 시스템 변화가 더 광범위하게 일어나고 있다.

- 소비자들은 엔터테인먼트를 시청할 수 있는 새로운 OTTOver-the-top 서비스 플랫폼을 가지고 있다.
- 경기장 안팎에서 데이터 캡처, 분석 및 관리의 사용이 증가하면서

선수 데이터의 소유권에 대한 의문이 제기되고 있으며, 더 많은 지식을 갖춘 팬층이 갈수록 늘어나고 있다.

- 스토리텔링, 소셜 미디어, 비디오 게임, 팬 토큰Fan Token[69] 같은 요소의 영향을 받으면서 팬들이 스포츠에 참여하는 방식이 변화하고 있다. 팬 경험은 참여, 커뮤니티와 친목, 게이미피케이션Gamification과 보상, 실시간 데이터 시각화라는 핵심 요소를 바탕으로 계획된다.
- 시청자는 연령, 성별 등 인구 통계적 측면에서 변하고 있을 뿐만 아니라 한 번에 여러 화면을 켜놓고 부분 부분만 시청하는 등 행태적 측면에서도 변화하고 있다.
- 더 나은 경기장 방문 경험을 원하는 등 팬들의 경험 기대치가 변화하면서, 스포츠 팀들은 구장을 임대하기보다 자신의 경기장을 짓고 소유하거나 현대화하는 게 더 중요하다는 점을 인식하게 되었다.
- 스포츠 단체들은 베팅 회사와의 관계 그리고 베팅 회사에서 얻는 수익에 대해 점점 더 불편함을 느끼고 있다.
- 여성 스포츠 및 여성 운동선수의 인기와 영향력이 점점 커지고 있다.

5장과 6장에서도 살펴보겠지만, 이러한 시스템 변화에 적응하고 혁신하지 않는다면 축구는 '세계에서 가장 인기 있는 스포츠'라는 왕좌에서 내려와야 할 수도 있다.

언젠가는 축구가 세계에서 가장 인기 있는 스포츠의 자리를 내줄 수밖에 없다는 말이 정신 나간 소리처럼 들리는가? 얼마 전만 해도 미국에서 가장 즐겨보는 스포츠는 야구였다. (야구를 '미국의 국기America's Pastime'라고 부를 정도였다). 그런데 이제 야구는 미식축구와 농구에 이어 세 번째 자리로 내려앉았다.[70] 스포츠와 관련해서 기술, 시청자, 기대하는 경험이 빠르게 변화하고 있는데도 야구의 현대화 또는 혁신 노력은 충분하지 않았다.

한편 과학 기술과 시청자 그리고 경험에 대한 기대치에 급격한 변화가 일어났다. Z세대는 기성세대에 비해 스포츠 경기 실황 중계 시청과 TV 시청에 대한 관심이 전반적으로 현저히 낮다.[71] 축구의 미래는 팬들에게 달려 있다. 따라서 팬들의 행동이 바뀌면 축구도 그에 따라 적응해야만 한다. 축구가 오늘날의 현실과 미래 세대에 발맞춰 (또는 발 빠르게) 현대화 또는 혁신을 이뤄 낼 수 있을까?

이 책은 축구를 포함해 스포츠, 엔터테인먼트, 콘텐츠에서 일어나고 있는 시스템의 변화 그리고 레알 마드리드가 축구라는 스포츠와 자신의 클럽을 위해 혁신하고 앞서나가는 과정을 담고 있다. 당신은 이 책을 통해 그 소중한 내부 자료를 들여다볼 수 있을 것이다. 나는 조사 과정에서 축구를 위한 혁신과 클럽 자신을 위한 혁신, 이 두 가지가 생각보다 더욱 밀접하게 관련되어 있다는 것을 알게 되었다.

혁신의 역사를 써온 레알 마드리드와 그 회장들

배경지식을 조사하면서, 나는 레알 마드리드가 언제나 혁신의 선두 주자 역할을 했다는 사실을 알게 되었다. 레알 마드리드는 축구라는 스포츠와 자신의 클럽을 위해 국제축구연맹, 유러피언 컵, 그리고 이후에는 UEFA 챔피언스 리그 창설에 도움을 주었다. 축구계와 레알 마드리드는 둘 다 엄청난 이득을 보았다.

1904년 5월 21일, 벨기에, 덴마크, 프랑스, 네덜란드, 스웨덴, 스위스의 축구 연맹 그리고 레알 마드리드(잉글랜드는 창립 회원이 아니었다.)가 FIFA를 설립했다.[72] 클럽 자격으로 FIFA 설립에 도움을 준 것은 레알 마드리드가 유일했으며, 다른 창립 회원은 각국의 연맹이었다.[73] 당시 마드리드 축구 클럽 Madrid Football Club(현 레알 마드리드)의 회장 카를로스 파드로스Carlos Padrós는 FIFA 설립의 핵심 원동력이었다.[74] 스페인왕립축구연맹Royal Spanish Football Federation, RFEF은 1913년에야 설립되었지만, 레알 마드리드의 참여로 스페인은 FIFA의 당연직 회원국이 되었다. 파드로스를 비롯해 FIFA 설립국들은 전 세계에 걸쳐 축구를 보호, 발전, 성장시키고자 했다. 그들은 국가 협회 간의 국제대회를 감독하려면 스포츠 거버넌스, 즉 공정한 규칙과 투명한 의사 결정 및 운영을 책임지는 장치가 필요하다고 믿었다. 이후 1930년에 FIFA는 첫 월드컵을 개최했다.[75]

1950년대 중반, 레알 마드리드 회장 산티아고 베르나베우는 프랑스 신문 「레키프L'Équipe」의 편집장 및 기자들과 함께 유러피언 컵 창설을 지지하며 도움에 나섰다. 베르나베우는 유럽 대회를 열어 (알프레도 디 스테파노Alfredo Di Stéfano 같은 스타 선수들과 함께) 자신의 클럽 그리고 당시 약 12만 4000명을 수용할 수 있는 경기장을 선보이고자 했다. (당시 경기장 대부분은 입석 구역이 넓었다.) 그는 또한 레알 마드리드를 스페인을 넘어서는 브랜드로 만들어 더 많은 수익을 창출하고 전 세계 최고의 선수들을 끌어들이고자 했다.[76] 16개 팀이 출전한다는 유럽 대회 아이디어는 FIFA로 넘어갔다. FIFA는 그 계획을 마음에 들어 했지만 (1954년에 막 창설된) UEFA에게 대회 조직을 맡아달라고 요청했다.[77] UEFA는 연맹이 왜 클럽 대회를 조직해야 하는지 이해할 수 없다며 요청을 거절했고, 따라서 한동안 베르나베우가 유러피언 컵 조직위원회를 이끌며 도움을 주었다. 이는 축구계와 레알 마드리드 둘 모두에게 엄청난 혜택을 주었다.[78] 하지만 FIFA의 요청에 따라 UEFA는 마침내 유러피언 컵을 넘겨받기로 결정했다. 잉글랜드 축구 리그는 자국 클럽의 참가를 불허하는 판결을 내렸지만, 맨유는 이 판결을 무시하고 1956~57시즌 유러피언 리그에 참가했다. 레알 마드리드는 1회 대회부터 연속으로 다섯 번의 유러피언 컵 (1955~1960) 우승을 차지했으며 지금까지 통산 15회 우승을 차지했다.[79]

1980년대 후반에서 1990년대 초반, 레알 마드리드 회장 라몬 멘도사 Ramón Mendoza, AC 밀란 구단주 실비오 베를루스코니 Silvio Berlusconi, 글래스고 레인저스 Rangers FC의 이사 캠벨 오길비 Campbell Ogilvie는 UEFA에 같은 그룹에 속한 팀들이 모두 돌아가며 한 번씩 대결하는 싱글 라운드 로빈 Single Round-robin 형식[80]의 새로운 대회인 '슈퍼리그'를 제안했다. 그들은 이 대회가 국제적 텔레비전 방송사들에게 더 매력적이고, 참가 팀들에게는 더 많은 수익을 보장하며 대회를 통해 더 많은 발전 기회를 제공할 것이라고 믿었다. 그 제안은 무위로 돌아갔다. 하지만 그런 발상과 그로 인한 위협은 1992~93시즌에 유러피언 컵이 챔피언스 리그로 진화하는 데 직접적인 영향을 미쳤다.

1998년, 레알 마드리드는 빅 클럽들의 앞에 서서 UEFA에게 챔피언스 리그를 개혁하라고 압박을 가했다. 개혁안에는 24개 팀을 32개 팀으로 늘리고 실력이 가장 뛰어난 리그에게 출전 자격을 더 많이 주어야 한다는 내용이 포함되어 있었다. 그 결과로 수익과 시청률은 크게 증가했다. 그리고 다시 한번 축구계와 레알 마드리드 모두 큰 혜택을 보았다.

1998년, 레알 마드리드는 UEFA 및 FIFA와의 협상에서 통일된 목소리를 내는 데 주도적 역할을 하는 열네 개의 클럽으로 구성된 G—14 창립의 주요 멤버가 되기도 했다. 이 조직은 클럽 소속 선수들이 국가대표로 국제대회에 출전할 시 클럽에게 보상을 해줘야 한다는 주장을 관철시켰다.[81]

지난번 레알 마드리드에 관한 책에서, (내 생각에는) 최초의 지속 가능한 경제—스포츠 모델을 베르나베우가 어떻게 1950년대에 개발해냈는지 설명했다. 그런데 레알 마드리드는 유러피언 컵 1회 대회부터 연속 다섯 번(1955~1960) 우승을 차지하고 나서 이후 38년 동안 유러피언 컵에서 단 한 번밖에 우승하지 못했다. 많은 유럽 축구 클럽들이 레알 마드리드의 경제—스포츠 모델을 모방하며 클럽을 향상시켰으나, 정작 레알 마드리드는 앞서 나가기 위한 혁신을 이어가지 않았다. 현재 레알 마드리드의 고위 경영진은 그런 실수를 반복하지 않고 있다.

축구 클럽을 통틀어 축구계에 가장 일관되고 중요한 기여를 해온 클럽이 레알 마드리드다. 레알 마드리드의 회장들은 축구의 발전과 혁신을 내다본 선구자이자 최전선에 선 핵심 인물이었다. 이는 레알 마드리드에게 큰 도움이 되었다.

이러한 흐름이 오늘날까지 이어져왔다. 그리고 결국, 모두가 알고 있는 난제와 마주하게 된다.

유러피언 슈퍼리그는 위기의 축구 산업에 돌파구가 될까?

2020년 말, 유러피언 슈퍼리그 프로젝트에 대한 소문이 돌기 시작했다. 레알 마드리드 회장 플로렌티노 페레스는 유럽의 다른 클럽들과 함께 챔피언스 리그의 새로운 개혁 또는 분리 경쟁 방안에 대해 논의했다. 코로나19의 여파로 축구의 구조적 문제가 악화되면서 회담의 분위기는 더욱 심각해졌다. JP모건JPMorgan Chase & Co.은 슈퍼리그 설립을 위해 35억 유로(약 5조 6455억 원)의 지원을 약속했다고 알려졌다.

2021년 4월, 유러피언 슈퍼리그가 설립될 수 있다는 이야기가 흘러나오자 참여에 동의했던 12개 클럽은 서둘러 보도자료를 낼 수밖에 없었다. 12개 클럽은 잉글랜드의 6개 클럽(아스널, 첼시, 리버풀, 맨시티, 맨유, 토트넘), 이탈리아의 3개 클럽(AC 밀란, 인터 밀란FC Internazionale Milano, 유벤투스), 스페인의 3개 클럽(아틀레티코 마드리드, 바르셀로나, 레알 마드리드)이었다.[82] 지도부는 회장인 플로렌티노 페레스 그리고 두 명의 부회장(유벤투스 회장 안드레아 아넬리Andrea Agnelli와 맨유 공동 회장 조엘 글레이저Joel Glazer)이 이끌기로 했다. 페레스는 보도자료를 통해 다음과 같은 희망 사항을 밝혔다. "새로운 대회는 다음과 같은 이점과 효과를 기대할 수 있습니다. 첫째로 '더 높은 수준의 경기와 축구 생태계 전체를 위한 추가적인 재원이 마련될 것'입니다. 둘째로 '리그 수익이 늘어날수록 더 많아지는 연대부담금Solidarity Payments을 장기적으로 보장하여 유럽 축구 전반에 더 큰 경제 성장과 지원을 제공할 것'입니다. 셋째로 '젊은 축구 팬들에게 더 큰 매력을 발휘할 것'입니다. 마지막 넷째로 '엄격하고 공정한 재정적 페어플레이 규정이 적용될 것'입니다."

슈퍼리그는 유럽의 농구 클럽 대항전인 유로리그EuroLeague의 진행 방식을 참고했다. 슈퍼리그에서는 20개 클럽이 참가해 서로 경기를 치르며, 이 중 15개 클럽은 '창립 클럽'이라는 상설 회원들로 영구 참가 자격이 보장될 예정이었다. 슈퍼리그는 '폐쇄형' 리그제가 아니다. 다섯 자리(25퍼센트)는 자국 리그의 이전 시즌에서 뛰어난 성적을 거둔 팀들 중 예선을 거쳐 올라온 팀들에게 주어진다. 매년 참가 팀들은 10개 팀씩 두 그룹으로 나뉘어 팀당 18경기를 치르며, 상대팀과 홈 앤드 어웨이로 두 번 겨루는 더블 라운드 로빈 형식으로 진행된다. 각국의 리그 진행이 방해받지 않도록 경기는 주중에 열리며, 시즌이 끝나면 4주에 걸쳐 플레이오프를 치르게 된다.

발표 후 며칠 지나지 않아, 클럽들 대부분이 유러피언 슈퍼리그 프로젝트에 대한 지지를 철회했다. (레알 마드리드는 여전히 이 프로젝트에 명확한 태도를 보이고 있지만 바르셀로나와 유벤투스는 애매한 입장을 취하고 있다.)[83] 영국 일간지 「더타임스The Times」는 2021년 6월 20일자 신문에 '축구 슈퍼리그는 죽은 게 아니라 잠시 멈춰 쉬고 있을 뿐'이라는 제목의 기사로 '유러피언 슈퍼리그는 스페인에 본부를 둔 지주회사를 설립했다. 그 회사의 지분을 공동 소유한 6개의 잉글랜드 클럽이 아직 공식적으로 탈퇴하지 않았으며, 프로젝트의 리더들은 "수정을 거쳐 결국엔 대회가 재출범할 것"이라고 믿고 있다.'라는 내용을 게재했다. 보도에 따르면 12개의 창립 클럽이 만장일치로 합의해야만 지주회사를 해산할 수 있고, 일방적으로 탈퇴하는 클럽은 상당한 위약금을 지불하도록 되어 있다. 따라서 클럽들이 공식적으로 탈퇴할 수 있는 "메커니즘이 없다."고 한다.[84]

플로렌티노에게 유러피언 슈퍼리그는 단지 리그의 분리가 아니라 발전을 의미했다. 2022년 10월, 레알 마드리드의 연례 총회에서 플로렌티노는 현재 축구가 '아픈 상태'라고 말했다.

문제를 해결하려면 먼저 자신에게 문제가 있다는 것을 인식해야 합니다. … 우리 축구는 병에 걸렸습니다. 글로벌 스포츠로서의 리더십을 잃어가고 있습니다. … 레알 마드리드가 2021~22시즌 챔피언스 리그에서 가장 치열하고 관심이 많았던 7경기 출전을 통해 발휘했던 영향력이 얼마나 강력한지는 의심의 여지가 없습니다 … 그것은 대진 추첨으로 이루어진 승부였고, 우리 팀의 위대함을 보여준 결과였습니다. 시청자들에게 다시 흥분을 불러일으키도록 해준 웅장하고 화려한 경기였습니다. 그렇기 때문에 우리는 팬들에게 최고의 선수들이 경쟁하고 최강의 팀들이 맞붙는 최고 수준의 경기를 일 년 내내 제공하기 위해 유럽 대회가 바뀌어야 한다고 믿습니다.

그러면서 플로렌티노는 유럽의 빅 클럽들이 서로 맞붙는 경기 수와 다른 스포츠에서 최고의 선수들이 맞붙는 경기 수를 비교했다.

테니스에서는, 나달Rafael Nadal Parera과 페더러Roger Federer가 15년 동안 40회 경기를 치렀습니다. 나달과 조코비치Novak Đoković는 16년에 걸쳐 59회 승부를 겨뤘습니다. … 축구에서는, 우리가 67년 동안 리버풀과 맞붙은 것이 겨우 9회뿐입니다. 유리피언 컵 역사에서 첼시와 대결을 펼친 건 4회입니다. 팬들에게서 이런 기회를 빼앗는다는 게 말이 되는 것입니까?

더 많은 블록버스터급 경기가 필요하다

UEFA 회장 알렉산데르 체페린은 유러피언 슈퍼리그 제안에 대해 이렇게 말했다. "리버풀이 10년 연속 레알 마드리드와 맞붙는 시스템을 왜 만들어야 하는 건가요? 그 대결을 매년 보고 싶어 하는 사람이 있을까요?" 글쎄, 글로벌 팬들의 욕구와 기대 충족을 최우선으로 하는 글로벌 방송사와 스폰서에게 물어보면 뭐라고 대답할지 궁금하다.[85]

놀랍게도 레알 마드리드는 2021~22 챔피언스 리그 이전까지 첼시와 경기를 치른 적이 없었다. 유러피언 컵에서 여섯 번이나 우승을 차지했던 바이에른 뮌헨과 리버풀이 65년 동안 맞붙었던 건 단 두 번뿐이다.

챔피언스 리그가 그 어느 때보다 '불균형하고' '지루한' 경기가 많다는 것은 데이터가 말해주고 있다. 다음 표는 매 시즌 챔피언스 리그에서 4골 이상 차이로 승리가 결정된 경기 수를 보여준다. 2013~14시즌 이전까지 10년 동

[표 0-5] 시즌별 네 골 차 이상 승리 경기

시즌	네 골 차 이상 승리
2001/2	대회가 두 개의 조별리그에서 한 개의 조별리그로 변경된다.
2002~03	7
2003~04	5
2004~05	8
2005~06	5
2006~07	4
2007~08	5
2008~09	4
2009~10	4
2010~11	8
2011~12	9
2012~13	4
2013~14	11
2014~15	15
2015~16	11
2016~17	14
2017~18	12
2018~19	9
2019~20	10
2020~21	11
2021~22	13
2022~23	15

안은 4골 이상으로 승리를 거둔 경기가 열 번을 넘은 적이 한 번도 없다. 최근 10년 사이에는 4골 이상으로 승리한 경기가 열 번 이상인 경우가 아홉 시즌이나 된다. 이는 세계적인 빅 클럽과 다른 클럽 간의 재정적 격차, 선수단의 실력 차이가 커지고 있기 때문이다.

유러피언 슈퍼리그에는 매주 치열한 경쟁이 벌어지는 '블록버스터급' 경기들을 통해 전 세계 관객을 사로잡는 글로벌 제품으로 만든다는 생각이 기본적으로 깔려 있다.

사실 『사커노믹스Soccernomics』의 공동 저자이자 미시간 대학교University of Michigan 교수 스테판 지만스키Stefan Szymanski는 공동 저술한 학술 논문에서 최고의 클럽들이 서로 더 자주 경기를 할 필요가 있다고 했다. 지금으로부터 20년도 더 전에![86]

플로렌티노는 「포브스」가 2022년에 발표한 '가장 가치 있는 스포츠 팀 순위'를 언급하며 축구가 미국의 스포츠 팀들에 비해 뒤처진다고 말했다.[87]

우리는 모든 스포츠에서 최고였습니다만 이젠 13위로 하락했습니다. … 미국의 12개 스포츠 팀이 우리를 앞섰습니다. 그 팀들은 유럽에서는 형편없지만 미국에서는 아주 큰 성공을 거두고 있는 게 분명하군요. … 축구는 세계의 엔터테인먼트 전쟁에서 다른 스포츠 및 플랫폼에게 패하고 있습니다.

또 한편으로 생각해보면, 팬들 대부분은 자기 클럽이 얼마나 비싼지에 관해서는 신경 쓰지 않는다. 하지만 이러한 가치 평가는 해당 스포츠의 인기도 그리고 팬, 스폰서, 방송 관계자들이 그 스포츠에 대해 느끼는 가치를 측정하는 데 도움이 될 수 있다.

마지막으로 플로렌티노는 축구 거버넌스 구조에 대해 언급하며 이렇게 말했다. "우리는 지난 세기에 설계된 구식 구조 대신 전문적이고 현대적이며 투명한 관리가 필요합니다."

끊임없이 이어지는 조사에 더해 갈등, 뇌물 수수, 부패, 규칙 위반에 대한 비난 그리고 책임성 및 일관된 집행과 적절한 거버넌스, 윤리에 대한 의문이 축구에 먹구름을 드리우고 있다.[88] 그 먹구름이 스포츠 경쟁의 순수성과 공정성에 대한 믿음에 부정적인 영향을 미치게 될까?

2023년 2월, 유러피언 슈퍼리그를 후원하고 지지하는 A22스포츠매니지먼트그룹A22 Sports Management Group의 최고경영자 베른트 라이하르트Bernd Reichart는 개편된 슈퍼리그가 클럽이 정당하게 거둔 성과에 근거해 운영되며, 어떤 클럽에게도 영구 출전 보장은 주어지지 않을 것이라고 했다. 그러면서 '다중 디비전 리그 체제Multi-divisional Competition'에서 60~80개 팀이 경쟁을 벌일 것이라고 설명했다. 라이하르트는 A22가 50개 정도의 유럽 클럽과 이미 협의했으며, 이를 바탕으로 새로운 리그 계획을 뒷받침하는 10가지 원칙을 세웠다고 덧붙였다.

결국 플로렌티노와 레알 마드리드가 원하는 것은 축구가 번영하고 만국의 스포츠로 존립하는 것이다. 다음 장에서 보겠지만, 축구에 좋은 것과 레알 마드리드에 좋은 것은 서로 다른 별개의 것이 아니다.

이러한 배경을 염두에 두고, 이제 라 데시모콰르타LA DECIMOCUARTA(열네 번째 우승)에 대해 이야기해보자. 2022년 리버풀과의 결승전은 레알 마드리드와 축구에 대한 경기장 안팎의 중요 요인들을 설명할 수 있는 기회를 제공한다.

그리고 2021~22시즌을 통해, 경기장 안팎에서 진행된 레알 마드리드의 혁명을 여러 면에서 확인할 수 있다.

[사진 0-5] 2022 UEFA 챔피언스 리그 우승팀, 레알 마드리드.

1장

챔피언스 리그 열네 번째 우승: 레알 마드리드의 '승리하는 DNA'

레알 마드리드 vs. 리버풀

2022년 5월 28일 토요일, UEFA 챔피언스 리그 결승전이 열리는 스타드 드 프랑스 경기장 잔디 위로 레알 마드리드 선수들이 올라섰다. 이제 곧 전 세계의 이목을 집중시킬 스포츠 게임이 시작되려 한다. 이 결승전은 200여 개 국가에 방송되며, 영국 1300만 명, 스페인 800만 명, 미국 300만 명 등 약 4억 명의 시청자를 끌어들일 것이다. (이해를 돕기 위해 비교하자면, 전 세계에서 약 1억 4000만 명이 2021 슈퍼볼Super Bowl을 시청했는데 그중 미국이 약 1억 명, 영국이 100만 명 정도였다. 또한 2022 월드컵 결승전의 시청자는 대략 15억 명으로, 미국이 2500만 명, 영국이 1900만 명, 스페인이 1100만 명 정도였다.[89] 하지만 TV 시청자 수와 돈이 반드시 정비례하지는 않는다. 일부 언론의 경영진들은 챔피언스 리그 결승전의 중계권 가치가 슈퍼볼의 절반 정도라고 추측한다.)[90]

두 빅 클럽의 글로벌 브랜드 및 축구가 세계적으로 불러일으키는 흥미와 관심 그리고 양 팀 선수단 출신 국가의 다양성은 이미 어느 한 국가의 정체성이라는 한계를 초월하고 있다. 레알 마드리드의 선발 라인업 11명 중 8명이 서로 다른 국가(오스트리아, 벨기에, 브라질, 크로아티아, 프랑스, 독일, 스페인, 우루과이) 출신이다. 그리고 그 선수들을 이끄는 감독 카를로 안첼로티는 이탈리아 출신이다.

레알 마드리드 선수들은 전통의, 빛나는 흰색 유니폼 상의를 착용하고 있다. 그래서 흰색을 뜻하는 로스 블랑코스Los Blancos 또는 달걀흰자로 만드는 머랭Los Merengues이라는 별명이 있다. 상의 앞면에는 레알 마드리드의 메인 스폰서인 플라이에미레이트항공Fly Emirates의 로고가 장식되어 있다.[91] 좌측 상단, 선수의 심장 윗부분에는 클럽의 그 유명한, 왕관이 위에 놓인 엠블럼이 새겨져 있다. 우측 상단에는 레알 마드리드의 또 다른 스폰서인 아디다스 로고가 있다. 왼쪽 소매의 문장은 레알 마드리드가 획득한 유러피언 트로피의 개수, 13을 뜻한다. 결승전 상대는 전통의 빨간색 상의를 입은 프리미어 리그의 리버풀이다.[92] (경기장 밖에서는 팬들이 공식 레플리카 팀 유니폼을 140유로에, 공식 UEFA 챔피언스 리그 2022 결승 티셔츠를 30유로에 사고 있다. 500ml 물 한 통은 5유로, 프로그램 책자는 10유로다.)

두 팀이 유러피언 컵 결승전에서 맞붙는 건 이번이 세 번째다. 2018년에는 레알 마드리드가 리버풀을 눌렀고, 1981년에는 리버풀이 레알 마드리드를 이겼다. 67년의 역사를 자랑하는 대회에서 유서 깊은 이 두 팀이 여덟 번밖에 마주치지 않았다니 믿기 힘든 사실이다. 양 팀 간의 전적은 4승 3패 1무로 레알 마드리드가 약간 우세하다.

레알 마드리드가 챔피언스 리그 결승전까지 이르는 길은 드라마의 연속이었다. 승자 진출, 패자 탈락의 녹아웃 스테이지에서 강호 PSG, 첼시, 맨시티와 대결을 펼치며 극적인 플레이로 열세를 극복해나갔다. 레알 마드리드는 맨시티와 맞붙은 준결승에서 후반 89분이 지날 때까지 합계 점수에서 두 골 차로 뒤지고 있어 패색이 짙었다. 그러다가 갑자기 클럽 역사의 새로운 장을 써내기 시작했다. 호드리구가 후반 90분에 한 골을 만회하더니 곧이어 동점골까지 추가하며 승부를 연장전으로 끌고 갔다. 그리고 연장 전반에 카림 벤제마가 페널티킥을 성공시키며 역전에 성공했다.[93] 벤제마는 녹아웃 스테이지인 16강부터 7경기를 치르는 동안 두 번의 해트 트릭을 포함해 10골을 기록하며 대회의 주인공으로 떠올랐다. 2022 챔피언스 리그에서 레알 마드리드가 걸어온 이 놀라운 여정은 경영진에게 특별한 의미를 부여한다. 선수들이 '절대 포기하지 않는다.'라는 공동체의 기대에 완벽히 부응했기 때문이다. 이는 그들의 이상을 그대로 보여준다.

팬들이 경기장에 늦게 도착하고 일부 혼란스러운 상황이 벌어지면서 경기 시작이 15분 지연된다는 소식이 관중석에 전해진다. UEFA는 애초에 추첨을 통해 서포터스들에게 70유로에서 690유로 사이(약 11만 원~111만 원)의 가격으로 티켓을 제공했다. 그 티켓은 이미 오래전에 매진된 상태였다. 티켓이 없는 팬들은 최대 7만 명을 수용할 수 있는 경기장 스타드 드 프랑스에서 열리는 결승전의 귀중한 좌석을 어떻게든 확보하기 위해 재판매 사이트에서 구매 경쟁을 벌인다. 최고급 VIP 티켓 패키지VIP Hospitality Package는 1만 2500파운드(약 2337만 원)에 팔린다. VIP 티켓이 아닌 카테고리 1 티켓이라면 9000파운드에 조금 모자라는 가격에 올라와 있다. 시야를 방해받는 가장 저렴한 좌석은 1880파운드가 조금 넘는 가격에 구매할 수 있는데, 이조차도 UEFA가 팬 추첨을 통해 배분했던 가장 비싼 가격의 티켓보다 1190파운드나 더 비싼 금액이다.[94]

경기장 입구에서 혼란이 발생하고 경찰이 후추 스프레이와 최루탄을 사용해 군중을 통제한다는 소셜 미디어 게시물과 뉴스가 나오면서 경기는 다시 한번 15분 지연된 오후 9시 30분으로 미뤄진다.[95] 대회를 주최한 UEFA는 수천 명의 리버풀 팬들이 가짜 티켓을 사용해 입장을 시도하다 개찰구가 막히는 사고가 발생했다고 주장한다. 경기는 결국 9시 37분에 시작된다.

2022년 기준, 레알 마드리드는 2억 7700만 명으로 축구계에서 가장 많은 소셜 미디어 팔로어를 보유하고 있었고, 리버풀은 1억 3000만 명으로 일곱 번째였다.[96] 레알 마드리드와 리버풀은 둘 다 글로벌 브랜드로서 세계적으로 가치를 인정받으며 넓은 지지층을 자랑하는 클럽이다. 레알 마드리드는 1902년 창단 이후 소시오(현재 9만 4000명 이상)가 소유하고 있는 비영리 클럽인 반면에 리버풀은 1892년 창단 이후 소수의 부유한 개인이 소유한 영리 법인이다. 현재 리버풀은 미국에 본사를 둔 펜웨이스포츠그룹Fenway Sports

Group, FSG이 소유하고 있으며, 이 그룹은 다중 클럽 소유 모델을 취하고 있다. FSG는 프리미어 리그의 리버풀, MLBMajor League Baseball의 보스턴 레드삭스Boston Red Sox, NHLNational Hockey League의 피츠버그 펭귄스Pittsburgh Penguins 등 세 개의 상징적인 클럽을 앞세운 글로벌 스포츠, 마케팅, 미디어, 엔터테인먼트, 부동산 회사다.[97] AC 밀란과 툴루즈Toulouse FC를 소유한 미국의 사모펀드 레드버드는 2021년 FSG와 7억 5000만 달러(약 1조 305억 원) 규모의 계약 체결로 11퍼센트의 지분을 확보하면서 FSG에서 세 번째로 큰 주주가 되었다.[98]

2020~21 딜로이트 풋볼 머니 리그에서 레알 마드리드는 6억 4100만 유로(약 1조 323억 원)의 수익을 올리며 2위에, 리버풀은 5억 5000만 유로로 7위에 올랐다. 소셜 미디어 팔로어 수와 비슷한 순위 차이다.[99] 두 클럽 간의 수익 차이 9100만 유로는 대부분 상업적 수익(스폰서)에서 발생한 것이다. 리버풀은 2019년에 챔피언스 리그 우승 트로피를 거머쥐었지만, 맨시티와 PSG가 상승하면서 수익 순위에서는 두 계단 하락했다. 소셜 미디어 팔로어 수에서 PSG는 1억 3600만 명으로 4위에 올랐고, 맨시티는 8900만 명으로 9위를 기록했다.

레알 마드리드는 6월에 끝나는 2022 회계연도에서 1300만 유로(약 209억 원) 흑자를 발표했다. 이는 레알 마드리드가 2019~20(세후 31만 3000유로)와 2020~21(세후 87만 4000유로)을 포함해 코로나19 유행으로 영향을 받은 3개 회계연도에서 모두 이익을 유지했다는 것을 의미한다. 빅 클럽 가운데 2019~20와 2020~21의 2개 회계연도에서 손실을 보지 않은 클럽은 거의 없는 형편이다.

UEFA가 조사한 바에 따르면, 2019~20과 2020~21 사이에 유럽 클럽들은 약 60억 유로(약 9조 6780억 원)의 누적 영업 손실을 기록했다.[100] 리버풀은

2021년 5월에 끝나는 회계연도 재무 결과를 발표했는데, 세전 손실이 480만 파운드(약 90억 원)에 달했다. 이는 이전 회계연도의 세전 손실 4630만 파운드보다는 개선된 수치다.[101]

비싼 선수가 많으면 더 많이 우승할까?

2022년 「오프더피치」 기사에서 분석가 안톤 드라스벡 쉬오닝Anton Drasbaek Schiønning은 축구 경기력과 선수단 가치 사이에 상관관계가 높다는 것을 보여주었다.[102] 그 이전에도 축구의 경기력과 연봉 사이의 높은 연관성에 집중하는 연구가 여럿 있기는 했다.[103] 풋볼플레이어벤치마크툴Football Player Benchmark Tool은 2022년 4월 1일 기준으로 챔피언스 리그 4강 진출 팀의 가치를 발표했다. 맨시티(11억 1900만 유로, 약 1조 8049억 원), 리버풀(9억 8800만 유로), 레알 마드리드(8억 1600만 유로), 비야레알(4억 3000만 유로) 순이다.[104]

풋볼벤치마크에 따르면 리버풀에서 가장 가치가 높은 선수는 세계 최고의 수비수로 뽑힌 트렌트 알렉산더아놀드Trent Alexander-Arnold(1억 1500만 유로, 약 1855억 원)였고, 레알 마드리드에서는 비니시우스 주니오르(1억 2900만 유로)였다.

챔피언스 리그 4강 진출 클럽들의 가치를 모두 합하면 33억 5300만 유로(약 5조 4083억 원)였다. 이에 비해 챔피언스 리그의 하위 대회인 유로파 리그UEFA Europa League 준결승 진출 클럽들의 가치 총합은 13억 6300만 유로였다. 챔피언스 리그 준결승 4개 클럽의 가치를 합하면 유로파 리그 준결승 진출 클럽들의 2.5배 정도였다. 기본적으로 챔피언스 리그의 준결승이나 결승전은 유럽 빅 클럽들의 독무대라 할 수 있다. 심지어 상위 5대 리그에 속한 비야레알의 4강 진출도 예상을 뛰어넘은 깜짝쇼로 여겨질 정도였다. 나머지

3개 클럽과 비교하면, 비야레알 선수단의 가치는 절반 정도에 불과하다. 또한 2022년까지 지난 5시즌 동안, 상위 5대 리그에 속하지 않으면서 챔피언스 리그 준결승에 진출한 클럽은 아약스AFC Ajax가 유일했다. 유러피언 컵/챔피언스 리그에서 4회 우승의 기록을 지닌 아약스의 마지막 준결승 진출은 1996~97시즌이었다.

상위 5개 리그에서 글로벌 브랜드로 무장하고 우세를 보이는 소수의 클럽들은 모두 재정이나 경기력 면에서, 주로 리그 방송 수익에 의존하는 자국 클럽들 그리고 챔피언스 리그에 진출한 대부분의 클럽들과 격차를 더욱 벌려가고 있다.

「오프더피치」가 2023년 2월에 발표한 [표 1-1]의 내용을 보자. 상위 5대 리그를 제외한 리그 중에서, 국내 리그에 속한 모든 팀을 합한 가치가 맨시티 한 클럽의 가치보다 높은 리그는 브라질 세리이 ASérie A뿐이다. 각 리그마다 가치 평가를 받는 선수가 400명이 넘는다. 그런데 그 선수들의 가치를 다 더한 리그의 전체 가치가 15억 유로(약 2조 4195억 원)인 맨시티 선수단 38명의 압도적인 평가 가치를 넘어서지 못한다.[105]

[표 1-1] 2023년 2월 기준 선수단 가치

순위	리그 그리고 맨시티	유로(단위: 10억)
#1	브라질 세리이 A (리그)	3.1
#2	맨시티	1.1
#3	포르투갈 프리메라 (리그)	.9
#4	네덜란드 에레디비시 (리그)	.8
#5	벨기에 프로 (리그)	.5

출처: 「오프더피치」 데이터 애널리틱스 툴Off The Pitch Data Analytics Tools

심지어 상위 5대 리그에서는 중하위권에 머무르며 챔피언스 리그에 참가하지 못한 클럽들조차도 챔피언스 리그에 출전한 다른 리그의 클럽들보다 가치가 높다. 「오프더피치」에 따르면 상위 5대 리그에 속하지 않으면서 챔피언스 리그에 출전한 FC 포르투FC Porto의 선수단 가치는 챔피언스 리그에 출전한 다른 팀들과 비교하기 힘들고, 프랑스의 스타드 렌Stade Rennais FC(3억 4400만 유로, 약 5548억 원), 스페인의 레알 베티스Real Betis Balonpié(2억 8700만 유로), 이탈리아의 사수올로US Sassuolo Calcio(2억 8500만 유로)처럼 상위 5대 리그에서 중하위권에 속하는 클럽들의 선수단 가치와 더 비슷하다. 프리미어 리그 20개 팀 중 18개 팀의 선수단 가치가 상위 5대 리그를 제외한 리그의 어떤 팀보다 더 높다. 프리미어 리그의 나머지 두 팀인 풀럼Fulham FC(2억 9600만 유로)과 본머스AFC Bournemouth(2억 6400만 유로)만이 선수단 가치에서 포르투갈의 FC 포르투, 네덜란드의 아약스, 포르투갈의 벤피카에게 뒤질 따름이다.

두 클럽 모두 시즌 세 번째 트로피를 노리고 있었다. 레알 마드리드는 라리가와 스페인 슈퍼컵에서 우승했다. 리버풀은 EFL 컵과 FA 컵에서 우승했다. (프리미어 리그에서는 맨시티에 이어 2위를 기록했다). 이번 결승전 경기가 레알 마드리드에게는 시즌 56회째, 리버풀에게는 63회째 경기다.[106] 양 클럽의 소속 선수 대부분은 출신 국가의 대표팀에서도 활약하면서 추가로 네 번에서 여덟 번 정도 국제 경기(2022 FIFA 월드컵 예선, 대륙별 대회, 국제 친선 경기)에 참가했다. 이렇게 시즌을 마치면 선수들은 연습보다는 휴식과 회복에 더욱 집중한다.

후반 14분 비니시우스가 결승골을 터뜨리며 경기 결과는 1:0, 레알 마드리드의 승리로 끝났다. (자세한 내용은 이 장의 뒷부분에 있는 '1:0, 승패를 바꾼

단 한 번의 기회'에 서술했다.) 레알 마드리드는 대회 우승을 차지하며 한 시즌에 총 누적 상금 8300만 유로(약 1338억 원)를 벌어들였다. 챔피언스 리그, 라리가, 스페인 슈퍼컵 우승을 거둔 레알 마드리드는 선수 한 명당 세전으로 약 260만 유로의 성과급을 지급했다.[107]

소셜 미디어의 영향

블링크파이어애널리틱스Blinkfire Analytics에 따르면 레알 마드리드는 챔피언스 리그 열네 번째 우승을 차지하던 주말에 X(당시 트위터), 페이스북facebook, 인스타그램, 유튜브에서 170만 명의 팔로어를 끌어들였다. 이는 대회의 역대 우승팀들 중 가장 높고, 이전 우승팀과 비교하면 두 배가 넘는 수치다. 결승전 당시에 레알 마드리드 관련 게시물에 대한 공유, 좋아요, 댓글 등의 관심을 측정한 참여가 1억 3600만 회에 달했으며, 이 역시 역대 최고치로 이전 우승팀 관련 참여의 두 배가 넘는다. 모든 소셜 미디어 채널에 걸쳐 레알 마드리드는 5월 27, 28, 29일 사흘 동안 310만 명의 신규 팔로어를 확보했고, 그중 틱톡(140만 명)과 인스타그램(120만 명)이 전체의 80퍼센트 이상을 차지했다. 레알 마드리드의 틱톡 계정은 게시물당 조회 수가 1000만 회를 넘는다. 소셜 미디어 측정 플랫폼 MVPindex에 따르면 레알 마드리드는 페이스북, 인스타그램, X에서 강력한 존재감을 과시하고 있으며, 2017년 기준으로 사회적 측면에서 약 17억 달러(약 2조 3358억 원. 당시 클럽의 추정 가치 36억 달러의 대략 절반)의 가치를 지니고 있다. 이는 프로 스포츠에서 가장 높은 수치다. 당시 레알 마드리드의 팔로어 수는 총 1억 8200만 명, 2022년 말에는 총 2억 9500만 명(62퍼센트 증가)이었다.

선수들 중에서는 벤제마의 인스타그램에서 신규 팔로어가 가장 많이 증가했다. 준결승 시작 직전부터 결승전 종료 12시간 후까지 총 300만 명의 신규 팔로어를 받았고, 팔로어는 5060만 명에서 5360만 명으로 6퍼센트 증가했다.[108] 소셜 미디어에서 팔로어가 많은 선수는 큰 수익을 벌어들일 수도 있다. 예를 들어 크리스티아누 호날두는 2021~22시즌 맨유에서 활약할 당시 인스타그램에서 약 4억 4600만 명의 팔로어를 보유하고 있었다. 전문가들은 인스타그램으로 전 세계에서 가장 많은 돈을 번 사람이 크리스티아누 호날두라고 추정한다. 그는 인스타그램에서 '일회성' 스폰서 게시물로 약 200만 달러(약 27억 4800만 원)를 벌었고, 2021년에는 스폰서십으로 총 5500만 달러를 벌어들였다. (스폰서십 계약에서는 종종 일정 수 이상의 소셜 미디어 게시물을 요구한다.)[109] 전문가들은 벤제마처럼 약 5000만 명의 팔로어를 보유한 선수라면 인스타그램에서 일회성 스폰서 게시물당 약 20만 달러의 수익을 올릴 수 있다고 본다.

레알 마드리드는 이번 우승으로 챔피언스 리그에서 9시즌 동안 다섯 번의 우승을 거머쥐게 되었고, 카를로 안첼로티는 감독으로서 네 번째 타이틀 획득이라는 기록을 세웠다. (그는 선수 시절에도 두 번 우승했다.) 플로렌티노 페레스는 회장 재임 기간 중 18년 동안 여섯 번째 유러피언 컵 우승을 차지하면서, 35년간 레알 마드리드 회장으로 재임한 산티아고 베르나베우의 여섯 번 그리고 파코 헨토의 여섯 번 유러피언 컵 우승과 동률을 이루게 되었다. 참고로 리버풀은 역대 유러피언 컵에서 여섯 번의 우승을 거두었다. 레알 마드리드 선수 가운데 유러피언 컵에서 다섯 번 이상 우승한 선수는 15명인데, 그중에서 베일, 벤제마, 카르바할, 카세미루Carlos Henrique Casemiro, 이스코 Francisco Román Alarcón Suárez, 크로스, 마르셀루Marcelo Vieira da Silva Júnior, 모

드리치, 나초 등 9명은 2022 결승전 명단에도 이름을 올렸다.

레알 마드리드는 전문가들이 우세를 점쳤던 여러 팀을 이기고 올라와 우승 트로피를 들어 올렸다. 선수단 몸값에서는 레알 마드리드를 앞서는 팀이 여럿 있었다. 하지만 레알 마드리드의 문화 그리고 DNA는 선수 개개인의 뛰어난 실력을 넘어서 유럽에서 무서운 파괴력을 지닌 축구 클럽을 만들어 냈다.[110]

2018년에 당시 33세였던 크리스티아누 호날두가 재계약 협상을 마친 지 1년도 지나지 않아, 바르셀로나의 리오넬 메시와 동등한 수준의 연봉을 원한다며 또다시 주급 인상을 요구했다는 소식이 들려왔다.[111] 그러자 플로렌티노 페레스는 호날두를 1억 유로(약 1613억 원)의 이적료를 받고 유벤투스에 매각했다.[112] (나중에 바르셀로나는 네이마르Neymar Júnior를 PSG에 보내며 2억 2200만 유로를 받았음에도 재정적 어려움을 겪었고, 이후 메시도 PSG로 떠나게 된다. 유벤투스도 재정적 어려움에 빠졌다.) 또한 전설적 수비수이자 주장인 세르히오 라모스(35세)가 2021년 코로나19 기간 동안 연봉 삭감 없이 계약 2년 연장을 요청했다는 보도가 나왔을 때도, 클럽은 '계약이 만료된 30세 이상 선수에게는 1년 단위로 연장 계약을 제시한다.'라는 정책에 예외를 두려고 하지 않았다. (나중에 라모스는 PSG와 2년 계약을 체결했다. 그는 2021~22시즌에 단 12경기만 뛰었다.) 플로렌티노 페레스는 레알 마드리드의 지속 가능한 경제―스포츠 모델을 위험에 빠뜨릴 의사도, 구단이 명시한 재정적 책임이라는 가치 중 어느 하나도 거스를 의향이 없었다.

"레알의 챔피언스 리그 DNA를 어떻게 설명하면 될까요?" 1998 챔피언스 리그 결승전에서 유벤투스를 누르고 우승을 이끌었던 전 레알 마드리드의 주장이자 수비수 마놀로 산치스Manolo Sanchís가 마치 자신은 답을 알고 있다는 듯 질문을 던진다. 그러면서 이렇게 대답한다. "다른 비즈니스에서 큰 성공을 거두고 축구라는 스포츠를 새로운 투자처로 여기는 사람들이 제대로 이해하지 못하는 무언가가 있죠. 그들은 무엇이든 돈으로 사는 데 익숙합니다. 하지만 이건 돈으로 살 수 없습니다. 레알 마드리드가 지닌 116년의 역사를, 수많은 뛰어난 선수들이 라커룸에 남긴 유산을, 디 스테파노와 코파Raymond Kopa 시절부터 라모스와 크리스티아누에게 이어지는 혈통을 살 수는 없습니다. 건너편에서 수표를 들고 있는 사람이 스스로 물어보겠죠. '어떻게 하면 저걸 살 수 있을까?' 글쎄요, 그럴 수는 없겠는데요. 미안합니다."[113] 나는 지난번에 『레알 마드리드 웨이』를 쓰면서 승리를 위해서는 돈, 재능, 데이터 분석이 매우 중요하다고 설명했다. 하지만 승리의 가장 중요한 요소는 '클럽의 문화'였다. 그것은 본뜨거나 복제할 수 없다. 수십 년의 역사와 전통으로 빚어낸 진품이기 때문이다.

하지만 이제는 건너편에서 수표를 들고 있는 사람이 지역의 부유한 슈퍼팬만 있는 것이 아니다. 레알 마드리드도 종종 정부 유관 기관, 사모펀드, 다중 클럽 소유 모델의 클럽에 맞서 버티고 있다.

결승전 다음 날인 일요일, 레알 마드리드는 트로피와 함께 마드리드의 시벨레스 광장에 도착한다. 광장에는 우승을 축하하는 수만 명의 레알 마드리드 팬들이 모여 있다. 마드리드 시청 주변에 걸린 현수막에는 '고마워요, 마드리디스타Madridistas 팬 여러분!' 그리고 'Ch14mpions'라고 적혀 있다. 선수들은 버스에서 내려 분수대에 마련된 무대에 올라 팬들과 함께 춤추고 노래한다. 주장 마르셀루는 슈퍼볼 우승 반지처럼 생긴 반지 5개(레알 마드리드와 함께 유러피언 컵 5회 우승)를 끼고, 등번호 14가 적힌 유니폼(열네 번째 챔피언스 리그 트로피를 의미, 원래 마르셀루의 등번호는 12번)을 입은 채 분수대 꼭대기에서 여신상에 레알 마드리드 스카프와 깃발을 두른 다음 챔피언스 리그 트로피를 들어 올린다. 팬들은 레알 마드리드가 유러피언 컵에서 가장 성공적인 팀이라는 사실을 기념하는 또 한 번의 역사적인 순간을 만끽한다.

그 당시를 생각하다 보니, 레알 마드리드의 전 재무이사로 레알 마드리드를 세계적인 강팀으로 만든 경영진의 핵심 멤버 카를로스 마르티네스 데 알보르노스Carlos Martínez de Albornoz가 한 말이 떠올라 슬며시 웃음이 난다. "시벨레스 분수에서 클럽의 탄탄한 재정 상태를 축하하는 사람은 없군요." 맞다. 그 자리에서는 축하하지 않았다. 하지만 지속 가능한 경제—스포츠 모델 그리고 건전한 재정 상태가 뒷받침되지 않았다면, 레알 마드리드처럼 소시오가 소유한 클럽이 9년 사이에 다섯 번의 우승을 거머쥐는 일은 가능하지 않았을 것이다. 경기장 안과 밖의 결과는 상호 의존하는 관계로 존재한다.

플로렌티노 페레스가 말한다. "이제 열다섯 번째 우승을 향해 열심히 나아가야 할 때입니다. 할라Hala 마드리드!" 이 말을 정확히 번역하기는 힘들지만, '가자, 마드리드, 가자!' 또는 '앞으로, 마드리드!' 같은 뜻이다. 레알 마드리드와 플로렌티노 페레스는 현실에 안주하지 않을 것이다. 팬들이 기대를 걸고 있으므로 언제나 더 많은 것을 원하고 요구할 것이다. 이제 획득한 우승 타이틀은 경기장 안팎에서 앞을 향해 나아가기 위한 또 하나의 동기를 부여해줄 뿐이다.

레알 마드리드는 자신들의 가치와 결과 그리고 특히 챔피언스 리그에서의 활약을 통해 스스로 어떤 클럽인지를 보여준다. 팀의 승리에 대해 커뮤니티가 느끼는 자부심은 오로지 자신들만의 독특한 방식으로 승리를 이루겠다는 클럽의 열정과 하나가 된다. 결승전에서 선수들은 단순한 승리 이상을 원하는 팬들의 기대가 얼마나 큰지 고스란히 느꼈다. 클럽을 응원하는 커뮤니티가 어떤 존재인지 그리고 그들이 지향하는 가치가 무엇인지를 대표해서 보여주려면 강한 책임감과 긍지가 따라야 한다. 경기장 안팎에서 군림할 수 있는 비결은 커뮤니티 구성원들의 열정과 가치에 있다. 그리고 그러한 열정

과 가치 속에 클럽의 문화 그리고 지속 가능한 경제—스포츠 모델의 시작과
끝도 존재한다.

1:0, 승패를 바꾼 단 한 번의 기회

경기는 37분이나 지연되며 불안한 시작을 보인다. 리버풀의 선축先蹴으로 경기가 시작된다. 시작 3분 만에 리버풀에게 이른 기회가 찾아온다. 리버풀의 트렌트 알렉산더아놀드가 프리킥 기회를 맞았지만 레알 마드리드의 카림 벤제마가 걷어낸다. 예상대로 리버풀이 강한 압박에 나선다. 리버풀은 안정을 찾은 것 같다. 리버풀이 볼 점유율을 높이며 상대편 진영으로 깊이 파고든다. 레알 마드리드는 아래로 내려와 수비에 집중하며 역습의 기회를 노리는 듯하다.

전반 16분, 리버풀의 모하메드 살라Mohamed Salah가 슈팅을 날리지만 레알 마드리드의 골키퍼 티보 쿠르투아Thibaut Courtois가 넘어지며 잘 막아낸다. 레알 마드리드에게 경고를 날리는 슈팅이었다. 몇 분 후 리버풀은 또 한 번 슛을 날린다. 리버풀의 사디오 마네Sadio Mané가 박스 안으로 침투하는 살라를 발견하고 패스, 살라가 바로 슈팅을 때리지만 공은 쿠르투아의 정면으로 날아간다. 전반 21분에는 박스 가장자리에서 마네가 빠르게 슈팅을 날리지만 볼은 쿠르투아가 쭉 뻗은 오른손 끝에 걸려 골포스트에 맞은 후 쿠르투아의 품으로 들어간다. 쿠르투아의 선방이 다시 한번 레알 마드리드를 구해낸다.

최전방에서 그라운드를 누비는 마네와 살라는 위협적이다. 레알 마드리드 수비진은 리버풀의 공격에 대처할 확실한 방법을 아직 찾아내지 못한 듯하다.

전반 31분, 토니 크로스가 비니시우스 주니오르에게 공을 찔러준다. 트렌트 알렉산더가 공을 막아낸다. 그렇지 않았으면 비니시우스가 득점에 성공했을 수도 있다. 이 플레이가 이날 결승전의 핵심 대결 포인트를 보여준다. 레알 마드리드의 왼쪽 윙어이자 역습을 위한 핵심 선수인 비니시우스와, 리버풀의 중요한 공격 무기이자 오른쪽 풀백이지만 때때로 수비에 어려움을 겪을 수 있는 선수인 트렌트 알렉산더아놀드의 대결이다. 플레이가 이어지고 공방이 벌어진다.

전반 43분, 박스 안에서 약간의 혼전이 벌어지는 상황, 벤제마가 발밑에 있는 공을 보고 골문 안으로 차 넣지만 심판은 깃발을 들어 올린다. 벤제마가 오프사이드 위치에 있었던 것으로 보인다. 하지만 공이 리버풀 선수 파비뉴Fábio Henrique Tavares의 무릎을 맞고 나온 것이라면 벤제마가 플레이를 이어갈 수도 있다는 뜻이 된다. 문제는 파비뉴가 공을 플레이하다가 건드렸는지 아니면 실수로 공이 몸에 맞은 것인지에 대한 판단 여부에 달려 있는 듯하다. VAR 확인을 거친 후, 벤제마는 오프사이드 판정을 받는다. 골은 무효로 선언된다. 하지만 리버풀은 레알 마드리드가 관록의 강팀이라는 사실을 새삼 떠올린다. 레알 마드리드는 아주 작은 기회도 순식간에 골로 연결시킬 수 있는 팀이다.

전반전 종료. 0:0. 살라와 마네가 여러 차례 쿠르투아가 지키는 골문을 두드리는 등 리버풀은 전반전 내내 주도권을 쥐고 놓지 않았다. 하지만 벤제마의 오프사이드 판정으로 안도의 한숨을 내쉰 건 리버풀이었다.

후반전이 시작되고, 레알 마드리드의 다니 카르바할과 페를랑 멘디Ferland Mendy가 뛰어난 수비를 펼치며 위험한 순간을 벗어난다. 리버풀은 라인을 올리며 레알 마드리드에게 압박을 이어간다. 하지만 백색 군단 레알 마드리드는 견뎌낸다. 55분, 알렉산더아놀드가 오른쪽에서 가운데로 빠르게 띄워 준 공이 티아고Thiago Alcântara를 지나쳐 날아가지만 쿠르투아가 멋지게 몸을 날려 손으로 공을 쳐낸다.

59분, 발베르데가 오른쪽으로 치고 들어간다. 동북부 지역 사투리에 감정과 과장을 섞어 즉흥적인 해설을 쏟아내는 걸로 유명한 TV 해설자 레이 허

[사진 1-1] 2022 챔피언스 리그 결승전에서 발베르데가 비니시우스에게 패스.

[사진 1-2] 2022 챔피언스 리그 결승전에서 비니시우스가 선제골이자 결승골을 성공시킨 후.

드슨Ray Hudson은 뭔가 특별한 일이 일어나고 있다고 느꼈는지 흥분하며 점점 목소리를 높인다. "조심해야 합니다…. 리버풀의 수비가 마이애미 해변의 스판덱스처럼 늘어지고 있어요!"(털어놓겠다. 레이 허드슨은 이 경기 해설을 하지 않았다. 그냥 내가 가장 좋아하는 해설자니까 그 사람이었으면 이렇게 해설했을 거라 혼자 재미로 상상해보는 것이다.)

발베르데가 박스 안으로 빠르게 공을 차 넣는다.[114] 공은 뒤쪽 골포스트로 날아가고, 비니시우스가 사이드킥으로 찬 공이 골망을 가른다. 허드슨이 외친다. "비니, 비디, 비시… 비니시우스가 어느새 유령처럼 와 있습니다. 따라와서 막는 선수가 아무도 없어요. 고스트버스터즈도 이 선수를 잡을 수는 없습니다." 비니시우스가 알렉산더아놀드의 수비 실수를 놓치지 않았다.

골. 레알 마드리드. 레알 마드리드가 전세를 역전시키며 앞서 나간다.

리버풀이 공세 강화에 나선다. 64분, 살라의 슛이 다시 한번 쿠르투아의 선방에 막힌다. 69분, 살라가 골문 바로 앞에서 시도한 슛을 쿠르투아가 놀라운 수비로 또다시 막아낸다. 레알 마드리드 선수들이 볼을 가로채고 재빠르게 밀착 수비를 펼치지만 쿠르투아는 놀라운 선방을 펼치며 팀을 구해낸다. 허드슨의 해설이 이어진다. "쿠르투아의 선방을 보세요. 고양이처럼 민첩하면서… 마치 문어와 검투사의 움직임을 조금씩 섞어놓은 듯합니다."

쿠르투아의 입이 떡 벌어지는 선방과 함께 마드리드의 승리에 대한 기대감이 커져가는 듯하다. 백색 군단은 16강전부터 세 번이나 패배를 눈앞에 둔 상황에 처했지만, 어떻게든 헤쳐 나와 승리를 거두었다.

87분, 레알 마드리드에게 또 한 번의 기회가 찾아온다. 루카 모드리치로부터 온 공을 비니시우스가 받아서 치고 들어가다 벤제마에게 힐 패스로 넘겨주지만, 알렉산더아놀드의 수비에 막히고 만다.

5분의 추가 시간이 주어진다. 막 교체 투입된 다니 세바요스Dani Ceballos가

박스 안까지 치고 들어가지만 슛을 날리지 않고 비니시우스에게 패스하려다 실패한다. 리버풀이 마지막으로 밀어붙인다. 하지만 레알 마드리는 경험과 믿음을 바탕으로 침착함을 유지한다. 경기 종료.

레알 마드리드가 1:0으로 승리하며 UEFA 챔피언스 리그 왕좌에 오른다.

허드슨이 마무리 해설에 나선다. "위풍당당 레알! 아름다운 빅 이어Big-ears 트로피가 고향으로 돌아갑니다! 여러분, 기록은 숫자에 불과하니 속지 마세요. 카를로 안첼로티의 게임 플랜은 완벽했습니다. 우리 모두가 그걸 지켜봤습니다."

리버풀은 점유율 55퍼센트를 차지하면서 아홉 번의 유효슈팅을 날렸다. 레알 마드리드는 단 한 번의 유효슈팅을 기록했다. 기회는 훨씬 적었지만, 백색 군단에게 필요한 것은 단 한 번의 기회였다. 레알 마드리드는 다시 한번 증명해냈다. 패배와 고통은 의심하는 자의 몫이라는 것을.

쿠르투아는 결승전 MVP로 선정되었다. 레알 마드리드는 계획을 세웠고 완벽하게 수행했다. 선수들은 상대의 압박을 견뎌내면서 기회를 찾았고, 두려움 없이 상대방과 맞붙었으며, 수비진과 쿠르투아가 제 역할을 해줄 것으로 믿었다. 그리고 기회가 찾아왔을 때 벤제마나 비니시우스 또는 호드리구가 역습에 나서며 골을 노렸다.[115]

2018년, 레알 마드리드는 16강에서 프랑스 챔피언이었던 PSG, 8강에서 이탈리아 챔피언이었던 유벤투스, 4강에서 독일 챔피언이었던 바이에른 뮌헨, 그리고 결승전에서 리버풀을 눌렀다. 하지만 2022년에 레알 마드리드가 챔피언스 리그 결승전까지 걸어온 길은 어느 팀도 경험해본 적이 없을 정도로 힘든 여정의 연속이었다. 레알 마드리드는 16강에서 프랑스 챔피언이었던 PSG, 8강에서 디펜딩 챔피언이었던 첼시, 4강에서 잉글랜드 챔피언이었던 맨시티 그리고 결승전에서 리버풀을 꺾었다. (리버풀은 프리미어 리그를 3위로 마쳤고 해당 시즌 두 대회에서 우승을 거뒀으며 결승전 직전까지 시즌 내내 62경기를 치르면서 3패만을 기록 중이었다.)

2021~22시즌은 구장 안팎에서 여러 면으로 '레알 마드리드 방식'이 계속된 기간이었다. 그리고 '레알 마드리드 혁신'이 돋보인 기간이기도 했다.

다음 장에서는 어떻게 그리고 왜 프로 축구가 엔터테인먼트와 콘텐츠가 되었는지에 대한 배경을 설명할 것이다. 그리고 수년간에 걸친 유러피언 슈퍼리그에 대한 논의로 이어진다. 그러려면 축구에 변화가 발생하는 이유 그리고 레알 마드리드가 그런 변화에 대응하고 처리하는 방법과 이유를 이해해야 한다. 경기를 콘텐츠와 엔터테인먼트로 본다는 아이디어(그리고 뒤이은 TV 중계권 가치의 폭발적 상승)는 플로렌티노 페레스가 2000년에 선거를 통해 레알 마드리드 회장이 되기 이전부터 시작되었다. 하지만 그 아이디어를 한 단계 더 발전시키는 데 도움을 준 것이 페레스와 레알 마드리드였다. 그들은 억만장자 구단주들과 경쟁하기 위해 축구의 역학 관계를 바꿔야만 했다. 이제 레알 마드리드는 정부 유관 기관, 사모펀드 그리고 다중 클럽 소유 모델과 경쟁하고 있다.

2장에서 배경을 살펴보고, 그다음 장에서는 '레알 마드리드 방식'에 대해 설명할 것이다. 클럽이 어떤 식으로 관리되고 왜 그런 방식을 사용하는지에 대한 자료를 제공할 것이다. 이에 대해서는 나의 지난번 저서 『레알 마드리드 웨이』에서 많은 부분을 다룬 바 있다.

그렇게 레알 마드리드의 방식을 살펴본 후에는, 오늘날 축구에서 발생하고 있는 시스템 변화에 관해 이야기하려 한다. 클럽 소유 모델의 변화에서 시작해서 유러피언 슈퍼리그를 넘어서는 많은 변화를 레알 마드리드가 어떻게 대응하고 해결하는지 알아볼 것이다.

그저 '경기'가 아니다: 엔터테인먼트 산업이 된 축구

프로 축구는 어떻게 엔터테인먼트가 되었을까?

프로 축구가 어떻게 엔터테인먼트이자 콘텐츠가 되었는지를 이해하려면 역사적 배경을 알고 넘어갈 필요가 있다. 그러다 보면 자연히 '유러피언 슈퍼리그'에 대한 배경도 알게 된다. 유러피언 슈퍼리그라는 아이디어의 시초는 유러피언 컵으로 거슬러 올라간다.

1954년, 프랑스 스포츠 전문 매체「레키프」는 기사를 통해 유럽 각국의 자국 리그 우승팀끼리 모여 경쟁하는 유럽의 클럽 대항 축구대회를 제안했다. 여기에 '유러피언 리그'라는 이름을 붙이고 경기는 각국에서 시즌을 치르는 동안 주중에 하자는 계획이었다. 유럽의 빅 클럽들은 대부분 이 대회에 매력을 느꼈다. 클럽의 입지 확보와 수익 창출에 도움이 되리라 생각했기 때문이다. 하지만 일부 클럽은 리그보다 경기 수가 적고 이동이 적은 컵 대회를 선호했다. 타협점을 찾는 과정에서 녹아웃 컵 대회 형식으로 방향이 맞춰졌지만, 예전처럼 한 경기로 진출 또는 탈락이 결정되는 방식은 취하지 않기로 했다. 그 대신 국내 리그처럼 매 라운드에서 상대 팀과 홈 앤드 어웨이로 두 번의 경기를 치르기로 했다. (첫해에 초청된 클럽 중 일부는 자국 리그의 우승팀은 아니었지만 클럽의 명성 및 팬의 선호도를 기준으로 선발되었다. 두 번째 해부터는 전 대회 우승팀과 자국 리그 우승팀들이 참가했다.)[116]

1966~67시즌까지는 두 번의 대결에서 확실한 승자가 나오지 않으면 중립 지역에서 세 번째 경기를 치렀다. 즉 유러피언 컵은, 매 라운드마다 한 경기씩만 치르기 때문에 영세한 클럽이 예상을 뒤집고 빅 클럽에게 승리하여 다음 라운드에 진출할 가능성이 더 큰 FA 컵과는 애초부터 구조적으로 달랐다. 유러피언 컵에서 두 경기를 치르는 형식이 특별히 사용된 이유 중 하나는

빅 클럽에게 약간의 유리한 조건을 제공하면서 요행으로 얻는 행운의 가능성을 줄이기 위해서였다. 그리고 이는 효과가 있었다.

레알 마드리드는 1회 대회였던 1955~56시즌부터 1959~60시즌까지 연속으로 다섯 번 유러피언 컵 우승을 차지했고, 1965~66시즌에 여섯 번째 우승컵을 들어 올렸다.

의도했던 대로 처음 11시즌 동안 상위 5대 리그의 빅 클럽들이 주도권을 장악했다. 레알 마드리드와 바르셀로나가 일곱 번(레알 마드리드 여섯 번, 바르셀로나 한 번), 밀란과 인터 밀란이 각각 두 번(피오렌티나ACF Fiorentina가 한 번), 랭스Stade de Reim가 두 번, 프랑크푸르트Eintracht Frankfurt가 한 번 결승전에 진출했다. 벤피카(사실상 여섯 번째 상위 리그)는 세 번 결승에 진출했다.

레알 마드리드는 작은 클럽들에게 위협적일 정도로 크고 대단한 경기장을 보유하고 있었다. [표 2-1]을 보면 1956~57시즌 레알 마드리드의 경기장이 다른 경기장에 비해 얼마나 컸는지 알 수 있다. (1955년에 개보수하여 12만 4000명을 수용할 수 있었다.) 단, 1959~60시즌 스코틀랜드의 햄든 파크는 예외였다. 당시 19세였던 퀸즈 파크Queen's Park Rangers FC의 스트라이커 알렉스 퍼거슨은 이전에 한 번도 본 적 없는 멋진 플레이와 기술을 펼친 레알 마드리드가 유러피언 컵에서 다섯 번째 우승을 거두는 모습을 햄든 파크에서 지켜보았다.[117]

유러피언 컵에서는 일방적인 경기가 많았다. 1라운드와 8강전, 심지어 준결승에서도 합계 점수 7:0 또는 8:3 같은 기록이 드물지 않았다. 예를 들어 1959~60 유러피언 컵의 1회전, 8강전, 준결승전에서 레알 마드리드는 총 24골을 넣고 7골을 허용했다. 그리고 결승전에 올라 12만 7621명의 관중이 지켜보는 가운데 아인트라흐트 프랑크푸르트Eintracht Frankfurt를 7:3으로 물리쳤다. (페렌츠 푸슈카시Ferenc Puskás와 알프레도 디 스테파노가 결승전에서 해트 트릭을 기록했다.) 평소 아인트라흐트 프랑크푸르트는 5만 5000여 명의 관중 앞에서 경기하는 팀이었다. 1959~60 대회에서, 바르셀로나(1957년에 9만 3000명을 수용할 수 있는 경기장을 갖춘 스페인 챔피언)는 8강전에서 울버햄튼(3만 3000명을 수용할 수 있는 경기장을 갖춘 잉글랜드 챔피언)을 9:2로 꺾었고, 준결승에서는 레알 마드리드(전 시즌 유러피언 컵 챔피언)가 바르셀로나를 6:2로

[표 2-1] 1~11회 유러피언 컵 결승전

시즌	우승		점수	준우승		장소	관중
	국가	팀		국가	팀		
1955~56	스페인	레알 마드리드	4:3	프랑스	랭스	프랑스 파리, 파르크 데 프랭스	38,239
1956~57	스페인	레알 마드리드	2:0	이탈리아	피오렌티나	스페인 마드리드, 에스타디오 산티아고 베르나베우	124,000
1957~58	스페인	레알 마드리드	3:2	이탈리아	밀란	벨기에 브뤼셀, 헤이젤 스타디움	67,000
1958~59	스페인	레알 마드리드	2:0	프랑스	랭스	서독 슈투트가르트, 네카어슈타디온	72,000
1959~60	스페인	레알 마드리드	7:3	독일	아인트라흐트 프랑크푸르트	스코틀랜드 글래스고, 햄든 파크	127,621
1960~61	포르투갈	벤피카	3:2	스페인	바르셀로나	스위스 베른, 슈타디온 방크도르프	26,732
1961~62	포르투갈	벤피카	5:3	스페인	레알 마드리드	네덜란드 암스테르담, 올림픽 스타디움	61,257
1962~63	이탈리아	AC 밀란	2:1	포르투갈	벤피카	영국 런던, 웸블리 스타디움	45,715
1963~64	이탈리아	인터 밀란	3:1	스페인	레알 마드리드	오스트리아 빈, 프라터슈타디온	71,333
1964~65	이탈리아	인터 밀란	1:0	포르투갈	벤피카	이탈리아 밀라노, 스타디오 산시로	89,000
1965~66	스페인	레알 마드리드	2:1	유고슬라비아	파티르잔	벨기에 브뤼셀, 헤이젤 스타디움	46,745

이겼다.

홈경기와 원정경기 결과를 합산하는 점수제는 1967~68시즌에 도입되면서 중립 지역의 3차전을 대신해 승부를 결정했고, 원정 다득점은 더욱 중요한 역할을 하게 되었다.[118] 이 역시, 빅 클럽에게 유리한 규칙이었다. 여기에는 평소 규모가 작은 경기장에서 플레이하는 클럽이 빅 클럽의 크고 압도적인 분위기의 경기장에서 득점할 가능성이 떨어질 것이라는 계산이 깔려 있었다.[119]

당시 경기일/경기장 수입은 클럽의 가장 큰 수익원이었다. 경기장 수용 인원이 많을수록 클럽은 더 많은 돈을 벌 수 있었고, 이는 곧 최고의 선수를 영입할 수 있는 자금이 더 많이 생긴다는 뜻이었다. 제2차 세계 대전 이후, 유럽의 공영 텔레비전이 시작되던 시기에 주요 국제 스포츠 이벤트도 재개되기 시작했다. 특히 1954년 스위스에서 FIFA 월드컵이 열리면서 유러피언 컵에 대한 TV의 관심이 높아졌다.[120] 축구는 텔레비전의 수요 증가를 촉진시키는 역할도 했다. 1948년에는 영국에 텔레비전 수상기가 4만 8000여 대에 불과했다. 그런데 1965년이 되자 유로비전 네트워크Eurovision Network로 연결된 나라들에 5800만 대 이상의 텔레비전 수상기가 생겨났다. 산티아고 베르나베우는 1956년에 스페인 독재자 프란시스코 프랑코Francisco Franco에게 로비 활동을 벌였다. 스페인이 유로비전에 가입해 스페인 국민이 레알 마드리드가 유러피언 컵에서 경기를 치르는 모습을 볼 수 있도록 하기 위해서였다. 1960년 3월, 마침내 프랑코의 승인이 떨어졌다.[121] 1960년 5월, 유럽 전역에서 약 7000만 명의 텔레비전 시청자가 유러피언 컵 결승전에서 레알 마드리드가 아인트라흐트 프랑크푸르트를 꺾는 장면을 시청했다. 이 경기는 역사상 가장 위대한 축구 경기 중 하나로 남았다.

유러피언 컵이 시작된 이래로 대회의 구성, 출전 자격, 진행 방식을 두고 여러 제안이 나왔지만, 언제나 염두에 두는 한 가지 고려 사항이 있었다. 바로 중계권이다. 중계권료 수입이 경기일/경기장 수입을 서서히 넘어섰기 때문이다.

코로나19 유행 이전인 2016~17시즌에, 딜로이트 풋볼 머니 리그 순위 상위 20개 클럽의 수익에서 방송이 45퍼센트를 차지했다. 이에 비해 경기일 수익은 17퍼센트였다. 그리고 소규모 클럽—경기 당일 수익성이 높은 VIP 박스좌석을 갖춘 현대식 대형 경기장이 없거나 상업성 높은 대형 스폰서를 유치하지 못한 클럽—들은 방송 수익에 더욱 의지할 수밖에 없다. 예를 들어 20위를 차지한 에버턴은 전체 수익 중 경기일 수익이 8퍼센트인데 반해 방송 수익은 76퍼센트에 달했다.[122]

신문의 머리기사로 자주 오르지는 않지만, 오늘날 방송 중계권 계약은 축구뿐만 아니라 모든 주요 스포츠의 생명선이나 다름없다. 방송은 글로벌 시청자들에게 국경을 초월한 스포츠 시청 기회를 제공한다. 그리고 축구 클럽에게는 운영에 필요한 수익원이 되어준다. 클럽 대부분은 경기일 수익보다 방송 수익이 훨씬 많다. 그보다 더 중요한 점은, '흥미로운 콘텐츠'를 장착한

[표 2-2] 레알 마드리드, 딜로이트 풋볼 머니 리그 상위 20개 클럽, 에버턴의 수익 구조

수익원	레알 마드리드		상위 20	에버턴	
	유로 (단위: 백만)	%	%	유로	%
경기일	136.4	20%	17%	16.8	8%
방송	236.8	35%	45%	151.9	76%
상업수익	301.4	45%	38%	30.5	15%
합계	676.4			199.2	
경기장 수용 인원	81,044			52,888	

출처: 딜로이트

방송을 통해 열정적인 글로벌 시청자들에게 다가가고 그 수를 늘리면 글로벌 기업의 대규모 상업적 스폰서 기회를 얻을 수 있다는 사실이다. 스폰서는 협회를 통해, 클럽을 향한 팬들의 열정과 사랑에 접근해서 활용 기회를 찾는다. 소비자의 81퍼센트는 스포츠와 연관된 브랜드의 광고나 스폰서십을 전적으로 또는 상당 부분 신뢰한다. 이는 다른 방식으로 브랜드를 알릴 때보다 상당히 높은 비율이다. 또 89퍼센트에 가까운 소비자가 브랜드와 관련해 친구나 동료의 추천을 참고한다.[123]

다음은 플로렌티노가 2000년 레알 마드리드 회장 선거에서 승리하기 전인 1980년대와 90년대에 축구와 스포츠에서 발생했던, TV 중계권 가치의 상승으로 일어난 변화를 잘 보여주는 주요 순간들이다.

- **1982년과 1993년:** 1982년 NFL이 성사시킨 TV 계약은 빅5의 부러움을 사고, 루퍼트 머독Rupert Murdoch이 폭스스포츠Fox Sports에서 거둔 성공이 업계의 판도를 바꾸다.
- **1992년:** 풋볼 리그에서 나온 FA 잉글랜드 프리미어 리그 중계권을 루퍼트 머독의 방송국 BSkyB가 따내다.
- **1987년 그리고 1992~93년:** 실비오 베를루스코니는 콘텐츠를 얻기 위해 AC 밀란을 인수하고, 레알 마드리드의 유러피언 컵 경기가 끝나자 레알 마드리드와 함께 유러피언 컵을 챔피언스 리그로 변경하도록 UEFA에게 압력을 가하다.
- **1997~2000년:** 루퍼트 머독과 방송사들은 콘텐츠(클럽)를 소유하고 싶어 하고, 클럽들은 자신만의 방송을 소유하고 싶어 하다.
- **1997~98년:** 레알 마드리드의 도움을 받은 G—14가 UEFA에게 챔피언스 리그의 확장을 압박하다.

대강 훑어보기만 해도, 루퍼트 머독과 실비오 베를루스코니 그리고 레알 마드리드가 변화의 바람을 일으킨 주역이라는 점을 바로 알 수 있다. 그들은 스포츠가 값진 엔터테인먼트 콘텐츠의 역할을 할 수 있는 강력한 힘을 지녔다는 사실을 알아챘다. 축구가 엔터테인먼트와 콘텐츠가 되고 그것이 이어져 슈퍼리그의 제안까지 나오게 되었다는 점을 이해하려면 먼저 역사를 이해해야 한다. 위에 나온 주요 순간들을 하나씩 좀 더 자세히 살펴보자.

20억 달러에 성사된 NFL TV 중계 계약의 여파

1982년, NFL은 미국의 '빅 3' 방송 네트워크(ABC, CBS, NBC)와 5년간 20억 달러(약 2조 7480억 원) 규모의 TV 계약을 체결했다. 이 계약은 스포츠 방송 역사에 중요한 분수령이 되었다. 미식축구는 더 이상 스포츠가 아니라 '엔터테인먼트이자 콘텐츠'였다. 계약 기간 동안 NFL의 각 팀은 연평균 1420만 달러의 방송 수익을 올렸다. 이 평균 금액은 NFL의 이전 계약을 통해 각 팀이 받은 금액의 세 배나 되는 액수였다. 1980년, 미식축구팀 덴버 브롱코스 Denver Broncos의 매각 금액이 2000만 달러였다.

NFL의 TV 계약 이듬해인 1983년, 유럽에서는 잉글랜드 축구가 2년간 520만 파운드(약 97억 2400만 원) 규모의 계약을 체결했다. 두 계약의 가장 큰 차이점은 접근 방식이었다. 영국인들은 '스포츠 대회'를 중계하고 있었던 반면에 미국인들은 광고주들의 눈길을 끄는 (많은 광고가가 포함된) 매력적인 '엔터테인먼트 쇼'를 방송하고 있었던 것이다.

1993년, 이전 38년 동안 NFL 경기를 꽉 잡고 있었던 CBS는 루퍼트 머독의 신생 방송사 폭스 네트워크 Fox Network에게 방송 중계권을 잃고 말았다. 머독이 이끄는 팀은 빅 3 방송사 가운데 CBS가 비용 절감에 전념하고 있어 폭스의 공격적인 입찰에 대응하지 못할 것이라는 점을 예리하게 간파했다. 폭스는 NFL에 4년 동안 연간 3억 9500만 달러(약 5427억 원)를 제시했는데, 이는 CBS가 제시했던 연간 2억 9000만 달러보다 훨씬 많은 금액이었다. 당시 폭스는 방송을 시작한 지 7년밖에 되지 않았고 스포츠 전담 부서도 없었다.[124]

당시 다른 방송사들의 지불 준비 금액은 머독이 제시한 금액에 비하면 아예 상대가 되지 않았다. 업계에서는 그 계약 때문에 폭스가 5억에서 7억 달러(약 6870억에서 9618억 원) 정도의 손실을 볼 것으로 예상했다. 하지만 업계에서 놓친 점이 있다. 폭스는 NFL 중계권 소유를 통해 새롭게 많은 시청자를 유치하면서 미국의 주요 텔레비전 방송국으로 떠올랐고, 자사의 다른 프로그램을 광고할 수 있는 플랫폼을 제공할 수 있었다.

당시 빅 3에 크게 뒤처져 있던 신생 방송국 폭스 네트워크는 NFL 계약 덕분에 오늘날 미디어와 엔터테인먼트 부문의 강자로 올라설 수 있었다. NFL 입찰에서 승리한 루퍼트 머독은 이렇게 말했다. "다른 스포츠와 달리 NFL은 우리를 진정한 네트워크로 만들어줄 것입니다. 미래에는 케이블 방송에서 400에서 500개의 채널을 볼 수 있고 시청률도 갈라질 것입니다. 하지만 미식축구 일요일 방송은 채널 수와 무관하게 동일한 시청률을 기록할 것입니다. 미식축구는 갈라지지 않을 것입니다."[125] 「뉴욕타임스」는 2019년 탐사 기사를 통해 머독의 예측이 실제로 얼마나 정확했는지를 보여주었다.[126]

이제는 아마존, 애플Apple, 넷플릭스Netflix, 유튜브처럼 구독자를 유치하고자 하는 기술 기업들이 폭스의 성공 사례를 중심으로 비즈니스 모델을 연구하기도 한다.[127] 이는 오늘날 스포츠 프랜차이즈의 가치를 견인하는 요인 중 하나다.

1994~97년 사이에 새로운 계약 기간이 다가오자, 28명(1995년 확장 이후로는 30명)의 NFL 구단주 중 많은 이들이 지난번 TV 중계권료인 36억 달러(약 4조 9464억 원. 4년 동안 팀당 연간 3250만 달러, 약 446억 원)만 유지할 수 있으면 다행이라고 생각했다. 하지만 NFL은 폭스의 계약과 함께 TV 중계권료를 44억 달러로 인상했다. 이제 각 팀은 폭스, NBC, ABC 및 케이블 회사인 ESPN과 TNT로부터 연간 3920만 달러를 받게 되었다. 그 결과 스포츠 중계권료와 팀 가치는 영원히 이어질 극적인 변화를 맞이하게 되었다.

그 이후

2021년, NFL은 방송 중계권 계약을 새로이 체결했다. 새로운 계약은 2023년부터 시작해서 계약 기간 11년에 총액 1126억 달러(약 154조 7124억 원)로, 이는 이전 계약보다 연평균 82퍼센트 증가한 금액이다. 이에 따라 NFL은 매년 약 110억 달러의 방송 수익을 올리게 되며, 대략 272게임을 치른다고 하면 게임당 4000만 달러(약 549억 원)를 버는 셈이다. NFL의 중계권 수입 중 해외에서 들어오는 수입은 약 3퍼센트에 불과하다.

프리미어 리그는 국내 TV 중계권료가 한 시즌에 약 16억 파운드(약 2조 9920억 원), 해외 중계권료가 18억 달러(약 2조 4732억 원) 정도로, 일 년에 380개의 경기를 치른다고 할 때 경기당 1000만 달러(약 137억 원)를 벌어들인다.[128]

[표 2-3] 2021년 각 리그의 시즌별 국내 TV 중계권 가치 순위

리그	국가	리그 단계	시즌별 가치(단위: 백만)
프리미어 리그	잉글랜드	1	1600 파운드
분데스리가 1&2	독일	1-2	1100 유로
라리가	스페인, 안도라	1	990 유로
세리에 A	이탈리아	1	927.5 유로
리그 1&2	프랑스, 모나코	1	582 유로
메이저 리그 사커	미국, 캐나다	1	259 유로
브라질레이루	브라질	1	162 프랑
잉글리시 풋볼 리그	잉글랜드, 웨일스	2	119 프랑

출처: 위키피디아

2018년, 잉글리시 풋볼 리그English Football League, EFL(72개 클럽으로 구성된 챔피언십, 리그 원, 리그 투)는 국내 방송 중계권을 스카이 TV에 넘겼다. 연간 1억 1900만 파운드(약 2225억 원)에 5년 계약이었다. 아이러니하게도, 챔피언십 클럽 중 15개 클럽 정도가 그 계약에 이의를 제기하며 결별 위협에 나섰다. (리즈 유나이티드Leeds United FC, 애스턴 빌라Aston Villa FC, 더비 카운티Derby County FC 가 주도한 것으로 알려져 있다.) 이들은 클럽이 TV에 몇 번 나오는지 회수를 고려하지 않고 방송 수익을 배분하는 계약에서 자신들의 클럽이 저평가되었다는 주장을 펼쳤다. (반복되는 주제다!) 잉글리시 풋볼 리그는 해외 방송사로부터 연간 약 2300만 파운드의 수익을 창출한다.

2023년 5월, 스카이는 EFL과 새로운 계약을 맺었다. 2024~25시즌부터 5년 동안 9억 3500만 파운드(약 1조 7484억 원), 연간 약 1억 8700만 파운드를 지불한다는 내용이었다. 스카이는 또한 기존보다 네 배 정도 많은 경기를 중계 또는 스트리밍하기로 했다.

프리미어 리그가 분리되어 나오면서 잉글리시 풋볼 리그가 힘든 시간을 맞이할 거라 생각하는 사람들이 많았다. 하지만 EFL의 중계권은 일본, 튀르키예, 벨기에, 러시아, 네덜란드를 포함한 여러 나라의 1부 리그 중계권보다 현재 그 가치가 더 높다. 게다가 새로이 계약을 맺으면서 심지어 포르투갈과 브라질의 1부 리그보다도 앞서게 되었다.

프리미어 리그 방송 중계권은 얼마에 팔렸을까?

1982년에 성사된 20억 달러(약 2조 7480억 원) 규모의 NFL TV 중계권 계약을 보면서, 잉글랜드 축구 역사에서 가장 유서 깊고 많은 관중을 자랑하는 5개 축구 클럽(아스널, 에버턴, 리버풀, 맨유, 토트넘 홋스퍼)의 구단주들도 생각에 잠기며 희망을 갖게 되었다. 앞에서 1983년 잉글랜드 축구는 2년간 520만 파운드(약 97억 원) 규모의 중계권 계약을 체결했다고 언급했다.

1984년, 영국의 미디어 재벌 로버트 맥스웰Robert Maxwell이 맨유 인수에 나섰다는 보도가 있었다. 인수 가격으로 1000만 파운드(약 187억 원)를 제시했으나 여론이 들끓고 당시 회장 마틴 에드워즈Martin Edwards가 더 높은 가격을 요구하면서 제안을 철회했다고 한다.

「월스트리트저널」의 조슈아 로빈슨Joshua Robinson과 조너선 클레그Jonathan Clegg는 저서『축구의 제국, 프리미어 리그원제: The Club』에서, 책의 부제대로 '프리미어 리그가 스포츠에서 가장 열정적이고 가장 부유하며 가장 파괴적인 세력이 된 과정How the English Premier League Became the Wildest, Richest, Most Disruptive Force in Sports'을 자세히 기술했다. 저자들은 꼼꼼한 연구를 바탕으로 알찬 내용을 담았는데, 그들은 1990년대 초반 프리미어 리그의 창설 이면에는 빅5를 위한 방송 수익 배분이라는 중요 동기가 작용했다고 설명했다.

아스널의 전 부회장이자 공동 구단주 데이비드 데인은 저서『Calling the Shots: How to Win at Football and Life』에서 자신이 1980년대에 미국 스포츠의 오락적 가치에 매료되었고, 당시 영국 축구 클럽들이 속해 있던 잉글리시 풋볼 리그의 관료주의에 좌절했다고 말했다. (밝히자면, 데이비드와 나는

FIFA 학술 위원회에서 함께 활동하고 있다.)

1980년대 후반, 루퍼트 머독은 영국에서 스카이의 설립을 계획하면서, 구독자 유치를 위한 콘텐츠를 제공하기 위해 4700만 파운드(약 879억 원)를 제안하며 풋볼 리그 1부First Division에 대한 중계권을 원했다. 한편, 당시 런던 위켄드텔레비전London Weekend Television의 최고경영자이자 ITV스포츠ITV Sport의 회장이었던 그렉 다이크Greg Dyke는 ITV에서 빅5 클럽의 경기를 보여 주고 싶어 했고, 그래서 리그의 당시 최상위인 1부 리그 소속의 나머지 22개 클럽과 별도로 빅5에 대한 독점 중계권 구매를 제안했다. 이는 리그의 분리나 마찬가지가 될 것이고, 이들은 납득할 만한 이유를 대지 못하면 이 아이디어가 영국 축구 팬들의 호응을 얻을 수 없을 것이라 생각했다.

잉글리시 풋볼 리그는 1980년대 후반에 분리에 대한 논의가 있었다는 사실을 알게 되었다. EFL은 결별을 막기 위해 필사적인 노력을 기울이면서 몇 가지 규정을 바꿨다. TV 중계권료 수익 중에서 최상위 1부 리그에 주는 비율을 늘리고 하위 리그 클럽에게 돌아가는 수익 비율을 줄이는 것이었다. (역사적으로 빅 클럽들의 분리 위협은 종종 상대의 변화나 양보를 불러왔다.) ITV의 그렉 다이크와 데이비드 데인은 잉글랜드 축구 최초의 주요 TV 계약 협상에 들어갔다. ITV는 4년 동안 잉글랜드의 4개 리그 모두(92개 클럽)에게 4400만 파운드(약 822억 원)를 지불했다.

1989년, 영국에서 스카이가 출범했지만 축구 중계권이 없었던 초반에는 전혀 빛을 보지 못했다.

1989년, 영국의 사업가 마이클 나이튼Michael Knighton이 25년 동안 맨유를 지배해온 에드워즈 가Edwards 家의 지분을 2000만 파운드(약 374억 원)에 인수하는 합의에 도달했다. 이는 영국 축구 역사상 최대 규모의 클럽 인수가 될 터였다. 하지만 보도에 따르면, 자금줄이 끊기면서 결국 자금 부족으로 거래

는 취소되고 말았다.[129]

잉글리시 풋볼 리그 TV 중계권 계약이 끝나갈 무렵, 빅5의 대표 인물—아스널의 데이비드 데인, 에버턴의 필립 카터Philip Carter, 리버풀의 노엘 화이트Noel White, 맨유의 마틴 에드워즈, 토트넘 홋스퍼의 어빙 스콜라Irving Scholar—들은 회원 클럽들만을 위한 중계권을 판매해서 자기들끼리만 수입을 나눌 수 있는 최상위 리그를 만들고자 했다.

데이비드 데인은 당시 선견지명이 있었다. (물론 지금도 있다.) 그는 책에서 이렇게 썼다. "만약 축구가 상장 기업이라면 어떤 분야에 속할까? … 우리는 엔터테인먼트 분야에 속해 있을 것이다. … 사람들은 재미를 위해 그곳에 간다. 우리는 축구가 좀 더 사람들의 마음을 사로잡을 수 있도록 해야 한다." 그러면서 이렇게 결론 내린다. "프리미어 리그 결성은 생존 본능 같은 것으로 … 우리는 분리되어 나와야만 한다. … 프리미어 리그가 경기(영국 축구)를 구해낼 것이다." 플로렌티노 페레스도 나중에 '축구를 구해낼 것'이라는 똑같은 문구를 사용했다가 비판받았다. 아이러니하게도 유러피언 슈퍼리그와 잉글랜드 프리미어 리그가 내세우는 논리 사이에는 유사점이 많다.

로빈슨과 클레그는 책에서 이렇게 썼다. "가장 먼저, 빅5는 대중에게 자신들의 의사를 어떻게 알려야 할지 몰라 어려움에 처했다. 프리미어 리그를 추진하는 원동력의 밑바닥에는 자기 클럽의 재정 운용과 자기 클럽의 방송 계약 그리고 잉글랜드 축구의 전체적인 업무를 더 잘 통제하려는 바람이 있었던 것이 사실이다. 하지만 일반 대중에게 있는 그대로 알릴 수는 없는 노릇이었다. 자신들의 이기심을 너무 노골적으로 드러내는 셈이었기 때문이다. 그들은 대중의 입맛에 맞는 해결책, 잉글랜드의 축구 경기장을 찾는 사람들의 이해, 심지어 지지를 끌어낼 수 있는 무언가를 찾아내야만 했다."

유러피언 슈퍼리그와 잉글랜드 프리미어 리그의 가장 큰 차이점 중 하나는 홍보 속에 국가주의Nationalism 개념이 자리하는가 하는 문제다.

빅5는 아스널의 부회장 데인과 리버풀의 회장 화이트를 대표로 보내 잉글랜드 축구의 행정을 총괄하는 FA에 탈퇴 의사를 전달했다. 그들은 프로 축구를 관리 감독하는 기구를 자신의 편으로 만드는 것이 계획의 핵심이라는 점을 정확하게 간파했다. 그래서 새로운 리그가 1966년 월드컵 이후 주요 대회에서 우승 트로피를 들어 올리지 못하고 있던 축구 국가대표팀의 수준을 높여줄 것이라며 분리의 정당성을 내세웠고, FA의 지지를 얻어냈다. 천재적인 발상 아닌가! 쉽게 말해서, 빅5는 더 많은 돈을 벌고, 그 돈을 유소년 아카데미에 재투자하며, 그 돈으로 축구 인재의 해외 유출, 특히 잉글랜드 선수가 이탈리아와 스페인으로 빠져나가지 못하도록 막겠다는 얘기였다. 빅5와 축구협회 그리고 그들의 공모에 가담한 언론은 '새로운 분리 리그에 반대하는 팬은 유럽 축구 선수권 대회나 월드컵에서 잉글랜드의 우승을 반대하는 사람이나 마찬가지'라며 교묘하게 애국심을 강조하는 방향으로 상황을 전개시켰다.[130] 초기 분리 계획에서 제외되었던 소규모 축구 클럽의 지역을 대표하는 정치인들조차도 감히 잉글랜드 축구 국가대표팀 '삼사자 군단The Three Lions'을 내세우는 논리를 막아설 수는 없었다.[131] 특히 잉글랜드는 1996년에 유럽 축구 선수권 대회를 개최하는 마당이었다.

좀 더 배경을 설명하자면, 매주 일요일마다 영국에서 수백만 명이 채널4Channel Four에서 세리에 A를 시청했다. AC 밀란은 1988~89와 1989~90시즌 2년 연속으로 챔피언스 리그 우승을 차지했다. 당대 최고의 잉글랜드 선수였던 폴 개스코인Paul Gascoigne은 세리에 A의 황금기였던 1992년에 토트넘에서 라치오SS Lazio로 이적했다. 그보다 한 해 전인 1991년에는 데이비드 플랫David Platt이 애스턴 빌라를 떠나 바리SSC Bari로 이적하며 이탈리아행을 택했다.

그보다 몇 년 전, 1986년 멕시코 월드컵에서 골든 부트Golden Boot를 수상한 게리 리네커는 에버턴을 떠나 바르셀로나로 향했다. 전 퀸즈 파크 레인저스 감독 테리 베너블스Terry Venables는 바르셀로나 감독으로 가면서 웨일스 출신의 맨유 공격수 마크 휴즈Mark Hughes를 영입했다. 리네커가 처음 선수 생활을 시작했던 레스터 시티는 유러피언 컵 출전 자격을 얻은 적이 아예 없었고, 이후 에버턴 시절에는 '헤이젤 참사Heysel Disaster' 이후 잉글랜드 클럽에게 내려진 유럽 대회 출전 금지 조치로 유러피언 컵에서 뛴 적이 없었다.[132] 그런 리네커에게 바르셀로나는 처음으로 유러피언 컵 출전 기회를 주었다. (물론 이제는 여러 최고의 감독과 선수들이 잉글랜드 행을 택한다.)

잉글랜드는 현대 축구의 종주국이며, 1980년대와 1990년대 초반에는 이탈리아와 스페인에 이어 세 번째로 많은 수익을 창출하는 리그를 운영하고 있었다. 그런데 이 시기에는 잉글랜드 선수와 감독들이 섬을 떠나 대륙으로 향했다. 1992년 런던의 웸블리 스타디움에서 열린 유러피언 컵 결승전에는 스페인의 바르셀로나와 이탈리아의 삼프도리아VC Sampdoria가 진출했다. 평범한 노동자 계급의 축구를 사랑하는 영국인들에게는 이 모든 것이 절대 용납할 수 없는 상황이었다. 분리되어 나온 잉글랜드 프리미어 리그는 적절한 시기와 국가주의적 사고를 활용해 팬들의 지지를 얻어냈다.

영국의 국가주의 이용과 훌리거니즘

2021년의 유러피언 슈퍼리그 발표는 영국이 유럽연합 탈퇴를 결정한 2016년 브렉시트Brexit 국민투표 이후에 이루어졌다. 2016년, 「가디언」의 핀탄 오툴Fintan O'Toole은 이런 글을 올렸다. "미사여구를 벗겨내면, 브렉시트는 영국의 국가주의 운동이다. ⋯ 그것을 움직이는 적극적인 감정은 영국의 자기중심주의Self-assertion다."**133** 영국의 국가주의는 프리미어 리그의 분리를 지지하는 데 사용되었다. 그리고 영국 국가주의는 '유러피언' 리그를 막는 데 사용되었다. 이제 프리미어 리그 역시 지배적인 위치에 있으며, 일부 영국 팬들은 더 나은 영국 축구를 만드는 데 유럽 대륙이 필요하지 않다고 생각한다.

또 부와 기회의 불평등에 대한 사회적 긴장이 높아가고 있으며, 이러한 긴장은 코로나19 기간 동안 더욱 고조되었다. 축구에서 승격(높은 순위를 차지한 팀은 상위 리그로 이동)을 희망하고 강등(순위가 낮은 팀이 하위 리그로 이동)의 대가를 받아들인다는 발상에는 역사와 신화가 깊이 뿌리내리고 있으며 영국 사회 계층 시스템에 대한 반항의 정서가 들어 있다. 비록 빅6가 강등과는 거리가 멀뿐더러, 그들이 챔피언스 리그 진출권을 독차지하고 있긴 하지만 말이다.

축구 훌리거니즘, 즉 집단 폭력 행위가 최고조에 달했던 1980년대 영국에서도 비슷한 사회적 긴장이 존재했다. "1980년대에 두 개의 영국이 등장했다." 앤드루 마Andrew Marr는 자신의 저서 『A History of Modern Britain』에서 이렇게 썼다. "부자들은 더 부유해졌지만 하위 10퍼센트는 소득이 약 17퍼센트 감소했다. 다수의 상황은 도외시되었다."**134** '훌리거니즘'은 종종 사람들이 양극화 그리고 1980년대 대처Margaret Hilda Thatcher 총리의 강압적인 경제정책에 대한 불만을 표출하는 방법이었다. 새로운 프리미어 리그는 축구를 정화하겠다고 약속하면서 가족을 위한 문화 활동으로 모습을 바꾸고자 했다. 따라서 정치인과 클럽 소유주들이 프리미어 리그 지지에 나선 이유 중에는 훌리건과의 싸움도 포함되어 있었다. UEFA는 훌리건을 비난하면서 1985년부터 1990년까지 유럽 대회에서 잉글랜드 축구 클럽의 출전 금지라는 강력한 메시지를 보냈고, 대처 총리는 이의 없이 이 결정을 지지했다.

유러피언 슈퍼리그가 발표되던 2021년, 현지에서 일어나는 시위는 훌리거니즘과 유사점이 많았고 언론에 비치는 모습도 많이 비슷했다.[135] 맨유의 전설 브라이언 롭슨Bryan Robson은 팬들의 시위를 '훌리거니즘'에 빗대며 이렇게 말했다.[136] "부상당한 경찰관의 얼굴을 보세요. 저는 맨체스터 유나이티드 지지자들의 열정을 전적으로 응원하지만, 병을 던지고, 카메라도 던지고, 좌석 커버를 뜯어내고, 크로스바에 매달리고, 탈의실에 침입하는 사람들의 공격적인 행동은 용서할 수 없습니다."

이때의 시위는 영국 정부의 권력에 반대하는 불만 표출이 아니었다. 이번 불만은 불평등 그리고 외국인들의 세력과 부에 대한 것이었다. 부유한 외국인의 손에 넘어간 프리미어 리그 클럽도 많이 있었으니까. 또한 사회적으로 수많은 좌절과 불만 그리고 움직임이 발생하면서 코로나19 기간 동안 전세계적으로 시위 그리고 행동 및 태도에도 변화가 나타났다.[137] 재미있는 사실은 '훌리거니즘'이 유러피언 슈퍼리그 발표 당시 권력과 특권의 남용이라는 의심의 눈길을 받던 영국 정치인들의 관심을 끌게 되었다는 점이다. 기회주의적인 정치인들은 이렇게 우연히 찾아온 타이밍을 이용해서 노동자 계급의 좌절과 불만을 다른 곳에 쏠리도록 하고, 뉴스 매체의 보도 내용을 바꾸고, '입법 폭탄'으로 유러피언 슈퍼리그를 막겠다고 위협하며 정치적 점수를 얻었다. 이튼Eton College과 옥스퍼드University of Oxford 출신인 보리스 존슨 Boris Johnson 총리는 자신을 노동자 계급 팬들의 수호자이자 현재 영국 축구를 지배하고 있는 외국 억만장자 구단주의 적으로 내세웠다. 또한 브렉시트 완수를 약속하며 압도적 다수의 지지를 얻었다.

아이러니하게도, 이번에는 UEFA가 폭력적인 시위를 비난하지 않고 오히려 지지의 메시지를 보냈다.[138] 하지만 이듬해인 2022년 파리에서 열린 챔피언스 리그 결승전에서 혼란이 발생하자, UEFA는 이를 리버풀의 노동자 계층 팬들(일부는 최루탄이나 후추 스프레이에 무차별적으로 당한 사람들) 탓으로 돌리며 비난했다.[139] 그리고 UEFA는 2021년 유러피언 슈퍼리그를 막기 위해 영국 정부가 개입한다는 생각에 대해서는 높이 평가한다는 반응을 보인 반면에 영국 정부가 지정하는 축구 독립 규제기관의 제안에 대해서는 아무 반응도 보이지 않았다. (FIFA는 축구에 대한 정치적 간섭과 관련된 규정을 위반할 가능성이 있다며 우려를 표명했다.)[140]

1980년대 후반, FA는 데인과 화이트를 만난 후에 광고 회사 사치앤사치 Saatchi & Saatchi에게 향후 새로운 리그의 구성과 창출할 수 있는 수익에 관한 컨설팅을 의뢰했다. 그들은 빅5 간의 더 많은 '이벤트' 경기를 통해 TV 노출을 증가시키면 상당한 이익을 거둘 수 있다고 판단했다. (당시 잉글랜드 대표팀 감독과 상의한 적도 없었음에도) 잉글랜드 대표팀에게도 득이 될 것이며, 새로 분리된 리그로 국가대표 시스템과 유소년·지역 축구에 재투자할 수 있는 자금도 더 많아질 것이라고 결론 내렸다.

예전 1부 리그에는 첼시와 크리스탈 펠리스Crystal Palace FC가 주도하는 라이벌 세력 집단이 있었다. 그들은 빅5가 잉글랜드 축구를 좌지우지 못하도록 막고 싶어 했다.[141] 데인은 그런 그들의 마음뿐만 아니라 그 외의 클럽들이 느낄 초조함도 이미 알고 있었다. 그는 이렇게 설명했다. "다른 클럽들에게는 승격 가능성, 세 개의 클럽이 올라가고 세 개의 클럽은 내려가는 승강제가 중요했다. 우리는 그걸 없앨 생각이 전혀 없었다. … 나는 피라미드형 시스템을 신봉한다."

새로운 리그에서 승강제가 실시되기는 하겠지만, 처음부터 분리를 지지했던 빅5의 대표들은 자신들이 지닌 기존의 장점(더 대단한 역사와 브랜드, 더 큰 경기장, 더 넓은 팬층, 더 큰 지역 시장) 덕분에 강등 위험이 없다는 것을 알고 있었다.[142] 그러면서도 다른 클럽들은 새로운 리그로 올라갈 수 있다는 혹은 새로운 리그에서 (아무리 멀어 보여도) 우승을 차지할 수 있다는 꿈을 꿀 테고, 거기에 흥분이 더해지면 시즌 내내 팬들의 관심을 충분히 끌 수 있다고 생각했다.[143] (유러피언 슈퍼리그에는 영구 '창립 멤버'가 있었지만, 흥미롭게도 프리미어 리그에서 빅5, 빅6, 그리고 이제는 빅7까지 늘어나며 기본적으로 그런 형태로 성장하고 있다는 것이다. 빅 클럽들은 사실상 강등 위험이 없다.)

프리미어 리그의 모든 것은 클럽들이(최종적으로 18개가 아닌 20개 팀으로 구성) 투표로 결정하기로 했다. 모든 클럽에게 하나의 투표권이 주어지며, 제안 채택 여부는 모든 투표에서 3분의 2 이상의 다수결로 결정한다. 거버넌스 간소화를 통해 분리 리그는 이전 리그 및 유럽의 다른 축구 리그보다 더 민첩하게 움직일 것이었다. (나중에 빅 클럽들은 여전히 자신들의 이익이 다른 클럽들의 이익과 종종 일치하지 않는다는 사실을 알게 된다.)

또한 모든 TV 수익은 새로운 방식으로 배분하기로 했다. 프리미어 리그는 하위 디비전과 중계권 수익을 나누지 않지만, 빅5도 규모가 크다고 해서 그에 비례하는 몫을 무조건 차지하지는 않을 것이었다. 모든 국내 중계권 수익은 '50/25/25'에 따라 배분하기로 했다. 50퍼센트는 클럽 간에 균등하게 지급하고, 25퍼센트는 이전 시즌에 달성한 리그 순위에 따라, 나머지 25퍼센트는 클럽의 TV 중계 경기 횟수에 따라 차등 지급하기로 했다. 당시에 거의 없다시피 했던 해외 TV 중계권 수익은 균등하게 분배하기로 했다. (나중에 해외 TV 중계권 수익이 엄청나게 증가했고, 빅6는 자신들의 브랜드가 증가의 핵심 요인이라는 이유를 들어 더 높은 비율을 원했다. 그리고 성공했다.[144])

탐욕으로 탄생한 프리미어 리그

2020년 5월, 프리미어 리그 창설 당시 런던의 일간지 「이브닝스탠더드Evening Standard」의 스포츠 부편집장이었던 마크 데니스Mark Dennis는 'norwichcity.myfootballwriter.com'에 프리미어 리그 출범에 관한 기사를 올렸다. 그는 어빙 스콜라(1991년까지 토트넘의 회장 역임)와 데이비드 데인이 자신에게 새로 출범하는 프리미어 리그 지지를 부탁하는 '적극적인 구애'를 펼쳤다고 하면서 그 배경에 대해 추가적인 설명을 더했다.[145]

로버트 체이스Robert Chase 감독이 이끄는 노리치 시티Norwich City FC는 재빨리 새로운 리그를 지지한 클럽 중 하나였다. 하지만 그 외에도 여러 사람이 새로운 리그에 지지를 보냈다. 당시 왓포드Watford FC 회장이었던 엘튼 존Elton John 역시 이 구상을 위한 정기 회의에 자신의 클럽이 초대되어 기쁘다고 말했다.

먹이사슬의 하위에 있던 클럽들 그리고 잉글랜드프로축구선수협회Professional Footballers' Association, PFA 회장인 고든 테일러Gordon Taylor만이(그래, 정말이다.) 진심으로 반대하는 입장이었다. 그리고 새로운 리그가 잉글랜드 국가대표팀에 도움이 될 것이라는 주장이 있었음에도, 막상 당시 잉글랜드 대표팀 감독이었던 그레이엄 테일러는 자신에게는 아무런 자문 요청도 없었다면서 새로운 리그 계획이 탐욕에서 비롯됐다고 믿는다는 발언을 했다.

그런 평가를 두고 왈가왈부할 수는 없다. 프리미어 리그 분리의 주요 공모자인 데인과 스콜라는 나쁜 사람이 아니다. 나는 특히 데인과 좋은 관계를 유지하고 있다. 하지만 그들은 자신들의 클럽이 유럽의 엘리트가 되기를 원했고, 이탈리아 클럽들 그리고 스페인의 거함 바르셀로나와 레알 마드리드가 유럽 최고의 선수들을 쉽게 영입하는 모습을 부러워했으며, 영국의 두 독점 TV 방송사인 BBC와 ITV가 헐값에 축구 중계권을 얻어내고 있다는 것을 알고 있었다.

내가 데인과 스콜라를 비롯해 나머지 사람들에게 품었던 불만 그리고 그들에게 주기적으로 했던 불평은, 그들이 TV라는 케이크를 더 크게 만들고자 하면서도 자기들은 훨씬 더 큰 조각을 차지하고 하위 리그 클럽들에게는 부스러기만 남겨주려 했다는 점이었다.

대중의 일반적인 생각과 달리, 나는 머독을 반란의 선동자 중 한 명으로 지목할 생각도 없고, 그가 일의 진행 과정에서 본질적으로 악의적인 행동을 했다고도 생각하지 않는다. 내가 한때 머독 제국에 속했던 세 군데의 조직에서 일했다는 사실을 밝혀야만 하겠다. 그러면서 나는 머독이 무자비한 장군들을 고용하는 무자비한 독재자라는 사실을 알게 되었다. 그는 자신의 제품을 브랜드 리더로 만들고 일을 처리하는 방식에 누구보다 능수능란하지만, 나는 머독 제국의 일부에서 해왔고 지금도 하는 일 중 대부분을 아주 싫어한다. 하지만 머독이 하늘을 바라보며 위성에 대해 생각하기 훨씬 이전부터 빅5 축구 클럽의 탐욕은 분명히 꿈틀거리고 있었다.

1983년, 노먼 경Sir Norman이 풋볼 리그의 의뢰를 받아 축구계를 다시 한번 조사한 결과를 발표하는 자리에 나도 있었다. 이때 그는 또다시 빅 클럽들의 불만에 관해 이야기했다.

그해 말(1983년) 빅 클럽들은 나머지 클럽들에게 통 큰 양보를 강요했다. 입장료 수입을 원정 팀과 나누지 않고 홈 팀이 모두 가져가겠다는 것이었다. 그 순간부터 정기적으로 대형 경기장을 가득 채운 빅 클럽들은 2주마다 점점 더 부유해졌다.

빅 클럽은 그 정도로 만족하지 않았다. 2년 후, TV 중계권 수익 분배 비율을 높여주지 않으면 풋볼 리그에서 탈퇴하겠다며 처음으로 공개적인 위협을 가했다. 그러더니 그 후에 또 한 번 양보를 얻어냈다. 그렇게 전체 TV 중계권 수익의 절반을 상위 디비전이 가져가게 되었다. 그럼에도 그들은 여전히 더 많은 것을 원했다.

프리미어 리그의 앞에 순탄한 길이 아니라 재앙의 그림자가 가득한 길만이 보이는 현재의 혼란 속에서, 한 가지는 확실히 말할 수 있다. 이걸 머독의 탓으로 돌릴 수는 없다는 것이다. 2018년 9월 이후 머독의 스카이 소유권은 사라졌다.

FA는 1991년 4월에 분리 리그 계획을 발표하면서, 그동안 영국 언론에서 자주 사용하던 '슈퍼리그'보다 덜 대립적인 어감을 준다는 이유로 FA 프리미어 리그라는 명칭을 선택했다.[146] 1991년 6월까지 16개의 클럽이 가입했고, 잉글리시 풋볼 리그의 법적 대응에도 불구하고 프리미어 리그의 출범은 기정사실화되었다.

프리미어 리그는 1992년 8월에 출범을 앞두고 있었다. 이제 남은 건 이 엔터테인먼트 및 방송 친화적인 창작물을 위한 TV 중계권 계약이었다. 그들에게 스카이는 구독자도 많지 않고 검증되지도 않은 위험한 선택으로 여겨졌다. 빅5의 대다수는 이미 입증된 ITV(그리고 그렉 다이크와의 의리)를 선택하고자 했다.[147]

극적인 입찰 전쟁이 벌어졌고, 스카이는 5년 동안 3억 400만 파운드(약 5684억 원)의 금액을 제안하며 프리미어 리그 중계권을 획득했다. (ITV는 2억

6200만 파운드를 제안했다.) BBC는 하이라이트 패키지를 따내고 〈매치 오브 더 데이〉 방영권을 되살려내면서 사실상 ITV의 손발을 묶어버렸다.

최종 투표 결과는 14:6으로 스카이와 BBC의 승리로 돌아갔다. 결국 빅5에 속하지 않은 클럽들은 가장 많은 돈을 주는 상대를 원했을 뿐이었다. 빅5와 달리, 다른 클럽들은 강등을 우려하고 있었다. (이는 대부분의 리그에서 소규모 클럽들이 공통적으로 걱정하는 지점으로, 그 때문에 일단 눈앞에 보이는 이익으로 욕심을 채우거나 크고 작은 클럽들 사이에 분열이 발생하기도 한다.) 그렇게 그들은 단기적인 수익을 극대화하고자 했다. 그렇지만 최종적으로는, 리그가 해외 판매 실적에서 특정 수치를 충족시키지 못하면서 스카이는 1억 9000만 파운드만 지불했다.

슈퍼리그 전쟁

공교롭게도 1990년대 중반에 머독과 뉴스코퍼레이션News Corporation은 호주에서 새로운 럭비 리그 창설에 도움을 주었다. 언론에서는 호주 최상위 프로 럭비 리그를 두고 머독과 기존 리그가 대립하는 모습을 종종 '슈퍼리그 전쟁'으로 언급했다. 기존 리그에서 여러 법적 조치를 취했지만, 기존 리그에 불만이 있던 클럽들을 상당수 끌어들여 계약을 마친 머독의 슈퍼리그는 1997년에 기존 리그와 한 시즌을 병행 운영했다. 그 시즌이 끝나고 평화 협정이 체결되며 두 리그는 통합되었다.

2020년, 「theroar.com.au」의 조 프로스트Joe Frost는 '슈퍼리그의 진정한 승자는 누구인가?'라는 제목의 기사를 올리며 이렇게 결론지었다. "내가 보기에는 슈퍼리그 전쟁에서 두 부류가 승자로 부상했는데, 어떤 조직이나 기구는 전혀 아니다. 첫째, 선수들이 더없이 나은 삶을 살게 되었다. … 또 다른 승자는 TV를 시청하는 대중이다. … 하지만 나는 슈퍼리그 전쟁의 우승자를 생각하면, 은퇴할 수 있는 선수들이 떠오른다. 현명한 선수라면 인생의 후반부를 잘 준비할 수 있을 테니까. 그리고 여러분과 나 같은 사람이 생각난다. 시즌 티켓 구매에 비하면 상대적으로 적은 비용으로 경기를 관람할 수 있게 된 여러분과 나 같은 사람들 말이다. 슈퍼리그의 진정한 우승자가 누구냐고? 바로 우리다!"[148]

그 이후

1996년, 스카이는 라이벌인 데일리미러Daily Mirror와 칼튼Carlton의 공동 입찰을 제치고 4년간 6억 7000만 파운드(약 1조 2529억 원)에 계약을 갱신했다.

런던의 재무 분석 회사 바이시블Vysyble이 2019년에 발표한 보고서에서는, 클럽 가치 상위 6개 팀인 아스널, 첼시, 리버풀, 맨시티, 맨유, 토트넘이 전체 프리미어 리그 수익의 5분의 3 정도를 나눠 갖는다고 나왔다. 또한 빅6와 나머지 클럽들 간에 '상당한' 불균형이 존재하는데, 여섯 번째인 토트넘과 일곱 번째인 에버턴 간의 수익 격차가 '기록적인' 1억 9100만 파운드(약 3571억 원)에 달한다고 밝혔다. 2008~09시즌에는 6위와 7위의 수익 격차가 188만 파운드에 불과했다.

바이시블은 프리미어 리그의 해외 중계권 수익에서 빅6가 더 많은 몫을 차지한 사례를 근거로 그들이 위험을 줄이려 한다는 점을 강조했다. 그리고 이렇게 결론을 내렸다. "문제는, 어느 팀이 됐든 나머지 14개 클럽은 빅6보다 수입과 수익성 그리고 경기력 면에서 더욱 뒤처질 수밖에 없다는 점이다."[149]

마라도나가 있는 나폴리가 1회전에 탈락했다고?

1986년, 당시 50세였던 이탈리아 기업가 실비오 베를루스코니는 파산 위기에 처했던 AC 밀란을 인수하며 벼랑 끝에서 구해냈다. AC 밀란은 1962년과 1969년에 유러피언 컵에서 우승했지만, 이후 베를루스코니가 클럽을 인수하기 전까지 몇 년 동안 어려움을 겪고 있었다. 그의 열정과 막대한 투자 덕분에 클럽은 새로운 성공 시대를 열었고, 이는 축구, 더 나아가 스포츠, 엔터테인먼트, 콘텐츠를 영원히 변화시키는 데 일조했다.

베를루스코니는 건설 분야에서 사업 경력을 쌓기 시작했다. 1960년대 후반, 그는 밀라노 동쪽에 약 4000동짜리 주거용 아파트인 밀라노 듀Milano Due를 건설하면서 도심에 익숙했던 밀라노 사람들에게 교외 생활을 권했다. 교통 체증 없이 걸어 다닐 수 있도록 동네 전체를 연결하는 산책로와 다리가 설치된 밀라노 듀는 사람들에게 인기를 끌었다. 1973년, 베를루스코니는 소규모 케이블 텔레비전 회사인 텔레밀라노TeleMilano를 설립해 자기가 지은 집의 주민들에게 서비스를 제공했다. 텔레밀라노는 이탈리아 최초의 민영 텔레비전 방송사로, 이후 이탈리아 최초로 전국을 권역으로 하는 민영방송 카날레5Canale 5로 발전했다. 베를루스코니는 대중이 무엇을 갈망하는지 예리하게 파악하고 있었다. 그의 텔레비전 방송국은 〈베이워치 해상 구조대Baywatch〉, 〈댈러스Dallas〉, 〈다이너스티Dynasty〉 같은 미국 프로그램을 수입해 방영하며 엔터테인먼트의 드림랜드로 성장해나갔다.

방송계를 정복한 그는 이탈리아의 칼초Calcio(축구)에 주목했다. 당시 이탈리아 클럽들은 TV 방송사와 자기 클럽의 중계권만 협상할 수 있었다. 베를루스코니는 AC 밀란을 소유하면 귀중한 엔터테인먼트 콘텐츠를 통제할 수 있고, 자기 클럽의 경기는 자신의 채널에서만 시청할 수 있도록 하면 된다는 것을 깨달았다. 1986년 클럽을 인수한 지 며칠 후 열린 기자회견에서 베를루스코니는 이렇게 선언했다. "밀란은 팀입니다. 하지만 판매할 수 있는 제품이기도 하고, 시장에 내놓을 수 있는 것이기도 합니다."[150]

베를루스코니가 원하는 AC 밀란의 변화는 단순히 우승을 차지하는 데서 끝나는 것이 아니었다. 그는 경기 당일에만 TV에서 또는 경기장에서 즐길 수 있는 AC 밀란이 아니라 라이프스타일로서의 AC 밀란을 만들고 싶었다. 이렇게 큰 그림을 마음에 품은 그는 밀라노 왕궁과 밀라노 대성당이 자리한 밀라노 중심부에 의류매장을 열었고, 팀 훈련 기지에 능력 향상 센터와 실험실을 갖췄으며, 「포르자밀란Forza Milan」이라는 잡지 발행을 시작했다. 로마에서 활동하는 저널리스트 패디 아그뉴Paddy Agnew는 그의 저서 『포르자 이탈리아: 이탈리아 축구의 부상과 몰락Forza Italia: The Fall and Rise of Italian Football』에서 이렇게 말했다. "지금 들으면 옛날이야기 같지만, 당시만 해도 이탈리아에서는 매우 새로운 일이었다."

AC 밀란은 가족 중심으로 운영되고 있는 여타 이탈리아 클럽들과 달랐다. 일반적으로 클럽 소유주들은 지역의 자랑거리를 자기가 소유하고 있고, 자신이 운영하는 공장과 그곳의 직원들 및 팬들이 클럽에서 즐거움을 찾고 자부심을 느끼니 매년 손해를 보더라도 어쩔 수 없다는 태도를 취했다.

그러나 베를루스코니는 AC 밀란을 밀라노의 팀이 아니라 유럽 중심의 팀으로 세우는 것을 중대 과업으로 생각했다. 그래서 AC 밀란의 CEO였던 아드리아노 갈리아니Adriano Galliani와 함께 역대 최고의 선수단을 구성했다. 베를루스코니와 갈리아니는 아리고 사키Arrigo Sacchi를 로소네리Rossoneri, 즉 적색과 흑색의 줄무늬 유니폼으로 대표되는 AC 밀란의 감독으로 임명했다. 아르고 사키는 신발 판매원 출신 감독으로 그의 공격 지향적인 정신자세가 베를루스코니의 마음을 사로잡았다. 또한 세계적 수준의 네덜란드 삼총사(1987년 발롱도르 수상자 루드 굴리트Ruud Gullit, 1988년, 1989년, 1992년 발롱도르 수상자 마르코 반 바스텐Marco van Basten, 발롱도르 3위에 두 차례 오른 프랭크 레이카르트Frank Rijkaard)와 AS 로마AS Roma의 카를로 안첼로티를 영입했다.

반 바스텐과 굴리트가 전방에서 함께 공격을 이끌었고, 레이카르트는 안첼로티 옆에서 미드필더를 맡았다. 프랑코 바레시Franco Baresi는 알레산드로 "빌리" 코스타쿠르타Alessandro "Billy" Costacurta와 함께 수비진을 구축했다. 로베르토 도나도니Roberto Donadoni는 주로 오른쪽 측면에서 넓은 지역을 커버하는 미드필더로 뛰었다. 파올로 말디니Paolo Maldini는 어린 나이에도 좌측 수비수로 뛰어난 플레이를 펼쳤다.

1982년 월드컵[151]에서 우승한 이탈리아 국가대표팀 그리고 세리에 A 우승을 차지한 유벤투스는 빗장 수비에만 의존하지 않고 지오코 올이탈리아나 Gioco all'Italiana 전술을 사용했다. (이 용어는 사전적으로 '이탈리아의 경기 방식'을 의미하지만, 종종 '복합적 계획Mixed Plan' 또는 유동적인 '혼합 구역Mixed Zone' 활용이라고 이해된다.) 하지만 이 전술 역시 신중함이 기저에 깔려 있었다.[152] 그러나 사키는 유동적인 4-4-2 포메이션을 취하면서 볼을 되찾아 공격할 때 모든 선수가 가담하면서 최대한의 압박을 가하는 전술을 원했다. 팬들도 이 전술을 보며 즐거워했는데, 중요한 점은 이 전술이 매우 효과적이었다는 사실이다.

AC 밀란은 1978~79에 이어 9년 만인 1987~88시즌에, 사키 감독이 지휘봉을 잡은 이후 첫 스쿠데토Scudetto(세리에 A 트로피)를 들어 올렸다. 그리고 다음 해에는 유러피언 컵에 출전해 20년 만에 우승을 차지했다. AC 밀란은 다음 시즌에도 유러피언 컵 타이틀을 지켜냈으며, 레알 마드리드가 2016~17시즌에 2연패를 달성할 때까지 유러피언 컵 2년 연속 우승을 달성한 마지막 팀이었다. (레알 마드리드는 2017~18시즌에도 우승하며 3연패를 달성했다.) AC 밀란은 58경기 연속 무패라는 놀라운 기록을 만들어내며 이탈리아 언론으로부터 '글리 인빈시빌리Gli Invincibili' 또는 '천하무적'이라는 별명을 얻었다.

1990년, 베를루스코니는 이탈리아에서 역사를 자랑하는 유수의 출판사 두 곳, 몬다도리Mondadori와 에이나우디에디토레Einaudi Editore를 비롯해 여러 소규모 출판사를 인수했다. 이제 그는 축구계의 빅 클럽과 스포츠 콘텐츠는 물론 방송과 출판(미디어)까지 손에 넣게 되었다.[152]

레알 마드리드의 경기가 챔피언스 리그 창설로 이어지다

1987년 9월, 베를루스코니가 AC 밀란을 인수한 지 얼마 되지 않았고 총리로 선출되기 전이었다. 그는 마드리드의 베르나베우 경기장에서 나폴리SSC Napoli의 디에고 마라도나Diego Maradona와 레알 마드리드의 '다섯 마리 독수리La Quinta del Buitre'가 맞붙은 유러피언 컵 1라운드 경기를 관람했다.

당시 마라도나는 세리에 A가 지닌 글로벌 스타이자 파워와 명성 그 자체였다. (잉글랜드 축구를 훨씬 능가했다.) 그는 또한 나폴리 축구를 세상에 알린 선수였다. 한편 레알 마드리드는 유럽 축구에서 명성을 떨치는 클럽이었다. 레알 마드리드는 클럽의 유소년 시스템을 통해 성장한 다섯 명의 선수들, 곧 다섯 마리 독수리인 마놀로 산치스, 미첼 곤살레스Míchel González, 미겔 파르데사Miguel Pardeza, 라파엘 마르틴 바스케스Rafael Martín Vázquez, 에밀리오 부트라게뇨가 주축을 이루고 있었다.

그날 밤 경기에서, 레알 마드리드 유소년 시스템의 또 다른 인재이자 '첸도Chendo'라는 이름으로 더 잘 알려진, 레알 마드리드의 오른쪽 수비수 미겔 포를란Miguel Porlán은 마라도나를 능가했다. 레알 마드리드는 미드필더 미첼과 중앙 수비수 미겔 텐디요Miguel Tendillo가 골을 넣어 2:0으로 승리했지만, 승리보다 더 인상 깊었던 것은 아르헨티나의 아이콘을 꽁꽁 묶어버린 첸도의 대담한 수비였다.[154]

유럽 축구 팬들 중에서 레알 마드리드와 나폴리가 맞붙은 이 경기가 유럽 축구 대회에 변화를 불러온 원인이라는 사실을 아는 사람은 많지 않다.[155] 베를루스코니는 슈퍼스타들을 보유한 두 빅 클럽이 대회 1라운드에서 만나 한 팀이 탈락할 수 있다는 사실에 큰 충격을 받았다. (1987~88시즌 이후 레알 마드리드와 나폴리가 챔피언스 리그에서 만난 건 2016~17시즌 한 번뿐이고, 레알 마드리드가 승리했다.) 한편, 스위스의 뇌샤텔 크사막스Neuchâtel Xamax FCS, 노르웨이의 릴레스트룀Lillestrøm SK, 키프로스의 오모니아AC Omonia, 폴란드의 구르니크 자브제Górnik Zabrze 같은 클럽들은 모두 2라운드에 진출했다. 또한 포르투갈의 벤피카는 상위 5대 리그 소속 팀과 전혀 맞붙지 않고도 1988 유러피언 컵 결승에 진출했다.

대중이 무엇을 원하는지 정확하게 이해하고 있던 베를루스코니에게는, 팬들이 그토록 기대했던 대결에서 한 번 졌다는 이유로 마라도나 같은 스타를 보유한 빅 클럽이 그렇게 일찍 탈락하는 것은 낭비나 다름없었고, 상상하기도 힘든 일이었다. 유러피언 컵은 1955~56시즌에 16개 팀이 참가하며 첫발을 내디뎠다. 베를루스코니의 말에 따르면, 시즌 시작부터 토너먼트전으로 승자독식 방식을 이어가는 것은 '역사적인 시대착오'였다.[156] 베를루스코니에게 AC 밀란 같은 클럽이 초반에 한 번만 패해도 수백만 달러의 잠재적 수익을 날릴 수 있다는 생각은 악몽이나 다름없었다.

TV 방송사로 무장한 베를루스코니는 유료 채널 TV가 뿌리내리고 매 시즌 유럽의 빅 클럽들끼리 더 많은 경기를 치러서 더 많은 수익을 창출할 수 있기를 바랐다.

1991년에 베를루스코니와 2시간 동안 인터뷰를 진행했던 「월드사커World Soccer」의 키어 래드네지Keir Radnedge는 베를루스코니의 유러피언 리그를 포함한 비전에 대해 글을 썼다.[157]

베를루스코니에게 밀란, 레알 마드리드, 바르셀로나 같이 위대한 클럽은 미래를 상징한다. 텔레비전은 주요 소비자의 상업적 관심사를 반영하고자 하는 게임의 창을 제공한다. 등식은 간단하다. '축구 + 텔레비전 + 대기업'은 성공의 순환이다.

베를루스코니는 1990년대에 '새로운 커뮤니케이션 문화'를 즐기고 반영하는 유러피언 리그의 탄생을 기대하고 있으며, 그 기대에는 자신감이 배어 있다. 그의 포부는 프리미어 리그를 추구하는 잉글랜드 축구의 바람보다 더 원대하다.[157]

베를루스코니는 「월드사커」와의 인터뷰에서 이렇게 말했다.

국가대표팀이라는 개념은 점차 그 중요성을 잃게 될 것입니다. 이제는 팬들과 연관된 클럽이 중요합니다. 클럽들을 위한 유러피언 챔피언십은 피할 수 없는 일입니다. 챔피언스 컵의 방식을 새로이 바꾸는 건 올바른 방향으로 한 걸음을 내디딘다는 뜻입니다. 하지만 말 그대로 겨우 한 걸음이죠. 예전 방식대로 유러피언 컵을 이어가는 것은 시대착오적입니다. 밀란 같은 클럽이 1라운드에서 탈락한다는 건 경제적인 면에서 전혀 이치에 맞지 않아요. 유럽은 시즌 내내 이어지는 유러피언 컵을 원하고 있습니다.

따지고 보면, 유럽은 하나의 경제 공동체를 원하는 것이죠, 통화 동맹도 있고 관세 동맹도 있고요. 유럽은 분명히 축구 동맹도 원하고 있습니다. 그걸 클럽들이 앞장서서 하는 겁니다. 한 시즌에 클럽 당 80경기를 치르는 거죠.

당시에 베를루스코니가 두 개의 AC 밀란 팀을 하나는 유럽에서, 다른 하나는 리그에서 운영하고 싶어 한다는 보도가 있었다. 베를루스코니는 빡빡한 일정을 문제로 들며 이렇게 설명했다.

다음 시즌에 밀란은 매주 두 번씩 경기를 치르게 됩니다. 일요일에는 이탈리아 리그 그리고 수요일에는 유러피언 컵이나 이탈리안 컵 아니면 방송을 위한 친선 경기 같은 것이죠. 그러니까 선수단을 강화할 수밖에 없는 겁니다. 나이 든 선수들이 모든 걸 소화할 만큼 체력이 받쳐주었으면 하는 기대는 무리입니다. 제가 구단주로 있는 6년 동안, 선수들이 제 생각만큼 최고의 기량을 보여준 적은 한 번도 없습니다. 누군가가 부상당하거나 아프거나 아니면 출장정지를 당하는 일이 항상 벌어지거든요.

또한 베를루스코니는 경기장을 찾는 현지 팬의 범위를 넘어선 팬들이 이러한 성장 기회를 주도하고 있다고 보았다. 그는 AC 밀란이 모든 팬들에게 다가갈 수 있기를 원했다. 그러면서 이렇게 말했다.

현재는 축구가 팬의 일부를 무시하고 있는 겁니다. 일단은 경기장을 찾는 팬들이 있습니다만 그건 5만에서 6만 명 정도입니다. 그다음에는 국내 채널에서 축구에 대해 이것저것 보는 팬들이 있습니다. 하지만 세 번째로 우리의 손이 닿지 않는 곳에 있는 팬들이 있습니다. 그들을 위해서 유료 TV가 있어야 하는 겁니다. 케이블과 위성을 통해서 우리 경기를 보고 싶어 하는 헌신적인 팬들에게 다가가야만 합니다. … 모두 다 경기장에 들어올 수는 없는 노릇이잖아요. 그렇다면 유료 TV로 우리 경기를 볼 수 있게 해야 합니다.

유러피언 리그를 간절히 기다리다 못한 베를루스코니는 주중 친선 경기 일정을 잡았다. '유러피언 챌린지 매치European Challenge Match'라는 이름으로 AC 밀란이 맨유 그리고 마르세유Olympique de Marseille와 대결을 펼치며 빅클럽 간의 대결이 보장했던 높은 시청률을 보여주고자 했다.[159]

마침내 베를루스코니와 레알 마드리드 회장 라몬 멘도사 그리고 글래스고 레인저스 이사 캠벨 오길비는 UEFA에 단일 라운드 로빈 형식의 새로운 대회인 '슈퍼리그'를 제안했다. 그들은 이 대회가 해외 텔레비전 방송사들에게 더 매력적이고, 참가 팀들에게는 수입을 보장해줄 뿐만 아니라 대회를 통해 더 많은 발전 기회를 얻을 것이라고 믿었다.

제안은 무위로 돌아갔다. 하지만 그 아이디어이자 위협은 1992~93 챔피언스 리그의 창설로 바로 이어졌다. 1987년 레알 마드리드 대 나폴리의 유러피언 컵 1라운드 경기에서 시작된 그 아이디어였다. 1955년부터 1991년까지 유러피언 컵은 국가 당 하나의 클럽(리그 우승팀)과 디펜딩 챔피언이 참가해 토너먼트 형식으로 대결을 펼쳤다. 챔피언스 리그는 FIFA 월드컵과 유사한 조별 리그 시스템을 추가했다. 처음에는 조별 리그를 거치고 이후에는 토너먼트 형식으로 경기를 치렀다. 하지만 여전히 국가 당 하나의 클럽(리그 우승팀)과 디펜딩 챔피언이 참가하는 형식은 유지되었다.

새로운 챔피언스 리그의 첫 두 시즌에 참가했던 잉글랜드 팀, 첫 시즌의 리즈와 두 번째 시즌의 맨유는 조별 리그까지 살아남지 못하고 탈락했다. 첫 시즌인 1992~93대회에는 스페인과 독일 팀도 불참했다. UEFA는 수익을 극대화하기로 결정했고, 그러려면 유럽에서 가장 부유한 국가의 방송사들에게 자국 팀이 더 많은 경기를 치를 수 있다는 확신을 주어야 한다고 판단했다. 그래서 1994~95시즌에는 형식을 변경했다. 잉글랜드, 이탈리아, 독일, 스페인을 포함한 8개국의 우승팀들은 조별 리그로 직행하게 되었고, 조별 리그도 4개 팀 2개 조에서 4개 팀 4개 조로 늘어났다.

'보스만 판결', 유럽 선수들의 대이적시대를 촉발하다

1995년, '보스만 판결Bosman Ruling'은 축구 선수들의 고용 규정과 연봉에 변화의 바람을 거세게 일으켰다.[160] 판결 이후 외국인 선수는 최대 3명(추가로, 해당 국가에서 주니어 선수로 활동한 3년까지 포함해서 5년 연속 소속되었던 선수 2명)만 출전할 수 있었던 UEFA의 규정이 철폐되었다. 유럽 법원이 내린 이 판결은 축구계 전체에 불균형을 초래했다. 왜냐하면 그전까지는 클럽 내에서 선수들을 최고 수준으로 키워내면서 경쟁에 참여할 수 있었던 클럽들이 어느 정도 키운 어린 선수들을 다른 구단에 빼앗기면서 경쟁 자체가 힘들어지는 상황이 벌어졌기 때문이다. 선수들은 많은 연봉을 제시하는 돈 많은 구단주가 있는 클럽 그리고 경기장 입장료와 유료 TV에 기꺼이 돈을 지불하는 두터운 팬층을 보유한 부유하고 인구가 많은 국가를 찾아 떠나갔다. 그렇게 해서 가장 큰 경제 규모를 갖춘 상위 5대 리그가 생겨났다.

그 이후

베를루스코니는 AC 밀란의 역사에서 가장 많은 우승을 차지한 구단주로, 31년 동안 세리에 A 우승 8회와 챔피언스 리그 우승 5회를 포함해 총 29회의 우승을 맛보았다.

베를루스코니는 2017년에 AC 밀란을 매각했다. 1년 후 그는 당시 이탈리아 3부 리그 소속으로 무명 팀이나 다름없던 AC 몬차AC Monza(1912년 창단)를 290만 유로(약 46억 원)에 인수했다. 그리고 자신의 동생 파올로Paolo Berlusconi를 회장, 오랜 협력자이자 친구인 아드리아노 갈리아니를 CEO로 임명했다. 갈리아니는 어린 시절 몬차에서 뛴 경험이 있었다. 밀라노 외곽에 있는 베를루스코니의 거주지 '산 마르티노San Martino'는 몬차의 경기장에서 10킬로미터도 채 되지 않는다.

2022년, 몬차는 110년 만에 처음으로 세리에 A로 승격했다. 베를루스코니는 롬바르디아 주에 있는 이 작은 클럽에 7000만 유로(약 1129억 원) 이상을 투자한 것으로 알려졌다.[161] 베를루스코니는 2023년 6월에 사망했다.

축구는 돈이 된다: 축구를 차지하려는 미디어들의 계획

베를루스코니는 이미 1980년대에 미디어/방송사가 자신만의 콘텐츠를 소유하는 것이 중요하다는 사실을 내다보고 알고 있었다.[162] 그리고 또 다른 미디어 거물인 루퍼트 머독도 이와 유사한 선견지명을 가지고 있었다. (밝히자면, 나는 여러 투자 은행 거래에 대해 머독의 뉴스코퍼레이션과 BSkyB에게 조언을 해주었고, 골드만삭스Goldman Sachs에 있을 때는 리카싱Li Ka-shing의 스타TVStar TV를 뉴스코퍼레이션에 매각하는 작업에 참여했다.)

1990년대 후반, 방송사들은 콘텐츠 창출 수단을 소유하고 싶어 했다. 디지털 TV와 이제 막 인기를 끌기 시작한 인터넷이 등장하자 방송사는 클럽들이 저들과 클럽 전용 TV 계약 협상에 나설 수도 있다는 생각에 당황했다. 맨유는 1997년에 구단 전용 채널인 MUTV를 개국했고, 그 지분은 BSkyB와 ITV라는 두 미디어 파트너 그리고 맨유가 각각 33.3퍼센트씩 소유했다. 맨유는 브랜드와 콘텐츠를 공급하고, 방송사는 디지털 TV 구독을 늘릴 수 있는 기술적 노하우를 제공하는 형식이었다.

1998년, BskyB는 팬들과 라이벌 클럽들이 반대하는 가운데서도 대담하게 맨유 인수 시도에 나섰다. 대주주들은 6억 2500만 파운드(약 1조 1687억 원)의 입찰 금액을 수락했지만, 영국 무역산업부는 '방송사 간의 경쟁에 부정적인 영향을 미칠 것'이라는 이유를 들어 움직임을 막아섰고, 결국 인수는 무산되었다. 경쟁 당국은 방송사의 클럽 지분 소유를 10퍼센트 미만으로 제한하는 새로운 규정을 도입했다.[163]

시간이 지나면서 머독의 회사들은 폭스네트워크를 통해 MLB 중계권을 획득하고는 LA 다저스LA Dodgers까지 인수해버렸다. 머독은 또한 NBA의 LA

레이커스LA Lakers와 뉴욕 닉스New York Knicks, NHL의 뉴욕 레인저스New York Rangers와 LA 킹스LA Kings의 지분도 소유했다. 머독이 소유한 뉴욕 타블로이드 신문 「뉴욕포스트New York Post」는 뉴욕에 연고지를 둔 이 팀들을 열심히 보도했다.

머독은 미디어 플랫폼을 소유하는 것도 좋지만 (엔터테인먼트) 제작 수단까지 소유할 수 있다면 훨씬 더 좋아질 것이라 믿었다. 그는 위성이나 케이블 방송국을 소유해놓고 사람들이 보고 싶어 하는 것을 보여주지 않으면 아무 의미가 없다고 생각했다. 사람들에게 가장 인기가 많은 것은 스포츠 생중계였고, 영국에서는 축구였다. 따라서 BSkyB는 맨유를 인수하려고 했다. 다른 방송사들도 좋은 생각이라며 이 아이디어에 동참했다.

1999년부터 2000년까지 방송사들은 콘텐츠 지분 소유에 나섰다. 스카이(첼시, 리즈, 맨유), NTL(뉴캐슬 유나이티드, 애스턴 빌라, 미들즈브러Middlesbrough FC, 레스터 시티, 글래스고 레인저스, 셀틱Celtic FC), 칼튼(아스널), 그라나다Granada(리버풀) 모두 프리미어 리그 클럽의 지분 9.9퍼센트를 확보했다.[164] 1998년에 그라나다는 리버풀 지분 9.9퍼센트를 인수하며 2200만 파운드(약 411억 원)를 지불했다.

NTL은 소수의 지분을 확보하면서 수억 파운드의 돈을 썼다. 이 거대 케이블 TV 그룹은 풋볼 클럽들을 사들이면 시장의 목을 조이고 있는 BSkyB를 무너뜨리는 데 도움이 될 거라 믿었다. 하지만 무리한 투자로 부채에 시달리다 결국에는 파산을 신청했다.

2000년 1월을 기준으로 프리미어 리그의 10개 팀과 디비전 1의 7개 팀이 상장 기업이었다. 이 17개 팀의 시가 총액을 모두 합치면 30억 달러(약 4조 1220억 원)가 넘는 금액으로, 팀 당 2억 달러 정도였다. 맨유의 시가 총액은 대략 10억 달러였다. 2023년 6월 기준으로, 맨유의 시가 총액은 30억 달러에 달한다.

독재자 카다피, 유벤투스에 이어 맨유를 노리다

맬컴 글레이저Malcolm Glazer의 맨유 인수를 중개했던 메흐메트 달만 Mehmet Dalman은 「선데이타임스Sunday Times」와의 인터뷰에서 한 가지 사실을 밝혔다. 2004년 당시 리비아 독재자 무아마르 카다피Muammar Gaddafi가 존 매그니어John Magnier와 J.P. 맥마너스J. P. McManus가 소유한 맨유[165] 지분 29.9퍼센트 인수를 "코앞에 두고" 있었다는 것이다. 카다피는 2011년에 살해되었다.

2002년, 리비아국영해외투자회사Libyan Foreign Investment Company, LAFICO 는 유벤투스의 지분 약 5퍼센트를 인수했다. (그리고 차츰 7.5퍼센트까지 지분율을 높여갔으며, 이를 위해 총 1700만 유로 정도를 지출했다.) 카다피 대령의 아들 알 사디 카다피Al-Saadi Gaddafi는 그가 어린 시절부터 좋아했던 클럽인 유벤투스의 이사회에 합류했다.[166] 리비아의 국영 석유회사인 탐오일Tamoil은 2002년부터 2007년까지 유벤투스의 공식 후원사였다. 2003년, 알 사디 카다피는 유벤투스 이사회에서 사임한 후 세리에 A의 페루자 축구 클럽AC Perugia Calcio에서 선수로 2년 계약을 체결했다. 그는 리비아에서는 최고의 클럽에서 활동했지만 유럽 축구 리그에서는 한 번도 뛰지 못했다. 알 사디 카다피는 디에고 마라도나를 기술 컨설턴트, 벤 존슨Ben Johnson을 개인 트레이너로 고용했다.[167] 페루자의 구단주 루치아노 가우치Luciano Gaucci는 AC 밀란 구단주이자 당시 총리였던 실비오 베를루스코니가 자신에게 연락했다며 이렇게 주장했다. "내게 전화를 걸어 독려했습니다. 카다피를 팀에 합류시키는 것이 리비아와의 관계 구축에 도움이 된다고 하면서요. 카다피가 제대로 뛰지 못하면, 자기가 실력이 부족해서 그런 거니 그냥 두면 된다고 했습니다." (페루자는 2005년에 파산했다.) 베를루스코니는 많은 이탈리아 기업에서 리비아의 석유를 반드시 필요로 했기 때문에 카다피의 기분을 맞춰주려 했고, 그렇게 하면 리비아의 이탈리아 기업 투자가 늘어날 것을 알고 있었다. 사디는 2003~04시즌 페루자(유벤투스 상대)에서 교체 선수로 딱 한 번 출전했고, 2005~06시즌에는 우디네세 Udinese Calcio 소속으로 칼리아리Cagiliari Calcio와의 경기에서 10분간 뛰었다. 2006~07시즌에는 삼프도리아에 합류했지만 단 한 경기도 출전하지 못했다. 역대 세리에 A 선수 중 최악의 선수로 꼽힐 정도였다. 알 사디 카다피는 스포츠와 정치의 만남이 얼마나 위험한지 잘 보여주는 사례다.

배경 설명을 덧붙이자면, 리비아와 이탈리아의 관계는 오랜 역사를 지니고 있다. 한때 리비아는 이탈리아의 식민지였다. 1977년, 유벤투스를 거느리던 아넬리 가문의 자동차 제조업체 피아트FIAT는 재정적 어려움에 처해 현금이 필요했다. 지오반니 아넬리Giovanni Agnelli는 상황 반전을 위해 LAFICO에게 피아트의 지분 15퍼센트를 4억 달러(약 5496억 원)에 매입해 달라고 요청했다.[168] LAFICO는 1986년에 15퍼센트의 지분을 30억 달러에 매각하고[169], 2002년에 2퍼센트의 지분을 새로이 매입했다.[170] 2008년, 베를루스코니와 카다피가 지난 세기 이탈리아의 리비아 점령에 대해 40억 유로 상당의 보상을 약속하는 역사적인 협력 조약에 서명하면서 이탈리아와 리비아 간의 무역 관계가 공식화되었고, 이를 계기로 이탈리아 기업에 대한 리비아의 투자 증가를 약속받았다.[171]

리비아는 오일 머니를 앞세워 영국의 주요 투자자로 떠올랐다. 리비아투자청Libyan Investment Authority, LIA은 런던 옥스퍼드 스트리트에 있는 14만 6550제곱피트 규모의 소매 상가 밀집 지역 포트만 하우스에 1억 5500만 파운드(약 2898억 원), 런던 중심부의 잉글랜드은행Bank of England 맞은편, 콘힐

14번지 사무실에 1억 2000만 파운드를 투자하는 등 수십억 달러를 영국에 투자했다.[172]

그 이후

2003년, 루퍼트 머독의 뉴스코퍼레이션은 '비핵심' 사업이라며 맨유의 지분을 매각했다. 당시 뉴스코퍼레이션은 이미 첼시의 지분을 로만 아브라모비치에게 매각한 상태였고, 아직 리즈 유나이티드 8.8퍼센트, 맨체스터 시티 9.9퍼센트, 선덜랜드 4.8퍼센트의 지분을 각각 소유하고 있었다. 나중에는 결국 미국을 포함해 모든 스포츠 팀의 지분을 매각했다.

2007년에는 ITV, 2013년에는 BskyB가 MUTV 지분을 맨유에 되팔면서 MUTV는 100퍼센트 맨유의 소유가 되었다.

미국에서는 많은 스포츠 팀들이 자체 지역 스포츠 네트워크(케이블 채널)를 시작했다. 양키엔터테인먼트앤스포츠네트워크Yankee Entertainment and Sports Network, YES Network는 2002년에 개국했다. 엄밀히 말해 양키스New York Yankees는 YES의 소유주가 아니고 YES로부터 중계권료를 받는다. 2012년, 루퍼트 머독의 뉴스코퍼레이션은 YES의 지분 49퍼센트를 인수했다. 2019년, 레드버드캐피탈[173](13퍼센트), 아랍에미리트의 무바달라Mubadala Investment Company, MIC[174](13퍼센트) 같은 투자자들과 함께 양키스가 뉴스코퍼레이션 지분을 다시 매입했다.

이제 챔스리그도 부족하다: 슈퍼리그 시대의 서막

1997~98년, 베를루스코니 미디어 제국의 지주회사인 핀인베스트Fininvest에서 근무하던, 기업가 정신으로 무장한 43세의 로돌포 헥트Rodolfo Hecht는 유러피언 슈퍼리그를 만들고자 했다.[175][176]

헥트는 챔피언스 리그의 방식 때문에 흥미가 떨어지는 경기가 너무 많다고 생각했다.[177] 당시 챔피언스 리그에는 자국 리그 우승팀, UEFA 컵(현 UEFA 유로파 리그)에는 그 아래 중상위권 팀들이 출전했다. 따라서 챔피언스 리그에서는 AC 밀란, 레알 마드리드 등 상위 5개 리그의 빅 클럽들이 폴란드, 체코, 헝가리의 리그 우승팀과 맞붙었고, 상위 5개 리그의 나머지 빅 클럽들은 UEFA 컵에서 격돌했다.[178] UEFA 컵의 경기가 더 많았고 큰 시장을 가진 대형 클럽들이 만날 기회도 더 많았다. 역설적이게도, 우승팀이 참가하는 유러피언 컵보다 UEFA 컵이 상업적인 관점에서 보면 더 많은 잠재력을 지닌 대회가 된 것이다.

헥트가 제안한 해결책은 두 개의 리그로 운영되는 유러피언 슈퍼리그였다. 우선 1부 리그에는 공동 창설자 자격을 얻어 강등되지 않는 16개의 빅 클럽을 둔다. 2부 리그에는 자국 리그에서 높은 순위를 차지했지만 매 시즌 이후 강등이 가능한 16개의 클럽이 있다. 각 클럽은 8강 진출 팀을 가리는 3월까지 나머지 15팀과 라운드 로빈 토너먼트 형식으로 서로 경기를 치른다. 유러피언 슈퍼리그 경기는 국내 리그에 영향을 미치지 않기 위해 주중에 열도록 한다. 이 제안은 공동 창설자가 강등으로부터 보호받는다는 내용 때문에 주로 비판을 받았다.

그는 당시로서는 거액을 제시하며 빅 클럽을 끌어들이려 노력했다. 각 참가팀에게 TV 중계권료만 시즌당 최소 3000만 유로(약 484억 원)를 보장해주겠다고 제안했다. 비교를 위해 예를 들면 1996~97시즌에 맨유가 챔피언스 리그 준결승에 진출하면서 받은 상금이 겨우 600만 유로였다. 챔피언스 리그 우승팀에게 주어지는 상금 1400만 달러(약 192억 원)에 비해, 새로운 슈퍼리그의 우승 상금은 1억 달러 책정이 예상되었다.[179] JP모건은 TV 중계권 판매를 기대하며 새로운 리그에 12억 유로의 자금을 지원하기로 합의했다.

1997년, UEFA는 유럽 대회의 TV 판권을 비교적 적은 금액에 판매했으며, 경기는 종종 국내 채널 중계에 그쳤다. 헥트는 TV 중계권을 묶어서 판매하고 그중 5퍼센트를 헥트의 회사가 받기를 원했다.

헥트는 클럽들과 만난 자리에서 UEFA가 1억 6500만 유로(약 2661억 원)의 수입을 벌어들이면서 그중 18퍼센트나 되는 돈을 '전화 응답'이나 하고 '관료주의'를 유지하는 데 사용한다고 주장했다. 하지만 일부 빅 클럽들은 UEFA의 반격을 우려했다. 일부는 유러피언 슈퍼리그가 클럽 간의 빈부 격차를 늘리거나 국내 대회에 관한 관심과 흥미를 없앨 것이라고 믿었다.

일간지 「인디펜던트The Independent」에는 맨유가 유러피언 슈퍼리그를 지지한다는 글이 올라왔다. 맨유의 한 이사는 이렇게 말했다. "우리는 더 많은 내용을 들어보고 알아갈 준비가 되어 있습니다. 투명성이 높아지고 클럽의 영향력이 확대되며 유럽 대회에서 잉글랜드 팀의 활동 무대가 넓어진다는 건 흥미로운 일입니다. 하지만 우리는 국내에 훌륭한 리그를 보유하고 있고, 실망을 끼치는 일은 없을 겁니다." 리버풀은 주저하는 것으로 알려졌고, 아스널은 내부 분열이 있다고 했다. 「뉴욕타임스」는 최고의 빅 클럽들이 자신의 클럽에게 얼마를 보장해줄 수 있는지 알아보기 위해 JP모건과 직접 회담을 가졌다고 전했다. (JP모건은 2021년 유러피언 슈퍼리그에 관여할 예정이었다.)

언론은 대체로 헥트의 의도에 의심의 눈길을 보냈고, 일부 언론은 그를 사실상 베를루스코니의 '앞잡이'라고 표현했다. 하지만 빅 클럽 중에는 유러피언 슈퍼리그라는 아이디어에 흥미를 느낀 클럽이 많았다.

1998년 5월, 레알 마드리드는 암스테르담에서 유벤투스를 1:0으로 꺾고 1966년 이후 32년 만에 기록적인 일곱 번째 유러피언 타이틀을 차지했다.[180] 결승전이 끝난 후 UEFA는 리스본에서 클럽들과 회의를 진행했는데, 몇몇 빅 클럽의 임원들이 헥트의 제안을 진지하게 고려하고 있다고 인정했다. UEFA에게는 적신호가 켜진 셈이었다.

UEFA는 강경하게 맞섰다. 유러피언 슈퍼리그를 지지하는 구단은 모든 대회에서 출전을 금지하겠다고 위협했다. 1998년 6월, UEFA 사무총장은 이렇게 말했다.

슈퍼리그는 유럽 축구를 부유한 클럽과 가난한 클럽으로 갈라놓을 것입니다. 슈퍼리그에 들어가서 그런 식으로 돈을 버는 일은 절대 일어나지 않을 것입니다. 기존 리그의 온전한 가치를 훼손하는 클럽은 제재를 받을 것입니다. 헥트의 프로젝트에 합류하는 팀은 모든 FIFA 및 UEFA 대회에서 제외되며, 해당 팀의 선수들은 자국의 국가대표로 월드컵에 출전할 수도 없습니다.

이 발표는 효과가 있었다. 여러 빅 클럽이 두려움을 느꼈다. FA는 잉글랜드 클럽들에게 분리되는 유러피언 슈퍼리그를 지지한다면 프리미어 리그에서 퇴출시키겠다고 통보했다. (프리미어 리그가 FA의 지원을 받아 분리된 리그라는 점을 고려하면 아이러니한 일이 아닐 수 없다.) 아스널과 맨유는 프리미어 리그를 떠나지 않겠다는 각서를 쓰라는 압력을 받았다고 전해졌다.

1998년 8월, 슈퍼리그에 대한 소문은 사그라지지 않았다. 당시 UEFA 사무총장 게르하르트 아이그너Gerhard Aigner는 이렇게 말했다. "우리는 클럽, 리그 그리고 국가 협회와 이야기를 나눌 것입니다. 대회를 더 매력적이고 수익성 높게 만들 수 있다는 데 의심의 여지가 없습니다. 모든 것이 가능하지만, 누구에게도 영구 참가 자격을 주는 일은 없을 겁니다. 스포츠는 국가 정체성National Identity과 자격 요건, 이 두 가지가 없으면 신뢰성을 상실합니다."[181]

아이그너는 2022년 BBC와의 인터뷰에서 이렇게 말했다. "UEFA가 행동에 나서지 않으면, 우리 손으로 직접 일을 처리하지 않으면 대회들에 대한 통제권을 모두 잃게 된다는 걸 깨달았습니다. … 우리는 서포터스와 TV를 위해 그리고 클럽들을 위해 그걸(챔피언스 리그를) 최대한 매력적으로 만들고 싶었습니다. … 바로 얼마 전까지 스위스 마케팅 회사 ISLInternational Sport and Leisure에 있었던 전문가 두 명을 영입했습니다. 그 사람들은 놀라운 아이디어로 대중에게 새로운 제품을 소개하는 방법을 멋지게 구체화시켰습니다. 또한 바다 건너 미국에서 하는 슈퍼볼 방식도 들여다보고 있습니다."[182]

1998년 10월 초, UEFA는 유럽 빅 클럽들의 이탈을 막기 위해 개혁안을 발표했다. 챔피언스 리그 명단은 24개에서 32개 클럽으로 늘어났고, UEFA 랭킹이 높은 리그에 더 많은 챔피언스 리그 출전권이 주어졌다. 1997년부터 상위권 리그의 준우승 팀까지 챔피언스 리그에 진출할 수 있게 되었지만, 개편안에는 1999년부터 유럽 상위권 리그의 3위 팀 그리고 4위 팀까지도 출전권을 주기로 했다.

UEFA와 회의를 거치면서, 유럽 축구의 빅 클럽들 사이에 교류와 협력이 더욱 활발해졌다. 1998년 10월 14일, 7개국 14개의 빅 클럽은 UEFA 및 FIFA와의 협상에서 한목소리를 내자는 취지로 G—14를 창설했다. 레알 마드리드, 바르셀로나, 맨유, 리버풀, 인터, 유벤투스, AC 밀란, 마르세유, PSG,

바이에른 뮌헨, 보루시아 도르트문트, 아약스, PSV 에인트호번 PSV Eindhoven, 포르투가 창립 회원이 되었다.[183] (보스만 판결이 1995년이었고, 이 시점에 유럽 최대 경제국으로 향하는 선수와 자금의 이동이 막 시작되고 있었다는 점을 기억할 필요가 있다.)

10월 말, UEFA 사무총장 그리고 레알 마드리드, AC 밀란, 리버풀, 맨유, 그 외 여덟 개의 빅 클럽 대표들이 회의에 참석했다. UEFA 사무총장 게르하르트 아이그너는 "UEFA는 클럽들과 직접 대화하기로 결정했으며, 이는 축구계에 새로운 상황이 발생했기 때문"이라고 말했다.[184]

참석자들은 어렵사리 모종의 합의에 도달했다. 회의가 끝난 후, AC 밀란의 아드리아노 갈리아니 부회장은 이렇게 말했다. "제네바에 모인 12개 클럽은 UEFA와의 협력 의사를 확인했습니다. 우리가 양보해야만 하고 UEFA 역시 그래야만 할 테죠. 하지만 우리는 전반적으로 유럽 연맹에 남는 데 뜻을 모았습니다." 결별을 강력히 지지했던 레알 마드리드 회장 로렌조 산스 Lorenzo Sanz도 말했다. "UEFA는 우리의 우려를 완벽하게 이해하면서 클럽들과 장기적인 협력을 이어갈 수 있는 매우 흥미로운 프로젝트를 제시했습니다."

아이그너는 결별 위협이 만남으로 이어졌다는 점을 인정했다. 그는 이렇게 털어놓았다. "독립적인 슈퍼리그 계획 때문에 우리(UEFA)가 신속하게 행동에 나서서 구단과의 협력을 개선해야만 했습니다."[185]

2000년 5월, 레알 마드리드는 파리 스타드 드 프랑스 경기장에서 열린 결승전에서 발렌시아 Valencia CF를 3:0으로 이겼다. 유럽 랭킹이 높은 리그의 2위 팀에게도 챔피언스 리그 출전을 허락한 지 단 2년 만에, 유럽 최상위 리그에 속한 국가의 상위 4개 팀에게까지 출전권이 주어지며 대회 규모가 확대되었다. 결과만 놓고 보면, 자국 리그 우승팀과 타이틀 보유 팀만 출전할 수 있었던 1996~97시즌(단 3년 전 대회)과는 극명한 대조를 이룬다.

현재는 챔피언스 리그라고 불리는 대회의 원래 이름은 유러피언 챔피언 클럽스 컵European Champion Clubs' Cup(유러피언 컵)이었다. 그런데 이제 이 대회에 많은 '비챔피언'들이 출전하는 현실은 축구가 크게 변화했다는 사실을 확실하게 보여준다. 출전권 확대 외에 출전팀에게 주어지는 총상금도 증가했다. 개편이 이루어지면서 1999~2000시즌 챔피언인 레알 마드리드는 약 2000만 유로(약 322억 원, 이전에는 약 1000만 유로)를 받았다.[186] (2021~22시즌 챔피언 레알 마드리드는 챔피언스 리그 성과급제에 따라 8300만 유로를 거둬들였으며, 2022년 8월 UEFA 슈퍼컵UEFA Super Cup 우승으로 450만 유로를 추가로 받았다.)

1999~2000시즌 이후로 레알 마드리드는 24회 열린 챔피언스 리그에 모두 출전했고, 그중 여덟 번(2000, '02, '14, '16, '17, '18, '22, '24) 우승을 차지했다. AC 밀란은 15회 출전에 2회 우승, 바르셀로나는 23회 출전에 4회 우승, 바이에른 뮌헨은 23회 출전에 3회 우승, 유벤투스는 19회 출전, 리버풀은 15회 출전에 2회 우승 그리고 맨유는 21회 출전에 1회 우승을 기록했다.

그 이후

2006년 FIFA 월드컵에서는 참가 선수의 22퍼센트가 G—14 클럽 소속이었다. G—14는 선수들이 국가대표팀 차출로 클럽 경기를 뛰지 못하고 부상까지 발생했다며 배상을 요구했고, 마침내 UEFA와 FIFA는 그 요구를 받아들였다. 얼마 지나지 않아 G—14는 UEFA 및 FIFA와 맺은 합의에 따라 해체되었고, 100개 이상의 클럽을 대표하는 유럽클럽협회European Club Association, ECA로 대체되었다.[187]

2022년 5월, UEFA는 챔피언스 리그 운영 방식을 변경한다고 발표했다. 2024~25시즌에는 챔피언스 리그 참가 클럽이 32개에서 36개로 확대된다는 내용이었다. 36개 클럽이 하나의 거대한 리그 테이블에 배치되는, 흔히 말하는 '스위스 모델Swiss Model'로 진행된다. 경기 수는 기존 125경기보다 늘어나 총 189경기가 치러진다. UEFA는 새로운 모습을 갖춘 챔피언스 리그의 중계권이 40퍼센트 증가해 시즌 당 38억 파운드(약 7조 1060억 원)에 달할 것으로 기대하고 있다.

기존 방식에서는 4개 클럽씩 8개의 그룹으로 나뉘고, 클럽마다 서로 홈 앤 어웨이 방식으로 6경기를 치른다. 각 그룹의 상위 2팀이 16강에 올라 홈 앤 어웨이 방식으로 2경기를 치르고 패한 팀은 탈락한다. 4강까지 같은 방식으로 진행된다. 마지막 결승전은 중립 구장에서 한 경기로 승부를 결정짓는다.

2024~25시즌부터 실시하는 새로운 방식에서는 조별 리그가 사라진다. 첫 단계에서 모든 클럽이 단일 리그 테이블에 오르면서 순위가 매겨진다. 각 클럽은 10주 동안 4개의 홈경기와 4개의 원정경기를 통해 서로 다른 상대와 8경기를 치르게 된다. (이전 형식에서는 6경기만으로 32개 클럽 중 16개 클럽의 탈락 여부가 결정되었다.) 가장 많은 승점을 쌓은 상위 8개 클럽은 자동으로 16강 토너먼트에 진출한다. 9위부터 24위까지 클럽들은 남은 8자리를 차지하기 위해 2개의 리그로 나뉘어 플레이오프를 치러 마지막 16강에 시드 배정 없이 진출하게 된다. 그런 다음 전통적인 토너먼트 형식에 따라 결승 진출 팀을 결정한다.

새로 추가되는 4자리 중 2자리는 직전 시즌 유럽 대회에서 좋은 성적을 거둔 리그의 클럽에게 주어진다. 또 한 자리는 UEFA 랭킹 5위 리그의 3위 팀에게 돌아간다. 마지막 한 자리는 대회 예선 과정인 '챔피언스 패스Champions Path'를 통해 출전 자격을 얻은 팀 수를 4개에서 5개로 늘려 한 국가의 국내 우승팀에게 돌아간다.

유럽에서의 성적만을 근거로 클럽의 대회 참가 여부를 결정하자는 제안이 있었지만 UEFA는 거절했다. 비평가들은 UEFA의 결정이 어쩌다 한 시즌 성적이 좋지 않을 수도 있는 빅 클럽에게 안전망 역할을 하면서 유리하게 작용한다고 주장했다.

UEFA는 점점 지루해지고 승부 예측이 가능해지는 조별 리그에 대한 해결책을 내놓았다고 하지만, 일부 비평가들은 그 해결책이 엄청난 불평등 문제를 그대로 가져와서 오히려 상황을 악화시킬 것이라 믿고 있다.[188] 어차피 12~16개 빅 클럽이 전 세계 시청자의 관심을 받으면서 서로 대등한 경기를 펼치는 것이 일반적인데, 대회 참가국 수만 늘리면 '지루하고' '일방적인' 경기가 나올 확률이 더 높아진다는 주장이다. 또한 일부는 UEFA 국가 계수 UEFA Nation Coefficients에 따라 두 자리를 배분하는 규정을 프리미어 리그를 위해 자리를 예약해두는 행위나 다름없다고 믿는다. 새로운 형식의 챔피언스 클럽이 '슈퍼리그 라이트Super League Lite'나 다름없다는 것이다. 마지막으로, 너무 많은 경기 횟수를 걱정하는 선수들이 많다.

FIFA 클럽 월드컵과 FIFA 월드컵 확대까지 포함해 훨씬 더욱 빡빡해지는 일정 때문에 여러 클럽들 역시 걱정하고 있다. 경기 수가 늘어날수록 선수들의 부상이 더 많아지기 때문에 더 두터운 선수층(즉 더 많은 이적료와 급여)이 필요한데, 이는 국내 대회에 소홀해질 수도 있다는 뜻이다. 유럽의 많은 클럽과 국내 리그 입장에서는 UEFA 클럽 대회가 몸집을 지나치게 불리면서 자국 대회에 피해를 줄까 봐 우려하고 있다. (잉글랜드)축구협회는 국내 대회 일정, 특히 FA 컵과 EFL 컵 대회에 미치는 영향에 대해 우려를 표명했다.

UEFA는 2021~22시즌에 약 30억 유로(약 4조 8390억 원)의 TV 수익을 창출했다. 애초 전문가들은 새로운 챔피언스 리그 계약 시 중계권료가 40에서 60퍼센트 상승할 것으로 예상했지만, 이는 지나치게 낙관적인 전망으로 드러났다. 예상 상승률은 20에서 25퍼센트로 수정되었고, 이는 초기 예상치보다 연간 약 5억 유로가 적어진 금액을 뜻한다. 일각에서는 경기 수가 약 50퍼센트 더 늘어났고, 경쟁에 뛰어드는 클럽 수는 12.5퍼센트 더 많아졌으며, 연대부담금이 약 40퍼센트 증가한 상황에서 과연 25퍼센트 인상이 충분한가 하는 질문을 던지고 있다.

2023년 9월에 제임스 코벳James Corbett은 「오프더피치」에 다음과 같은 내용의 기사를 올렸다. "방송계 내막에 정통한 사람들은 「오프더피치」에 UEFA가 허황된 예측을 하고 있다고 말하면서 새로운 스위스 리그 형식의 이점이 무엇인지 이해하기 힘들다는 입장을 거듭 밝혔다. 너무 복잡하다는 반응이다. 경기는 많아졌는데 해결된 것은 아무것도 없다. … 또 다른 소식통은 세계적으로 방송사들이 예산 규모 긴축에 들어가며 주요 수익원을 선택해야 하는 기로에서 챔피언스 리그 대신 프리미어 리그를 선택하고 있다고 말했다."

유럽의 리그들은 스위스 모델로 치러지는 대회가 태생적으로 확장이 가능하다는 점에 대해서도 우려하고 있다. 몇 년 지나지 않아 UEFA가 더 많은 경기를 치르자고 요구하면 그걸 막을 방도가 있을까?

예를 들어 1933년부터 1966년까지 NFL 플레이오프에서는 양 리그에서 각각 우승한 두 팀이 단판 승부를 치렀다. 1967년에는 플레이오프가 4개 팀으로 확대되었고, 1970년에는 8개 팀, 1978년에는 10개 팀, 1990년에는 12개 팀으로 확대되었으며, 2020년에는 플레이오프 참가 팀이 14개 팀으로 늘어났다.

1950년에 8개 팀이던 NCAANational Collegiate Athletic Association 대학 농구 토너먼트는 1951년에 16개 팀, 1975년에 32개 팀, 1985년에 64개 팀, 2011년에는 68개 팀이 되었다. 최근에는 90개 팀으로 대회를 치르자는 제안도 등장했다.

1998년, 미국 대학 미식축구 팀 중에서 선발된 두 팀만 BCS 내셔널 챔피언십BCS National Championship 게임에 나갔다. 2014년, 대학 미식축구 플레이오프 내셔널 챔피언십College Football Playoff National Championship은 NCAA 4강전NCAA Final Four처럼 4개 팀으로 시작했다. 2024~25시즌에는 플레이오프 진출 팀이 12개 팀으로 늘어난다.

마지막으로, UEFA 회장은 미국 대학농구의 '파이널4Final Four' 형식을 도입할 수도 있다며 이렇게 말했다. "아주 좋을 것 같아요. 경기도 더 치열해지고, 팬들도 더 재미있어할 겁니다." 이 말은 '파이널4'가 지구촌 어디에서든 개최될 수 있다는 뜻이다. 그리고 4강부터 홈경기가 없어진다는 뜻이기도 하다.[189]

다음 장에서는, 레알 마드리드가 어떻게 클럽을 운영하고 왜 그 방식을 사용하는지를 이해할 수 있는 기준점을 제공하고자 레알 마드리드 방식에 대해 알아보려 한다. 2016년에 발간한 내 책『레알 마드리드 웨이』에서 많은 부분을 이미 다루었다는 점을 알린다. 그 책에 더 자세한 정보가 담겨 있다.

그다음에는 현대 축구에서 발생하고 있는 시스템 변화를 살펴보며, 클럽의 소유 모델부터 주목하고자 한다. 시스템 변화에 레알 마드리드가 어떻게 대응하는지, 유러피언 슈퍼리그에 제한받지 않고 어떤 행동을 취하는지 알아볼 것이다.

3장

레알 마드리드 방식:
세계 1위 클럽은 어떻게 경영되는가

플로렌티노 페레스 회장이 이끄는 레알 마드리드

레알 마드리드 데 풋볼Real Madrid Club de Fútbol은 1902년 마드리드에서 창단한 축구 클럽이다. 스페인어로 '레알'은 '왕실'을 의미하며, 1920년 알폰소 13세King Alfonso XIII가 해당 칭호를 수여하면서 클럽 엠블럼에 왕관 문양을 사용할 수 있게 되었다. 대부분의 유럽 축구 클럽과 달리, 레알 마드리드는 창단 시부터 현재까지 소시오(회원)가 클럽을 소유하고 운영해왔다. 이들은 4년마다 클럽의 회장을 선출한다. 레알 마드리드는 유소년팀도 운영하며 그 외에 남자 농구팀[190]과 여자 축구팀[191]도 성공적으로 운영하고 있다.

플로렌티노 페레스(1947년생)는 2000년부터 클럽의 회장을 맡고 있다. (2006~09시즌 제외.) 회장과 이사회는 무급으로 일한다. 플로렌티노는 마드리드 출생으로 대학에서 토목공학을 전공했다. 그는 세계적인 건설 회사 그루포ACSGrupo ACS의 회장이며, 20억 달러(약 2조 7480억 원)가 넘는 자산을 보유한 것으로 알려져 있다. 플로렌티노에게 레알 마드리드는 단순한 축구 클럽이 아니다. 레알 마드리드는 그에게 열정이자 소중함이 담긴 클럽이고 생활이다. 그의 아버지는 어린 소년이었던 그를 데리고 경기를 관람하며 레알 마드리드가 지닌 의미를 가르쳐주었다.

호세 앙헬 산체스(1967년생)는 CEO로서 무대 뒤에서 꾸준하게 제 역할을 한다. 세고비아 출신이며 대학에서 철학과 법학을 공부했다. 그는 비디오 게임 제작사 세가Sega에서 일하다가 2000년에 플로렌티노에 의해 클럽에 영입된 뒤 여러 차례 승진을 거듭했다. 2022년 6월, 플로렌티노는 호세 앙헬 산체스에 대한 질문을 받고 이렇게 답했다. "(그는) 매우 까다로운 축구 클럽을 운영할 만큼 재능이 있습니다. 그가 클럽의 짜임새를 제대로 갖추어놓았습니다. 제가 본 최고의 임원입니다. 우리에게 이렇게 좋은 팀이 있다는 걸 자랑하고 싶네요."[192]

호세 앙헬 산체스는 2022년 글로브 사커 어워드Globe Soccer Awards 올해의 최고경영자 상을 받는 자리에서 레알 마드리드의 비밀이 무엇이냐는 질문에 이렇게 대답했다. "솔직히 말하면 비밀 같은 것은 없고 그 질문에 대해 간단히 드릴 수 있는 대답도 없습니다. 우리는 우수성을 추구해나가면서 선수와 직원들이 계속 잘할 수 있도록 최선을 다할 뿐입니다. 지난 20년 동안 우리 클럽은 기술과 축구 산업 그리고 경기 자체에서 많은 변화를 겪었습니다. 어쩌면 클럽의 정체성에 충실하면서 이러한 변화에 적응하는 것이 비밀이라면 비밀이겠죠."[193]

레알 마드리드 커뮤니티: 팬과 함께 만든 비즈니스 모델

경기장 안팎에서 취하는, 성공을 향한 레알 마드리드 방식의 중심에는 그들의 공동체적 가치와 그에 따른 문화가 있다.[194] 간단히 말하자면, 레알 마드리드 커뮤니티가 지닌 공통적인 정서, 기대, 가치가 클럽 전체의 운영, 행동, 사명을 결정한다. "클럽의 정체성에 충실하면서 이러한 변화에 적응하는 것"이라는 발언의 의미가 바로 이것이다. 공동체의 가치와 기대는 선수 선발, 선수에게 기대하는 행동, 경기 스타일, 우선순위 등 경기장 안에서부터, 비즈니스 및 경영 특성, 전략, 마케팅, 투자, 재무 보고, 인사, 기술 등 경기장 밖에 이르기까지 조직 전반에 걸쳐 의사결정을 주도한다. 레알 마드리드 경영진은 시간을 할애해 직접 커뮤니티 구성원과 개인적인 연결, 관계, 소통을 강화하고 공고히 다진다. 그리고 커뮤니티의 가치를 조직 전반과 선수들에게 전달한다. 커뮤니티 그리고 레알 마드리드 방식에 대한 그들의 강렬한 열정을 하나로 연결시켜주는 것이 경영진의 목표다.

레알 마드리드의 경영진은 커뮤니티가 비즈니스나 경영진을 위해 존재한다고 생각하지 않는다. 반대로 레알 마드리드 클럽이 커뮤니티를 위해 존재한다고 믿는다. 커뮤니티는 레알 마드리드 팬이라는 공통의 정체성을 지니고 있지만, 그들은 본래 다양한 욕구와 관심사 그리고 책임감을 지닌 개인이라는 점을 클럽은 알고 있다.

보스턴 대학교Boston University의 수잔 포니에Susan Fournier 교수와 할리데이비슨Harley-Davidson의 전 임원 라라 리Lara Lee는 2009년 4월호 「하버드비즈니스리뷰Harvard Business Review」에 기고한 '올바른 브랜드 커뮤니티 만들기Getting Brand Communities Right'라는 제목의 글에서 이렇게 썼다. "커뮤니티 기반 브랜드는 판매 거래를 주도하는 방식이 아니라 사람들의 욕구 충족을 돕는 방식으로 충성도를 구축한다."[195] 본질적으로, 이것이 레알 마드리드가 취하는 방식이다. 클럽은 커뮤니티 구성원의 가치를 더 잘 이해하고, 구성원이 원하는 것을 제공하며, 구성원의 삶을 개선하고 영감을 주기 위해 끊임없이 노력한다. 클럽 경영진은 이러한 욕구가 단순히 브랜드 소속을 통한 지위나 정체성 획득에 있는 것이 아니라는 점을 알고 있다. 포니에와 리는 말했다. "사람들은 다양한 이유로 커뮤니티에 참여한다. 누군가는 정서적인 지원과 격려를 받으려 하고, 누군가는 공공의 이익에 기여할 방법을 모색하며, 누군가는 더 많은 관심을 쏟고 능력을 키우기 위해 참여한다. 브랜드 커뮤니티는 그 자체가 목적이 아니라 목적을 위한 수단이다." 이에 더해 레알 마드리드는 구성원들이 자신의 커뮤니티에 참여하면서 힘을 얻고, 영감을 받고, 해방감을 느끼고, 즐기고, 축하하고, 연결되고, 공유하고, 모여서 친해질 수 있기를 바란다. 레알 마드리드는 전 세계 수억 명의 사람들에게 더 많은 자존감, 자신감, 기쁨, 행복을 고취시키는 데 도움이 될 방법을 찾아 나선다. 커뮤니티, 즉 사람들이 기본이다. 레알 마드리드 커뮤니티 구성원들의 참여 이유는 서로 다르지만, 환희 그리고 때로는 눈물이 그들 모두를 하나로 묶어준다. 레알 마드리드 팬과 구성원들에게 커뮤니티는 '목적 그 자체가 아니라 목적을 위한 수단'이다.[195]

따라서 경영진은 구성원과 팬들의 가치와 기대를 전략의 중심에 두었다. 예를 들어 커뮤니티가 공유할 수 있는 콘텐츠를 원하면 레알 마드리드는 Realmadrid.com이나 레알 마드리드 앱, 레알 마드리드의 소셜 미디어 계정, 레알마드리드TV**Real Madrid TV, RMTV** 또는 새로 도입한 자체 OTT 서비스인 레알마드리드플레이**Real Madrid Play, RM PLAY**를 통해 최선의 방법, 가장 편리한 방식으로 가장 알맞은 콘텐츠를 독점으로 제공해주고자 한다. 기술 발전 덕분에 콘텐츠를 전 세계로 확장해 팬들의 경험과 참여를 끌어내는 것이 가능해졌다. 이렇게 편리한 접근성은 연결과 열정을 더욱 촉진한다. 반면에 클럽의 전통과 의식은 동질감, 연대 의식을 강화한다. 따라서 레알 마드리드 커뮤니티의 가치, 기대, 욕망은 경기 그리고 비즈니스에서의 승리를 위해 전략, 문화, 정체성을 개발하고 조정하는 기준으로 자리 잡았다.[197]

이런 접근 방식을 통해 레알 마드리드는 소속감과 공동의 가치를 만들어 냄으로써 열정적인 글로벌 커뮤니티를 하나로 모을 수 있었다. 전 세계 팬들은 그 소속감과 공동의 가치를 가슴속 깊이 새기며 심지어 자신의 정체성과 동일화하기도 한다. 팬 개인으로서의 정체성과 마드리디스타로서의 삶 그리고 클럽의 정체성과 목적이 하나가 되어 어디가 먼저이고 어디가 다음이며 마지막이라고 구분할 수 없다. 마드리디스타의 정체성과 클럽의 정체성이 각각 다른 것이 아니라 하나라고 믿는다. 역사와 감정과 정서가 서로 얽혀 있는 것이다. 할리데이비슨, 페라리, 철인 3종 경기를 떠올려보라. 하나하나마다 브랜드와 정체성, 삶, 라이프스타일이 불가분의 관계로 얽혀 있다. 할리데이비슨 오토바이를 소유하면 '호그HOG'(할리 오너스 그룹)의 일원이 되고, 페라리를 구입하면 '페라리스타Ferrarista'라고 불리며, 140.6마일의 철인 레이스를 완주하면 '아이언맨Iron Man'이라는 칭호를 얻는다.[198] 정체성, 삶, 라이프스타일이 상업적으로 얼마나 강력한 힘을 발휘하는지는 세 브랜드와 관련된 의류 모두 온라인과 전문 매장을 통해 세계적으로 절찬리에 판매되고 있다는 사실로 입증된다. 하지만 어떤 브랜드도 의류 회사를 만들지는 않는다. HOG, 페라리스타, 아이언맨 또는 마드리디스타는 새로운 우정, 소속감, 공통의 경험, 존재의 인정, 자존감 고취를 통해 커뮤니티의 혜택을 받는다. 게다가 인터넷과 디지털 기술의 발달로 정교하고 활발한 커뮤니티 참여도 가능하다.

레알 마드리드의 존재 그리고 모든 활동의 중심에는 커뮤니티와의 관계가 자리한다. 레알 마드리드 경영진에게는 커뮤니티에 기쁨을 주고 커뮤니티의 긍정적인 가치를 (경기 시간 90분에서 끝나지 않고 훨씬 그 이상으로) 전파하고 공유하는 것이 챔피언십 우승만큼이나 중요하다. 또한 경영진은 경기장이라는 장소에 구애받지 않고 디지털 기술, 텔레비전, 소셜 미디어를 통해, 세계 각지에서 벌이는 국제 경기와 친선 경기를 통해, 그리고 레알 마드리드 서포터스 클럽을 통해 상호 관계와 참여를 증진하고 심화하기 위해 노력하고 있다.

레알 마드리드 방식의 비밀은 커뮤니티의 가치와 기대를 바탕으로 한 기업 가치 창출에 있다. 플로렌티노를 필두로 레알 마드리드 리더십 팀은 경기장 안팎에서 승리를 거둘 수 있는 지속 가능한 순환 모델을 찾아냈다. (이것은 레알 마드리드가 아니라 저자 개인의 해석과 표현이다.) 레알 마드리드는, 손실을 충분히 감당할 수 있는 억만장자나 기업이 아니라 약 9만 4000명의 클럽 회원이 소유하고 있기 때문에 '지속 가능'이라는 단어는 중요한 의미를 지닌다. 여러 스페인 축구팀[199]을 포함해 많은 스포츠 팀이 경기장에서는 투철한 스포츠 정신의 가치 또는 기대에 부응하고자 한다. 하지만 레알 마드리드 경영진은 그러한 가치를 동력의 에너지로 삼은 다음에 경기장 안과 밖에서 모두 승리하기 위해 그 에너지에 힘을 불어넣어주는 방법들을 개발하는 뛰어난 지혜를 발휘한다.

[그림 3-1]에서 볼 수 있듯이, 레알 마드리드는 세계 최고의 선수들을 영입한다. 이들은 공격적인 축구, 아름다운 축구 스타일을 추구하는 커뮤니티의 가치에 부합하는 선수들로 챔피언십에서 우승을 거두고 전 세계의 현재 그리고 잠재적 시청자와 커뮤니티의 상상력을 사로잡으며 영감을 줄 수 있는 수준을 갖추고 있다. 레알 마드리드 커뮤니티는 경영진이 커뮤니티에 영

감을 줄 수 있는 선수를 영입하기를 기대한다.

레알 마드리드 커뮤니티에게는 승리만이 전부가 아니다. 이런 마음 자세는 '어떤 대가를 치르더라도 승리한다.' 혹은 '목적이 수단을 정당화한다.' 또는 데이터 분석을 우선으로 선수를 선발한다거나 '지금 팀의 승리에 도움만 된다면' 문제가 많아도 재능이 있는 선수와 계약해서 '계산된 위험을 감수한다.'라는 생각과는 완전히 배치된다. 레알 마드리드 커뮤니티는 다른 기준을 세우고 더 많은 것을 요구한다. 그들은 팀 철학, 수준, 스타일, 우아함을 갖춘 승리라는 커뮤니티의 가치와 기대를 선수들이 운동장에서 보여주기를 원한다. 레알 마드리드 커뮤니티는 클럽이 '챔피언이자 신사'가 되기를 바란다.

[그림 3-1] 레알 마드리드의 지속 가능한 경제—스포츠 모델

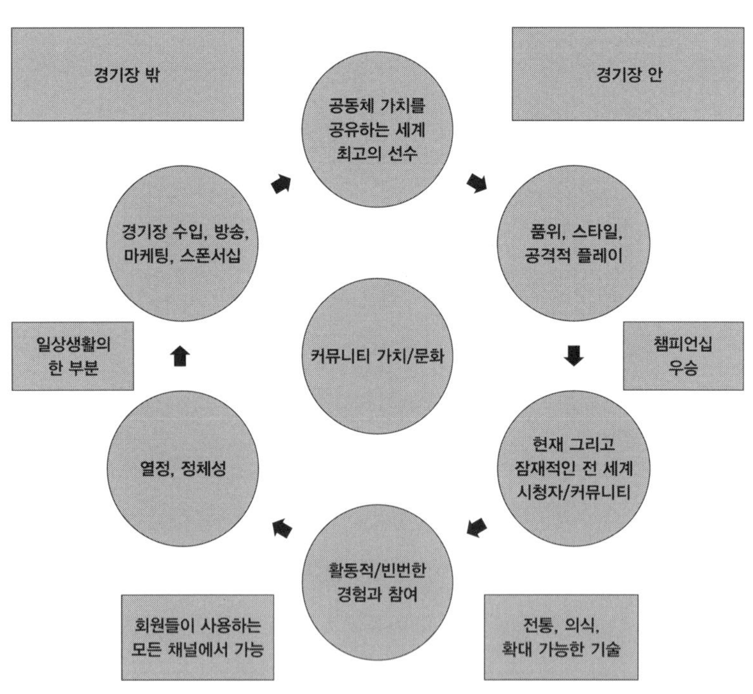

출처: 스티븐 G. 맨디스Steven G. Mandis

맨유에게 보여준 챔피언의 품격

2009년, 스페인 북부 바스크 지역의 산 세바스티안에 있는 축구 클럽 레알 소시에다드Real Sociedad는 파산 위기에 처한 상황에서 창단 100주년을 맞이했다. 40년 연속 1부 리그에서 활동하던 클럽은 법정 관리에 들어가면서 2부 리그로 강등되었다. 레알 소시에다드는 100주년 기념과 더불어 기금 조성을 위해 친선 경기를 계획하고 스페인의 다른 팀들을 초대했다. 하지만 초대를 거부하거나 참가하는 대가로 돈을 요구하는 팀들이 많았다. 그런데 레알 마드리드는 초대를 수락하고 무료로 경기에 출전하기로 합의했다. 그리고 스타급 선수들을 선발 라인업에 올렸다.[200] 레알 마드리드 커뮤니티 회원들은 이런 품위 있는 행동을 '세뇨리오Señorío'라고 부른다.

세뇨리오는 스페인어로 대략 '신사적', '기사도' 또는 '품격' 정도의 뜻인데, 어떤 일을 처리하는 자세, 접근 방식을 말한다. 플로렌티노가 회장으로 첫 임기를 시작하면서 이 단어가 레알 마드리드에 대한 표현으로 사용되기 시작했다. 맨체스터 유나이티드에서 오랜 기간 감독을 맡았던 알렉스 퍼거슨 경은 자서전에서 이렇게 회상했다. "마지막 경기가 끝나고 ⋯ 나는 정말 놀랐다. 레알 마드리드가 우승을 축하하던 시벨레스 광장의 분수대를 본떠 은으로 제작한 아름다운 선물과 따뜻한 편지를 플로렌티노 회장으로부터 받았다."[201]

2016년 베르나베우 경기장에서 열린 챔피언스 리그 경기에서 AS 로마의 전설적인 플레이메이커 프란체스코 토티Francesco Totti가 경기장에 들어섰다. 그러자 많은 마드리디스타가 그에게 기립 박수를 보내며 경의를 표했다. 서른아홉 살이던 토티는 로마에서 태어나 로마 유소년 팀에서 3년간 뛰었고, 이후 프로 선수 생활 전체를 로마에서 보냈다. 경기 후 토티는 레알 마드리드에서 뛰지 못한 것이 유일한 아쉬움이라고 말했다. 로마의 주장 토티는 기립 박수에 대한 소감을 이렇게 설명했다. "아주 특별했습니다. … 이렇게 강렬한 느낌이 들 줄은 정말 몰랐어요. 이건 제가 축구라는 경기에 많은 것을 바쳤다는 것을 인정해준다는 뜻이고, 그래서 이 놀라운 경기장에서 감사를 표합니다." 레알 마드리드 팬들은 이탈리아의 스타 선수 알레산드로 델 피에로 Alessandro Del Piero와 안드레아 피를로Andrea Pirlo에게도 이와 유사한 기립 박수를 보냈다.[202]

하지만 레알 마드리드 세뇨리오의 가장 좋은 예는 1958년 2월 뮌헨 비행기 참사 이후 레알 마드리드가 맨유에게 보여준 따뜻함과 관대함이었다. 그 사고로 8명의 맨유 선수와 3명의 구단 직원이 목숨을 잃었고, 맨유 선수 2명은 다시는 경기장에 오르지 못하고 선수 생활을 마감해야 했다.[203] 레알 마드리드가 1958년 유러피언 컵에서 우승한 후, 베르나베우는 그 승리를 맨유 선수들에게 바치면서 심지어 맨유에게 트로피를 증정하겠다고 했다. 나중에 베르나베우는 맨유에게 세계 최고의 축구 선수인 알프레도 디 스테파노를 1958~59 시즌 동안 임대해주겠다고 제안했다. 축구협회는 그가 오면 재능 있는 잉글랜드 선수 한 명이 자리를 잃을 거라며 임대를 사양했다.

레알 마드리드는 팀 재건을 위해 자금이 필요한 맨유를 돕겠다는 취지에서 맨유와 일련의 기금 조성 친선 경기를 열었다. 또한 레알 마드리드는 모금 연회를 주최하고 뮌헨 참사 사망자들의 이름이 적힌 추모 페넌트를 제작해 스페인에서 판매하며 유족들을 위한 기금 모금에 나서기도 했다.

경기에서 질 수도 있다. 그렇지만 커뮤니티는 팀이 끝까지 노력하는 모습, 용기를 잃지 않고 품위를 유지하는 모습을 보고 싶어 한다. 그런 점이 팬들을 기쁘게 한다. 그리고 레알 마드리드는 언제나 그런 팬의 욕구를 만족시켜주

고자 노력한다.

플로렌티노 회장은 레알 마드리드가 지역 사회 구성원들의 꿈과 포부를 최선을 다해 이해하고 실현시키면, 지역 사회는 더 많은 참여와 열정과 충성심으로 부응한다고 믿는다. 레알 마드리드의 커뮤니티 가치는 포용성과 보편성을 지향한다. 그래서 커뮤니티 자체가 전 세계적으로 성장하고 있다. 이 때문에 전 세계 스폰서들은 레알 마드리드 커뮤니티와 가까워지고 교류하기 위해 많은 돈을 지불하고, 텔레비전 방송사 역시 대규모의 열정적인 글로벌 관중들에게 경기를 중계하기 위해 큰돈을 지불한다. 팬들의 열정은 경기장 수입, 중계권료, 마케팅 및 스폰서십 기회의 증가로 이어지며, 이는 다시 더 높은 수익 창출로 이어진다. 플로렌티노 회장을 비롯한 경영진이 지속 가능한 경제—스포츠 모델을 구현한 이후, 팬들이 클럽 및 선수들과 더욱 긴밀한 동질감을 형성하고 또 더욱 열정적이고 충성스러워지면서 수익이 급증했다. 이런 선순환 구조에서 높은 수익을 올린 레알 마드리드는 커뮤니티의 가치를 이해하는 세계 최고의 선수들과 계약할 수 있게 된다.[204] 레알 마드리드는 커뮤니티가 소속 선수를 보면서 이렇게 생각해주기를 바란다. '나도 저 선수처럼 플레이하고 저 선수처럼 되고 싶다. 우리 아들이나 딸이 저 선수처럼 플레이하고 저 선수처럼 되었으면 좋겠다. 나도 저런 스타일로, 저런 가치를 지키면서 경기에서 이기고 싶다.'

커뮤니티 가치를 중심으로 한 접근 방식의 결과로 나타나는 수익 증가는 세계 최고의 선수 영입에만 도움을 주는 것이 아니다. 팬들이 경기장 경험만으로도 팀과 교감할 수 있는 더욱 크고 더 현대적인 경기장을 만드는 데도 일조한다. 또한 재능 있는 국내 어린이들을 위한 최고의 훈련 시설과 유소년 아카데미를 갖출 수도 있다. 레알 마드리드 유소년 아카데미는 7세 이상의 꿈나무라면 입단이 가능한데, 이곳에서는 레알 마드리드의 역사, 전통, 가치,

기대를 가르치면서 스타급 외국 선수들을 대체할 선수들을 키워낸다. 커뮤니티 그리고 플로렌티노와 임원진에게 레알 마드리드는 현재나 과거의 유명선수, 감독, 회장처럼 누구 한두 사람으로 설명할 수 있는 클럽이 아니다.

레알 마드리드는 단순히 축구 경기만 제공하지 않는다. 커뮤니티 구성원의 적극적인 참여를 끌어들여 더 큰 경험 또는 엔터테인먼트를 제공해 그들의 기억에 남을 만한 감동을 선사한다. 경기 전과 후에 맛보는 이러한 경험은 팬들에게 클럽의 자선 재단 활동에 대한 만족도만큼이나 중요하다. 경기장밖에서, 레알 마드리드 커뮤니티는 클럽이 책임감, 투명성, 신뢰, 우수한 기업 지배구조를 고수하기를 원한다. 흥미로운 점은 레알 마드리드 커뮤니티가 판단하기에 클럽이 커뮤니티의 가치를 따르지 않았다고 여겨지면, 티켓이나 상품을 구매하지 않는 것은 물론이고 투표로 회장을 해임함으로써 불만을 표출할 수 있다는 점이다. 이는 클럽의 독특한 소유 구조에서 기인한다.

우리가 종종 레알 마드리드 또는 간단히 레알이라고 부르는 이 클럽의 공식 명칭은 '레알 마드리드 클럽 데 풋볼'이다.[205] 레알 마드리드를 클럽이라고 하는 이유는 실제로 '클럽'이기 때문이다. 대부분의 프로 스포츠 팀은 억만장자나 기업이 소유하지만, 레알 마드리드는 1902년 창단 이래로 '소시오'라는 클럽 회원들이 소유하고 있다. 2022년 6월 기준으로 레알 마드리드의 회원 수는 9만 3872명이며, 그중 6만 5883명은 14세에서 65세 사이, 1만 7840명은 14세 미만, 1만 149명은 65세 이상 또는 50년 넘게 회원 자격을 유지한 사람이다. 레알 마드리드의 남성 회원은 7만 2864명, 여성 회원은 2만 1008명이다. 성인 회원은 연간 149.19유로(약 24만 원)의 회비를 낸다. 회원 자격을 50년 이상 유지한 사람은 회비를 면제받는다. 또한 2009년 6월부터 회원 자격이 제한되긴 했지만, 신규 회원이 되려면 기존 소시오 두 명으로부터 추천받아야만 회원 신청이 가능하다. 플라시도 도밍고Plácido

Domingo(2011), 라파엘 나달(2012), 세르히오 가르시아Sergio Garcia(2012, 골프 선수), 훌리오 이글레시아스Julio Iglesias(2012)[206], 페르난도 알론소Fernando Alonso(2017), 루카 돈치치Luka Dončić(2021)[207], 카를로스 사인즈 시니어Carlos Sainz Sr.(2021), 알레한드로 산스Alejandro Sanz(2021)등 '명예 회원'으로 선정된 사람들도 있다.

2011년 6월에는 현재 소시오인 사람의 후손만 새로운 소시오로 인정한다는 새로운 정책이 나왔다. 시즌 티켓을 원하는 사람이 경기장에서 티켓을 구하는 사람보다 훨씬 많았기 때문이다. 소시오는 아니지만 레알 마드리드 가족의 '공식' 일원이 되고자 하는 사람은 공식 마드리디스타 서포터스Official Madridistas Supporters에 가입하면 공식 서포터스 카드(카넷 마드리디스타Carnet Madridista) 및 기타 혜택을 받을 수 있다. 2001년 도입 이후 2023년 6월까지 200만 명 이상의 사람들이 공식 서포터스 카드를 보유하고 있다.[208] 공식 서포터스는 레알 마드리드 커뮤니티의 일원이지만 시즌 티켓 구매나 투표 권한은 없다.[209] 소시오가 아닌 사람도 지역 공식 레알 마드리드 팬클럽에 가입하여 기타 혜택을 받을 수 있다.

한편 소시오 회원에게는 회장 및 이사회에 대한 투표권 그리고 총회 후보로 나설 수 있는 자격이 주어진다. (단, 적어도 1년 이상 회원 자격을 유지한 18세 이상의 소시오라야 한다.) 또한 소시오는 티켓 구매가 더 용이하다. 앞서 언급했듯이 산티아고 베르나베우 경기장의 수용 인원은 8만 1044명이다. 2021~22시즌의 경우 수용 인원의 76퍼센트인 6만 127명의 소시오가 시즌 티켓을 소지하고 있었다.[210] 시즌 티켓 소지자는 모두 소시오다. 나머지 좌석은 일반 대중에게 돌아간다. 내야 하는 회비를 내지 않거나, 또는 레알 마드리드 소유 시설 및 원정경기에서 적절한 행동 수칙을 준수하지 않는 소시오는 징계 조치를 받을 수 있다.

  짐작하다시피 약 9만 4000명이 모여 투표로 의사결정을 하려면 절차가 번거로울 수 있다. 그래서 소시오들은 총회를 준비하기 위해 선거를 실시한다. 이 선거에서 4년 임기의 중간 선거인으로 뽑힌 약 2000명의 회원 대표들이 총회에 출석한다. (소시오 대표 선거인Socios Compromisarios이라 불린다.) 총회에서는 클럽의 시즌 예산 승인처럼 클럽의 재정과 관련한 결정을 주로 진행한다. 총회는 클럽 회장의 징계 여부 그리고 클럽의 대출 승인 여부 등에 대한 권한도 지닌다.

[사진 3-1] 2015년 9월, 클럽 회원대표들의 정기 총회. 사람들이 마노 알자다Mano Alzada로 투표한다. 마노 알자다는 '거수 투표'라는 뜻으로 스페인 상장 기업에서 관행처럼 되어 있다. 별도의 회사에서 나와 표수를 센다.

레알 마드리드의 경이로운 매출 성장과 수익 구조

플로렌티노와 임원진이 커뮤니티 가치를 중심으로 의사결정이 이루어지게 하자, 운영 수익은 1999~2000년 1억 1800만 유로(약 1903억 원)에서 2018~19년 7억 5700만 유로로 연평균 10.3퍼센트가 증가했다. 그 이후로는 코로나19의 여파로 연평균 8.9퍼센트가 증가하며 8억 4300만 유로에 도달했다. 2000년에는 회원들의 회비와 경기장 티켓이 수익의 가장 큰 부분을 차지했는데, 현재는 글로벌 기업과의 스폰서십 및 파트너십 계약을 포함하는 마케팅이 매출에 가장 큰 기여를 하고 있다. 레알 마드리드는 주요 파트너로 에미레이트항공, 아디다스, HP와 계약을 체결했고, 글로벌 스폰서로는 마우Mahou, 두바이, BMW, EA스포츠, 애보트Abbott, 니베아멘Nivea Men, 칸타브리아랩스Cantabria Labs, 이지마켓easyMarkets, 어도비Adobe, 제그나Zegna, 팔

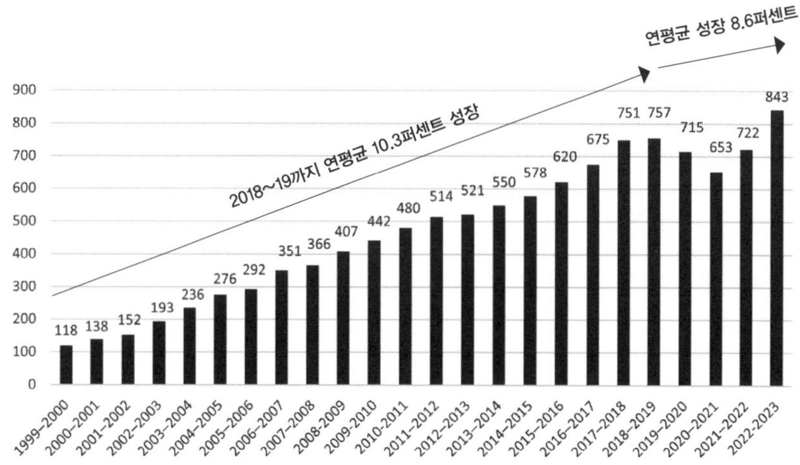

[그림 3-2] 1999~2000부터 2022~23까지 레알 마드리드의 영업 이익
(유로, 단위: 백만)

라듐호텔Palladium Hotels, 닥트로닉스Daktronics, 시스코Cisco, 소프트텍Softtek, 캐논Canon 등을 두고 있다. 파트너십과 소매 및 라이선스의 글로벌 책임자인 알렉스 윅스Alex Wicks는 파트너십 구축-활성화-전략-지원 팀의 수장으로서 40여 명을 이끌고 있다.

이러한 성장은 레알 마드리드 커뮤니티의 가치 중심 접근 방식이 엄청난 충성심과 열정을 효과적으로 끌어내고 있다는 사실을 잘 보여준다. 커뮤니티 구성원들은 상품을 구매하고, 글로벌 스폰서들은 커뮤니티 구성원들과 접촉하고 소통하기 위해 비용을 지불한다. 레알 마드리드는 기술과 데이터를 활용해 가능한 한 개인 맞춤형 마케팅을 펼쳐 구성원들의 관심을 효과적으로 끌어내고자 한다. 개인 맞춤형 마케팅을 통해 열정, 충성도 그리고 커뮤니티가 얼마나 많이 증가했는지 보여주는 예가 있다. 2019년에 레알 마드리드는 아디다스와 연간 약 1억 2000만 유로(약 1935억 원)의 스폰서십 계약을 체결했는데, 이는 축구 역사상 가장 수익성 높은 의류용품 관련 계약Kit Deal으로 알려져 있다.[211] 이는 이전 계약의 연간 5200만 유로보다 크게 증가한 것이다. 2022년, 레알 마드리드는 에미레이트항공과 4년 파트너십을 갱신하면서 2026년까지 UAE 국적 항공사를 유니폼 스폰서로 유지하기로 했다. 상세 조건은 공개되지 않았지만, 이 계약으로 연간 약 7000만 유로의 후원이 이루어지는 것으로 밝혀졌다.[212]

2023년 10월, 레알 마드리드는 두바이관광청Visit Dubai과 다년간의 관광 사업 제휴 협약을 맺었다. 이 발표 후 두바이 파크 앤 리조트Dubai Parks and Resorts에 세계 최초로 레알 마드리드라는 이름을 단 테마파크가 개장됐다. 이곳에는 클럽 관련 박물관, 실내 축구 연습장을 비롯해 여러 종류의 음식점과 공식 용품 매장 등 다양한 즐길거리가 갖추어져 있다.

또 레알 마드리드는 다양한 플랫폼에서전 세계적 지역의 스폰서십을 확대하기 위해 기술, 데이터, 개인화를 활용한다. 레알 마드리드는 인구 통계, 위치, 구매 습관, 수입, 클럽 캠페인에 대한 반응 등 여러 요인을 기반으로 팔로어/팬을 세분화한다. 그런 다음 그 사람이 가입한 앱/이커머스/웹 등 여러 디지털 환경에서 팔로어/팬을 타깃팅한다. 또 레알 마드리드는 경기장 내에 구역별로 LED를 전달하는 디지털 오버레이를 지원한다.

환경 지속 가능성

영국의 브랜드 평가 전문 기업 브랜드파이낸스풋볼리포트Brand Finance Football Report가 2023년에 발표한 축구 환경 지속 가능성 지수Football Environmental Sustainability Index에서 레알 마드리드는 상위 3개 클럽에 들었다. 레알 마드리드는 천연자원에 미치는 영향을 줄이기 위해 자재 및 폐기물 재활용, 물 활용, 탄소 발자국 상쇄를 위해 지속 가능한 숲 조성 등 다양한 방법으로 주도적인 행동에 나서고 있다. 새롭게 단장한 산티아고 베르나베우 경기장에는 유럽 연합이 정한 기준보다 더 엄격하게 관리되는 폐기물 수집, 운반 및 후속 처리 시스템이 갖추어져 있다. 물 활용과 관련하여, 레알 마드리드 시티 훈련장의 축구장 및 관상 정원에서 연간 사용하는 모든 물은 마드리드 시의회에서 나온 물, 빗물, 경기장 배수를 재활용한다.

레알 마드리드의 파트너들 역시 클럽의 ESG 자율 규범에 동참하고 있다. 예를 들어 에미레이트항공은 업계에서 환경 관련 정책의 선두 주자가 되기 위해 노력하고 있으며, 스포츠 브랜드와 이러한 비전을 공유하고자 한다. 지속 가능성의 선두 주자인 레알 마드리드와 체결한 대형 스폰서십 계약은 이러한 노력의 일환이다. 또한 레알 마드리드와 BMW는 미래의 이동성, 지속 가능성, 다양성에 초점을 맞춰 여러 부문에서 협업으로 솔선수범에 나서기 시작했다. 그중 하나는 지속 가능성을 위한 협업 센터를 설립하여 환경에 긍정적인 영향을 미치는 새로운 혁신 프로젝트 촉진의 포럼 역할을 하는 것이다. 다른 하나는 레알 마드리드의 차량을 전기화하고, 레알 마드리드 시티 훈련장 내부 이동에 쓸 소형 이동 수단(자전거 및 스쿠터)을 도입해 배출량을 줄이는 것이다. BMW와의 또 다른 협업 사례로는 이산화탄소를 흡수하는 특수 페인트를 레알 마드리드 시티 훈련장 여러 구역에 사용할 것을 검토하는 경우를 들 수 있다.

이러한 솔선수범 자세와 협업은 클럽이 이해관계자, 즉 스폰서 유치를 위해 지속 가능성에 대한 인식을 어떻게 활용해야 하는지를 확실하게 보여준다. 이제 지속 가능성과 관련된 스폰서십은 많은 기업의 우선순위에서 가장 중요한 자리를 차지하고 있으며, 스포츠 브랜드에게도 성장 잠재력이 풍부한 영역이다. 여기에는 지속 가능성을 중시하는 클럽과 연계하려는 대형 브랜드로부터 스폰서십을 끌어내는 것뿐만 아니라 반대로 클럽이 지속 가능한 브랜드와 협약을 맺는 것도 포함된다.

방송 수익의 증가를 통해 볼 수 있듯이, 레알 마드리드의 의사결정을 주도하는 커뮤니티 가치는 국내를 넘어 해외로까지 전파되고 있다. 커뮤니티가 확장됨에 따라 방송사들은 충성스럽고 열정적이며 거대한 규모의 커뮤니티에 경기를 중계하고 싶어 한다. 커뮤니티는 전 세계적으로 성장하고 있고, 자기 지역에 레알 마드리드가 등장하기라도 하면 충성적으로 지지를 보낸다. 이에 따라 레알 마드리드의 국제 경기 및 친선 경기 수익이 증가했다. 레알 마드리드의 국제적 노출 빈도 증가와 더불어 브랜드와 커뮤니티 가치에 대한 인식도 높아지고 있다.

플로렌티노가 회장에 오른 2000년에는 경기일 티켓 판매와 방송 중계료가 각각 36퍼센트와 35퍼센트로 수익의 가장 큰 부분을 차지했다. 스폰서, 라이선스, 소매, 전자상거래, 멤버십 프로그램 등 상업적 수익은 나머지인 29퍼센트를 차지했다. 2019년(코로나19 이전)을 살펴보면 경기일 수익은 19퍼센트에 불과했고, 방송은 34퍼센트로 비슷한 비율을 기록했다. 가장 크게 성장한 부분은 상업적 수익으로 전체의 47퍼센트를 차지했다. 2000년부터 2019년까지 레알 마드리드의 전체 수익은 542퍼센트 증가했는데, 이 가운데 상업적 수익은 937퍼센트 증가를 기록했다.

경기 당일 수익 증가율이 가장 낮은 이유는 모든 시즌 티켓을 소지하고 있는 소시오들을 위해 경영진이 티켓 가격을 저렴하게 유지하고자 노력하기 때문이다. 또한 스페인 법에 따라 경기일에 일반 입장객에게는 주류를 판매할 수 없다. 따라서 경기일 수익 증가는 VIP 구역 확대 및 가격 인상 그리고 시설(투어, 이벤트, 바 및 레스토랑, 상점)의 상업적 활용에 의한 것이라고 볼 수 있다.

[표 3-1] 영업 이익 백분율 분석 (1999~2000, 2018~19, 2021~22)

	1999~2000 유로 (단위: 백만)	퍼센트 합계	2019 유로 (단위: 백만)	퍼센트 합계	비율 변화, 1999~2022	2022 유로 (단위: 백만)	퍼센트 합계	비율 변화, 2019~2022
레알 마드리드								
경기일	41	36%	145	19%	241%	88	12%	−39%
방송	42	35%	258	34%	525%	308	43%	19%
상업	34	29%	355	47%	937%	318	45%	−10%
합계	118		758		542%	714		−6%
상위 20개 클럽 평균								
경기일			75	16%		68	15%	−9%
방송			206	44%		203	44%	−1%
상업			184	40%		191	41%	4%
합계			465			462		−1%

딜로이트 순위에 따른 [그림 3-3]의 2019년 방송 수익 비율을 보면, 상위 20개 클럽은 44퍼센트로 수익에서 가장 큰 부분을 차지했다. 레알 마드리드는 34퍼센트에 그쳤다. 한편 딜로이트 풋볼 머니 리그 순위에 따른 경기일, 방송 및 상업의 평균 수익 구조를 나타내는 [그림 3-3]을 보면, 16~20위권에 속한 팀들은 수익의 평균 65퍼센트를 방송에서 거둬들였다. 1~5위권 팀들은 평균 33퍼센트였다. 상위 5개 클럽 아래로는 방송 수익이 차지하는 비율이 48퍼센트로 크게 늘어나는 것을 볼 수 있다. 상업적 수익 부분에서는 1~5위권 팀들이 평균 49퍼센트의 수익을 기록한 반면에 15~20위권에서는 22퍼센트로 뚝 떨어졌다.

[그림 3-3] 2019 딜로이트 머니 리그 순위별 경기일, 방송, 상업 평균 수익 구조

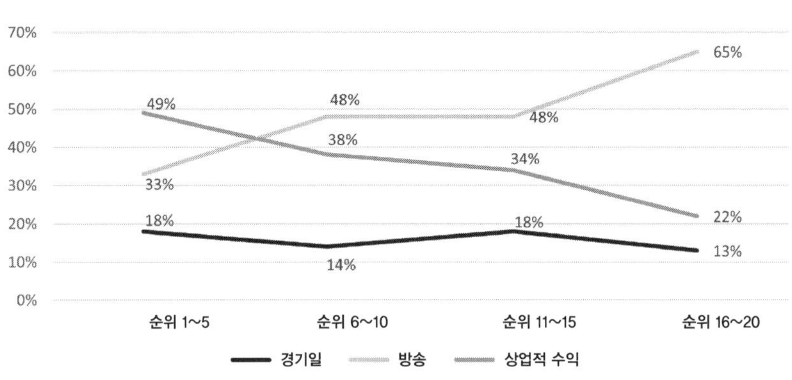

레알 마드리드뿐만 아니라 딜로이트 상위 5개 클럽은 글로벌 브랜드이자 미디어 및 엔터테인먼트 회사로서 수익 대부분이 상업/마케팅 부문에서 발생한다. 방송 및/또는 경기일에 대부분의 수익을 올리는 클럽들과 매우 다른 수익 구조를 지니고 있는 것이다. 15~20위의 클럽들조차도 빅 클럽들이 주도하는 국내 리그 방송 계약에 크게 의존한다. 레알 마드리드는 최고의 선수

를 영입하고 비용을 지불할 수 있을 만큼의 브랜드 그리고 상업적 수익을 보유하고 있으며, 이런 점에서 차별화를 이루고 있다.

프리미어 리그 클럽들은 대형 TV 중계권 계약 체결에서 처음부터 유리한 고지를 점유하고 있다. 하지만 레알 마드리드는 계속해서 라리가의 상위권을 차지함으로써, 라리가 TV 중계권에서 타 클럽보다 대형 계약을 체결함으로써, 챔피언스 리그에서 꾸준히 개선된 모습을 보여줌으로써 경쟁을 이어올 수 있었다. 레알 마드리드가 진정으로 차별화되는 점은, 레알 마드리드의 가치와 대형 글로벌 팬층에 매료된 글로벌 스폰서들이 더욱 많아지고 이들이 앞장서서 상업적 수익을 일으킨다는 사실이다. 앞서도 언급했듯이, 레알 마드리드가 가장 많은 소셜 미디어 팔로어를 보유하고 있다는 사실은 그들의 글로벌 팬층이 얼마나 방대하고 콘텐츠 사용자가 많은지를 여실히 보여준다.

리그 간 방송 수익 비율 차이

라리가에서(또는 어떤 국내 리그든) 클럽이 받는 중계권료는 주로 시청자와 스폰서를 확보하고 유치하는 최고의 클럽에 의해서, 또는 레알 마드리드나 바르셀로나 같은 글로벌 브랜드에 의해서 결정된다. 엘 클라시코El Clásico를 시청하는 사람은 약 6억 5000만 명으로 추산되며, 이는 정규 시즌 축구 경기 시청자 중 가장 규모가 크다. 따라서 엘 클라시코는 라리가 전체의 TV 중계권료를 결정하는 데 중요한 역할을 한다.

아틀레티코 마드리드는 글로벌 브랜드를 보유하고 있지만, 상업적 수익 부분에서 레알 마드리드나 바르셀로나와 동급이라 할 수는 없다. 2019년(코로나19 이전), 레알 마드리드와 바르셀로나의 상업적 수익은 각각 3억 5460만 유로(약 5719억 원)와 3억 8350만 유로였다. 아틀레티코 마드리드는 9960만 유로(전체 딜로이트 순위 13위)에 불과했다. 국내 축구 리그라면 어디든 글로벌 브랜드(및 글로벌 팬)를 보유한 상위 클럽들과 나머지 클럽들 간에 수익의 공평한 분배를 두고 갈등이 존재한다.[212]

2018년 6월, 프리미어 리그 클럽들은 향후 해외 TV 중계권료 인상으로 올릴 수익을 리그 순위별로 차등 지급하는 새로운 계약에 합의했다. 당시에는 해외 TV 중계권료 인상분을 20개 클럽 모두에게 균등하게 배분하고 있었다. 하지만 빅6는 해외 시청자들을 끌어들인 주역이 자신들이라며 더 많은 몫을 받기 위해 압력을 가했다. 2019~20시즌부터 효력을 발휘한 새로운 계약 내용에 따라 클럽들은 현재와 같은 수준으로 수익을 균등하게 공유하지만, 조금이라도 발생하는 인상분은 리그 최종 순위에 따라 지급된다. 새로운 규정에서는 클럽이 받을 수 있는 최대 금액이 최저 금액의 1.8배를 넘지 않으며, 그 이상 발생하는 수익은 그 비율을 유지하는 선에서 배분한다. 하지만 이는 프리미어 리그의 방송 수익만을 언급한 것이지 전체 수익이 아니다. 스폰서십, 경기장 수익에다가 챔피언스 리그 및 기타 대회의 방송 수익을 합치면 빅6와 다른 팀들 사이에 큰 격차가 발생할 수 있다는 점을 잊지 말아야 한다.

여러 리그 중에서 프리미어 리그가 가장 공평하다는 평이 많지만, 프리미어 리그 TV 중계권료 총액이 다른 리그들에 비해 훨씬 크다는 사실이 레알 마드리드 같은 비非프리미어 리그 클럽들에게는 문제가 된다. 레알 마드리드가 유럽 무대에서 경쟁하기 위해 빅6의 프리미어 리그 중계 수익을 따라잡으려면(이는 라리가의 UEFA 계수를 높여 챔피언스 리그에서 더 많은 자리를 차지하는 데 도움이 된다.), 라리가라는 비교적 작은 파이에서 더 큰 조각을 차지해야 한다.

2021~22시즌에 라리가는 15억 8500만 유로(약 2조 5566억 원)의 TV 중계

권료를 분배했다. 레알 마드리드는 1억 6100만 유로(10퍼센트), 바르셀로나는 1억 6000만 유로(10퍼센트), 아틀레티코 마드리드는 1억 3000만 유로(8퍼센트)를 받았다. 라리가에서 가장 낮은 금액을 받은 클럽인 라요Rayo Vallecano는 4500만 유로를 받았으니, 레알 마드리드가 3.5배가량 더 많은 중계권료 수익을 올린 것이다.

세리에 A와 리그 1(PSG: 6000만 유로, 약 967억 원, 최저 팀의 세 배) 그리고 분데스리가(바이에른 뮌헨: 9000만 유로, 최저 팀의 세 배) 중에는 레알 마드리드와 비교 대상이 될 만한 클럽이 하나도 없다. 그러나 프리미어 리그에서는 6개의 빅 클럽이 레알 마드리드보다 국내 리그 TV 중계권료를 많이 받으며, 그중 가장 많이 받은 맨시티는 레알 마드리드보다 1500만 유로를 더 받았다. 프리미어 리그의 최하위 클럽조차 이탈리아 최상위에 속하는 인터 밀란보다 더 많은 중계권료를 받았다. 인터 밀란은 2021~22시즌에 8400만 유로(세리에 A 최저 팀의 세 배)의 중계권 수익을 올렸다. 프리미어 리그에서 20위를 기록한 최하위 팀이 거둬들인 TV 중계권 수익은 리그 1에서 1위를 차지한 PSG의 거의 두 배에 이른다.

수익 구조의 비율 변화 추세는 중계권료와 상업 마케팅 수익이라는 두 부분이 빠르게 성장하고 있음을 보여준다. 이들 분야의 성장은 유럽의 프로 축구가 글로벌 엔터테인먼트 비즈니스이며, 레알 마드리드가 그 비즈니스의 선두를 달리고 있다는 사실을 말해준다.

호날두, 너 나가!: 엄격한 경제―스포츠 모델

레알 마드리드의 재정적 지속 가능성을 설명하는 또 다른 주요 지표는 매출 대비 급여 비율이다. 매출 대비 급여 비율은 모든 직원에게 지급되는 급여와 임금을 총사업 수익으로 나눈 값이다. 이 비율이 낮을수록, 즉 수익에서 급여로 나가는 금액의 비율이 낮을수록 팀이 다른 곳에 투자할 수 있는 재정적 유연성이 더 많다는 뜻이다. UEFA의 유럽클럽협회는 이 비율이 70퍼센트를 넘지 않도록 권장하고 있다.[214] 새로 지정된 UEFA 재정적 지속 가능성 규정이 2022년 6월에 발효되었다. 이로 인한 여러 변화 중 하나는 2025~26년까지 클럽의 총수익 대비 급여, 이적료, 에이전트 수수료 비율을 70퍼센트 이하로 유지하는 지출 상한선Spending Cap 제도의 도입이다. (소위 선수단 비용 비율Squad Cost Ratio이라 한다.) 또 이 규정은 모든 스폰서 거래가 정상적인 수준에서 이루어지도록 요구한다. 이전에는 이 요건이 모든 스폰서가 아니라 특수 관계자와의 거래에만 적용되었는데, 이에 대해서는 논쟁의 여지가 있다.

2022~23 회계연도에 레알 마드리드의 매출 대비 급여 비율은 54퍼센트였다. 이는 유럽 클럽 협회의 최대 허용 기준인 70퍼센트보다 훨씬 낮은 동시에 우수한 수준에 해당하는 50퍼센트에 근접한 수준이다.

코로나19 이전인 2019년에 레알 마드리드의 수익 대비 급여 비율은 52퍼센트로 딜로이트 순위가 선정한 클럽들 중 가장 낮았다.[215] [표 3-2]에서 보듯이, 선정된 상위 19개 클럽의 평균은 66퍼센트였다. 지속 가능한 경제―스포츠 모델에서 커뮤니티 가치 중심의 접근 방식 덕분에, 레알 마드리드는 유럽 축구에서 선수 급여가 가장 높은데도 불구하고 수익 대비 급여에서 가장 낮은 비율을 유지할 정도로 많은 수익을 창출하고 있다. 2019년의 급여 지급

**[표 3-2] 2022 딜로이트 풋볼 머니 리그 선정 상위 19개 클럽의
2019년도 수익, 급여, 수익 대비 급여 비율**

	2019 급여/수익 비율	2019 수익 (유로, 단위: 백만)	2019 급여 (유로, 단위: 백만)	수익 순위
레알 마드리드	52%	757	394	#3
인터 밀란	53%	365	193	
도르트문트	54%	372	201	
바이에른 뮌헨	54%	660	356	#7
뉴캐슬	55%	200	110	
맨유	56%	712	399	#2
리버풀	58%	605	351	#8
PSG	58%	636	369	#4
맨시티	59%	611	360	#5
아스널	60%	445	267	
바르셀로나	65%	841	547	#1
아틀레티코 마드리드	66%	368	243	
첼시	70%	513	359	#6
유벤투스	71%	460	327	#9
웨스트햄	71%	216	153	
레스터 시티	85%	202	172	
에버턴	85%	211	179	
AC 밀란	90%	206	185	
리즈 유나이티드	94%	56	53	
평균	66%		275	

※토트넘은 2022년 상위 20개 클럽에서 제외되었다.
※2022 클럽들은 코로나19 이전인 2019년 연봉 지출을 보여줄 수 있고 프리미어 리그에 속하지 않은 클럽과 비교
할 수 있도록 선정되었다.

총액에서 레알 마드리드의 순위는 바르셀로나와 맨유에 이어 세 번째였다. 하지만 레알 마드리드, 바르셀로나, 맨유는 수익이 높기 때문에 상위 19개 클럽의 평균에 비해 수익 대비 급여 비율이 낮다. 3억 유로(약 4839억 원) 이상의 급여를 지급한 클럽은 9개였으며, 그중 첼시와 유벤투스는 수익 대비 급

여 비율이 66퍼센트를 넘었다.

2018~19시즌 프리미어 리그 순위에서 에버턴과 레스터 시티는 각각 8위와 9위를 차지했다. (빅6가 지배적인 리그에서 살짝 밀려났다.) 이들 클럽의 수익 대비 급여 비율은 85퍼센트로 지속 가능성이 보이지 않는다. 이들의 급여는 각각 1억 7900만 유로(약 2887억 원)와 1억 7200만 유로였다. 같은 시즌에 아스널과 맨유는 프리미어 리그 순위에서 각각 5위와 6위를 차지했으며, 에버턴과 레스터 시티의 총수익보다 많은 3억 9900만 유로와 2억 6700만 유로를 각각 지출했다. 이는 빅6와 뉴캐슬처럼 몸집을 키우는 클럽들이 자신들만의 분리 리그를 이루고 있다는 사실을 잘 보여준다.

프리미어 리그의 챔피언십 승격, 강등 및 유럽 예선에 대한 진실

[표 3-2]에서 눈에 띄는 클럽은 2019년에 EFL 챔피언십에 있었던 리즈 유나이티드다. 리즈 유나이티드의 매출 대비 급여 비율은 94퍼센트였다.

승격 및 강등 시스템은 프리미어 리그와 그 아래 리그들의 회원 클럽 중 하위 3분의 1에게 상당한 불안을 초래한다.[216] 나는 클럽이 프리미어 리그 승격 후 3시즌 이내에 강등될 가능성 그리고 프리미어 리그로 새로 승격된 클럽이 강등되지 않고 연속으로 머무르는 시즌 수를 분석해보았다. 새로 승격된 클럽이 프리미어 리그에 머무르는 햇수는 95퍼센트 이상의 확률로 채 5년이 되지 않는다. 보통 매 시즌 승격된 3개 클럽 중 최소 한 클럽은 승격을 달성한 첫 시즌을 마치고 강등된다. 또 3개 클럽 중 최소 2개 클럽이 3시즌 이내에 강등된다. 매우 부유한 구단주가 인수했거나 3시즌 이상 손실을 보전해줄 만큼 많은 투자를 받은 클럽들은 일부 예외 사항에 속하기도 한다. 예를 들어 브라이턴 앤 호브 앨비언Brighton & Hove Albion FC은 잉글랜드 축구의 최상위 리그에서 34년 동안 밀려나 있다가 2016~17시즌에 프리미어 리그로 승격되었는데, 영국의 스포츠 도박사이자 포커 선수인 토니 블룸Tony Bloom이 이 클럽에 상당한 투자를 해오고 있다. (2018년에 블룸은 벨기에 클럽인 위니옹 생질루아즈Royale Union SG를 인수했다. 다중 클럽 모델이다.) 또 다른 예로는 레스터 시티를 들 수 있다. 하지만 레스터 시티에 관해서는 무언가 긍정적인 사례를 떠올리기 전에, 이후 나올 '하프타임' 챕터를 읽어보길 바란다.

2023년 8월, 축구 분석가 안톤 드라스벡 쉬오닝은 「오프더피치」에 이런 제목의 글을 올렸다. '돈을 쓰지 않으면 머물 수도 없다: 이적료 지출이 새로 승격된 프리미어 리그 팀들의 운명을 결정한다.'[217] 쉬오닝의 분석에 따르면, 최근 프리미어 리그에서 많은 지출을 하는 팀들은 프리미어 리그에 남아 있는 반면, 이적료 지출이 적은 팀들은 즉시 강등에 직면하는 명확한 패턴이 존재한다. 글의 내용은 이렇다. "승격된 팀들이 프리미어 리그에서 경쟁하기 위해 많은 지출을 할 것이라는 기대는 상당한 재정적 위험을 수반한다. 바로 강등될 때 짊어지게 될 잠재적 급여 부담을 포함해서 … 이러한 추세는 모습을 숨긴 채 늘 존재해왔지만 이제 점점 더 명확하게 모습을 드러내고 있다. 재정 건전성은 성공을 위해 필수적이며, 이 추세는 더욱 심화되어 가진 팀과 못 가진 팀 간의 격차가 더욱 벌어질 수 있다."

잉글랜드 축구에서는 각 리그별로 수익의 차이가 있기 때문에 승격에 지대한 관심과 흥미를 갖는다. 성적은 무엇보다도 선수들의 총급여와 이적료에 따라 달라진다. 더 좋은 선수들이 더 많은 승리를 가져오기 마련이다. 따라서 선수 급여와 이적료는 팬들의 참여를 끌어내기 위한 투자, 인프라 또는 유소년 아카데미를 위한 투자보다도 우선한다. 재정적 페어플레이 규정이 없는 EFL 챔피언십에서 클럽들은 프리미어 리그라는 약속의 땅과 돈에 도달하기 위해 수단을 가리지 않고 도박에 뛰어든다. (라리가는 상위 2개 리그에 재정적 페어플레이 규정이 있다.)

딜로이트가 코로나19 이전인 2018~19시즌의 축구 재정 상태를 살펴본 결과에 따르면, 챔피언십 리그의 클럽들은 전체 수익의 107퍼센트를 급여로 지출했다. 당연히 이렇게는 지속이 불가능하다. 이 107퍼센트라는 매출 대비 급여 비율은 평균일 뿐이다. 레딩Reading FC은 이 비율이 226퍼센트였다. 승격에 성공한 애스턴 빌라와 셰필드 유나이티드Sheffield United FC는 각각 181과 190퍼센트였다.[218] 잉글리시 풋볼 리그, 특히 챔피언십에서는 대체로 매출 대비 급여 지출 비율이 무모할 정도로 높은데다 상황은 점점 더 악화되고 있다. 이유는 클럽들이 프리미어 리그 진출이라는 횡재를 만나기 위해 모든 위험을 감수하기 때문이다.

프리미어 리그로 올라가기 위해 통과해야 하는 관문인 챔피언십 플레이오프 결승전을 종종 '세계에서 가장 부유한 경기'라고 한다. 2020년 딜로이트에 따르면, 승격한 팀이 프리미어 리그에서 첫 시즌에 강등되지 않았을 때 향후 3시즌에 걸쳐 최소 1억 3500만 파운드(약 2524억 원)의 수익이 증가하고, 그 금액은 5년 동안 2억 6500만 파운드로 증가할 수 있다고 한다. 이 세계에서 가장 부유한 게임에 너무 많은 것이 걸려 있어 흥미진진하긴 하지만, 이것이 지속 가능한 것인지, 과연 잉글랜드 축구에 좋은 것인지는 생각해보아야 할 일이다.

마지막으로, 챔피언십에 참가하는 선수들이 받는 돈은 상당 금액이 잉글랜드 자국 선수들에게 돌아가지 않는다. 선수들 대다수가 외국인이다. (그리고 대체로 그들이 더 많은 돈을 받는다.)[219] 챔피언십에서 가장 많은 연봉을 받는 10명 중 6명 그리고 20명 중 12명이 외국인 선수였다.[220] 게다가 프리미어 리그는 유럽 리그 가운데 외국인 선수 비율이 69퍼센트로 가장 높다. 프리미어 리그 연봉 상위 10명 중 7명 그리고 20명 중 15명이 외국인 선수였다.[221] 참고로 분데스리가, 라리가, 리그 1은 외국인 선수의 비율이 절반이 되지 않는다. 아이러니하게도, 프리미어 리그 분리의 명분 중 하나는 잉글랜드가 월드컵에서 우승할 수 있도록 선수 육성에 더 많은 돈을 쓰겠다는 것이었다.

레알 마드리드는 클럽의 연봉 정책을 철저하게 지키고, 이는 라커룸의 평화를 유지하는 데 도움을 준다. 바르셀로나의 메시만큼 연봉을 인상해달라고 요구하던 호날두를 팔아야 했던 이유도 그 때문이다. 호날두가 더 많은 연봉을 받게 된다면 다른 선수들도 더 많은 연봉을 요구했을 것이다. 이런 일이 실제로 바르셀로나에서 벌어졌고, 바르셀로나의 재정 상황을 어렵게 만드는 원인 중 하나가 되었다. 레알 마드리드는 계약이 만료된 선수의 나이가 30대면 재계약 시 연장 기간을 1년으로 한다는 방침을 엄격하게 지킨다. 세르히오 라모스도 이 때문에 팀을 떠나게 되었다. 레알 마드리드의 신중한 접근 방식과 지속 가능한 경제 스포츠 모델은 라모스와 호날두처럼 뛰어난 선수를 보내고 싶지 않은 팬들을 화나게 할 수도 있다. 하지만 레알 마드리드의 접근 방식과 모델은 레알 마드리드가 탄탄한 재정 상태를 유지하고 재정적 페어플레이 규정을 준수하는 데 핵심적인 역할을 해왔다. 경기장 안과 밖에서의 결정 및 행동은 상호 연관적이고 상호 의존적인 관계에 있다.

이적료가 급등하자 레알 마드리드는 일반적으로 더 높은 이적료를 지급해야 하는 유명 선수들보다는 잠재력이 있는 젊은 선수들을 영입하는 데 초점을 맞췄다. 예를 들어 2017년에 레알 마드리드는 비니시우스 주니오르에게 4600만 유로(약 742억 원)의 이적료를 지급하기로 합의했다. (transfermarkt.com에 따르면, 2023년 3월 기준으로 그의 시장 가치는 1억 8000만 유로였다.) 이는 당시 브라질 축구 역사상 네이마르에 이어 두 번째로 비싼 이적료

였으며, 19세 이하 축구 선수의 이적료로는 역대 최고의 금액이었다. 2018년, 레알 마드리드는 당시 10대 후반이었던 호드리구에게 4500만 유로의 이적료를 지급하기로 합의했다. (transfermarkt.com에 따르면, 2023년 3월을 기준으로 그의 시장 가치는 1억 1000만 유로였다.) 레알 마드리드에게 관심의 대상인 선수들은 어리고 검증이 덜 된 만큼 위험이 따른다. 2022년, 국제스포츠연구센터축구연구소는 2013년부터 2022년까지 유럽 상위 5개 리그 이적생들의 평균 연령을 나열한 보고서를 발표했다. 이 보고서를 보면 레알 마드리드가 유소년에 얼마나 많이 투자하고 집중했는지 알 수 있다. 레알 마드리드의 이적생 평균 연령은 22.87세로 가장 낮았으며, 그다음으로는 보루시아 묀헨글라트바흐가 23.36세, 보루시아 도르트문트가 23.57세, OGC 니스OGC Nice가 23.73세, LOSC 릴LOSC Lille이 23.88세, 레알 소시에다드가 23.90세로 뒤를 이었다.[222] 비니시우스 주니오르, 호드리구 고이스, 에두아르도 카마빙가Eduardo Camavinga, 브라힘Brahim Diaz같은 선수들을 영입한 덕분에 레알 마드리드의 평균 연령은 현저히 낮아졌다.[223] 2023년 6월, 레알 마드리드는 보루시아 도르트문트로부터 영국 국적의 19세 미드필더 주드 벨링엄을 1억 300만 유로에 영입했다.[223]

CIES 보고서에서 밝힌 30세 이상 이적생 영입 비율 부분에서는 4개 팀이 눈에 띈다. 맨유(23.5퍼센트), AC 밀란(23.4퍼센트), 인터 밀란(23.0퍼센트), 첼시(20.3퍼센트)였다.[225] 레알 마드리드는 이 기간 동안 29세가 넘은 선수를 한 명도 영입하지 않았는데, 이는 분석 대상인 50개 구단 중 유일했다. 하지만 모든 이적에는 위험이 따른다. 레알 마드리드는 2018년 7월에 호날두를 유벤투스로 보내면서 약 1억 유로(약 1613억 원)의 이적료를 받았으나, 2019년 7월에 1억 4000만 유로를 들여 데려온 28세의 에덴 아자르Eden Hazard는 여러 이유로 기대에 미치지 못했다.

팬데믹에 흑자를 낸 유일한 클럽, 레알의 비결은?

마지막으로 재정 상태를 살펴보자. 지속 가능한 경제 모델인지 아닌지는 재무 결과를 보면 드러난다. 지속 가능하다는 말은 지속적인 주식 투자나 과도한 차입 없이 모델 운영 자체로 자금을 조달할 수 있다는 뜻이다. 2023년 6월에 종료된 2022~23 회계연도에 레알 마드리드의 매출은 8억 4300만 유로(약 1조 3597억 원, 선수 이적료 제외)였다. 이는 전년 대비 17퍼센트 증가한 금액으로, 코로나19 유행 이전인 2018~19 회계연도의 수익 7억 5700만 유로를 처음으로 넘어선 것이다. 클럽의 현금 창출 능력을 나타내는 지표인 EBITDA(이자, 세금, 감가상각, 할부 상환 전 이익)는 1억 5800만 유로였다.

2021~22년에는 1300만 유로(약 209억 원), 2022~23년에는 1200만 유로의 세후 이익이 발생했다. 유럽의 이름 있는 클럽들 대부분이 2019~20년부터 2021~22년까지 상당한 손실을 기록하는 경제적 상황이 광범위하게 발생했고 그러한 손실의 여파가 2022~23 회계연도에도 계속 영향을 미쳤다. 그런 가운데서도 레알 마드리드는 코로나19의 영향을 받은 2018~19년부터 2022~23년까지 4년 기간의 회계연도에서 모두 이익을 기록했다, 특히 레알 마드리드는 그 기간에 경기장 리모델링 공사까지 완료해야 했다. 이는 모든 분야에서 비용 절감 및 사업 개선 조치를 취했기에 가능했던 일이었다.

이처럼 수익을 낸 덕분에 레알 마드리드는 2022~23 회계연도에 순자산 가치가 증가하여 5억 5800만 유로(약 9000억 원)로 늘어났다. 현금 및 현금성 자산은 1억 2800만 유로였다. 경기장 개조 프로젝트를 제외한 순부채(총부채에서 총현금을 뺀 값)는 4700만 유로로 마이너스를 유지했다. (경기장 리모델링 프로젝트는 제외한 금액이다.) 이는 부채보다 현금이 더 많으며, 클럽이 부채

를 상환하는 데 걸리는 기간을 말해주는 순부채 대비 EBITDA 비율이 0.0x
라는 의미다.

**[표 3-3] 2021~22, 2022~23년 레알 마드리드 경제 및 재무 상황 요약
(경기장 리모델링 제외)**

	2021~22년 (유로, 단위: 백만)	2022~23년 (유로, 단위: 백만)
수익(고정자산 처분 결과 이전)	721.5	843
EBITDA[226]	203	157.6
세후 이익	12.9	11.8
자기자본(6월 30일)	546.4	558.3
현금 및 현금성 자산(6월 30일)	401.5	128.2
순차입금(6월 30일)	−263.1	46.7
부채/EBITDA 비율	0.0x	0.0x
부채/자본비율	0.0x	0.0x
경기장 리모델링 프로젝트		
	2021~22	2022~23
누적 투자	537.8	892.7
발생 차입금	800	800

경기장을 축구 경기 외에 상업적 용도로도 활용할 수 있게 되면 2024년 초
부터 수익이 증가하기 시작해 점진적으로 확대될 것으로 예상된다. 따라서
2023~24 회계연도에는 경기장의 수익이 2022~23년에 비해 크게 증가할 것
으로 보고 있다. 그리고 다양한 형태의 사업이 완전히 가동되는 2024~25년
에는 훨씬 더 높은 수익 달성이 기대된다.

레알 마드리드의 지속 가능한 경제—스포츠 모델은 지속 가능한 성장을
추구한다. 이는 클럽의 활동 범위 확대에 필요한 투자를 충당할 수 있는 재무
구조 구축과 더불어 성장/수입의 다각화 그리고 비용 관리가 함께 이루어지
는 노력을 통해 가능하다.

레알 마드리드의 '부채'

레알 마드리드의 재정 상태에 대해 부정확한 정보를 읽게 되거나 오해의 소지가 있는 말을 듣는 경우가 제법 있다. 예를 들어 현재 레알 마드리드의 재정 상태가 엉망이어서, 또는 레알 마드리드가 바르셀로나나 유벤투스와 비슷한 재정 상황을 겪고 있기 때문에 유러피언 슈퍼리그를 필요로 한다는 발언 같은 것이다. 주로 아무런 자료 조사를 하지 않은 사람, 또는 비즈니스나 회계에 대한 교육을 받지 않았거나 배경지식이 전혀 없는 사람, 또는 악의적인 의도를 지닌 사람들이 이런 발언을 한다. 그러나 레알 마드리드는 축구(및 스포츠) 분야에서 가장 탄탄한 대차대조표와 수익 창출 능력을 보여준다. 이는 레알 마드리드가 자본 조달이나 주식 매매도 할 수 없는 회원 클럽이라는 사실을 고려할 때 정말 놀라운 일이다.

2022년 6월 30일을 기준으로 레알 마드리드의 총부채(경기장 리모델링 프로젝트 제외)는 2억 5300만 유로(약 4080억 원)였다. (선수 이적료로 지급해야 하는 5300만 유로와 향후 발생할 소득에 대한 선지급금 4700만 유로를 포함한 금액이다.) 하지만 중요한 지표는 총부채에서 현금 및 현금성 자산을 뺀 금액인 '순부채'다. 보유한 현금은 고려하지 않고 빚에 관해서만 이야기할 수는 없기 때문이다. 레알 마드리드는 2022년 6월 30일 기준으로 총현금 및 현금성 자산 4억 2500만 유로에 선수 이적료로 받을 9100만 유로를 포함하여 총현금 및 현금성 자산으로 5억 1600만 유로를 보유하고 있다. 따라서 레알 마드리드는 (경기장 리모델링 프로젝트 건을 제외하고) 순부채가 아니라 순현금 2억 6300만 유로를 보유하고 있는 셈이다. 또한 현금 창출 능력은 고려하지 않고 빚이 얼마인지만 이야기하는 것도 말이 되지 않는다. 레알 마드리드는 현금을 충분히 창출하고 있다.

2017년, 영국의 이름 있는 어떤 신문에서 레알 마드리드의 '부채'를 언급하며 총부채에 관해 밝히는 기사를 썼다. 나는 그 신문의 편집자에게 단순히 총부채를 사용하는 것이 얼마나 오해의 소지가 있는지 설명하는 편지를 보냈고, 신문사에서는 이런 답을 보냈다. "우리가 언급한 것은 '부채'였습니다. … 우리의 목적은 레알 마드리드의 절대적인 현금 흐름 상황을 알리려는 것이 아니라 잠재적인 부채의 규모를 설명하려는 것이었습니다. … 레알 마드리드는 상당한 자산을 보유하고 있지만, 많은 자산이 상당한 위험을 안고 있는 남유럽 은행 및 자본 시장에 있습니다. … 부채에 관한 내용만 공개한 기사는 공정하고 정확했습니다."[227] 신문의 답변은 비즈니스나 경제적 측면에서 앞뒤가 맞지 않는다. 빚과 현금(그리고 자산과 부채)을 모두 언급하지 않는 것은 본질적으로 부정확하고 오해를 불러일으킬 수 있다. 덧붙여 영국의 금융 부문이 정부의 지원을 받아야만 했던 사실을 고려하면, 영국 언론이 스페인의 금융 시스템에 대해 보이는 편견은 무례하기까지 한 일이다.

공정하게 하자는 의미에서, 경기장 리모델링 프로젝트 비용까지 포함하면 8억 유로(약 1조 2904억 원)의 장기 자금조달이 추가된다. 하지만 이 경우 또한 대차대조표에 더 많은 현금(아직 지출되지 않음)과 자산(비용이 발생한 경기장 리모델링의 가치)을 추가하게 된다. 즉 '순자산' 또는 '자기자본'(자산에서 부채를 뺀 것)과 마찬가지가 된다.

또 다른 신문 기사에서는 레알 마드리드의 총부채가 경기장 리모델링 프로젝트와 관련한 8억 유로의 장기 자금조달을 포함해 17억 2300만 유로(약 2조 7791억 원)라고 언급했다. 이래도 될까 싶을 정도의 엄청난 금액 아닌가! 하지만 클럽이 소유한 것, 즉 자산을 고려하지 않고 부채를 논의하는 것은 말이 되지 않는다. 기사에서는 총자산이 22억 6900만 유로, 순자본은 5억 4600만 유로라는 점을 언급하지 않았다.[228] (앞서 말했듯 빚은 현금/자산으로 부채가 상쇄되므로 경기장 리모델링 프로젝트를 포함하든 제외하든 동일하다.) 회계 방식으로 말하자면, 레알 마드리드가 모든 자산을 매각/청산하고 모든 부채를 상환하면 5억 4600만 유로가 남는다는 뜻이다. 설령 레알 마드리드가 매각된다고 해도 당연히 매각 대금은 22억 6900만 유로보다 훨씬 더 많을 것이다. 2024년, 「포브스」는 레알 마드리드의 가치를 66억 달러(약 9조 684억 원)로 평가하며 세계에서 가장 가치 있는 축구 클럽으로 선정했다.[229]

합리적인 사람이라면 기업의 순자산이나 재정 상태를 보면서 '순전히' 자산(또는 현금)만으로 또는 부채(또는 빚)만으로 판단한다면 정확하지 않거나 오해의 소지가 있다는 것을 누구나 알고 있다. 당연히 자산에서 부채를 제하고 계산해야 한다.

경기장에 대한 8억 유로(약 1조 2904억 원)의 부채는 2049년(2023년부터 26년 후)에 만기가 도래하며, 평균 고정 금리는 2.23퍼센트다.[230] (2023년 2월을 기준으로 미국 국채 금리가 약 3.8퍼센트였던 점을 고려하면 매우 낮은 고정 금리다.) 일부는 대출받은 현금이 순식간에 소진돼버리는 셈인 양 "순현금 2억 6300만 유로에서 8억 유로의 부채를 빼면 순부채가 5억 3700만 유로 아니냐."라고 말하고 싶어 한다. 하지만 레알 마드리드는 현금 흐름이 안정적이고 충분한 현금을 창출하고 있기 때문에 이를 고려하지 않고 빚만 논한다는 것은 오해의 소지가 있다. 또한 레알 마드리드의 현금 창출 능력을 보여주는 EBITDA는 2021~22년에 2억 3000만 유로였는데, 이는 코로나19와 경기장 리모델링의 영향을 받은 것이었다.

마지막으로, 새로운 경기장이 콘서트, 상업적 행사, 레스토랑 공간을 위한 다목적 시설로 다시 태어나면 코로나 이전보다 연간 1억 5000만 유로(약 2419억 원) 이상의 수익이 창출될 것으로 예상된다.

게다가 레알 마드리드의 회원들이 원한다면 경기장 명명권Naming Rights

을 매매할 수도 있다. 10년 동안 경기장 명칭 사용권을 넘기는 조건이면 수억 유로를 받을 수 있다. 2010년에 JP모건체이스와 경기장 매디슨 스퀘어 가든 MSG은 경기장 자체에 대한 권리가 아닌 MSG 내부 자산에 대해 10년간 3억 달러(약 4122억 원) 규모의 마케팅 파트너 계약을 체결했다. ('체이스 매디슨 스퀘어 가든'이 아니라 '체이스가 후원하는 매디슨 스퀘어 가든'이다.) 2022년 5월에 바르셀로나는 홈구장인 캄 노우의 명명권을 오디오 스트리밍 플랫폼 스포티파이Spotify에 매각했으며, 바르셀로나 홈구장은 이후 4년 동안 '스포티파이 캄 노우'라는 이름으로 불리게 됐다.

레알 마드리드의 재정 상태가 얼마나 탄탄한지 비교를 통해 알아보자. 2022년 6월 30일 기준으로 바르셀로나의 순부채는 6억 8000만 유로(약 1조 968억 원)였다. 바르셀로나의 자기자본은 마이너스 3억 5300만 유로였다. (부채가 자산보다 많다.) 2023년 「포브스」는 바르셀로나의 가치를 55억 달러 (약 7조 5570억 원)로 평가했고, 바르셀로나는 세 번째로 가치 있는 축구 클럽 에 이름을 올렸다.

2022년 6월 30일을 기준으로 맨유의 순부채는 5억 1490만 파운드(약 9628억 원)였다. 맨유의 자기자본은 1억 5400만 파운드였다. (자산이 부채보 다 많다.) 글레이저 가문은 회계연도 동안 3360만 파운드의 배당금을 받았다. 2023년 「포브스」는 맨유의 가치를 60억 달러(약 8조 2440억 원)로 평가하면 서 두 번째로 가치 있는 축구 클럽으로 선정했다.

레알 마드리드를 바꾼 리더의 첫 번째 위대한 결정

경영 컨설팅 회사 맥킨지앤컴퍼니McKinsey & Company는 문화의 중요성과 가치를 강조했다.[231] 이 회사가 북미, 유럽, 아시아의 수백 개 기업을 대상으로 설문조사를 실시한 결과, 문화가 경쟁 우위를 결정하는 가장 큰 요인이라고 생각하는 비즈니스 리더가 66퍼센트에 이르는 것으로 나타났다. 또한 맥킨지앤컴퍼니는 효과적인 조직 문화를 가진 기업이 여타 동종 기업보다 훨씬 우수한 성과를 거둔다는 사실을 알아냈다. 실제로 조직의 가치와 철학에 발맞춰 조직원이 움직이는 문화High-performing Culture가 있는 기업은 문화가 막연한 기업보다 주주에게 무려 300퍼센트 더 높은 연간 수익률을 안겨주는 성과 향상을 보였다.

레알 마드리드는 경기장 안팎에서 승리를 거두는 데 가장 중요한 요소로 문화를 내세우지만, 그들에게도 어려움은 있다. 문화는 분석, 측정, 비교는 물론이고 정의를 내리기도 힘들다. 미디어가 문화를 주제로 보도하기도 힘들다. 성과 및 통계 자료를 참조하고 비교해서 판단하는 것이 훨씬 쉽다. 데이터 분석가를 고용해서 분석에 따라 저평가된 선수를 골라낸 후 경쟁력이 있다고 생각되는 팀을 구성하면 간단해진다. 어쩌면 사람들이 판타지 스포츠를 즐기면서 중요한 사실을 잊고 있을 수도 있다. 실제 팀에게는 우승할 수 있는 선수단을 꾸릴 재정 여력이 있어야만 하고, 그러려면 충성과 지지를 보내는 팬과 스폰서가 필요하다는 사실이다. 또한 최상의 능력을 지닌 선수들일지라도 서로 살아온 배경이 다르고, 커리어의 정점을 맞이하는 선수가 있는가 하면 정점을 지나온 선수도 있다. 경기장 밖에 있는 이들은 선수들이 경기에서 엄청난 압박감을 받으며, 특히 긴 시즌을 보내고 피로와 부상에 시달리면서도 서로 의지하면서 기대에 부응하는 활약을 펼쳐 승리를 거둬야만 하는 실제 사람이라는 사실을 잊기 쉽다. 이런 선수들을 어떻게 하나로 묶을 수 있을까? 레알 마드리드는 문화에 답이 있다고 믿는다.

이기는 문화Winning Culture에는 새로 만들어낼 수도 강요할 수도 없는 그 문화만의 고유한 개성과 정신이 반드시 존재한다. 조직에서 문화는 눈에 보이지는 않지만 강력한 힘으로 조직 구성원들의 행동에 영향을 미친다. 이러한 문화는 창업자나 소유주 또는 전설적인 최고경영자의 가치관이 조직에 주입되면서 형성되는 경우가 대부분이다.

레알 마드리드의 미션 그리고 가치

플로렌티노가 레알 마드리드의 회장직을 맡게 되었을 때는 미션이나 가치가 선언문으로 문서화되어 있지 않았다. 비즈니스에서 최고의 성과를 내는 기업들에게 선언문이나 도덕적 규칙은 비교적 흔한 관행이지만, 스포츠에서는 매우 이례적이었다. 전통적으로 스포츠에서는 어떤 팀이든 승리가 곧 미션이고 가치라고 생각했기에 복잡하게 선언문을 만들 일이 전혀 없었다.[232] 그러나 플로렌티노 회장은 클럽이 왜 존재하는지, 그리고 커뮤니티 구성원들이 경기장 안팎에서 어떤 승리를 원하는지를 성문화해 활용하고자 했다.

스포츠 팀의 미션이라면 '우승 달성'처럼 간단명료한 것이 아니겠느냐고 생각하는 사람이 많다. 하지만 달성하고자 하는 '목표Goal'와 '가치를 지닌 사명Mission with Values'에는 차이가 있다. 미션 선언문Mission Statement은 조직의 존재 이유를 전달하고자 사용하는 진술이다. 가치 선언문Values Statement은 조직이 원하는 문화를 설명하고 조직이 따라야 할 행동 나침반 제공 또는 일련의 행동 기대치를 규정하는 것이다.

레알 마드리드의 직원들과 커뮤니티 구성원들은 속으로는 클럽의 미션과 가치를 내면화했을지 모르지만 공식적인 문서를 본 적은 없었다. 플로렌티노는 이를 글로 적어 명확하게 설명하려 했다. 특히 조직이 성장해가면서 커뮤니티의 모든 이들이 클럽의 미션과 가치를 보고 읽을 수 있어야 하고, 클럽은 그 미션과 가치를 따르는 책임 있는 모습을 보여주어야 한다고 생각했다.

기업에서는 고위 경영진이 때때로 직원이나 컨설턴트의 의견을 수렴해 미션 선언문을 작성하는 경우가 많다. 플로렌티노는 커뮤니티 구성원들이 설문 조사에서 말한 내용만을 바탕으로 미션 및 가치 선언문을 작성했는데, 이는 매우 이례적인 방식이었다. 그는 클럽 회원들이 팀을 소유하고 있으니 회원들이 경영진의 전략적 사고를 인도하고, 주안점과 공통 목표를 제공하며, 성과 기준을 정의하고, 직원들의 의사결정을 안내하고, 행동의 틀을 확립하는데 도움을 주어야 한다고 믿었다. 그는 클럽 구성원들이 중요하게 여기는 점들을 반영해 미션과 가치를 설정하고, 이를 클럽이 철저히 따르는 모습을 보여주면 구성원들로부터 더 많은 열정과 충성을 얻어낼 수 있으리라 믿었다.

마침내 이사회에서 승인이 이루어졌고, 플로렌티노는 회장 재임 기간 중 레알 마드리드에서 발행한 첫 번째 연례 보고서에 이 내용을 포함시켰다.

미션

스포츠의 정정당당한 성공을 통해 그리고 경기장 안팎에서 우수성 추구를 바탕으로 회원들과 지지자들의 기대에 부응하는 가치 전파를 통해 전 세계에서 인정과 존경을 받는 다문화 클럽이 된다.

가치

승리를 향한 의지. 레알 마드리드의 주요 목표는 항상 헌신, 노력에 대한 믿음, 서포터스에 대한 충성심을 보여주는 가운데, 참가하는 모든 대회에서 최선을 다해 우승하는 것이다.

스포츠맨십. 레알 마드리드는 모든 라이벌 클럽 및 서포터스에 대해 호의와 존중심을 지니고 경쟁하는, 경기장의 합당하고 공정한 상대다. 경기장을 떠나서는 형제애와 연대에 기반해 다른 모든 클럽들과 관계를 유지하고, 스페인 및 국제 스포츠 당국과 지속적으로 협력하는 것이 레알 마드리드의 우선 목표다.

탁월함과 자질. 레알 마드리드는 스페인 및 외국의 최고 선수들을 영입하고, 클럽이 지향하는 가치를 선수들에게 주입하며, 공동의 대의를 위한 자질, 규율, 희생을 바탕으로 한 스포츠 프로젝트를 통해 팬들의 성원에 보답하고자 한다. 클럽의 활동 관리에 있어 좋은 구성원들의 좋은 관계를 통한 공동관리를 지향한다는 원칙을 준수하며 항상 우수성을 위해 노력한다.

팀 철학. 스포츠 선수든 다른 전문가든 레알 마드리드의 일원인 모든 사람은 사적 또는 직업적 포부를 우선시하기보다 전체의 이익을 위해 최선을 다하기로 약속한다.

트레이닝. 레알 마드리드는 끊임없이 새로운 스포츠 가치의 발견과 주입을 위해 많은 노력을 기울인다. 여기에는 모든 스포츠 분야에서 청소년 팀에 필요한 관심과 자원의 집중 그리고 청소년 선수의 스포츠 개발뿐만 아니라 사회적, 윤리적, 시민적 교육의 육성이 포함된다.

사회적 책임. 레알 마드리드는 자신의 활동이 사회에 큰 영향을 미친다는 점을 인식하며, 이러한 이유로 모든 자원을 동원해 가장 높은 수준의 관리 구조 기준 준수, 최고의 스포츠 가치 증진 그리고 회원, 전 선수, 팬클럽 및 서포터스와 관계 강화, 스페인 내외의 어려운

이웃을 위한 연대 프로젝트의 개발 및 실행에 전념한다.

경제적 책임. 레알 마드리드는 탁월한 가치와 중요성을 지닌 유형 및 무형 자산을 관리한다는 사실을 알고 있으며, 이러한 이유로 회원들의 이익을 위한 책임감 있고 효율적이며 정직한 관리를 약속한다.

직원과 선수 각각은 스폰서가 지지하는 사명과 가치를 준수해야 한다. 그 미션과 가치가 마케팅 부서부터 선수 개발 담당자, 코치부터 경기장의 선수들에 이르기까지 조직의 모든 부분에 스며들도록 한다. 클럽 회원과 팬 그리고 커뮤니티에게는 승리가 다가 아니다. 그들은 가치를 지키며 승리하기를 바란다.

혁신을 가능케 한 플로렌티노와 경영진의 승부수

2000년 회장 선거에서 승리한 플로렌티노에게 레알 마드리드의 재정적 혼란을 수습하는 일은 일종의 도전이었다. 플로렌티노는 회계 및 컨설팅 회사 딜로이트앤투쉬Deloitte & Touche를 고용해 클럽의 재무제표를 검토하고 상황을 파악하도록 했다. 결과는 플로렌티노가 우려했던 것만큼 암울한 상황으로 드러났다. 딜로이트앤투쉬는 2000년 8월에 보낸 서한에서 레알 마드리드의 지속적인 존재 여부에 대해 우려를 표명했다. "우리에게 제공해준 2000~01년 관련 예산에서는 지출이 매출을 초과하고 있습니다. … 이는 레알 마드리드가 정상적인 사업을 이어갈 … 채무 이행 … 능력이 있는지 상당한 의구심(을 불러일으킵니다)."

플로렌티노는 회장 선거에 출마하면서 스페인 법에 따라 예산의 15퍼센트인 1800만 유로(약 290억 원)를 개인적으로 보증하기로 약속해야 했다. 당시 클럽에는 막대한 부채만 남아 있었으며 즉각 운영할 수 있는 자금이 필요한 상황이었다. 이를 위해 은행으로부터 7800만 유로의 추가 대출을 얻어내려면 플로렌티노가 개인적으로 금액을 부담한다는 보장이 필요했다. 클럽은 피구Luis Fígo, 콘세이상Sérgio Conceição, 마켈렐레Claude Makélélé, 솔라리Santiago Solari를 포함해 7명의 새로운 선수들과 총 1억 5100만 유로의 계약을 체결했다. 그 중 마켈렐레와 콘세이상 두 선수에게 줄 돈을 대출받기 위해 플로렌티노는 은행에 3900만 유로를 추가로 보장했다. (레알 마드리드는 레돈도Fernando Redondo와 아넬카Nicolas Anelka 등 일부 선수를 매각하고 6700만 유로를 받았다. 그렇지 않았다면 클럽은 더 많은 자금을 빌려야 했을 것이다.) 마침내 2000~01 시즌 예산이 승인되자 지출은 전년도 예산보다 늘어났고, 법에 따라 플로렌티노는 1200만 유로를 추가로 보장해야 했다. 2000년에 클럽 회장이 된 플로렌티노는 총 1억 4700만 유로[18+78+39+12](약 2371억 원)를 개인적으로 보장하게 된 것이었다. 사실 법이 정한 바에 따르면 플로렌티노는 개인적으로 1억 4700만 유로 가운데 3000만 유로[18+12]만 보장해도 되었다. 그러나 만약 그가 나머지 1억 1700만 유로를 개인적으로 보장하지 않았더라면 클럽이 반전을 꾀하는 데 필요한 투자를 감당할 수 없었을 것이다. 재정적 위험이 너무 큰 상황에서도 그런 결정을 내린 걸 보면, 플로렌티노의 열정은 클럽을 구하기 위한 집착과 자신이 구사할 전략에 대한 확신의 결정체라고 봐야 할 듯하다.

레알 마드리드는 검증되지도 않은 이론에 따라 일단 투자하고 나중에 예상한 결과가 나오는지 기다릴 수 있을 만큼의 돈도 시간도 없었다. 팀은 빚더미 위에 올라 손실을 보고 있었다. 클럽을 위해 손실을 개인적으로 보장하겠다는 플로렌티노의 모험도 결과를 알 수 없었다. 일단 선수들에게 나가야 할 돈이 먼저였다. 레알 마드리드의 열정적인 글로벌 커뮤니티의 가치, 기대, 욕구를 클럽의 전략, 문화, 정체성과 일치시켜 마케팅을 펼친다는 이론에 따라 벌어들일 수익은 나중 일이었다. 게다가 레알 마드리드는 소시오가 소유하기에 지분 매각이나 주식 발행도 할 수 없었다. 플로렌티노가 이끄는 팀에게 필요한 것은 혁신이었다.

플로렌티노를 비롯해 카를로스 마르티네스 데 알보르노즈를 포함한 일부 임원들은 인프라 건설 사업에 경험이 있었다. 이들은 건설 및 엔지니어링 분야에서 임원으로 일할 때 고속도로 및 교량 통행료의 현금 흐름을 예측함으로써 인프라 프로젝트 자금조달에 도움을 준 적이 있었다. 이들은 레알 마드리드에도 미래에 예상되는 현금 흐름을 판다는 아이디어를 적용하고자 했는데, 이번 경우에는 미래 수익을 마케팅, 라이선스 및 스폰서십 수익과 연계시키는 것이었다.

이러한 전례가 없었던 탓에 레알 마드리드의 새로운 전략이 향후 10년에서 15년 동안 마케팅, 라이선스 및 스폰서십 수익을 얼마나 가져다줄지 추정조차 할 수 없었다. 레알 마드리드는 향후 레알 마드리드의 마케팅, 라이선스, 스폰서십, 선수 초상권, 온라인 비즈니스 수익을 소유하고 관리하기 위해 독립 법인인 '소시에다드믹스타Sociedad Mixta'를 만들어 향후 11년 동안의 전망을 바탕으로 신뢰할 수 있는 재무 모델을 개발했다. 클럽의 마케팅 부서가 관리하는 소시에다드믹스타는 현재 고객은 물론이고 잠재적 고객 및 파트너와의 상호 업무도 처리하고 있다.

플로렌티노와 그의 팀은 여러 회사와 만남을 거듭하면서 클럽이 생각하는 아이디어와 재무 모델 그리고 전제 조건 등을 설명했다. 회사가 얻게 될 잠재적 수익을 계산해보고, 레알 마드리드의 미래 수익에 대해 일정 비율을 선불로 지급한다는 것이 주된 내용이었다. 문제는 전례가 없던 이 전략이 통하려면 투자자들의 확실한 믿음이 필요하다는 점이었다.

예측과 조건에 합의한 후에도 당사자들은 미래 현금 흐름의 현재 가치를 제시하고 그에 따르는 위험을 반영할 수 있는 할인율 협상에 들어가야 했지만, 이 또한 참고할 만한 괜찮은 선례가 없었다. 마침내 2000년 10월, 카하마드리드Caja Madrid(나중에 방키아은행Bankia의 일부가 되었다가 현재는 카시야뱅크CaixaBank가 된 스페인의 저축 및 대출 기관)가 7800만 유로(약 1258억 원)를 지불하고 20퍼센트의 권익을 확보했다. 2001년 2월, 스페인 굴지의 유료 TV 그룹 소헤카블레Sogecable가 10퍼센트를 3900만 유로에 인수하는 계약을 체결했다. 은행과 클럽 양측 모두에게 도박이 될 수도 있었다. 레알 마드리드는 너무 낮은 가격에 매각하기를 원하지 않았고 투자자들은 과도한 금액을 지불하고 싶지 않았기에, 다양한 가격과 시기에 사고팔 수 있는 권리를 설정해 우려를 완화시키고자 했다. 2000년 10월까지, 레알 마드리드는 11년 동안 권익의 총 30퍼센트를 총 1억 1700만 유로에 매각하며 운영에 필요한 재정적 유동성을 확보했다. 결국 이 모험은 양측 모두에게 재정적 성공을 안겨주었다. 레알 마드리드는 당장 필요한 재정적 안정을 얻었고, 투자 회사들은 2014년까지 연간 11퍼센트의 수익률을 기록했다. 소시에다드믹스타는 레알 마드리드가 조직 구조와 경쟁 상황에 창의적이고 혁신적으로 적응하고 있다는 사실을 보여주는 사례다.

2018년, 레알 마드리드는 앞을 내다보고 미래의 '디지털 스타디움'을 건설하고자 했다. 그러려면 현금을 조달해야 했는데, 레알 마드리드에게는 글로벌 기업들로부터 스폰서십을 끌어들이는 매우 가치 있는 자산인 글로벌 브랜드가 있었다. 플로렌티노와 경영진은 소시에다드믹스타의 경험을 살려 자본 조달에 나서고자 했다. 하지만 이번에는 플로렌티노가 은행이나 기업에 모델을 설명하고 납득시키려 노력할 필요가 없었다. 스포츠클럽의 가치에 집중하기 시작한 사모펀드 회사들이 적극적으로 투자 기회를 모색하고 있었기 때문이다. 레알 마드리드는 미국의 사모펀드 프로비던스에퀴티파트너스Providence Equity Partners와 4년간 2억 유로(약 2900억 원) 규모의 스폰서십 계약을 체결했다.[233] (목표에 따라 파트너십을 2년간 연장할 수 있는 조건이었다.) 프로비던스에퀴티는 경기장 명명권, 훈련장 명명권, 유니폼 스폰서십 계약 부분을 제외하고, 클럽의 미래 스폰서십이 나아갈 방향에 대해 영향력을 행사할 수 있었다. 이 계약은 특히 레알 마드리드의 전통적이고 보수적인 경영진이 회원 클럽의 경영권이나 지분을 매각하지 않고도 사모펀드 자본을 활용할 수 있는 방법을 알아냈다는 점에서 큰 의미가 있었다.

프로비던스에퀴티와의 파트너십은 레알 마드리드가 메이플리프스포츠앤엔터테인먼트Maple Leaf Sports & Entertainment, MLSE의 전 최고상업책임자인 데이비드 홉킨슨을 글로벌 파트너십 책임자로 영입하며 이루어졌다.[234] 2018년 체결 당시에는 4년 계약으로 되어 있었지만 2년 연장 옵션 내용도 포함되어 있었다. 코로나 및 여러 요인으로 인해 계약은 만료되기 전에 재협상이 이루어졌다.

미래를 설계하다: 스타디움 리노베이션이 클럽에 미친 영향

마드리드 중심부에 있는 산티아고 베르나베우 경기장은 축구의 역사적 가치를 지닌 기념물이자 클럽의 핵심 자산이다. 개장 당시 경기장의 이름은 누에보 에스타디오 차마르틴Nuevo Estadio Chamartín이었으나, 8년 후 클럽 회장의 이름을 따서 현재의 명칭으로 결정되었다. 이 경기장은 유럽 대륙 최초의 대형 축구 경기장으로 지어졌다. 처음에는 두 개의 개방된 층으로 구성되어 7만 5000여 명의 관중을 수용할 수 있었다. 1954년에는 경기장 측면 중 하나를 3층으로 확장하면서 수용 인원이 12만 4000명으로 늘어났다. (1998년에 모든 관람석이 좌석으로 바뀌면서 수용 인원은 7만 5000여 명 규모로 다시 축소됐다.)

이 경기장은 산티아고 베르나베우 회장이 추진했던 지속 가능한 경제─스포츠 모델의 핵심 요소로서 축구 산업에 혁명을 일으켰다. 베르나베우는 레알 마드리드를 위해 최고의 선수들을 영입하고자 했다. 그리고 영입 비용을 충당하기 위해 혁신적인 조치를 취했다. 그는 공격력을 갖춘 최고의 선수들로 팀을 구성하면 경기에서 승리하는 것은 물론이고 그런 선수들을 보기 위해 많은 관중이 경기장을 찾을 것으로 예상했다. 그래서 막대한 재정적 위험을 감수하면서까지 초대형 경기장을 건설해 티켓 수익을 늘리려 했다. 그는 경기장 건설비용을 마련하기 위해 클럽 회원과 팬들에게 채권을 팔았다. (참고로 1921년까지 잉글랜드 축구 클럽 86개 중 84개 클럽이 민간 기업으로 전환되었으며 경기장 및 인프라 그리고 선수 연봉으로 인한 손실을 충당하기 위해 지분을 매각했다는 사실을 기억할 필요가 있다.)

당시 많은 이들이 7만 5000명과 12만 4000명의 수용 인원에 대해 '클럽 규모는 작은데 경기장 규모는 너무 크다.'라고 생각했다. 그러나 베르나베우의 도박 같은 모험은 결실을 거뒀고, 티켓 수입이 늘어나면서 레알 마드리드는 외국에서 최고 수준의 선수들을 영입할 수 있었다. 그중 가장 유명한 선수가 아르헨티나의 공격수 알프레도 디 스테파노였다. 레알 마드리드는 1953~54시즌에 디펜딩 챔피언이었던 바르셀로나를 꺾고 라리가 우승을 차지했다. 베르나베우가 회장으로서 첫 라리가 챔피언십을 차지하기까지는 10년이 걸렸다. (클럽의 세 번째 스페인 타이틀이었다.)

최고의 예술 작품들을 소장하고 있는 프라도 국립미술관에서 카스테야나 거리를 따라 불과 5킬로미터 정도 떨어진 경기장에서, 베르나베우는 유럽에서 본 적 없는 황홀한 스타일의 플레이를 펼치는 세계 최고의 축구 선수들을 선보였다.

디 스테파노는 주위의 뛰어난 팀원들과 함께 현대 프로 클럽 축구를 만들어내면서 그 모든 마법 같은 플레이를 펼쳤다. 팬들은 경기장에서 11명의 선수들을 지켜본다. 고도의 기술을 갖춘 선수들이 물감(공)을 가지고 캔버스(필드)에 올라가 90분 동안 상상력과 아름다움을 담아 자신을 표현하는 그림을 그려낼 것을 기대한다. 선수들은 90분 동안 온 힘을 다해 우아함, 스타일, 품격을 갖춘 아름답고 흥미진진하며 공격적인 축구를 펼쳐야 한다. 조금이라도 부족한 부분이 있으면 대승하건 대패하건 예술과 관객에게 '미완성 작품'을 선보이는 무례한 행동으로 여겨졌다. 선수들의 예술성은 아름다움과 재능을 감상할 수 있는 풍부한 역사와 문화가 존재하는 마드리드와 완벽하게 어울렸다.

1990년대에 이르러 경기장은 노후화되었다. 플로렌티노 페레스는 클럽의 회장이 되면서 한 가지 목표를 세우고 '마스터플랜'을 시작했다. 그 목표는 산티아고 베르나베우 경기장의 안락감을 높이고 경기장 시설의 품질을 개선하고 경기장의 수익을 극대화한다는 것이었다.

플로렌티노는 경기장 동쪽 스탠드 추가 확장 공사를 위해 2001년부터 2006년까지 5년 동안 1억 2700만 유로(약 2048억 원)를 투자했다. 또 파드레 다미안 거리 방향으로 새로운 외관을 추가하고, 새로운 박스석과 VIP 구역, 새로운 탈의실, 동쪽에 새로운 프레지덴셜 박스, 새로운 취재 구역(동쪽에도 위치), 새로운 오디오 시스템, 새로운 바, 관중석의 난방 통합, 전경이 내다보이는 엘리베이터, 새로운 레스토랑, 타워 출입구의 에스컬레이터, 그리고 파드레 다미안 거리에 다목적 건물을 설치했다. 측면 동쪽을 확장하고 최상층 관람석을 만든 후, 산티아고 베르나베우 경기장의 수용 인원은 약 8만여 명으로 늘어났다.

플로렌티노는 베르나베우보다 훨씬 더 대담한 비전을 가지고 있었다. 그도 베르나베우처럼 클럽의 미래를 상징하는 자산이자 세계 최고의 선수 영입에 필요한 비용을 만들어낼 수 있는 대형 경기장을 원했지만, 차이점은 플로렌티노가 약 25일간의 홈경기 외에도 수익을 창출할 수 있는 방법을 찾았다는 것이다.

그래서 산티아고 베르나베우 경기장은 현재 스포츠계와 건축계를 아우르는 전 세계의 상징물로 명성을 이어갈 수 있도록 대대적인 리노베이션 작업이 진행 중이다. 플로렌티노 페레스는 말했다. "새로운 경기장은 레알 마드리드의 미래에 발자취를 남길 정서를 피어오르게 하는 무대가 될 것입니다. 이 경기장은 이번 세기말에 우리가 21세기 최고의 클럽으로 다시 한번 인정받게 해줄 세계 최고의 경기장이 될 것입니다. 이번 프로젝트는 새로운 경기장과 유산을 물려줄 것이고 우리 회원들과 팬들에게는 새로운 자부심의 원천이 될 것입니다."

이번 리노베이션 프로젝트는 GMP 아르키텍토스GMP Arquitectos, L35, 리바스앤리바스Ribas & Ribas가 이끌고 있다. 리노베이션 작업이 끝나면 베르나배우는 클럽 회원들의 요구를 충족시키는 동시에 클럽의 수익을 증대시키는 최첨단 경기장이 될 것이다. 한 가지 눈에 띄는 특징은 경기장을 금속판들로 둘러싼 외관으로, 프로젝터를 이용해 이 금속판에 이미지를 투사할 수 있다. 리노베이션을 통해 산티아고 베르나배우 경기장은 보다 현대적이고 편안하며 안전한 장소가 될 것이며, 레저, 레스토랑, 엔터테인먼트 공간이 추가되어 더욱 향상된 모습을 보이게 될 것이다.

새로운 경기장은 고정 지붕 외에 개폐식 지붕으로 덮을 수 있는 옵션도 제공할 예정이며, 지붕은 모든 좌석 공간을 커버할 수 있어 날씨와 무관하게 일 년 내내 경기장 사용이 가능해진다. 또한 잔디를 바닥 아래 공간으로 옮길 수 있어 축구 경기 외의 용도로도 사용할 수 있다. 이는 현재 전 세계에서 운영 중인 수직 온실Vertical Greenhouse 중 가장 큰 규모로 독특한 엔지니어링 기법이 적용된다. 경기장 잔디는 상자들에 나눠 담겨 있고, 상자들은 지하 창고로 옮겨져 온실에서처럼 잔디를 보호한다. 이 시스템은 엔지니어링 회사 세너SENER가 레알 마드리드와 협력하여 특허를 받았는데, 다른 유사한 시스템과는 작동 방법이 다르다. 잔디는 축구 경기에만 사용했다가 다시 온실에 보관되므로 언제나 완벽한 유지보수가 가능하다. 따라서 레알 마드리드는 날씨와 관계없이, 편의성 높은 스페인 수도의 도심에서, 일 년 내내 축구 경기와 콘서트, 무역 박람회, 농구 경기 등 다양한 이벤트를 개최할 수 있게 될 것이다. 실제로 2024년 2월, NFL은 2025년 정규 시즌 경기를 산티아고 베르나배우 경기장에서 펼칠 것이라고 발표했다.

플로렌티노는 경기장을 경기가 열리는 날뿐만 아니라 연중 365일 운영하고 기업, 엔터테인먼트, 관광 행사를 위한 비즈니스 발전의 장으로 만들고자 한다.

새로운 모습의 산티아고 베르나베우는 디지털 경기장이 될 것이며, 경기장 여러 구역에서 발전된 기술로 시청각 도구 사용이 가능해질 것이다. 예를 들어 팬들은 클럽이 제작한 콘텐츠를 핸드폰과 태블릿에서 즐기면서 경기 당일 경험을 더욱 다양하게 느낄 수 있다. 이를 세컨드 스크린Second Screen 사용이라고 한다. 이 경기장에는 인상적인 360° 전광판 스크린이 설치된다. 베르나베우 경기장은 건물 관리부터 콘텐츠 공급까지 데이터에 따라 처리하는 시설이 될 것이다. 방문객이 경기장 앱에 로그인하면 자신만의 다양한 콘텐츠를 탐색하고 활용할 수 있다. 유럽의 데이터 규정을 벗어나지 않는 범위에서 제공된 데이터에 따라, 시스템이 개인 맞춤형 경험을 제공해 줄 수 있기 때문이다. 모든 리노베이션이 끝나고 나면 베르나베우 경기장은 세계에서 가장 크고 기술적으로 가장 발전된 경기장 중 하나가 될 것이다.

많은 이들이 이 새로운 경기장을 '무한한 경기장Infinite Stadium'이라고 부른다. 물리적 경험과 온라인 경험 사이의 전환이 막힘없이 부드럽게 이루어질 것이기 때문이다. 통합 인증 기술을 활용해 한 번의 로그인만으로도 경기장 여러 터치 포인트에서 방문자를 인식하고, 각각 개인화된 콘텐츠/제안/경험을 방문자의 앱/모바일 장치/디스플레이로 보내준다.

베르나베우 경기장에는 2500개 이상의 스크린이 설치된다. 각 스크린은 고유한 IP 주소를 가지고 있어 스크린마다 다른 콘텐츠를 보여줄 수 있다. 또한 디지털 사이니지Digital Signage 소프트웨어Adobe는 레알 마드리드가 다양한 모드의 스크린을 통해 팬들에게 고유한 경험을 제공하는 데 도움을 줄 것이다.

레알 마드리드 클럽 박물관은 레이나 소피아Reina Sofía와 프라도에 이어 마드리드에서 세 번째로 많은 방문객이 찾는 박물관으로, 현재 대대적인 개선 작업이 진행 중이다. 확장 공사가 이루어지고, 최신 증강 현실 기술을 적용해 대화가 가능한 섹션이 새로 만들어지고 있다. 사람들이 경기장 외곽의 전경을 둘러보는 투어를 시작하면서 경기장 투어Tour Bernabéu도 연장될 예정이다.

쇼핑 시설은 도시에서 가장 큰 스포츠 매장(3000제곱미터)을 갖춘 레알 마드리드 스토어로 탈바꿈한다. 새로운 경기장에는 세계 최고 권위의 전자 및 소비재 브랜드 제품을 제공하는 디지털 판매 지점을 설치해, 최신 제품을 공공 구역에서 오프라인이 아닌 온라인 창구를 통해 만나보는 새로운 쇼핑 경험을 제공할 것이다.

플로렌티노는 새로운 소유 모델과 경쟁하려면 수익 흐름을 끌어올려야 하고, 이 경기장이 중요한 수익원으로서 그 역할을 해줄 것으로 보았다. 플로렌티노는 이렇게 말했다. "레알 마드리드는 최고의 클럽이기 때문에 이런 일을 해야만 합니다. 우리가 최고의 자리를 유지할 수 있는 유일한 방법은 항상 혁신에 앞장서는 것뿐입니다."[235] 사실 TV 중계권 판매도 레알 마드리드가 아니라 라리가와 UEFA가 통제하고 있기 때문에 레알 마드리드는 경기장처럼 클럽이 직접 관리할 수 있는 수익원에 초점을 맞추는 것이다.

2019년에 8억 유로(약 1조 2904억 원) 규모의 리노베이션 프로젝트가 시작되었다. 2023년 11월, 임시 총회에서 경기장 리노베이션 프로젝트를 위해 3억 7000만 유로가 추가 승인되었다. 리노베이션 팀은 시즌 중에도 공사를 진행하는데, 경기에 영향이 가지 않도록 로마 기법을 활용해 상단을 높이고 있다. 레알 마드리드는 경기장의 분위기와 역사를 경쟁 우위 자체로 보고 있기 때문에 개축 공사 기간에도 경기를 계속 진행한다. 하지만 그 때문에 경기장 전체를 둘러싸고 있는 지붕 공사를 비롯해 리노베이션 디자인 작업이 복잡해질 수밖에 없다.

레알 마드리드는 장기적인 안목에서 경기장을 365일 이용할 수 있도록 만들고 있기 때문에 훨씬 더 많은 수익을 올릴 수 있게 될 것이다. 그리고 엔터테인먼트의 장으로 변모하는 경기장은 클럽의 수익원을 더욱 다양화할 것이다.

리노베이션을 마친 산티아고 베르나베우 경기장은 플로렌티노가 재임 기간에 남겨준, 소시오들의 핵심 자산이 될 것이다.

경기장 미래 수익권을 사모펀드에 매각한다는 아이디어

2022년, 레알 마드리드는 미국의 사모펀드 회사 식스스스트리트파트너스로부터 약 3억 6000만 유로(약 5806억 원)를 지원받아 클럽에 투자했다. 식스스스트리트는 이 제휴 및 장기적 파트너십을 통해 20년 동안 산티아고 베르나베우 경기장의 특정 신규 사업 운영에 참여할 수 있는 권리를 획득했다. 또한, 스포츠 및 라이브 이벤트 회사인 레전드Legends[236]는 대형 경기장 및 레저 센터를 운영해온 경험과 지식을 바탕으로 산티아고 베르나베우 경기장의 경영 효율 극대화에 기여할 것이다. 식스스스트리트는 600억 달러(약 82조 4400억 원)의 자산을 운용하고 있으며[237] NBA 샌안토니오 스퍼스San Antonio Spurs의 지분도 소유하고 있다. 식스스스트리트와의 계약은 매출Revenues이 아닌 순수익Profits을 공유하는 것으로 제한된다. 이 계약에는 식스스스트리트가 최대 주주로 있는 레전드도 포함되어 있다. 레전드는 2020년부터 레알 마드리드의 소매 사업을 감독해왔다.

이 계약으로 소시오들은 재정적 위험을 덜었다. 하지만 식스스스트리트와 체결한 거래의 핵심 요소 중 하나는 성공을 이루기 위한 세 당사자 간의 이해관계가 일치한다는 점이다. 레알 마드리드는 유럽 최고의 경기장을 만들기 위해 막대한 투자를 하고, 레전드는 유럽 최대 클럽 중 하나를 등에 업고 유럽에 진출하며, 식스스스트리트는 그에 발맞춰 성공을 겨냥한 대규모 투자를 실시한다. 식스스스트리트의 공동 창업자이자 최고경영자인 앨런 왁스만 Alan Waxman은 이렇게 말했다. "레알 마드리드의 산티아고 베르나베우는 축구계의 신성한 경기장이며, 우리는 이 파트너십에 합류함으로써 오랜 역사 속에서 클럽의 성공을 지속적으로 이끈 혁신적이고 장기 전략적인 비전에 투자하게 되어 영광입니다." (참고로, 앨런과 나는 골드만삭스에서 같은 자기자본 투자 분야에서 일했다.)

오늘날의 레알 마드리드가 있기까지 그 중심에는 책임을 나눠진 소시오가 있다. 주인공은 어느 한 명의 회장이나 리그가 아니다. 레알 마드리드는 라리가가 창설된 1929년부터 1953~54시즌 이전까지 단 두 번 우승했다. 레알 마드리드가 1953~54시즌에 세 번째 우승을 차지하기까지 아틀레틱 빌바오(5회), 아틀레티코 마드리드(4회), 바르셀로나(6회), 발렌시아(3회)는 더 많은 우승 타이틀을 획득했다. 레알 마드리드가 가장 많은 팬을 보유한 글로벌 브랜드로 성장하기까지 산티아고 베르나베우 회장의 경제—스포츠 모델과 유러피언 컵 진출 추진이 도움이 된 것은 확실하다. 하지만 회장을 선출하고 지지하는 주체는 소시오며, 이들이 현재의 레알 마드리드를 만든 주인공이라 할 수 있다. 소시오는 세계 최고의 기량을 갖춘 선수들을 영입하기 위해 당대 최대의 경기장을 건설하는 경제적 위험을 감수했다. 과거부터 경기장을 가득 채우고, 영감을 주고, 분위기를 띄우며 혼을 불어넣고, 전통을 만들어낸 것은 소시오였다. 이는 지금도 달라진 것이 없다. 그리고 변모한 산티아고 베르나베우 경기장의 위험을 감수하는 것 역시 소시오다.

플로렌티노 페레스는 지속 가능한 경제—스포츠의 전체적인 비즈니스 모델과 전략의 중심에 공동체의 가치를 두었다.

레알 마드리드 경영진의 클럽 운영 방법과 이유 그리고 클럽의 재무 상태를 이해하면 다른 클럽이 어떤 전략을 구사하며 어떤 행동을 취하고 있는지 비교해볼 수 있다. 이제부터는 클럽의 다양한 소유권 모델을 시작으로 축구, 스포츠, 엔터테인먼트 및 콘텐츠에서 어떤 변화가 일어나고 있고 이러한 변화에 대해 레알 마드리드가 어떻게 대응하고 있는지 살펴보도록 하자.

축구 시스템에서 발생하는 가장 큰 변화 중 하나는 소유권과 관련이 있다. 정부 유관 기관 또는 사람들이 비교적 최근 들어 축구에 투자를 늘리고 있다. 축구계에 입성하는 이유는 투자 수익 말고도 있다. 그중 하나가 소유주들끼리 관계를 구축하고 긍정적인 메시지와 정당성을 제공할 수 있다는 점이다. 가장 두드러진 예로 2008년에 맨체스터 시티를 인수한 아부다비유나이티드 그룹을 들 수 있다. 중동에서 유입된 자금은 축구의 재정 환경을 변화시켰다. 중동 머니는 이적료와 급여의 급등을 불러오며 재정적 중요성을 더해갔다. 이런 환경 변화 때문에 많은 소유주가 클럽을 매각하거나 사모펀드(또는 가족 투자지만 본질적으로 기관이나 다름없는 막대한 자산을 가진 사람들) 같은 대형 기관에 투자를 요청하게 되었다. 2022년에는 미국 사모펀드 클리어레이크가 첼시의 경영권을, 레드버드가 AC 밀란의 경영권을 인수했다. 유럽 상위 클럽의 3분의 1 이상이 미국 사모펀드 또는 사모펀드의 임원진과 어떤 형태로든 관계를 맺고 있다. 또한 정부 유관 기관 그리고 사모펀드는 수익률 향상에서 시너지 효과를 일으키기 위해 복수의 클럽을 인수했다. 다음 장에서는 이렇게 새로이 등장한 주체와 그들의 상호 연결 관계, 그들의 전략적 타당성, 그리고 잠재적 결과를 자세히 살펴볼 것이다.

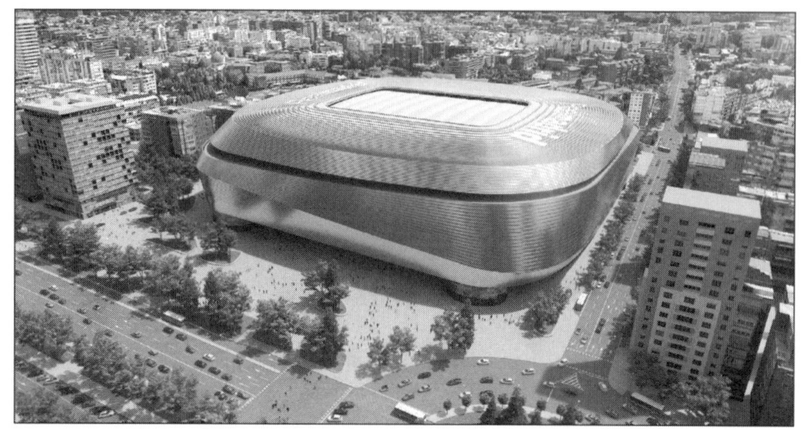

[사진 3-2] 새로운 산티아고 베르나베우 경기장.

[사진 3-3] 2023년 6월 레알 마드리드 입단 시 함께한 벨링엄과 플로렌티노 페레스 회장.

4장.

이제 누가 어떻게 클럽을 지배하는가: 정부 유관 기관, 사모펀드, 다중 클럽 소유 모델

클럽 소유 모델의 변화가 가져올 영향

축구를 둘러싼 소유와 지배의 양상은 지난 수십 년 사이 극적으로 바뀌었다. 이는 특히 축구 클럽에 엄청난 변화를 불러왔다. 페르시아만 연안 아랍 국가의 국부펀드를 비롯해 정부 유관 기관들이 맨시티, 뉴캐슬, PSG 같은 클럽의 지분 소유주로 등장했다. 이들 기관의 지원에 힘입어 클럽의 지출은 껑충 치솟았다.

주로 고액 자산가와 기관 투자자로부터 자본을 모아 사기업에 투자하는 사모펀드들은 2022년 한 해에만 유럽 상위 5대 축구 리그에 2018년의 6670만 유로(약 1076억 원)를 훌쩍 뛰어넘는 49억 유로를 투자했다. 첼시와 밀란을 비롯해 상위 5대 리그에 속한 유럽 축구 클럽의 3분의 1 이상이 사모투자펀드나 사모대출펀드로부터 재정 지원을 받고 있다. 그리고 이러한 투자 이후 클럽의 씀씀이는 대폭 늘어났다.

때때로 사모펀드가 정부 유관 기관들과 함께 맨시티나 PSG 같은 클럽에 공동 투자자로 참여하기도 하고, 국부펀드가 첼시 같은 클럽을 소유한 사모펀드에 투자하기도 한다.

정부 유관 기관과 사모펀드의 지원이 늘어남과 동시에 다중 클럽 소유주 Multi-club Owner, MCO도 급격히 늘어났다. 이들 MCO는 상위 5대 리그 소속 클럽의 40퍼센트 이상을 장악하고 있다. 그중 가장 적극적인 MCO는 주로 미국의 사모펀드 투자자들이다.

이 장에서는 소유 모델의 변화 추이와 그 배경을 살펴보고, 이러한 변화가 축구에 장차 어떤 영향을 미칠지 살펴보자.

만수르는 왜 맨시티를 인수했을까?

2008년, 셰이크 만수르는 잉글랜드 프리미어 리그의 상위 클럽 인수에 관심을 보였다.[238]

1970년생인 셰이크 만수르는 아부다비의 전 군주 셰이크 자이드Zayed bin Sultan Al Nahyan가 일곱 번의 결혼을 통해 낳은 열여덟 명의 아들 중 다섯째다. 어머니는 셰이카 파티마Fatima bint Mubarak Al Ketbi이며 같은 어머니를 둔 다섯 명의 형제가 있는데, 현재 아랍에미리트United Arab Emirates, UAE 대통령이자 아부다비의 통치자인 셰이크 모하메드Mohammed bin Rashid Al Maktoum, MBZ도 그중 한 명이다.[239] 셰이크 만수르의 두 번째 아내는 아부다비에 인접한 두바이를 다스리는 통치자의 딸이다. 만수르는 UAE의 부총리이자 대통령실 실장이며, 개인 순자산이 약 300억에서 400억 달러(약 41조에서 55조 원)로 추정되고 가문의 순자산은 1조 달러가 넘는 것으로 알려져 있다.

비즈니스계에서 중요한 명사인 셰이크 만수르는 UAE 및 수도인 아부다비에서 여러 주요 글로벌 기업의 지분을 포함하여 1조 달러(약 1374조 원)가 넘는 자금을 관리하고 있다. 또한 반도체 회사 AMD, 지역 스포츠 네트워크인 양키엔터테인먼트앤스포츠네트워크, 투자 회사 칼라일그룹Carlyle Group, 사모펀드 그룹인 실버레이크를 비롯해 수없이 많은 기업의 지분을 소유하고 있는 UAE 국영무바달라투자회사MIC의 부회장을 역임하고 있다. 2019년에 실버레이크는 5억 달러(약 6870억 원)에 달하는 시티풋볼그룹의 지분 10퍼센트를 매입했고, 보유율을 차츰 18퍼센트까지 늘려나갔다. 2020년에 MIC는 실버레이크의 지분 5퍼센트를 매입했으며, 2021년 실버레이크는 다시 호주 프로축구 A 리그A-League의 지분 33퍼센트를 인수했다.

MIC는 약 2840억 달러(약 390조 원)의 자산을 관리하고 있다. 만수르는 추정 자산 7900억 달러를 관리하는 UAE 국영 아부다비투자청Abu Dhabi Investment Authority, ADIA의 이사다. 또 UAE의 경제를 견실하게 하고 다양화하는 데 도움이 된다고 여기는 자산군에 집중적으로 투자하는 UAE 국영에미리트투자청Emirates Investment Authority, EIA의 회장도 맡고 있다. EIA는 아랍에미리트 기반의 다국적 통신 서비스 제공업체인 에티살랏Etisalat 등 중동 및 북아프리카의 중요한 기업들의 지분을 포함해 870억 달러가 넘는 자산을 관리하고 있다. 이는 장래 천연자원이 고갈될 때를 대비하여 UAE와 아부다비의 재산을 확실히 지키기 위한 투자다.[240]

셰이크 만수르가 잉글랜드 최고의 축구 클럽 인수를 물색하고 있을 때, 맨시티의 소유주였던 태국 전 총리 탁신 친나왓Thaksin Shinawatra은 구단을 매각해야 하는 상황에 처해 있었다. 친나왓은 태국 법원의 결정에 따라 20억 달러(약 2조 7480억 원) 이상의 자산이 동결된 상태였고, 맨시티는 매년 수천만 달러의 손실을 보고 있었다. 계속되는 손실을 감당할 수 없었던 친나왓은 클럽을 매각하기로 결정했다. 하지만 맨시티는 빅5 클럽 중 하나도 아니었고, 선수 계약은 엉망이었으며, 시에서 임대한 경기장을 사용하고 있었을 뿐만 아니라, 맨체스터 지역 내에서는 늘 맨유에 뒤지는 만년 2위 팀으로 여겨졌다. 친나왓이 2007년 6월에 맨시티를 인수한 금액은 8160만 파운드(약 1526억 원)였다.

비록 맨시티가 빅5 클럽은 아니었지만, 셰이크 만수르는 당장이 아닌 더 먼 앞날을 내다봤다. 세계에서 가장 많은 시청자를 보유하고 있으며 TV 국제 중계권료 및 투자 가치가 날로 상승하는 스포츠 리그의 회원 자격을 사업상 투자라는 형태로 매입해둔다는 계획이었다. 또 프리미어 리그 클럽 소유주로서 합당한 자격을 획득한다면 사회적으로 좋은 관계를 쌓아나가 긍정적인 메시지를 전달할 수 있는 플랫폼을 얻게 될 것이었다. 그 사례가 러시아의 기업가이자 석유 재벌인 로만 아브라모비치다. 그는 첼시를 인수하기 전까지는 그다지 세상에 이름이 알려지지 않은 사람이었다. 어쨌든 셰이크 만수르는 프리미어 리그 클럽 구단주가 되면 UAE를 국제사회의 일원으로서, 역동적이고 친숙하며 우호적인 아랍 국가로 소개할 기회를 갖게 되리라는 큰 그림을 그리고 있었다. 아울러 클럽 소유를 통해 향후 UAE와 서구권의 관계가 개선되고 상호 이해가 증진되길 바랐다.[241] 서구권이 아랍에미리트의 인권 상황에 대해 가하는 비판과 중동에 대한 흔한 오해 및 고정관념 때문에 이 모든 것이 그에게는 중요한 일이었다. 「스포츠일러스트레이티드Sports Illustrated」의 마이클 로젠버그Michael Rosenberg는 이렇게 설명했다. "스포츠는 정치와 무관한 듯 보이지만, 바로 그 때문에 정치적 목적으로 이용되고는 합니다. 드라마는 우리를 매혹하고, 우리는 열기에 사로잡혀 한눈을 팔게 됩니다. 그래서 정부가 던져주는 것이라면 그게 뭔지도 모른 채 덥석 받아 무는 겁니다."[242] 또 축구는 변화를 위한 긍정적인 도구가 될 수 있다. UAE 여자 축구 국가대표팀은 2009년에 결성된 이래 장벽을 허물고 인식을 변화시키는 역할을 하고 있다.

예전부터 UAE의 아부다비관광청과 에티하드항공Etihad Airways은 비즈니스 및 레저 교통 수요를 유치하기 위해, 그리고 UAE의 브랜드 인지도를 높여 관심과 호의를 끌어내기 위해 스포츠 스폰서십을 이용해왔다.[243] 그럼에도 클럽 매입은 미래를 내다보는 과감한 결정이었다. 엄밀히 따지자면 클럽 인수는 국영 기관이 아니라 ADUG을 통해 셰이크 만수르의 개인 자금으로 이루어졌다. UAE 당국은 ADUG가 UAE 정부나 아부다비 토후국과는 전적으로 무관하며, 셰이크 만수르의 맨시티 인수는 완전히 개인적인 투자라는 입장을 고수하고 있다.

셰이크 만수르는 클럽이 시장에 나오자 불과 몇 주 만에 사들였는데, 사실 여기에는 한 가지 조건이 있었다. 맨시티가 슈퍼스타를 영입해야 한다는 것이었다. 문제는 이적 마감일이 코앞에 다가와 있었다는 점이었다. 전하는 바에 따르면, 맨시티는 스카이를 통해 몇몇 스타 선수들의 영입을 타진하고 있다는 소문을 퍼뜨렸다고 한다. 이는 에이전트와 클럽의 관심을 끌었다. 최종적으로 맨시티는 첼시를 제치고 3250만 파운드(약 607억 원)에 24세의 브라질 출신 윙어 호비뉴Robson de Souza를 레알 마드리드로부터 영입했다. 같은 날 셰이크 만수르는 맨시티를 1억 5000만 파운드에서 2억 1000만 파운드 사이의 금액(약 2805억 원에서 3927억 원 사이)으로 인수했다.

1998년 맨유가 루퍼트 머독의 위성방송국 BSkyB에 매각될 때나 2005년 글레이저 가문에 매각될 때와는 달리, 팬들도 정치인들도 이를 특별히 문제 삼지 않았다. 프리미어 리그의 '소유주 이사진 테스트Owners' and Directors' Test'에 대해 특별히 걱정하는 사람도 없어 보였다.[244] 수십 년 동안 맨시티는 재정적인 곤란을 겪어왔으며, 연고지가 같은 라이벌 맨유에 비해 경기 성적도 초라하기 그지없었다.[245] 셰이크 만수르야말로 맨시티의 경쟁력 확보를 위해 막대한 자금을 동원할 수 있는 사람이라고 여기는 팬들이 많았다. 팬들이 보기에 배당금과 투자 수익에만 골몰하는 것처럼 보였던 맨유의 미국인 소유주들과 만수르는 극명한 대조를 이루었다.

인수를 마친 후 셰이크 만수르는 맨시티 팬들에게 다음과 같은 공개서한을 보냈다. "냉엄한 비즈니스 환경 속에서도 프리미어 리그는 세계에서 가장 훌륭한 엔터테인먼트 상품 중 하나이며, 우리는 클럽 인수를 우량 자산에 투자한 것으로 보고 있습니다."[246] 로빈슨과 클레그의 책 『축구의 제국, 프리미어 리그』에 따르면, 그 시점에 맨시티의 한 임원이 내부적으로 이렇게 말했다고 한다. "사실상 우리는 축구 클럽이 아니라 스포츠 엔터테인먼트 회사입니다. 그러니 우리는 콘텐츠를 만들어야 하죠. 우리는 이벤트를, 쇼를, 그리고 드라마를 만들어야 합니다. 그리고 우리는 모든 방법을 동원해서 뉴스의 모든 섹션에 등장해야 합니다. 우리의 경쟁 상대가 길 건너 축구 클럽인 맨체스터 유나이티드이겠습니까, 아니면 월트 디즈니The Walt Disney Company나 아마존이겠습니까?"

맨시티의 새로운 회장으로 칼둔 알 무바라크Khaldoon Al Mubarak가 취임했다. 그는 사려 깊고 전문적인 수완을 가진 인물로 맨시티의 유산을 세심하게 살폈다. 또 그는 UAE국영무바달라투자회사와 아부다비 정부의 주요 부서인 행정청Executive Affairs Authority도 운영하고 있었다. 칼둔 알 무바라크 체제 하에, 맨시티는 상당한 자본을 투자받아 짧은 시간 안에 완전히 새롭게 탈바꿈했다. 인수 후 1년 뒤에는 맨시티의 비공식 팬클럽이 '고마워요, 만수르. 맨체스터 시티가.'라고 적힌 경기장 배너를 구매해 들고 다닐 정도였다.

맨시티의 경영진은 바르셀로나의 성공을 부러워했다. 2012년, 맨시티는 바르셀로나의 감독 펩 과르디올라Pep Guardiola를 영입하려다 실패했지만, 바르셀로나의 전 재무 부사장 페란 소리아노Ferran Soriano를 데려올 수 있었다. (펩 과르디올라는 2016년에 맨시티의 감독이 되었다.) 소리아노가 바르셀로나에서 일한 2003년부터 2008년까지 바르셀로나의 매출은 1억 2300만 유로(약 1985억 원)에서 3억 800만 유로로 증가했으며, 7300만 유로의 손실은 8800만 유로의 이익으로 전환되었다. 2008년에 소리아노와 7명의 바르셀로나 이사진은 당시 회장인 주안 라포르타Joan Laporta와의 의견 차이로 사임했다.

맨시티로서는 손익 균형을 달성하고 CEO직을 수행할 경험 있는 인물이 필요했다. 당시 셰이크 만수르는 맨시티를 인수한 이후 4년 동안 선수 30명을 영입하는 데 약 7억 8500만 달러(약 1조 786억 원)를 쏟아 부었으며, 2010~11시즌에 당시로서는 축구 역사상 최대 금액인 1억 9700만 파운드

(약 3684억 원)의 손실을 기록하고 있었다.

소리아노는 그의 저서 『우연히 들어가는 공은 없다Goal: The Ball Doesn't Go In by Chance』(2011)에서 맨시티가 축구계에 일으키는 변화에 관해 이렇게 언급했다. "그들(맨시티)은 금액이 얼마가 됐든 최고의 선수들을 모조리 사들일 태세였습니다. 축구계에 인플레이션을 불러왔던 거죠."

2011~12시즌, 맨시티는 승점 89점으로 동률을 이룬 맨유를 골득실에서 따돌리고 프리미어 리그 첫 우승을 차지했다. 2011~12시즌 동안 맨시티는 1억 파운드(약 1870억 원)에 달하는 손실을 입었지만, '그들만의 리그'로 보였던 프리미어 리그에서 아스널(3회), 첼시(3회), 맨유(12회)라는 쟁쟁한 역대 우승팀들을 꺾고 프리미어 리그 20년 역사상 다섯 번째로 우승 클럽에 이름을 올렸다.[247] (나머지 한 팀은 1993~1994시즌의 블랙번 로버스Blackburn Rovers FC다.) 맨시티는 2019년에야 처음으로 프리미어 리그에서 우승한 리버풀보다 먼저 우승컵을 들어 올렸던 것이다.

사커노믹스: 프리미어 리그 최고의 클럽조차 손실을 본다!

페란 소리아노는 저서 『우연히 들어가는 공은 없다』를 펴내기 전에 『사커노믹스』(2009)를 읽었다. 『사커노믹스』의 저자는 「파이낸셜타임스Financial Times」의 칼럼니스트 사이먼 쿠퍼Simon Kuper와 미시간 대학교에서 경제학을 가르치다 현재는 스포츠 경영학 교수로 재직 중인 스테판 지만스키인데, 이들은 급여 지출 총액과 리그 포인트 총점 간에 높은 상관관계가 있다는 주장을 펼쳤다.[248] 쿠퍼와 지만스키는 대부분의 축구 클럽이 돈을 잃는다는 사실도 지적했다. 저자들의 주장에 따르면, 클럽이 우승하면 당연히 이익도 따라오리라는 축구 클럽 구매자들의 생각은 오판이다.

저자들은 프리미어 리그를 분석한 결과 리그 최고의 클럽조차도 이익을 거의 창출하지 못한다는 사실을 발견했다. 또 이 업계가 전반적으로 얼마나 수익성이 떨어지는지 자세히 설명했다. 게다가 경기장에서의 승리와 수익 창출 사이에는 거의 아무런 상관관계가 없다는 점도 보여주었다. 하지만 쿠퍼와 지만스키는 클럽 대부분이 이익에 딱히 신경 쓰지 않는다는 사실 역시 발견했다. 클럽들은 경기에서 승리하기 위해 필요하다고 믿는 만큼 지출을 계속했다. 심지어 그들이 가진 돈이나 벌어들일 수 있는 돈보다 더 많은 돈을 선수들에게 지급했으며, 이 때문에 팀은 돈을 빌리곤 했고, 대부분 아슬아슬한 지경까지 부채를 짊어지고 있었다. 클럽 소유주들은 종종(항상은 아니지만) 부채나 손실과는 무관하게 클럽 가치가 상승함에 따라 늘어난 방송 중계권료 덕분에 구제받곤 했다.

UEFA는 소유주의 자멸 행위를 막고 클럽의 손실 문제를 해결하고자 했다. 2009년에 UEFA는 축구 클럽이 성공을 추구하는 과정에서 벌어들이는 것보다 더 많이 지출하지 못하도록 하는 규정을 마련했는데, 이를 재정적 페어플레이라고 한다. 이 규정은 설정된 예산 틀 내에서 여러 시즌에 걸쳐 초과 지출을 하는 클럽에 대해 제재 또는 벌금을 부과하거나 선수 이적을 금지하고 있다. 이 규정은 2011~12시즌이 시작되면서 시행되었다. 초기에는 매 심사 기간마다 클럽이 벌어들이는 금액보다 최대 500만 유로(약 80억 원)를 초과 지출할 수 있었지만, 이 심사 기간에 클럽 소유주가 감당할 수만 있다면 세 시즌에 걸쳐 총 4500만 유로까지 손실이 허용되었다. 2015~16시즌부터 다시 세 시즌 동안 심사 기간을 가졌으며, 이때는 적자 한도가 3000만 유로로 낮아졌다. 다음 심사에는 한도가 더 낮아진다.

FFP가 자주 받는 비판은 이미 높은 수익을 올리고 있고 상위권을 차지하고 있는 클럽은 이 규정 덕분에 그 위치가 더욱 견고해진다는 점이다. 어떤 클럽이 더 많은 돈을 쓰고 싶어도 기존 상위 클럽의 수익을 따라잡기 전에는 그 클럽과 동등한 수준으로 지출 규모를 늘리기가 어렵다. FFP의 이러한 특성으로 인해 축구가 더 예측하기 쉬워지고 덜 흥미로워진다는 비판을 받고 있다. 또 당시에 FFP가 제대로 지켜지고 있는지 감독하기가 몹시 어렵다는 점도 비판 대상 중 하나였다. 「가디언」의 보도에 따르면 UEFA는 PSG와 맨시티에게 FFP 규칙에 대해 '편법'을 쓸 수 없을 것이라고 경고했다고 한다.[249] FFP가 발효되었을 당시에도 이미 클럽들이 제재를 회피하기 위해 사용하는, 미심쩍은 스폰서십 관행에 연루되어 있다는 언론 보도가 나왔다. 더 이상 손실을 보전할 수 없는 상태에서, 높아져만 가는 선수들의 급여를 지급하고 FFP 규정도 준수하면서 소유주가 클럽의 수익을 늘리려 한다면, 이는 결국 팬들이 티켓이나 유니폼 구매 시에 그리고 TV 구독료를 지불하기 위해 전보다 많은 돈을 지불해야 하는 부담으로 전가된다는 점 역시 비판을 받았다.[250]

　2011년 맨시티는 에티하드항공과 10년간 4억 파운드(약 7480억 원) 규모의 새로운 스폰서십 계약을 체결했다. (에티하드항공은 아부다비 왕실 가문 소유였다가 나중에 아부다비국영국부펀드Abu Dhabi Developmental Holding Company, ADQ 소유로 바뀌었다.) 맨시티는 "세계 축구 역사상 가장 중요한 계약 중 하나"라고 자평했다. 실제로 스포츠 역사상 최대 규모의 계약이었다. 이 10년 기간의 계약에는 맨시티의 경기장 이름을 에티하드 스타디움으로 바꾸는 경기장 명명권이 포함되어 있었는데, JP모건체이스가 3억 달러(약 4122억 원)를 들여 2010년 매디슨 스퀘어 가든과 맺은 10년간의 마케팅 파트너 계약의 2배가 넘는 금액이었다. 전용 구장도 없는 맨시티이기에 계약은 더욱 화제가 됐다.

맨시티가 맺은 계약을 다른 잉글랜드 클럽과 비교해서 살펴보자. 아스널은 2004년에 에미레이트항공과 15년간 9000만 파운드(약 1683억 원)에 달하는 계약을 체결했다. 유니폼 스폰서십 계약 금액은 4800만 파운드가량이었으며, 경기장 명명권은 연간 280만 파운드에 지나지 않았다. 당시 첼시와 토트넘은 연간 1000만에서 1500만 파운드 범위에서 계약을 성사시키기 위해 시장 반응을 살폈지만, 아무도 진지한 관심을 보이지 않았다. 아스널서포터스트러스트Arsenal's Supporters' Trust, AST의 대변인은 이렇게 말했다. "맨체스터 시티가 맺은 계약을 들은 순간 귀를 의심할 수밖에 없었죠. 말도 되지 않는 숫자였어요."

FFP 규정 우회 여부에 대한 조사 이후, 2014년 UEFA는 맨시티에 6000만 유로(약 968억 원)의 벌금을 부과하고 유러피언 스쿼드 편성과 신규 이적에 제재를 가했다. 이는 재정 손실을 줄이기 위해 특정 스폰서십 수익의 가치를 부풀리는 등 FFP 규정을 위반한 데 따른 조치였다. 맨시티는 규정 위반 조사 과정과 결론에 전적으로 동의하지는 않았지만, 얼마 지나지 않아 못마땅해하면서도 2000만 유로로 감액된 벌금을 받아들였다.

2018년에 독일의 시사주간지 「데어슈피겔Der Spiegel」은 내부 고발자 플랫폼인 풋볼리크스Football Leaks에 게시된 문서를 인용해, 맨시티의 소유주인 ADUG가 2014년에 마무리된 조사에서 FFP 규정을 회피하기 위해 스폰서십 수익을 부풀려 UEFA를 의도적으로 속였다고 보도했다. 문제가 된 스폰서십 계약은 맨시티의 유니폼 및 경기장 스폰서인 에티하드항공과 아부다비에 본사를 둔 통신회사 에티살랏과 맺은 계약이었다. 이 보도에는 에티하드항공이 6750만 파운드(약 1262억 원) 스폰서십 계약 중 겨우 800만 파운드만 지불하고, 부족분은 ADUG에서 직접 지불했다는 내용이 담긴 문서도 포함되어 있었다.[251] 맨시티와 ADUG는 이 보도가 사실이 아니라며 단호하게 부인하고 나섰다.

「데어슈피겔」은 후속 보도를 통해 맨시티의 소유주들이 클럽에 대한 직접 투자금을 후원금으로 위장하여 FFP 규정을 우회한 것으로 보인다는 의혹을 연이어 제기했다. 문제의 자금을 아부다비에 있는 회사로 보낸 뒤, 여기서 다시 클럽으로 송금한 것처럼 보인다는 혐의가 드러났다. 이 시스템을 통해 클럽은 소유주의 직접 투자 금액은 낮게, 마케팅 수익 총액은 높게 산정할 수 있었는데, 이는 FFP를 정면으로 위반한 행위였다. FFP 규정은 클럽이 수입을 초과하는 비용을 지출하여 재정적 어려움에 빠지거나 경기장 내 경쟁이 왜곡되는 것을 방지하기 위해 마련되었기 때문이다. 맨시티와 ADUG는 이에 대해서도 단호하게 절대로 사실이 아니라고 부인했다.

그 결과, UEFA는 2019년에 한 번 더 공식 조사에 착수했고, 맨시티가 2012년부터 2016년까지 UEFA에 제출한 회계 및 손익분기 보고에서 고의로 스폰서십 수익을 부풀린 사실을 발견했다고 2020년 2월에 발표했다. 또한 이 발표에서 UEFA는 맨시티가 조사에 협조하지 않았다고 언급했는데, 이 역시 FFP 규정을 위배하는 행위였다. 맨시티와 ADUG는 역시나 단호하게 절대 사실이 아니라고 부인하였다.

맨시티는 2020~21 시즌과 2021~22시즌까지 두 시즌 동안 UEFA 클럽 대항전 참가가 금지되었고 3000만 유로(약 484억 원)의 벌금을 납부하라는 처벌을 받았다. 조사 책임자는 이브 르테름Yves Leterme 전 벨기에 총리였다.[252] (그는 2008년 3월부터 2008년 12월까지 총리로 재직했다.)

맨시티는 처벌에 불복해 스포츠중재재판소Court of Arbitration for Sport Tribunal arbitral du sport, CAS에 항소했다. 2020년 7월 CAS는 맨시티가 자본 투자금을 후원금으로 위장하지는 않았지만, UEFA 조사에 협조하지 않은 것은 사실이라고 판단했다. CAS는 맨시티의 UEFA 클럽 대회 참가 금지를 철회하고 벌금을 1000만 유로(약 161억 원)로 감액했다.

CAS는 맨시티가 규정을 위반했다는 사실에 대한 입증 책임은 UEFA가 부담하며, 또한 유출된 문서에 담긴 상황이 사실일 뿐만 아니라 문서에 등장하는 합의가 실제로 일어났던 일임을 입증하는 것도 UEFA 책임이라고 설명했다. CAS는 에티하드항공이 맨시티에 지급한 자금이 실제로 ADUG의 자금이라는 증거가 불충분하다고 결론 내렸다. 또 FFP 규정에 따르면 모든 위반에 대한 기소에는 5년이라는 시간적 제약(공소시효)이 존재한다. CAS는 맨시티가 2012년 5월과 2013년 5월에 종료된 회계연도에 제출한 재무제표 관련 위반 혐의는 모두 시효가 지났다고 판단했으며, 2013~2014년 심사 과정 중 제출한 손익분기점에 대한 자료 관련 혐의 역시 시효가 지났다고 결론지었다. 그러나 CAS는 조사 과정 전반에 걸쳐 맨시티가 보인 비협조적인 태도는 심각한 FFP 규정 위반으로 벌금을 부과해야 한다고 판단했다.

UEFA가 제기한 몇몇 혐의는 5년의 시효가 지났다는 이유로 기각된 것이어서 이러한 결정이 맨시티의 결백을 증명했다는 의미는 아니었다. 이번 판결이 UEFA와 FFP의 신뢰성과 실효성을 훼손했다는 점, 소유주의 재력을 고려할 때 부과된 벌금이 충분치 않아 향후 억제책이 되지 못하리라는 점, 그리고 특히 UEFA가 입증 책임을 부담한다는 결정이 내려지면서 앞으로 클럽이 비협조적인 태도로 나와도 비교적 소액의 벌금만 납부하면 될 것이라는 점을 지적하는 비난이 터져 나왔다.[253] 또 첫 공식 조사에서 유출된 문서를 검토하지 않았다는 점과 클럽이 정보를 쉽게 숨기거나 조작할 수도 있고 적극적으로 조사에 협조하지 않을 수 있다는 점은 FFP의 비효율성을 보여준다고 지적하는 목소리도 있었다.

아울러 이 조사로 인해 실제적인 이해충돌 또는 현재 진행 중이거나 발생할 가능성이 있는 이해충돌에 관심이 쏠렸다. 정부와 민간 축구 클럽을 엄격히 분리하는 것은 거의 불가능하게 보였으며, 이미 구분할 수 없는 지경에 다다르기도 했다. FFP 규정이 제정될 당시, 관련 당국은 정부 유관 기관 및 사모펀드, 다중 클럽 소유 모델을 망라하여 가장 강력한 스폰서 후보와 클럽의 소유주가 이토록 대규모로 밀접하게 얽혀 있을 상황을 예상하지 못했다.

새로운 소유주가 등장한 후, 지역 라이벌인 맨유와 오래도록 경쟁 구도를 형성해온 맨시티에 대한 인식이 달라졌다. 맨시티가 맨유를 앞지르기 시작했던 것이다. 리버풀의 전설 제이미 캐러거Jamie Carragher는 이렇게 평했다. "리버풀과 맨시티의 경쟁 관계는 영국 축구 역사상 (리버풀과 맨유의 경쟁 관계를 넘어) 가장 위대하고, 가장 치열하며, 가장 수준 높은 라이벌 구도를 형성했다."[254] 여러 면에서 맨시티는 챔피언스 리그 우승컵을 놓고 다투던 레알 마드리드나 바이에른 뮌헨 같은 유럽 대륙의 쟁쟁한 빅 클럽 및 리버풀이나 첼시 같은 프리미어 리그 클럽들과 대등하게 겨루는 팀이라는 인정을 받게 되었다. 반면 맨유는 2007~08시즌 이후 챔피언스 리그에서 우승하지 못했고, 이후 10년이 넘도록 챔피언스 리그 우승을 노리는 팀에게 위협조차 되지 못했다.

맨시티는 정체성마저 바뀌었다. 셰이크 만수르가 오기 전에 맨시티는 맨체스터의 노동자 계층을 대변하는 클럽이었다. 세계적인 슈퍼스타로 가득 찬 선수단을 보유한, 옆 동네 글로벌 브랜드인 맨유와 대조적으로 맨시티는 불운 속에서 고군분투했다. 하지만 오늘날 맨시티는 세계적인 슈퍼스타를 보유한 글로벌 브랜드를 넘어 단골 우승 후보로 손꼽히는 팀이 되었다. 그런데 여기에는 흥미로운 반전이 숨어 있다. 2021년 4월, 스포츠 언론사 「디애슬레틱The Athletic」에 다음과 같은 기사가 실렸다. "맨체스터 시티 팬들은 스스로를 아웃사이더라고 여긴다. 이는 클럽도 어느 정도 인정한 부분이었다. 지난 몇 년간 맨시티가 UEFA 및 재정적 페어플레이 규정과 벌이던 다툼이 절정으로 치달으면서 문제가 무엇인지 분명해졌다. 즉 세계 축구의 정상에 서 있는 엘리트 클럽들이 자신의 지위를 필사적으로 지키기 위해 조작해낸 결과물이 FFP고, 맨시티나 파리 생제르맹처럼 오래된 패권을 깨뜨릴 만한 지원과 자금을 갖춘 클럽들은 그 규정의 대상에 포함되지 않는다."[255] 맨시티 는 이제는 세계적인 강호지만, 오랜 우승의 역사와 전통을 지닌 기존의 클럽 들과는 달리 '아웃사이더'를 상징한다.

소리아노는 자신의 책에서 "우리(바르셀로나)는 축구 산업에서, 글로벌 브 랜드로서 엔터테인먼트를 제공하는 클럽과 지역 시장에만 머무르는 여타 클 럽 사이에 놀라운 격차가 있다는 결론에 도달했다."라고 언급했다. 상업적 스 폰서십 기회와 수익은 맨시티를 글로벌 브랜드로 거듭나게 했는데, 소리아 노가 책에서 말한 것처럼 이는 동시에 선수 이적료와 연봉의 인플레이션을 초래했다. 하지만 소리아노를 비롯한 맨시티 임원진은 맨시티가 일조했던 인플레이션에 대처할 수 있는 훌륭한 전략 역시 마련했다. 바로 MCO 모델 이었다. MCO 모델은 이적료 절감에 도움을 주면서 클럽의 재정적 측면과 상업적 측면에서 시너지 효과를 일으키는 것이었다.

둘 이상의 클럽을 소유할 때 얻을 수 있는 이점

1998년, UEFA는 UEFA 클럽 대항전의 공정성과 관련된 규정을 시행했다. 핵심 조항은 동일한 기관이나 개인이 둘 이상의 클럽에 직접적으로나 간접적으로 '결정적인 영향력'을 행사할 수 없다는 것이었다.[256] 이 규정의 목적은 같은 대회에서 클럽 간의 이해충돌을 예방하고 금지하고자 함이었다.

2000년, 6개 유럽 축구 클럽의 지분을 보유한 투자 회사 ENIC 그룹은 이 규정이 유럽 클럽에 대한 투자를 저해하고 제한하여 경쟁을 왜곡한다고 주장하며, 유럽연합집행위원회European Commission에 소를 제기했다. 그러나 위원회는 대회의 공정성을 확보해야 할 필요성에 따라 해당 규정이 합당하다며 ENIC의 주장을 기각했다.

UEFA 규정이 처음 시행된 후, 스포츠중재재판소는 다른 클럽의 지분을 50.1퍼센트 이상 소유할 경우 UEFA 규정을 위반할 소지가 있다고 판단했다. 하지만 나라별로 협회의 클럽 소유권 관련 규정에는 상당한 차이가 있었다. 예를 들어 프리미어 리그 규정에서는 30퍼센트 이상의 클럽 지분 소유를 지배권으로 정의한다. (따라서 프리미어 리그 클럽 지분을 30퍼센트 이상 보유하면 리그 내의 다른 클럽을 소유할 수 없다.) 그러나 UEFA 규정에 따르면 한 클럽의 지분을 100퍼센트 소유하더라도 같은 대회에 참가하는 다른 클럽의 지분 49.9퍼센트를 소유하는 것이 가능하다.

2016~17시즌이 끝날 무렵, 레드불 라이프치히(독일 분데스리가)와 FC 레드불 잘츠부르크(오스트리아 분데스리가)는 각자의 리그에서 거둔 성적을 바탕으로 2017~18시즌 UEFA 챔피언스 리그 출전 자격을 획득했다. 두 클럽 모두 궁극적으로 레드불에게 어떤 식으로든 자금 지원을 받거나 제휴 관계

를 맺고 있었기 때문에, UEFA의 공동 소유를 금지하는 규정에 따라 두 클럽 모두 UEFA 챔피언스 리그 출전을 금지당할 것인지가 초미의 관심사로 떠올랐다. UEFA는 2017년 6월에 다음과 같은 성명을 발표했다.

> 철저한 검토 이후에 (기업 문제, 자금조달, 인사, 스폰서십 계약 등) 클럽의 지배구조 및 구조적 변화에 관한 몇 가지 중요한 지점들을 조사한 결과 … (UEFA는) 어떤 개인이나 법인도 UEFA 클럽 대회에 참가하는 하나 이상의 클럽을 대상으로 결정적인 영향력을 행사하지 않았다고 판단했습니다. … (따라서 UEFA는) 대회 규정 제5조(대회의 공정성)를 위반하지 않았다고 판단하여, FC 잘츠부르크와 RB 라이프치히의 2017~18 UEFA 챔피언스 리그 참가를 허가하기로 결정했습니다.

이 중요한 결정은 MCO 모델에 날개를 달아주었다.

이 결정 이후 축구계에서 MCO 모델이 크게 증가했으며, 그 추세는 멈출 기미를 보이지 않고 있다. 국제적인 전문 서비스 기업인 딜로이트의 조사에 따르면, 2022년 시점에 70개 이상의 MCO가 존재하는 것으로 추산되며 이는 5년 전의 28개와 비교하면 2배가 넘는 수치다.

프리미어 리그에서는 리그 내 9개 클럽(아스널, 브렌트포드Brentford FC, 브라이턴, 크리스탈 팰리스, 레스터 시티, 맨시티, 노팅엄 포레스트Nottingham Forest FC, 사우샘프턴Southampton FC, 웨스트햄West Ham United FC)이 MCO 모델을 채택하고 있을 만큼 이 관행이 눈에 띄게 보편화되었다. 차상위 리그인 챔피언십에는 6개 클럽(카디프Cardiff City FC, 퀸즈 파크 레인저스, 셰필드 유나이티드, 선덜랜드, 스완지Swansea City AFC, 왓포드)이 MCO 형태로 운영되고 있다. 라리가, 세리에 A, 리그 1의 경우 총 20개 클럽이 MCO 모델 클럽이다.

정부 유관 기관, 사모펀드, 레드불 및 기타 여러 단체는 축구뿐만 아니라 여러 스포츠에서 MCO 모델을 활용하고 있는데, 그 이점을 살펴보자.

지적 재산(IP) / 노하우. 스포츠팀의 수가 많지 않기 때문에 경기장 안(건강, 경기력, 데이터 분석)과 경기장 밖(스폰서십, 가격 책정, 경기장 경험, 엔터테인먼트)에서 스포츠 비즈니스를 운영하는 방법에 대한 지식은 핵심 자산이 된다. 규제 전반에 대한 경험을 쌓고 리그에서 다양한 상황을 접함에 따라 조직의 전반적인 통찰력을 향상할 수 있으며, 집단적인 지식과 모범 사례를 폭넓게 공유할 수 있다.

규모. 고정 비용 자원(마케팅, 스카우트, 기술)을 여러 클럽과 더 나은 수익 기반에 투입하고 전환할 수 있는 능력 또는 팬층을 확대하기 위해 여러 클럽을 공동 브랜딩하거나 스폰서에게 패키지로 교차 판매할 수 있는 능력을 확보할 수 있다. 이 능력을 활용해 상업적 가치가 높은 팬 데이터를 더 많이 획득할 수 있고, 글로벌 스폰서십을 구축하고 서비스를 제공하기 위해 더 많은 영업 인력을 더 많은 시장에 배치하여 공략할 수 있는 시장의 크기를 늘릴 수 있다. 또 전문 지식 확보에 드는 비용을 대규모 포트폴리오에 분산할 수 있으며, 새로운 기술이나 실험을 도입할 수 있는 클럽이 많아지면서 실험적인 시도에 대한 지원을 늘릴 수도 있다.

위험 분산. 수익의 출처를 다각화하면 리그에서 발생하는 예기치 못한 충격과 경기장에서의 성패에 따른 재무 변동성의 영향을 줄일 수 있다. 아울러 조직과 운영의 안정성도 높일 수 있다. 특히 축구의 경우,

다각화 덕분에 선수를 포함한 자원을 이동시킬 수 있으므로 강등에서 비롯된 재정적 손실을 완화할 수 있다.

축구의 경우, 스카우트 개선. 글로벌 스카우트 네트워크를 통해 클럽은 유소년 아카데미에 더 많은 선수를 확보할 수 있다. 또 선수에 대한 데이터를 더 많이 활용할 수 있고 세계 각지에 있는 선수의 정보까지 얻을 수 있다. 축구계에서는 어린 선수를 발굴하여 이적료를 절감하는 것이 점점 더 중요해지고 있다.

축구의 경우, 선수 이동 경로 개선. 클럽은 같은 소유 구조 아래에 있는 각기 다른 아카데미와 클럽에서 선수를 육성하여 이동시킬 수 있으므로 이적료를 절약할 수 있다. 서로 제휴를 맺은 클럽에 소속된 선수들은 특정 스타일을 배우고 문화를 이해하게 되며, (연봉이 다소 낮더라도) 계속해서 잔류할 가능성이 커진다. 클럽은 젊은 스타 선수를 인내심을 가지고 지켜보며, (선수를 임대로 보내 선수의 성장에 대한 통제권을 상실하는 대신) 시스템 안에서 충분한 출전 시간을 보장하는 것이 가능해진다. 재능 있는 선수를 오래 보유할수록 가치 창출은 극대화된다. 또 스카우트와 함께 우수 선수의 발굴, 육성, 매각은 축구 클럽의 수익과 현금 흐름에 점점 더 중요해지고 있다.

축구의 경우, 더 많은 권한. 소유 클럽 수가 늘어나면 권한과 영향력을 확대할 수 있다. 간단한 공식이다.

다중 클럽 소유는 상당한 시너지 효과를 불러일으킬 수 있으며, 실제로 다양한 MCO가 각 실행 단계에서 이러한 시너지를 실현하고 있다. MCO 모델의 경우 대부분 브랜드와 철학 면에서 가장 상위에 있는 '스타' 클럽이 하나 있고, 거기에 딸린 다른 수많은 클럽이 이와 관련을 맺고 있거나 협력한다. 스타 클럽은 경기장 안(건강, 경기력, 데이터 분석)과 경기장 밖(스폰서십, 가격 책정, 경기장 경험, 엔터테인먼트)에서 스포츠 비즈니스를 운영하는 방법에 대한 체계적인 지식을 갖추고 있다. 스포츠팀 자체가 별로 없을 뿐만 아니라 프로 스포츠 팀은 더더욱 드물어서 이러한 시스템은 더욱 가치가 높다. 예를 들어 글레이저 가문은 맨유를 인수하면서 NFL 및 탬파 베이 버커니어스Tampa Bay Buccaneers 운영을 통해 경험했던 새로운 미국식 프로 스포츠 경영 아이디어 가운데 특히 마케팅, 스폰서십, 경기장 경험에 대한 아이디어를 맨유 운영에 접목했다. 그 덕분에 맨유의 수익이 증가할 수 있었다.

2022년 맨시티의 지주 그룹은 맨시티(영국), NYCFC(미국), 멜버른 Melbourne City FC(호주), 요코하마 F. 마리노스Yokohama F. Marinos(일본), 몬테비데오 시티 토르케Montevideo City Torque(우루과이), 쓰촨 주뉴Sichuan Jiuniu FC(중국), 뭄바이 시티 FCMumbai City FC(인도), 롬멜 SKLommel SK(벨기에), ES 트루아 ACES Troyes AC(프랑스), 클루브 볼리비아 클럽Club Bolivia Club(볼리비아), 팔레르모Palermo FC(이탈리아), 지로나 FC(스페인), 바이아EC Bahia(브라질) 등으로, 이들은 전 세계 13개 축구 클럽의 절대적 지분 또는 소수 지분을 소유하고 있다. 이들 클럽은 네트워크를 구축해서 선수 스카우트 및 육성뿐만 아니라 상업적 입지와 팬 참여를 발전시키고 확장할 수 있는 능력을 보유하고 있다. 또 전 세계 어느 단체보다 더 많은 계약 관련 데이터 그리고 축구 선수 및 팬 관련 데이터를 관리하고 있다. 이 모든 것을 한데 모아 모두가 유용하게 활용할 수 있다는 데 이 시스템의 가치가 있다. 축구 클럽을 다수 보유한 투자자와 투자 그룹들이 있지만, 이 정도 규모를 갖춘 곳은 찾아볼 수 없다.

클럽을 많이 소유할수록 고정 비용 자원(마케팅, 스카우트, 기술)을 더 많은 클럽에 사용하거나 전환할 수 있다. MCO 모델은 수익 기반을 확대할 수 있으며, 더 많은 팬에게 다가갈 수 있게끔 스폰서에 대한 공동 브랜딩 또는 교차 판매를 가능하게 한다.

MCO 모델은 선수 육성과도 밀접한 관련이 있다. 맨시티와 다른 여러 클럽을 거느린 지주 회사인 CFG는 볼 점유율, 지속적인 압박, 짧은 패스, 후방에서의 빌드업처럼 과르디올라 감독이 맨시티에서 일관되게 적용했던 플레이 방식을 확립해 각 클럽에 적용했다. 이러한 일관성 덕분에 선수들은 CFG 소유 클럽들 사이를 쉽게 이동할 수 있다. 이는 결과적으로 각 선수에 따른 발전 목표를 설정하여 구단 사이의 이동 경로를 개선하고 플레이 스타일의 브랜드화를 뒷받침한다. 해당 플레이 스타일에 매력을 느끼는 팬이라면 같은 CFG 그룹에 소속된 다른 클럽의 플레이에도 매력을 느끼고 팬이 될 수 있다. 소유 그룹의 규모가 커짐에 따라 글로벌 마케팅 부서 또는 글로벌 스카우트 네트워크에 드는 비용도 분산할 수 있다. MCO 클럽은 선수들에 대해 경기 활약 상태 외에 많은 데이터를 보유하고 있으며, 이를 다른 소속 클럽과 공유할 수 있다. MCO 모델의 가장 큰 이점은 클럽이 선수의 성장을 추적할 수 있고 대형 축구 클럽이 가장 부담스러워하는 비용인 이적료를 절약할 수 있다는 것이다.

MCO의 사례 하나를 살펴보자. 1987년 오스트리아에서 설립된 회사 레드불은 전 세계에서 가장 유명한 에너지드링크 브랜드로 알려져 있다. 하지만 회사의 공동 창립자인 오스트리아 기업가 디트리히 마테쉬츠_{Dietrich Mateschitz}와 태국인 사업가 찰레오 유위디아_{Chaleo Yoovidhya}는 에너지드링크를 넘어 사업 범위의 확장을 열망했다.

2005년, 레드불은 마테쉬츠의 고향인 오스트리아의 축구 클럽 SV 아우스트리아 잘츠부르크SV Austria Salzburg를 인수했다. 그 뒤 클럽 이름을 FC 레드불 잘츠부르크로 바꾸었다. 이후 수년에 걸쳐 서로 다른 나라의 여러 클럽들을 인수한 다음, 공동 소유 모델을 확립하고 일관된 원칙 및 비즈니스 관행을 구축해 글로벌 네트워크를 형성했다. 현재 레드불은 통틀어 6개 축구 클럽(FC 레드불 잘츠부르크, RB 라이프치히, 뉴욕 레드불스NY Red Bulls, 레드불 브라간치누Red Bull Bragantino, FC 리퍼링FC Liefering, 레드불 가나Red Bull Ghana[257])와 11개 스포츠 분야(포뮬러 1Formula 1™, 랠리크로스, 아이스하키, 스케이트보드, 서핑 등)에 걸쳐 총 15개 이상의 스포츠 팀에 투자하고 있다.[258]

레드불 프랜차이즈라는 다중 클럽 소유 모델에 속한 각 팀은 국내 리그에서는 승리를 위해 경쟁을 벌이지만, 피더 클럽으로서 파트너 역할을 하는 다른 레드불 클럽들과 긴밀하게 얽혀 있다. 이 네트워크의 정점인 RB 라이프치히는 페어런트 클럽으로서, 피더 클럽들에서 성장한 유망 선수들의 최종 기착지 역할을 한다. 미국 MLSMajor League Soccer의 뉴욕 레드불스나 브라질의 레드불 브라간치누 같은 피더 클럽이 인재를 발굴하고 육성한 다음, 유럽으로 이적시켜 높은 수익을 얻고 판매하는 경우가 일반적이다.

이 모델의 성공 여부는 현명한 전략 계획과 클럽 간의 긴밀한 시너지에 달려 있다. 이를 위해 인력 관리, 재무, 마케팅, 정보 등 많은 업무가 중앙 집중화되어 있다.

라이프치히와 오스트리아 RB 잘츠부르크 사례에서 볼 수 있듯이, 레드불의 MCO 모델은 전 유럽에서 가장 훌륭히 구현된 주목할 만한 다중 클럽 소유 모델이다.[259] 레드불은 소비자 브랜드로서 자신들이 소유한 축구 클럽에 공통적으로 에너지드링크 로고를 부착하는데, CFG는 레드불과 달리 소비자 브랜드가 아닌 지주 회사다. CFG는 클럽 간의 연결 고리도 눈에 잘 띄지 않는다. CFG는 뉴욕, 멜버른, 뭄바이처럼 역사가 짧은 클럽을 인수할 때는 맨시티의 하늘색 배색을 채택한다. 이미 자기 색이 뚜렷한 클럽이라면 그 클럽의 기존 브랜드를 그대로 유지한다.

선수의 영입, 육성, 매각은 MCO 모델의 여러 장점 중 하나일 뿐이다. 예를 들어 레드불은 브라질에 소유한 클럽을 통해 가장 장래성 있는 선수들에 관한 심층적인 데이터를 얻을 수 있다. 또한 브라질 국내의 축구 인프라에 깊숙이 접근할 수 있으며, 시장 상황에 대한 이해도를 높일 수 있다. 무엇보다도 레드불이 원하는 선수가 있으면, 선수에게 위험을 감수하고 유럽으로 가기 전에 고향에서 기량을 연마해 충분히 성장할 수 있는 기회를 주겠다는 매력적인 제안을 내놓기가 쉽다.

레드불이 하는 일은 본질적으로 유망주를 위한 공급망 구축이다. 브라질 출신 선수 이고르 줄리우Igor Julio는 브라질의 레드불 유소년 아카데미에 입단했다. U-20 팀에서 인상적인 활약을 펼친 줄리우는 2016년에 레드불이 소유한 오스트리아 2부 리그 클럽이자 RB 잘츠부르크의 피더 클럽인 FC 리퍼링으로 이적했다. 이후 RB 잘츠부르크로 올라갔고, 2019년에는 이탈리아의 스팔S.P.A.L.에 300만 유로(약 48억 원)의 금액으로 매각되었다.

이고르의 실력 향상과 이적으로 레드불은 단 몇 년 만에 300만 유로를 벌어들이며 이득을 보았다. 야구에 비유하자면, 이고르의 이적은 언젠가 터질 홈런을 예고하는 안타였다. 2018년에 기니 출신 선수 나비 케이타Naby Keïta가 6000만 유로(약 968억 원)에 RB 라이프치히에서 리버풀로 이적한 사례는 MCO 모델이 가진 잠재적인 '홈런' 파워를 잘 보여준다. 앞서 2016년에 RB 잘츠부르크는 케이타를 2975만 유로에 RB 라이프치히에 매각했다. RB 잘츠부르크는 라이프치히보다 수완이 더 좋았다. 잘츠부르크는 2년 전 프랑스 3부 리그 팀인 이스트르Istre FC에서 케이타를 150만 유로에 데려왔다.

MCO 모델이 긍정적인 평가만 받는 것은 아니다. 서포터스다이렉트유럽**Supporters Direct Europe**의 최고경영자인 안토니아 하게만**Antonia Hagemann**은 이렇게 말했다. "MCO 모델은 페어런트 클럽과 피더 클럽이라는 서로 다른 계층의 클럽을 만들어냅니다. 페어런트 클럽의 팬이라면 이적이 횡재겠지만, 피더 클럽의 팬이라면 날벼락이겠죠. 또 동일한 소유 구조에 있는 클럽 간의 이적만 가능하기 때문에 우리가 기존에 알고 있던 이적의 개념은 종말을 고할지도 모릅니다. 선수는 피더 클럽에서 시작해서 페어런트 클럽으로 올라갈 수 있지만, 이는 불평등을 조장하고 시장의 경쟁력을 해칩니다. 같은 MCO 내의 클럽이 자기들끼리 거래하면서 선수를 주고받는다면, 더 저렴한 비용으로 경쟁 우위를 점할 테니까요."[260][261]

일부 MCO는 자원을 공동으로 관리하고 플레이 스타일을 통일하는 방식으로 그룹 차원의 철학을 강제하려는 태도를 분명히 하고 있으며, 이러한 네트워크 내에서 선수는 소규모 클럽에서 규모 있는 클럽으로 손쉽게 소속이 바뀔 수 있다. 국제축구선수협회**FIFPRO**는 선수의 의사에 반해 MCO 내 다른 클럽으로 이적하도록 강요하는 계약 조항은 '월권'이라고 주장하지만, 이러한 유형의 그룹 내 거래가 소유주에게 이익이 됨은 분명하다.[262]

동일한 MCO 내 클럽 간 선수 이동은 이적 수수료가 그룹 내부에 고스란히 남는다는 말과 같다. 하지만 같은 그룹 소속 클럽끼리 이적료를 합의하면 어떤 클럽 하나에 비용을 몰아주어 세금 납부액을 축소하거나 FFP 규정을 회피하는 식으로 조작이 이루어질 가능성이 있다는 비판이 제기되고 있다. 또 중국에는 클럽 하나만 소유하는 방식보다는, 많은 클럽을 거느림으로써 더 막강한 권한과 영향력을 발휘하는 소수의 MCO 모델만 축구 생태계 내에 남게 될 것이다.

이에 대비해 규제 기관은 MCO의 의도와 영향을 살피며 연구하고 있다.

축구계의 실존적 위협이 된 맨시티

다음은 로빈슨과 클레그의 저서 『축구의 제국, 프리미어 리그』의 일부다.

하지만 (프리미어) 리그의 거의 모든 관계자들이 동의하는 한 가지 주제가 있었다. … 맨체스터 시티가 잉글랜드 축구에 실존적 위협을 가하고 있다는 점이다. … 맨시티가 지출하는 천문학적 액수의 돈 때문이 아니고 … 축구 경기장에서의 승리를 돈으로 사려는 사람들 때문이었다. … 프리미어 리그는 이들을 두 팔 벌려 환영했고, 그들의 지갑을 털었으며, 콧노래를 부르며 계속 앞으로 나아갔다. 그러나 맨체스터 시티의 이러한 두 가지 요소를 결합한 방식이 이번에는 무언가 다르고 더 위험해 보였는데 … 맨시티는 단순히 리그의 다른 팀들보다 돈을 '더 많이' 쓰는 정도가 아니라 '앞뒤 가리지 않고' 써대는 수준이라는 것이다. … 역사상 가장 비싼 선수들로 채워진 스쿼드 … 전 세계에서 가장 뛰어난 감독 … 그리고 최고 수준의 10대 유망주들로 가득 찬 유소년 아카데미. 이 모든 문제는 과연 언제 끝이 날까?

영국의 축구 관계자들은 다른 관점의 질문을 던졌다. 이 모든 문제는 과연 언제부터 모습을 드러내기 시작한 것일까?

경기장에서 뛰는 팀이나 은행에 있는 돈이 문제가 아니었다. 문제는 바로 비전이었다. 한계를 모르는 야심, 레이저 같은 집중력, 그리고 이를 실행하기 위해 전 세계에서 동원 가능한 자금. 그 어떤 팀도 이렇게 완벽한 위협을 가한 적이 없었다.

이제 프리미어 리그의 우월성은 무너져 내릴 위기에 처했다. 최고의 제국을 건설하겠다는 전 지구적인 웅대한 야망을 가진 사람들이 아부다비 같은 곳에서 왔다는 사실이 드러났기 때문이다. 이들은 경쟁의 균형이나 리그의 건전성, 기존에 행해지던 운영 방식과 같은 사소한 부분에는 관심이 없었다.

그들의 관심사는 오직 기념비를 세우는 것뿐이었다.

2022년 11월, 맨시티는 2021~22시즌 연례 보고서에서 클럽 역사상 가장 높은 수익을 기록했다고 발표했다. 2023년 6월, 맨시티는 이스탄불에서 열린 인터 밀란과의 결승전에서 1:0으로 승리하며 사상 처음으로 UEFA 챔피언스 리그 우승을 거두었다.

부유한 새 소유주들은 돈과 유망한 선수만 있으면 우승컵이 저절로 굴러들어온다고 생각하며 맹목적으로 돈을 쓰는 게 아닌가 싶다. 아니면 지나치게 데이터 분석에만 매달리는지도 모르겠다. 하지만 맨시티는 다르다. 돈, 재능, 데이터 분석이라는 세 가지 요소를 모두 갖추고 있을 뿐만 아니라, 스타 플레이어 개인보다 우선하는 클럽의 문화와 플레이스타일을 빠르게 확립했다. 맨시티의 플레이 스타일은 바르셀로나와 비슷하게 시스템 내에서 선수들에게 명확한 역할을 부여하여 교체나 로테이션이 필요할 때 발생하기 쉬운 혼란을 최소화한다. 빡빡한 일정 속에서 휴식과 회복을 위한 로테이션은 매우 중요하다. 덕분에 맨시티(그리고 바르셀로나)는 국내 리그 시즌 38경기를 소화하면서도 유리한 고지를 점할 수 있다. 맨시티의 문화와 플레이 스타일은 같은 MCO 내 다른 클럽에도 전파된다. 또 가장 커다란 규모의 MCO 모델에 속해있기 때문에 선수와 팬의 데이터를 가장 많이 확보할 수 있다. 아울러 다양한 클럽에 여러 전략 및 기법, 기술을 테스트할 수도 있다.

이제 진짜 질문을 던져보자. 펩 과르디올라 감독이 맨시티를 떠나면 지금의 문화와 플레이 스타일은 어떻게 될까? 그 모든 것을 명문화하여 계속해서 유지할 수 있는 지지 기반을 마련했을까? 시간이 지나야 알 수 있을 것이다.

맨유와 아스널은 자신들의 문화를 만들고 구현했던 전설적인 감독들이 떠난 후 어려움을 겪었다.

맨시티는 손익분기를 달성할 수 있을까? 그룹은 2021년부터 22년 사이에 1억 3800만 파운드(약 2580억 원)의 손실을 기록했으며, 지난 10년간 손실액을 합치면 13억 파운드가 넘는다.[263] 이것이 지속 가능한 상황이며, 과연 축구에 도움이 되는 것일까?

사모펀드가 유럽 축구 클럽들을 인수하는 이유

CFG의 MCO 모델은 밀접한 관계가 있는 여타 정부 기관과 사모펀드 투자자들에게 따라야 할 미래의 청사진을 제공했다. 특히 사모펀드 및 기관 투자자들은 수익 증가(늘어나는 TV 중계권)의 혜택을 누릴 수 있는 좀처럼 찾기 힘든 '플랫폼' 자산(페어런트 클럽)을 구매하고 여기에 금융 공학 기법을 결합해서(피더 클럽 인수) 시너지 효과를 일으켜(페어런트 클럽과 피더 클럽들을 연결하는 글로벌 네트워크) 수익을 창출할 기회를 찾기 시작했다.

2019년, 미국 사모펀드 실버레이크는 맨시티의 지분 10퍼센트를 매입했고 향후 추가 투자를 통해 18퍼센트까지 비중을 늘렸다. (또 UAE 국영무바달라투자회사는 실버레이크의 지분을 소유하고 있다). 실버레이크는 기술 그리고 기술 기반 및 관련 산업 투자에 중점을 두고 있으며 델Dell과 스카이프Skype에 투자하고 있다.[264] 그뿐만 아니라 호주 프로축구 A리그의 지분 33퍼센트를 소유하고 있다. 실버레이크는 스포츠를 세계적으로 더 많은 팬들과 소통하면서 더 많은 돈을 벌어들이는 기법으로 새로운 길을 만들어낼 수 있는 디지털 미디어 매체로 본다. 맨시티 대변인은 말했다.

우리와 실버레이크는 엔터테인먼트, 스포츠, 기술의 융합을 통해, 그리고 이로써 역량을 키운 CFG의 사례에서 전 세계적으로 장기적인 성장과 새로운 수익원을 창출할 수 있는 기회가 있다고 확신합니다. … CFG의 팀들은 매년 2500경기를 치르고 있고 전 세계 12개 지역에서 2000명 이상의 직원을 고용하고 있습니다. … 각지에서 활동하는 스카우트, 컨설턴트, 광고 및 마케팅 팀원들이 대형 네트워크를 형성하며 서로 다른 팀들에게 서비스를 제공하고 있습니다. … 이렇듯 기술 활용은 직원, 파트너, 팬들과 계속 연결을 이어가는 데 도움을 줍니다. 그리고 우리는 이 모든 것을 가능하게 해줄 도구를 개발할 적절한 파트너를 찾기 위해 열심히 노력해왔습니다.

실버레이크는 고객 데이터의 중요성 역시 눈여겨보았다. 스포츠팬들은 독특하고 헌신적인 소비자다. 스포츠팬은 종종 자신이 좋아하는 브랜드를 홍보해주고 브랜드에 관해 다른 사람들과 소통하는 최적의 소비자다. 얼마나 많은 CFG 팬들이 스마트폰 앱으로 티켓이나 유니폼을 구매할지 그리고 그 안에 얼마나 많은 정보가 담겼을지 상상해보라. 어떤 이들은 연락처 정보와 입장권 및 용품 구매 내역 등 스포츠팬들의 데이터베이스야말로 가장 소중한 자산이라고 믿는다.

데이터를 손에 넣으면 목표로 삼은 팬 그룹에 따라 맞춤형 메시지 또는 광고를 보낼 수 있다. 스폰서에게 팬의 나이 성별, 주거지 등 통계 자료, 행동 양식, 선호도를 알려주고 스폰서의 브랜드, 이미지, 메시지와 얼마나 일치하는지 알려줄 수 있다. 브랜드는 소비자의 중심, 팬의 중심에 자리 잡기 위해 더 많은 자원을 투자하고 있다. 데이터 개인정보 보호 규정이 강화되고 소비자의 기대치가 높아지는 등 환경이 지속적으로 변화하고 있다는 점을 알기 때문이다. 오늘날 브랜드는 개인의 욕구를 이전보다 더 충족시키고 요구에 부응하며 도움이 되는 장기적인 관계를 소비자와 함께 구축하고 싶어 한다. 고객 데이터를 적극적으로 활용하면 스포츠 팀은 관중 증가를 통해 수익 창출 방법을 고안해내고, 팬과 고객에게 독특한 경험을 선사해 참여도와 브랜드 선호도를 끌어올리며, 스폰서십 기회의 문을 넓혀줌으로써 타 팀들과 차별화를 이룰 수 있다.

마지막으로 소유주 입장에서는 여러 클럽을 소유하면 새로운 기술이나 여러 실험을 적용할 대상이 많아진다는 이점이 있다. 2019년, 맨시티를 소유한 CFG는 게임, 디지털 헬스, 디지털 커머스, 차세대 미디어를 포함해 기술 및 디지털 스포츠 투자에 주력하는, 1억 1500만 달러(약 1580억 원) 규모의 기업 가치를 가진 신생 벤처 캐피털 펀드 사파이어스포츠Sapphire Sport의 핵심 투자자가 되었다. CFG는 벤처 캐피털이 지분을 소유한 회사들과 자신이 소유한 클럽들을 연결하여 양측 모두를 위한 가치 창출에 도움을 줄 수 있다. 개별 상황에 따라 관심이 많은 CFG 소속 클럽은 새로운 기술을 먼저 도입해 실험에 나설 수 있고, 그렇지 않은 클럽은 신기술이 다른 팀에 어떤 결과를 가져다주는지 지켜본 후 결정할 수 있다.

2022년 5월, 사모펀드가 초유의 대형 거래를 성사시켰다. LA 다저스의 지분 20퍼센트를 소유한 구단주 토드 볼리와 클리어레이크캐피털이 이끄는 컨소시엄은 최대 42억 5000만 파운드(약 7조 9475억 원)의 계약을 체결하고 첼시 구단 인수에 성공했다.[265] 순수하게 클럽 인수에는 25억 파운드를, 향후 10년간 구장 관리와 선수단 및 유소년 팀에 17억 5000만 파운드를 투자하는 계약이었다. 이 계약은 당시 스포츠 팀 인수로는 역대 최고 가격에 이루어졌으며, 향후 최소 10년 동안 구단 지분을 매각하지 않겠다는 내용을 포함하고 있다.

볼리는 첼시가 CFG와 레드불을 본보기 삼아 글로벌 MCO 모델을 채택해 선수 개발에 나서기를 희망한다고 밝혔다. 2022년 9월에 열린 컨퍼런스에서 그는 이렇게 말했다. "우리는 다중 클럽 모델 운영에 대해 이야기를 나눴습니다. … 저는 지속적으로 입지를 확장해나가고 싶습니다. 현지 클럽을 보유할 때 우리에게 이점을 주는 나라들이 있습니다. 레드불이 인수한 독일의 라이프치히는 아주 좋은 성적을 거두고 있습니다. 오스트리아 잘츠부르크 클럽도 인수했는데, 두 팀 모두 챔피언스 리그에 출전했죠. 레드불은 다중 클럽 활용 방법을 터득한 것입니다. 맨체스터 시티도 여러 축구 클럽들을 보유하면서 대형 네트워크를 형성하고 있습니다. … 첼시의 과제라 할 수 있는 유망주들, 18세, 19세, 20세 선수들을 다른 클럽에 임대하고 그 클럽에서 우리 유망주들을 육성하도록 하면 됩니다. 우리의 어린 유망주들이 경기 출전 시간을 확보하고 경험을 쌓아서 결국 첼시 구장에서 뛸 수 있도록 확실한 길을 열어주는 것이 우리의 목표입니다. 이건 유럽에서 매우 경쟁력 있는 리그에 속한 다른 클럽의 인수를 통해서 가능합니다."[266]

MCO 모델을 추구하는 미국 사모펀드 그룹은 이들 뿐만이 아니다. 레드버드캐피털파트너스는 2020년 프랑스의 리그 1 클럽인 툴루즈를 인수한 데이어 2022년에 약 12억 유로(약 1조 9356억 원)에 이탈리아 세리에 A의 AC 밀란을 인수했다. 또한 2021년에는 펜웨이스포츠그룹의 지분 11퍼센트를 인수하여 프리미어 리그의 거물급 클럽인 리버풀의 지분을 손에 넣었다. 레드버드의 운영 책임자인 제리 카르디날레Gerry Cardinale는 MCO의 열렬한 지지자다. (참고로 제리와 나는 골드만삭스에서 함께 애널리스트 및 어소시에이트로 근무한 바 있다.) 그는 2022년 런던에서 열린 리더스비즈니스서밋Leaders Business Summit에서 다음과 같이 연설했다.

우리가 다중 팀 개념을 개척해온 데는 두 가지 이유가 있습니다. 첫째로, 우리는 다각화를 통해 위험에 신중히 대처할 수 있습니다. 하지만 그보다 더 중요한 두 번째 이유는 우리가 하는 일이 운영 및 투자 측면에서 통합되어 있기 때문에, 다중 팀 개념과 같은 활동과 인프라를 제대로 활용하려면 우리가 다루는 지적 재산 하나하나를 통합하여 관리해야 할 필요성이 있다는 점입니다. … 우리가 구성한 팀은 미국에 있든 어디에 있든, FSG나 툴루즈 그리고 이제 AC 밀란까지 모두가 같은 일을 하고 있다는 겁니다. 모두 같은 구조로 이루어져 있는 것이죠. 여기에서 시너지 효과가 발생하고, 자산 전반에 걸쳐 각각 우수한 사례들이 등장합니다. 이러한 것들을 하나로 결합할 수 있다면 각 부분의 합이 전체보다 커질 것이고, 그러면 스포츠 업계에 기존과 다른 형태의 자본이 등장하게 될 것입니다.

2023년 7월, UEFA는 레드버드 소유인 AC 밀란과 툴루즈의 유럽 토너먼트 참가를 승인했다. UEFA는 다음과 같이 입장을 밝혔다. "AC 밀란 및 툴루즈와 관련 투자자들이 중대한 변경 사항을 이행함에 따라, (UEFA는) 이들 클럽의 2023~24시즌 UEFA 클럽 대항전 참가를 승인했습니다. … 좀 더 구체적으로 언급하자면, 이행된 중대한 변경 사항이란 해당 클럽의 소유권, 지배 및 재정 구조와 관련되어 있습니다. … 상기 클럽들은 2024년 9월까지 상호 간에 선수를 영구 이적 또는 임대 이적할 수 없으며, 스카우트 관련 데이터베이스를 공유해서도 안 됩니다."[267]

레드버드 외에도 또 다른 사모펀드 그룹인 777파트너스가 여러 축구 클럽을 인수하며 매우 활발한 움직임을 보이고 있다. 777파트너스는 수억 달러를 투자하여 이탈리아의 제노아Genoa CFC, 벨기에의 스탕다르 리에주Standard Liège, 프랑스의 레드 스타 FCRed Star FC, 브라질의 바스쿠 다 가마CR Vasco da Gama, 독일의 헤르타 BSCHertha BSC 등 여러 클럽의 지배적 지분을 인수했다.[268] 이외에도 호주 A-리그 멜버른 빅토리Melbourne Victory FC와 라리가 세비야Seville FC의 소수지분을 보유하고 있다.

PSG에 쏟아진 카타르 석유 머니와 여러 부정 의혹

2010년 11월 23일, 프랑스 축구의 아이콘이자 당시 UEFA 회장 겸 FIFA 부회장이었던 미셸 플라티니Michel Platini는 샹젤리제 거리 인근에 위치한 프랑스 대통령 관저인 엘리제궁에서 니콜라 사르코지Nicolas Sarkozy 프랑스 대통령과 클로드 게랑Claude Guéant 비서실장과 함께 오찬을 가졌다. 이 자리에는 셰이크 타밈 빈 하마드 알 사니Tamim bin Hamad Al Thani 당시 카타르 왕세자(현재는 아버지 하마드Hamad bin Khalifa Al Thani를 이어 카타르의 국왕)와 셰이크 하마드 빈 자심Hamad bin Jassim 당시 카타르 총리를 비롯한 카타르 정부 인사들이 참석했다.[269]

오찬 이후 9일이 지난 2010년 12월 2일, 카타르는 2022 FIFA 월드컵 개최권을 획득했다.[270] 카타르가 월드컵 유치 과정에서 부적절한 행위를 했다는 의혹이 제기되었으나 카타르는 이를 거듭 부인했다. 카타르는 FIFA 월드컵 유치에 관한 모든 규칙과 규정을 엄격하게 준수했으며, 이와 상반되는 주장은 근거가 없다는 태도를 고수했다. FIFA 윤리위원회는 이 사안을 2년에 걸쳐 조사한 후 중대한 문제가 발견되지 않았다고 발표했다.

카타르는 전 세계 축구 팬에게 카타르의 아름다운 자연, 풍요로운 아랍 문화, 긍정적이고 따뜻한 국민성, 카타르 국민의 축구에 대한 열정과 미래에 대한 열망을 보여줄 기회를 제공함으로써 동서양을 잇는 가교가 되고 중동에 대한 세계인의 이해를 높이는 것이 월드컵 유치의 목표라고 설명했다. 이는 셰이크 만수르와 UAE에게 그랬듯이, 서방 세계가 카타르의 인권 상황에 관하여 가하는 비판과 중동에 대한 흔한 오해 및 고정관념 때문에 중요한 의미를 지니고 있었다.[271]

카타르가 월드컵 개최권을 획득하고서 일주일이 지난 후인 2010년 12월 10일, 바르셀로나는 111년 구단 역사상 처음으로 유니폼에 상업 스폰서 로고를 새기는 계약을 체결했다.[272] 스폰서는 카타르 정부가 1995년에 설립해 운영하는 비영리 단체로, 교육과 과학 그리고 지역사회 개발에 전념하는 카타르재단Qatar Foundation이었다.[273] 카타르재단은 바르셀로나에 5년 동안 매년 3000만 유로(약 484억 원)를 지급하는 한편, 경기 성적에 따라 추가 보너스를 지급하기로 했다. 이 1억 5000만 유로의 계약은 당시 축구 역사상 가장 큰 규모의 유니폼 스폰서십 계약이었으며, 레알 마드리드가 스포츠 베팅 업체 브윈Bwin으로부터 받는 시즌당 1500만 유로의 2배에 달하는 금액이었다.[274] 바르셀로나의 부사장은 이 계약을 이렇게 평했다. "축구 역사상 가장 큰 계약이죠. 경제적으로 곤란한 상황에서 체결된 계약이기도 하고 ⋯ 앞서 말씀드렸던 4억 2000만~4억 3000만 유로에 달하는 부채만 아니었다면 계약이 성사되진 않았을 겁니다." 이 계약으로 바르셀로나의 유니폼뿐만 아니라 홈구장인 캄 노우의 정면 입구, (나이키NIKE 로고 옆) 상징적인 경기장 좌석, 그리고 박물관에도 카타르의 이름이 올라가게 됐다.

카타르 왕족인 알 사니 가문이 10억 파운드(약 1조 8700억 원)가량을 맨유 인수 금액으로 제시하자 글레이저 가문이 거절했다는 말이 나도는 가운데, 알 사니 가문은 2011년 2월 오찬이 열리기 전에 다시 한번 15억 파운드에 달하는 금액을 제시하려 했던 것으로 전해진다. 하지만 글레이저 가문은 18억 파운드는 받아야 한다고 고집하며 이 제안도 거절했다고 한다. 알 사니 가문의 맨유 인수 시도 배경에는 맨유의 가장 강력한 라이벌인 맨시티를 유력한 우승 후보로 올려놓은 아부다비 왕실과의 라이벌 관계가 일정 부분 영향을 미쳤다고 알려진다.[275] 당시 맨유는 딜로이트 풋볼 머니 리그 순위에서 레알 마드리드와 바르셀로나에 이어 3위에 올랐다. (참고로 레알 마드리드와 바르셀로나는 둘 다 회원 소유 클럽이므로 매각될 수 없다.)

파리에서의 오찬이 있은 지 약 6개월 후인 2011년 5월, QSI는 미국의 사모펀드 그룹인 콜로니캐피털Colony Capital로부터 프랑스 축구 클럽 PSG의 경영권을 7000만 유로(약 1129억 원)에 인수했다.[276] (QSI가 PSG를 인수하는 논의가 시작된 시점인 2년 전은 사르코지 및 플라티니와의 오찬보다도 훨씬 이전이었다는 점은 특기할 만하다.)

PSG는 재정적인 어려움을 겪고 있었다. 사르코지는 PSG의 열렬한 팬이었다. 프랑스 대통령이었던 사르코지는 카타르가 PSG를 인수하기를 바랐고, 인수 중개에 적극적인 역할을 했다.

PSG는 챔피언스 리그 우승컵에 도전할 팀을 꾸리기 위해 즉시 엄청난 돈을 쏟아 붓기 시작했다. 그리고 카타르의 미디어 대기업인 비인beIN Media Group(당시에는 알자지라Al Jazeera 방송국 소속)이 리그 1 경기 중계권을 사들여 국내 TV 중계권 경쟁에 뛰어들면서 프랑스 축구로 흘러 들어가는 중계권료 및 후원금이 증가했다.

2012년 8월, PSG는 카타르관광청Qatar Tourism Authority, QTA과 카타르 홍보를 위한 대규모 '국가 브랜딩' 계약을 체결했다. 카타르관광청은 첫 시즌에 지급하기로 한 1억 유로(약 1613억 원)를 포함해 다섯 시즌 동안 10억 유로를 PSG에 지급하기로 합의했다. 파트너십은 2013년 10월에 공식적으로 체결되었지만, 계약서에는 2011~12시즌과 2012~13시즌에 각각 1억 유로와 2억 유로를 소급하여 지급하도록 규정하고 있어 해당 기간 동안 PSG는 손실을 효과적으로 만회할 수 있었다. 이는 FFP와 관련하여 중요한 의미가 있다.[277]

시간을 앞당겨 2017년 8월로 가보자. PSG는 바르셀로나가 책정한 2억 2200만 유로(약 3580억 원)의 방출 조항 금액을 받아들이고 축구 역사상 가장 비싼 이적료를 지불하며 브라질 국적의 네이마르를 영입했다. 그달 말 PSG는 모나코AS Monaco FC와 1억 8000만 유로를 3회에 걸쳐 분할 지급하는 조건으로 프랑스 국가대표 킬리안 음바페를 임대 후 완전 영입하는 옵션의 계약을 체결했다.[278]

바깥에서 보기에 이 계약은 FFP와 양립할 수 없는 듯했다. PSG는 어떻게 한 달이 채 지나기도 전에 사상 최고의 이적료를 두 번이나 지급할 수 있었을까? 그리고 막대한 연봉을 지급하면서도 FFP 규정을 준수할 수 있었을까? UEFA는 조사에 착수했다. 수석 조사관은 과거에 맨시티 사건을 담당했던 이브 르테름 전 벨기에 총리였는데, 그는 PSG에게 혐의가 없다는 결론을 내렸다.[279] 「뉴욕타임스」가 입수한 문서에 따르면 PSG는 주로 회계와 관련해 적극 항변에 나섰다. PSG는 통신회사 오레두Ooredoo, 카타르 국립은행, 그리고 결정적으로 카타르관광청 같은 카타르 기관들과 맺은 고액의 스폰서십 계약 덕분에 네이마르와 음바페를 비롯한 세계적인 선수들을 영입할 수 있었다고 주장했다.

카타르관광청과 체결한 '국가 브랜딩' 계약 금액은 시즌당 1억 유로(약 1613억 원)가 넘었는데, PSG로서는 역대 최고가의 스폰서십 계약이었다. 「뉴욕타임스」에 따르면 스포츠 마케팅 회사 옥타곤월드와이드Octagon Worldwide는 이 계약의 가치가 500만 유로에 미치지 못한다고 평가한 반면에 UEFA는 미디어 측정 및 데이터 회사인 닐슨Nielsen의 가치 평가액으로 알려진 6000만 유로와 비슷한 금액을 사용했다. 하지만 UEFA는 2014년에 계약 가치를 2억 유로에서 1억 유로로 절반 줄여 평가했다.[280]

스폰서십(및 선수 매각) 계약 덕분에 PSG는 3년 동안 FFP 제한을 하회하는 2400만 유로(약 387억 원)의 손실만 기록할 수 있었다. 라리가의 회장 하비에르 테바스는 이렇게 말했다. "어떤 나라에서 돈을 받는 클럽이라면 그 클럽은 선수를 영입하고자 할 때 실제로 자기네가 벌어들이는 수입이 얼마나 되는지 그리 신경 쓰지 않습니다. 그렇지 못한 클럽들은 존폐를 걱정해야 할 정도로 위태로운 상황에 내몰리게 되는데 말입니다. 이는 유럽 축구 구조 전체의 균형을 왜곡하는 결과를 초래합니다."[281] 이 사건은 FFP 규정에 강제력을 부여하려던 UEFA의 노력에 의구심을 갖게 했다. 2019년 7월에「뉴욕타임스」기자 타리크 판자Tariq Panja는 다음과 같은 제목의 기사를 게재했다. "PSG 사건에서 싸우지도 않고 항복한 UEFA: 엇갈리는 사실과 조사관의 빗나간 계산으로 유럽 축구의 재정적 페어플레이 집행 약속이 의혹에 휩싸였다."[282]

라리가의 재정적 페어플레이 규정

라리가는 2013년에 스페인의 1부와 2부 리그에 자체적인 재정적 페어플레이 규정을 시행했다. 이 규정이 UEFA와 대부분의 국내 리그에서 시행하는 규칙보다 훨씬 더 엄격하면서도 효과적이라는 데 많은 이들이 동의한다. 스페인에서 라리가는 각 팀마다 선수단 비용을 다르게 설정하며, 선수들의 이적료와 선수가 아닌 직원들 전체의 급여에 드는 금액을 제한한다. 한도는 유럽의 다른 리그와 달리 여름 이적 시장이 열리기 전에 결정되는데, 이는 지속 가능하지 않거나 경쟁을 해치는 지출이 발생하기 전에 미리 방지하기 위함이다. 이 한도는 클럽의 예상 수입부터 과거 수익 및 손실, 유보금 등 다양한 요소를 고려하여 계산된다. 리그 소속 회계사들이 계산을 수행하고 클럽이 선수와 계약한 뒤 이 계약을 리그의 '라리가 매니저LaLiga Manager' 소프트웨어에 등록해야 하는데, 해당 계약이 FFP 규정을 준수함을 라리가가 인정해야 등록할 수 있다.

2023년 11월, 라리가는 스페인 클럽이 이적 시장에서 경쟁력을 구축할 수 있도록 경제적 규제를 완화하는 일련의 조치를 도입했다. 2023년 여름, 라리가의 클럽들은 신규 영입에 총 4억 5300만 유로(약 7306억 원)를 지출했는데, 이는 프리미어 리그 클럽들이 지출한 30억 1800만 유로와 분데스리가 클럽들의 7억 6700만 유로 등과 비교했을 때 유럽 상위 5대 리그 중 가장 낮은 금액이었다.

2021년 여름에 바르셀로나가 몇몇 선수들을 등록할 수 없게 되고 이 때문에 리오넬 메시가 PSG로 떠나게 되자 라리가를 향해 비판이 쏟아졌다. 하지만 라리가의 FFP 규정 덕분에 바르셀로나는 손실액의 증가를 피하고 더욱 심각한 상황 악화만큼은 모면할 수 있었다. 메시의 이적은 라리가 때문이 아니라 바르셀로나의 지속 불가능한 급여와 이적료 그리고 부족한 혜안 탓이었다.

레알 마드리드는 선수 간 화합 유지에 도움이 되는 엄격한 급여 체계를 가지고 있다. 이것이 바로 2018년에 호날두가 자신의 연봉을 메시가 바르셀로나에서 받는 수준으로 맞춰달라고 요구했다가 유벤투스로 매각되었던 이유다. 같은 해에 스페인 매체 「디아리오AS Diario AS」의 기자 마누 사인즈 Manu Sainz는 다음과 같은 기사를 작성했다. "지난여름(2017년) 시장이 달아올랐다. … 메시는 순수입 4000만 유로(약 645억 원)를 보장하는 계약을 새로 체결했으며, 네이마르는 3000~3500만 유로를 받았다. 그 해 발롱도르를 수상한 호날두는 대략 2400만 유로를 받아 한참 뒤처졌다."[283] 호날두가 더 많은 연봉을 받으면 다른 선수들도 더 많이 요구했을 것이다. 실제로 이런 일이 바르셀로나에서 일어났다. 메시의 연봉에 비례하여 다른 선수들의 연봉도 인상되었고, (메시와의 계약 때문만은 아니지만) 이 모든 인상분 때문에 바르셀로나는 재정적으로 어려운 상황에 처하게 되었다.

UEFA는 수석 조사관이 했던 작업에 대해 우려를 표하고 사건을 다시 조사하려 했지만, PSG는 수석 조사관의 결정이 그대로 유지되어야 한다고 CAS에 항소했다. CAS는 PSG의 손을 들어주었다. PSG는 다음과 같은 짧은 성명을 발표했다. "우리는 항상 (FFP) 규정을 존중해왔으며, UEFA의 거듭된 요청에 침착하고 투명하게 대응하기 위해 노력해왔다는 점을 재차 강조하는 바입니다."

이 사건 이후에 PSG의 카타르 소유주와 UEFA 간의 끈끈한 관계가 주목받았다. PSG의 회장인 나세르 알 켈라이피Nasser Al-Khelaifi는 UEFA 집행위원회 위원이자 막강한 힘을 가진 유럽클럽협회 회장이며, 수십억 달러를 투자해 UEFA 및 여러 스포츠 파트너로부터 텔레비전 중계권을 확보한 카타르 소재 방송사 비인미디어그룹의 회장이기도 하다.[284] 영국의 경우 루퍼트 머독 및 기타 방송사들이 축구 클럽을 지배하는 것을 막기 위해 10퍼센트 미만의 지분 소유만 허용하는 제한을 두었다. 팬들은 맨유를 소유하려는 스카이 채널에 거세게 항의했다. 루퍼트 머독이 프리미어 리그 이사회에 앉아 맨유를 통제하고 (프리미어 리그 중계권을 사들인) 스카이 채널을 지배한다고 상상해보라. 나세르 알 켈라이피는 인터뷰에서 자신은 축구 생태계를 돕고 있으며, 갈등이 발생하거나 스스로 물러나야 할 때는 변호사의 조언에 따른다고 강조했다.

과연 규정은 공평하게 적용되고 있을까?

2022년 8월, 「뉴욕타임스」에 타리크 판자 기자가 쓴 "유럽 축구를 내려다보며, 과연 규칙은 평등하게 적용될까"라는 제목의 기사가 실렸다. 2022년 3월, 레알 마드리드는 챔피언스 리그 16강전에서 놀라운 역전승을 거두면서

PSG를 리그에서 탈락시켰다. 경기가 끝난 후 PSG 회장 나세르 알 켈라이피와 레오나르두Leonardo Araújo 스포츠 디렉터가 심판 대기실로 달려가 판정에 강한 불만을 표출했다는 보도가 나왔다. 「뉴욕타임스」는 나세르의 '공격적인 행동'을 언급하면서, 심판진의 나가달라는 요청에 문을 막아서기까지 했다는 심판 보고서 내용을 올렸다. 판자가 쓴 기사는 이렇다. "이 사건으로 유럽 축구를 관리하는 기관인 UEFA는 곤경에 빠졌다. 나세르 알 켈라이피는 유럽 축구계에서 가장 강력한 인물 중 한 명으로, UEFA의 최고이사회 위원이자 방송 중계 계약을 통해 유럽 축구에 수억 달러를 투자하는 미디어 회사의 회장직을 포함해 다양한 역할을 맡고 있어 오랫동안 이해 상충에 따른 우려가 제기되어 왔다." (UEFA의 알렉산데르 체페린 회장은 알 켈라이피가 잠재적으로 이해 상충을 야기할 수 있다는 점을 이해한다면서도 이렇게 덧붙였다. "하지만 그렇다고 그게 타당한 우려라는 생각은 들지 않는군요.")[285]

UEFA는 조사에 착수했다고 발표했다. 하지만 조사 결과는 공개되지 않았다. (UEFA는 현재 토너먼트에 참가 중인 클럽들과 관련된 문제를 우선하여 조사하고 있다고만 언급했다.) 판자의 기사를 계속 살펴보자.

한 주 한 주 지나 어느새 몇 달이 흘렀다. 레알 마드리드와 PSG의 16강전 이후 치러진 UEFA 경기에서 발생한 다른 사건들에 대해서는 조사가 이루어졌고 판결도 내려졌다. 하지만 유럽에서 가장 부유한 클럽 중 하나인 PSG의 회장이자 UEFA의 가장 큰 파트너 중 하나인 카타르 소재 비인미디어그룹의 회장이기도 한 나세르 알 켈라이피에 대한 UEFA의 조사는 지연되었다. 유럽 축구 시즌이 끝나고 사건에 대한 관심이 거의 사그라든 6월이 되어서야, UEFA는 조용히 짧은 결의안을 발표했다. 최근 징계 사건의 결과를 나열한 6페이지 분량의 문서 중 5페이지에, UEFA는 '품위 유지 의무'를 위반한 레오나르도 스포츠 디렉터를 한 경기 출전 금지한다는 내용이 실렸다. 당시 레오나르도는 이미 PSG를 떠난 후였다.

의아하게도 심판이 제출한 보고서에서 더 심한 행동을 했다고 서술한 알 켈라이피에 대해서는 어떤 언급도 없었다. (UEFA는 「뉴욕타임스」의 요청에도 알 켈라이피가 징계를 받지 않은 이유에 대한 설명을 거부했다. PSG 또한 이에 대해 언급하기를 거부했다.)

판자는 알렉스 필립스Alex Phillips와의 인터뷰 내용도 실었다. 링크드인 LinkedIn 프로필에 따르면 필립스는 4년간 딜로이트에서 근무한 후 2005년부터 2020년까지 UEFA에서 일했으며, 그중 2018년부터 2020년까지는 거버넌스 및 규정 준수 책임자로 일했던 사람이다. "그(알렉스 필립스)는 결의안 발표 시기만 봐도 다분히 의도적인 것 같다고 언급했다." 또한 필립스의 말을 인용해 이렇게 적었다. "그들은 그 사건을 조용히 묻어두고 사람들이 잊고 지나가기를 바랐을 겁니다." UEFA는 이를 전면 부인하고 있으며 필립스는 현재 UEFA에서 근무하고 있지 않다.

필립스는 최근 몇 년 동안 UEFA의 징계 메커니즘이 제대로 작동하지 않는다고 지적했다. "소위 독립적이라는 사법 기구가 독립과는 거리가 먼 게 현실이며, 특정 결과를 도출하기 위한 권력의 도구로 이용되고 있습니다. … 실제로는 그렇지 않은데도 대중에게 독립적인 결정을 내린다고 말하곤 했습니다." 다시 한번 말하지만, UEFA는 이를 전면 부인하고 있다.

2022년 10월, 「레키프」는 PSG의 2021~22시즌 손실액이 3억 7000만 유로(약 5968억 원)에 이른다고 보도했다.[286] 그리고 2023년 3월, '분쟁 합의' 덕분에 PSG는 UEFA의 2022~23시즌 FFP 규정에 따른 어떠한 제재(예를 들어 챔피언스 리그 출전 금지)도 받지 않을 것이라는 기사가 다시 「레키프」에 실렸다. 보도에 따르면 PSG가 막대한 손실과 부채에도 불구하고 이번에는 처벌을 피할 수 있었지만, 앞으로는 처벌을 피하고 싶다면 FFP 규정을 준수해야만 할 것이라고 했다.[287]

2021~22 회계연도에 PSG의 손해액이 실제로 3억 7000만 유로에 이르렀다면, 지난 세 시즌 동안에는 6억 유로(약 9678억 원) 이상의 손실을 입었을 것이다. 일각에서는 UEFA가 분쟁 합의에 들어간 주된 이유가 FFP 규정 중 변경된 내용이 모호한 탓에 시일도 오래 걸리고 비용도 많이 소요되는 법적 분쟁을 피하기 위해서라고 추측하고 있다. 또 다른 이들은 알 켈라이피가 UEFA 집행위원회 위원으로서 체페린 UEFA 회장과 아주 가까운 사이이며, 2021년 슈퍼리그 분리 프로젝트를 저지하는데 일조한 유럽클럽협회 회장이고, UEFA의 가장 중요한 상업적 고객 중 하나인 카타르 방송사 비인스포츠의 대표라는 점 때문이라고 지적한다. 모든 분쟁 합의는 알 켈라이피가 위원으로 있는 집행위원회의 승인을 받아야 한다. (그는 투표에서 스스로 기권할 가능성이 크다.)

UEFA는 규칙을 만들고 시행하는 동시에 명확한 사업적 이해관계에 따라 대회를 조직한다. (아마도 이 때문에 PSG를 챔피언스 리그에 참가시키려는 것이리라.) UEFA의 이러한 역할을 어느 정도 분리하거나 역할 간 독립성을 강화하면 축구계의 거버넌스가 개선되고 잠재적 갈등을 막으며 충돌이 불거지는 일도 줄어들 것이다.

2023년 3월에 「레키프」의 기사가 나온 이후, 「오프더피치」의 편집장 카스퍼 크로넨버그Kasper Kronenberg는 이렇게 말했다. "UEFA가 새로운 재정 규제를 진지하게 받아들여야 한다고 납득시키지 못하면, 유럽 축구계가 이 새로운 규정에 강하게 저항할 위험이 있습니다."[288] 크로넨버그 편집장은 HHL

라이프치히 경영대학원의 헤닝 쥘흐_{Henning Zülch} 교수와 PSG의 합의에 관한 최신 보고서에 관해 인터뷰했다. 쥘흐 교수는 "(새 재정 규정의) 신뢰성을 담보하고 정당성을 확보하기 위해, UEFA는 클럽들을 엄격하게 관리하고, 위법 행위를 보고하며, 규정을 준수하지 않는 클럽을 면밀히 모니터링해야 할 겁니다. 따라서 전환 단계 이후에도 올바른 방향으로 나아가지 않고 기준을 충족하지 못하는 클럽에게는 제재를 가해야 합니다."

쥘흐 교수는 축구 산업의 투명성 그리고 재정적으로 지속 가능한 부문의 근간이 되는 전문적인 기업 지배구조에 적응하지 못하는 축구 산업에 대해 우려를 표했다. "유럽 축구 산업에는 종합 재무 데이터의 투명성 부족이라는 문제가 내재해 있습니다. 이런 의미에서 UEFA가 오늘날 축구 산업의 투명성 격차를 해소하는 데 이바지하고 모범을 보일 수 있을 겁니다. … 의사결정 과정에서 (UEFA가) 완전한 투명성을 확보하면 UEFA의 규정에 대한 정당성과 수용성이 강화됩니다. UEFA로서는 밀실 계약을 지양하고 각 클럽에게 한계선을 그어주는 게 좋겠죠."

크로넨버그는 이것이 중요한 이유를 이렇게 설명했다. "축구계에 새롭게 등장한 기관 투자자들은 클럽이 계속해서 손해를 보는 걸 용납하지 않을 것입니다. 장기적으로 봤을 때, UEFA가 재정 규정을 위반하는 클럽에 제재를 가하지 않는다면 투자자들은 업계에서 발을 빼려 할 겁니다."

2022년에 UEFA가 2018년부터 2022년까지의 회계연도를 분석한 결과, PSG가 다른 7개 클럽과 함께 FFP 규정을 준수하지 않았다는 사실을 확인했다. 즉시 벌금 중 가장 큰 금액인 1000만 유로(약 161억 원)가 PSG에게 부과되었다. 하지만 UEFA는 클럽들이 합의된 벌금 총액의 15퍼센트만 납부해도

된다고 허용했으며, PSG의 경우 앞으로 3년 동안 UEFA와 합의한 사항을 준수하지 않는다면 벌금이 6500만 유로까지 늘어날 수 있다고 경고했다. 라리가의 회장은 이에 대해 이렇게 말했다. "1000만 유로라도 그들에겐 커피 한잔 값이죠. … 제재라면 억제력이 있어야 하고 대회 출전 정지라도 있어야 … 지난 예닐곱 시즌 동안 PSG는 10억 유로의 손실을 입었습니다. 그들은 유럽 축구 생태계를 파괴하고 있어요. 다른 클럽들이 어떻게 경쟁할 수 있겠습니까?"

2022년 초, UEFA는 클럽이 3년간 보고할 수 있는 손실액을 3000만 유로(약 483억 원) 이하로 제한했던 기존 FFP 규정을 단계적으로 폐지한다고 발표했다. 새로운 라이선스 및 '지속 가능성' 규정이 FFP를 대체하고 있다. 이에 따라 클럽은 3년간 6000만 유로(약 968억 원)의 손실까지 허용되며, '재정 상태가 양호한' 클럽의 경우 손실액이 9000만 유로까지 용인된다. 또한 새로운 규정에 따라 급여, 이적료, 에이전트 수수료에 대한 지출이 클럽 수익의 70퍼센트로 제한되는데, 이전에는 이 70퍼센트가 엄격한 요건이 아닌 권장 사항이었다. 물론 스폰서십 계약의 가치가 높을수록(진정으로 독립적인 제3자가 개입한 거래가 아니라면 가치를 평가하기 어려울 수 있다.) 연봉으로 지출할 수 있는 금액도 올라간다.

2022년 여름의 음바페 이적 사건과 홀란드의 사례

2022년 5월, 레알 마드리드와 음바페(1998년 12월생)의 자유 이적 계약 체결이 거의 마무리된 것으로 알려지면서 오랜 기간 이어진 음바페의 이적 보도가 종지부를 찍는 듯했다. 음바페는 어린 시절부터 레알 마드리드에서 뛰기를 꿈꿔왔다. 불과 두 달 전에 레알 마드리드는 음바페와 동료 스타 선수 메시, 네이마르가 뛰던 PSG를 꺾고 리버풀과의 챔피언스 리그 결승전에 진출했다. 그런데 음바페가 갑작스레 태도를 바꿔 레알 마드리드의 플로렌티노 회장에게 왓츠앱WhatsApp을 통해 메시지를 보낸 것으로 전해졌다.

저는 PSG에 남기로 결정했음을 알려드립니다. 어렸을 때부터 팬이었던 레알 마드리드에서 뛸 수 있는 기회를 주신 데 감사드립니다. 제 결정을 이해해주시길 바라며, 챔피언스 리그 결승에서 행운이 있길 빕니다.[289]

기자회견에서 음바페는 PSG에 남기로 한 결정을 플로렌티노 회장에게 직접 전했다고 말했다.

저는 레알 마드리드와 플로렌티노 페레스 회장을 매우 존경합니다. 저를 위해 모든 것을 해주었고 제 편의를 봐주려 매우 애써주셨습니다. 그러니 직접 전화를 걸어 알려드리는 게 마땅한 일이죠. 우리는 여전히 가까운 사이입니다.

보도에 따르면 레알 마드리드는 사이닝 보너스를 포함해 총 3억 유로(약 4839억 원)가량을 지급할 의향이 있었다고 한다. 그런데 프랑스 매체 「르파리지앵Le Parisien」에 따르면 PSG는 음바페가 다음 세 시즌 동안 PSG에 잔류한다는 조건으로 이 금액의 두 배를 넘는 총 6억 3000만 유로를 제시했다. 이는 스포츠 역사상 가장 비싼 계약으로, 2017년 바르셀로나와 메시의 4년 재계약 금액인 5억 5500만 유로보다 높은 금액이었다. (메시의 계약에 자극받은 호날두는 레알 마드리드에 더 높은 연봉을 요구했고, 레알 마드리드가 거절하자 유벤투스로 이적한 것으로 알려져 있다).

「르파리지앵」에 따르면, 음바페가 패키지로 받게 될 총금액은 시즌당 7000만 유로(총 2억 1000만 유로, 약 3387억 원), 사이닝 보너스 1억 8000만 유로, 향후 3년 동안 PSG에 머문다면 해마다 7000만 유로, 8000만 유로, 9000만 유로의 추가 보너스(총 2억 4000만 유로)에 달한다. 음바페는「스포츠일러스트레이티드」와의 인터뷰에서 에마뉘엘 마크롱Emmanuel Macron 프랑스 대통령이 이번 재계약에 적극적으로 개입했다고 밝혔다. 앞서 리버풀의 음바페 영입 가능성을 묻는 질문에 위르겐 클롭 감독은 이렇게 답했다. "당연히 돈이 문제죠. 기회가 없어요. 절대 없죠."[290]

2022년 6월, 보루시아 도르트문트의 공격수 엘링 홀란드Erling Haaland (2000년 7월생)는 맨시티와 계약했다. 맨시티는 이 노르웨이 출신 공격수의 방출 조항을 발동하고 에이전트 수수료 및 기타 추가 비용을 포함해 총 8550만 파운드(약 1599억 원)를 지불했다. 축구 전문 미디어「골GOAL」에 따르면, 홀란드의 이적료, 연봉, 에이전트 수수료, 여러 시즌에 걸친 대회 연계 보너스를 포함해 5년 계약에 든 총 비용은 약 3억 유로(약 4839억 원)였다.[291] 리버풀의 위르겐 클롭 감독은 홀란드의 계약이 이적 시장에서 "새로운 지평을 열었다."라고 평했다.[292]

홀란드와 음바페의 계약이 발표된 후 라리가는 UEFA에 맨시티와 PSG를 상대로 항의서를 제출하며 이렇게 주장했다. "맨시티와 PSG는 현행 재정적 페어플레이 규정을 계속해서 위반하고 있습니다. … 라리가는 이 두 클럽이 직접적인 자금 투입 또는 시장 상황에 맞지도 않고 경제적으로 타당성도 없는 스폰서십 및 여러 계약을 통해 변칙적으로 자금을 조달하고 있다는 사실을 충분히 인지하고 있습니다. 라리가는 이러한 관행이 축구 그 자체로부터 나오지 않는 돈이 투입돼 시장을 인위적으로 부풀리기만 할 뿐, 축구 생태계와 지속 가능성을 송두리째 뒤흔들고 모든 유럽 클럽과 리그에 해를 끼치고 있다는 사실도 잘 알고 있습니다.”

알렉산데르 체페린 UEFA 회장은 인터뷰에서 음바페의 새로운 계약에 대한 라리가의 비판을 부인했다.

저는 그런 주장에 전혀 동의하지 않습니다. 어차피 축구계에서는 모독적인 언사가 오가기 마련이죠. 그리고 각 리그는 자신이 처한 상황에나 신경써야 할 터입니다. 한 리그가 다른 리그를 비판하는 것은 부적절하다고 생각합니다. 제가 알기로 레알 마드리드가 음바페에게 한 제안은 PSG의 제안과 큰 차이가 없었습니다.[293]

레알 마드리드가 음바페에게 한 제안의 수준이 PSG의 그것과 비슷했다는 알렉산데르 체페린 회장의 말은 사실이 아닌 것으로 보도됐다. 만약 이것이 사실이더라도, 실제로 그것은 중요한 문제가 아니다. 진짜 문제는 어떤 클럽이 FFP 규정 내에서 음바페를 영입할 여력이 있느냐는 것인데, 이 질문에 답하려면 각 클럽의 재정 상태를 살펴봐야 한다.

프랑스 축구 재정 담당 기관이 2022년 6월에 발표한 연례 보고서에 따르면, PSG는 2020~21년에 2억 2430만 유로(약 3618억 원)의 손실을 기록했는데, 이는 2019~20년의 손실액 1억 2420만 유로에서 증가한 수치다. 「오프더피치」는 PSG가 2021~22년도에 3억 7000만 유로의 손실을 입었다고 보도했다.[294]

반면 레알 마드리드는 팬데믹의 영향을 받은 회계연도에도 흑자를 기록해, 2019~20년에 세후 31만 3000유로(약 5억 원), 2020~21년에 세후 87만 4000유로로 모두 수익을 올렸다. 레알 마드리드는 유럽의 주요 클럽 가운데 두 회계연도 동안 손실이 발생하지 않은 몇 안 되는 팀 중 하나였다. 2024년 6월, 레알 마드리드는 25세의 프랑스 대표팀 주장 음바페와 자유 이적을 통해 5년 계약을 체결한다고 발표했다.

2023년 1월, PSG의 소유주인 QSI는 펀드를 '초고속 충전'하기 위해 프리미어 리그 클럽의 소수지분을 인수할 계획이라고 발표했다. PSG 회장이자 QSI 회장인 나세르 알 켈라이피가 다니엘 레비 토트넘 회장과 회동을 가졌다는 소식이 흘러나왔다.[295] 많은 사람들이 프리미어 리그가 리그 1(PSG가 속한 리그)을 포함한 다른 4대 유럽 리그와 계속해서 차별화를 이어갈 것이라고 믿고 있다.

QSI는 또한 포르투갈 클럽 브라가SC Braga의 소수 지분(22퍼센트)과 벨기에 클럽 KAS 유펜KAS Eupen의 운영권을 보유하고 있다.

벨기에 축구 클럽에 다중 클럽 소유 모델이 많은 이유

QSI는 벨기에 클럽의 소유권을 가지고 있다. MCG와 존 텍스터John Textor도 마찬가지다. 보도에 따르면 뉴캐슬도 벨기에 클럽 인수를 모색 중이라 한다. 그 이유가 뭘까?

벨기에는 인구가 1100만 명에 불과한 비교적 작은 나라다. 이 나라에는 콩고, 모로코, 부룬디, 말리 등지에서 온, 재능 있는 이민 1세대의 아이들이 많다. 이 아이들 중 많은 수가 가난한 노동자 계층 거주지의 좁은 공터에서 축구를 하며 노는데, 이처럼 축구를 하기에 썩 이상적이지는 않은 곳에서 자주 볼을 다루기 때문에 오히려 특별한 기술을 빠르게 습득한다. 또 벨기에에는 기술적 역량에 중심을 둔 유소년 육성 기초 프로그램을 잘 구비하고 있다.

2021년에 맨시티는 6명의 벨기에 선수를 스쿼드에 포함시켰다. 빅 클럽은 습관적으로 벨기에에서 선수를 스카우트한다. 게다가 선수에 대한 제한도 있으나 마나다. 규정상 스쿼드 25명 중 8명만 자국 출신이면 되기 때문에, 각 팀은 외국 선수를 많이 영입할 수 있다. 유럽연합 바깥에서 온 선수들에게 벨기에가 더욱 매력적인 이유는 벨기에 리그가 빠른 유럽 시민권 취득의 경로로 활용될 수 있다는 점인데, 이는 특히 아프리카 선수들에게 이상적이다. 마지막으로 비용이 저렴하다는 점을 들 수 있다. 벨기에 클럽은 상대적으로 가격이 비싸지 않다. 또한 선수들의 급여도 높지 않다. 예를 들어 네덜란드에서는 클럽이 비유럽연합 출신 선수를 등록하려면 선수에게 연간 최소 30만 유로(약 4억 8390만 원)를 지급해야 한다. 하지만 벨기에의 경우 보너스를 포함해 10만 유로가 채 되지 않는다. 세금 감면 혜택도 있다. 클럽이 매각되는 경우 벨기에 법에 따르면 수익에 세금이 부과되지 않는다.

업계 사정에 밝은 소식통에 따르면, 2023년 12월 미국 사모펀드 회사인 아크토스파트너스와 QSI는 약 46억 달러(약 6조 3204억 원)의 가치를 평가받는 PSG의 지분을 최대 12.5퍼센트까지 매입하기로 합의했다.[296]

아크토스파트너스는 NBA의 골든스테이트 워리어스Golden State Warriors, 유타 재즈Utah Jazz, 새크라멘토 킹스Sacramento Kings, 필라델피아 세븐티식서스Philadelphia 76ers, MLB의 LA 다저스, 보스턴 레드삭스, 시카고 컵스Chicago Cubs, 샌프란시스코 자이언츠San Francisco Giants, 휴스턴 애스트로스Houston Astros, 샌디에이고 파드리스San Diego Padres, NHL의 탬파 베이 라이트닝Tampa Bay Lightning, 뉴저지 데블스New Jersey Devils, MLS의 유타 로얄스Utah

Royals 등 20개 이상의 스포츠 팀 지분을 소유하고 있다. 또한, 포뮬러 1 애스턴 마틴Aston Martin의 소수 지분을 인수하기도 했다.

마지막으로 PSG는 맨시티(및 뉴캐슬과 첼시)와 비슷한 경영상 문제를 안고 있는데, 홈 경기장을 소유하고 있지 않아 경기장 수익 증가에 한계가 있다.[297]

리그 방송 중계권에도 투자하는 사모펀드

2020~21 시즌에 유럽 상위권 클럽들은 전반적으로 총 85억 달러(약 11조 6790억 원)의 매출 손실을 입은 것으로 추정된다. KPMG가 유럽 6개 주요 리그 우승팀들의 재무 실적을 분석한 결과, 전년도 수익에 비해 평균 15퍼센트의 손실을 기록했다.

2021년 2월, 세리에 A는 인터 밀란, 유벤투스, 라치오, 나폴리 등 7개 클럽이 반대하는 가운데 리그의 미디어, 스폰서십, 미디어 권리 사업을 관리하는 회사를 신설하고 이 회사의 지분 10퍼센트를 사모펀드 회사인 CVC캐피털파트너스가 주도하는 컨소시엄에 매각한다는 내용의 협상 결과를 발표했다. 2023년에 이 문제가 다시 화제로 떠올랐다. 나폴리의 회장 오렐리오 데 라우렌티스Aurelio De Laurentiis는 리그의 미디어 사업에 대한 외부 투자를 여전히 반대한다는 입장을 피력했다. 그는 「로이터통신REUTERS」과의 인터뷰에서 이렇게 말했다. "콘텐츠는 우리가 제작하고, 그다음에 아마존, 넷플릭스, 애플, DAZN, 스카이 채널 등 다양한 플랫폼에 제공해야 합니다."[298]

2021년 12월, 분데스리가는 36개 회원 클럽의 의견이 서로 엇갈리는 가운데 새로운 법인에 대한 사모펀드 투자 논의를 중단하기로 결정했다. 만약 논의가 성사되었다면 사모펀드가 25년 동안 분데스리가의 국제 미디어 및 스폰서십 권리를 상업화할 라이선스를 보유하게 되는 것이었다. 2023년 5월, 분데스리가의 TV 중계권에 대한 사모펀드의 20억 유로(약 3조 2260억 원) 투자 제안이 부결되었다. 보도에 따르면 유력한 세 후보(어드벤트Advent International, 블랙스톤The Blackstone Group, CVC)가 20년 동안 분데스리가 TV 중계권의 12.5퍼센트를 매입하겠다는 제안을 했다고 한다. 독일 팬들, 특히 도르트문트 팬들은 이에 강력히 반대하는 캠페인을 벌였다.[299] 팬들은 외부 투자자의 입김이 그토록 오래 작용하면 클럽 의사결정의 자유가 제한되고, TV 중계 때문에 주간 경기 일정이 더욱 꼬일 뿐만 아니라, 경기 시간도 자국 관중이 아닌 해외 시청자를 위해 편성되며 심지어 경기가 해외에서 열릴 가능성도 있다는 점을 우려했다.[300] 한편 새로운 자본이 유입되면 우선 디지털화와 새로운 온라인 콘텐츠 플랫폼(40퍼센트), 경기장, 유소년 아카데미 및 기타 클럽 인프라(45퍼센트)에 투자하고, 나머지는 선수들에게 자유롭게 투자(15퍼센트)할 계획이었다. 이 제안을 지지하는 측은 독일 축구가 잉글랜드의 프리미어 리그에 뒤처지지 않으려면 상당한 투자가 필요하다는 주장을 내세웠다.[301] 2021~22년 맨시티가 7억 3100만 유로(약 1조 1791억 원)를 벌어들인 반면, 도르트문트는 고작 3억 5700만 유로의 수익을 기록해 딜로이트 풋볼 머니 리그 순위에서 13위에 머물렀다. 2023년 12월, 독일 클럽들은 많은 팬들의 반대에도 불구하고 방송 수익의 일부를 외부 투자자에게 매각하는 계획을 승인했다.

2021년 12월, 라리가는 CVC와 리그의 상업적 사업 및 미디어 판권 지분 인수에 대한 계약을 재가했다. 그러나 42개 스페인 클럽 중 레알 마드리드, 바르셀로나, 아틀레틱 빌바오, UD 이비사UD Ibiza 등 4개 클럽은 이 계약에 대해 거부 의사를 밝혔으며, 그중 UD 이비사를 제외한 3개 클럽은 이 계약(및 스페인축구연맹)에 대해 법적 조치를 취했다. 해당 3개 클럽인 레알 마드리드, 바르셀로나, 아틀레틱 빌바오는 모두 회원 소유 구단이다.

1981년에 설립된 CVC는 1330억 유로(약 214조 원)의 자산을 운용하는, 사모펀드 및 신용 분야의 세계적인 선두 기업이다. 스포츠 산업은 이 회사의 전문 분야 중 하나다. 포뮬러 1, 모토 GPMoto GP, 식스 네이션스 럭비Six Nations Rugby, 세계여자테니스협회Women's Tennis Association, WTA, IPL 크리켓IPL Cricket 등이 CVC의 주요 투자처다. (참고로 나는 포뮬러 1 인수를 주도한 CVC의 공동 설립자 도널드 맥켄지Donald Mackenzie와 친구로 지내고 있다.)

CVC는 새로이 20억 유로(약 3조 2260억 원)를 투자하여, 프로젝트 투자회사인 부스트라리가Boost LaLiga를 거느린 라리가그룹인터내셔널LaLiga Group International의 지분 8.2퍼센트를 인수할 예정이다. 이 회사는 자체 OTT 서비스인 라리가스포츠TVLaLiga SportsTV를 비롯해 다양한 방법으로 수익을 올리고 있으며, TV 중계권을 포함해 리그의 상업적 사업 전반을 관장한다. 물론 라리가의 가장 중요한 수익원은 제3자에게 판매하는 TV/미디어 판권이다. 하지만 라리가스포츠TV의 설립은 라리가가 더 이상 TV 중계권을 제3자에게 판매하지 않고 자체 OTT를 통해 모든 경기를 스트리밍한다는 점에서 중요한 진전을 이루었음을 의미한다. 또는 팬들이 라리가의 자체 OTT를 통해 시즌 패스를 구매하거나 기존 채널을 통해 경기를 시청할 수 있다는 점에서 절충적 해결책이 될 가능성도 충분하다.

라리가 클럽들은 투입될 자금을 향후 3년간 함께 나누게 된다. 이 자금은 클럽이 선수들에게 지급할 수 있는 금액 한도를 늘리고 새로운 인프라 구축과 현대화 프로젝트를 진행하는 데 주로 쓰일 예정이다. 자금 사용 방식에 대해서는 구체적인 규칙이 마련되어 있다. 경기장과 훈련장을 개선하고 새로운 기술을 시행하는 등 클럽의 인프라 개선에 지원금의 70퍼센트를 사용해야 한다. 자금의 15퍼센트는 이전 부채 청산과 팬데믹으로 인한 손실 보전에 사용할 수 있으며, 나머지 15퍼센트는 새로운 선수 영입, 계약 갱신 등에 사용할 수 있다.

CVC와의 계약 기간은 50년이지만, CVC는 10년 이내에 권리를 매각할 가능성이 높다고 밝혔다. 이 계약은 27억 유로(약 4조 3551억 원) 상당의 가치가 있는 게 분명하지만, 참여를 원하지 않는 클럽은 계약에서 빠질 수도 있다. 무엇보다도 레알 마드리드와 바르셀로나만큼은 50년이 너무 길다고 생각하며, 자신들 클럽이 가진 권리의 가치가 CVC와 합의한 금액보다 훨씬 높다고 생각하고 있는 듯하다.[302]

「파이낸셜타임스」는 "CVC가 향후 10년간 수익을 3배, 심지어는 4배까지 늘릴 수 있다."라는 가정하에 "리그가 클럽이 쓰는 비용 때문에 곤란한 상황에 처할 일은 없으니 CVC가 거두는 매출 대부분이 수익이 될 것이다."라고 기사를 썼다. 기사에 인용된 경쟁사의 선수 에이전트는 이렇게 말했다. "사모펀드 역사상 최고의 거래입니다. 여기서 돈을 잃는 일은 없을 겁니다."[303]

팬데믹으로 인해 모든 클럽이 재정적으로 큰 타격을 입은 상황이라는 절묘한 타이밍 덕분에 이 계약이 성사될 수 있었다. 클럽들 대부분은 프로젝트를 연기하고 비용을 삭감해야 했으며 자금조달에 어려움을 겪었다. 이번 재정 지원으로 많은 클럽이 팬데믹으로 인해 중단되었던 프로젝트를 재개할 수 있게 되었다. 아틀레티코 마드리드의 구단주 미겔 앙헬 길 마린Miguel Ángel Gil Marín의 설명을 들어보면 이 계약을 지지한 이유를 명확히 이해할 수 있다.

현재 라리가에서 관리하는 시청각 미디어 판권은 아틀레티코 마드리드의 일반 수입 중 선수 시장 및 이적료를 제외한 금액의 30퍼센트를 차지합니다. 다시 말해 수익이 현재 수준을 유지한다면 장래 클럽이 입을 손실은 3퍼센트가 될 것입니다. 아틀레티코가 이 3퍼센트를 만회할 방법에는 두 가지가 있습니다. 라리가를 통한 CVC와의 시너지 효과로 권리 가치를 높이는 것이 첫 번째이고, 두 번째는 여기서 마련된 자금을 새로운 인프라에 투자해 수익을 높이는 것입니다. 이로써 클럽은 팬들에게 실질적으로 스포츠와 엔터테인먼트가 결합된 공간을 제공할 수 있게 됩니다.

설명 막바지에 길 마린 구단주는 아틀레티코의 홈 경기장인 시비타스 메트로폴리타노(당시에는 완다 메트로폴리타스) 바로 옆에 들어서게끔 계획된 새로운 훈련장과 소규모 경기장을 언급했다. 이 계획은 팬데믹으로 인해 중단되었지만, CVC의 자금 지원으로 다시 추진 중이다.

TV 중계권의 가치가 상승하리라 믿고 중계권 자체를 입수하려는 CVC의 투자 방식은 매우 흥미롭다. 사모펀드는 대부분 클럽에 대한 투자를 통해 TV 중계권 가치 상승이 만들어내는 현금 흐름에서 이익을 얻는 전략을 취하곤 한다. 이와는 대조적으로 CVC의 투자는 TV 중계권에 대한 '집중 투자Pure Play'다. CVC는 강등이나 이적료 및 연봉 인플레이션, FFP 준수 등 클럽의 재정적 위험을 감수할 생각은 없는 듯 보인다. 미국에 본사를 둔 사모펀드 회사 칼라일Carlyle Group은 2022년에 세리에 A의 지분을 인수하려고 시도한 바 있지만, 축구 클럽의 소수 지분을 인수할 계획은 없다고 밝혔다. 2023년에 칼라일의 한 임원은 다음과 같이 언급했다. "축구와 스포츠는 전반적으로 매우 가치 있는 자산으로 입증되었으며, 향후 더욱 발전할 잠재력을 가지고 있습니다."[304]

레알 마드리드의 주인인 소시오들은 TV 중계권에 대해 더 많은 통제권과 완전한 소유를 원하고 있다. 사모펀드는 대개 연 20퍼센트 이상의 수익을 목표로 하며, 레알 마드리드는 수익성, 탄탄한 재정 구조, 주요 자산, 글로벌 브랜드 및 팬층 덕분에 훨씬 저렴한 비용으로 자본을 조달할 수 있다. 모두 그런 것은 아니지만, 이 계약을 찬성했던 클럽들은 대부분 이자율, 금액, 상환 기간 등에서 레알 마드리드와 같은 조건으로는 자금을 조달할 형편이 되지 않았다. 라리가의 모든 클럽이 한데 뭉침으로써 자본 시장에 더 쉽게 접근할 수 있게 되기는 했지만, 그럼에도 계약 기간 50년은 긴 시간이다.

2022년 4월, 프랑스 축구 리그는 미디어 판권 마케팅을 담당하는 새로운 상업적 부가 사업에 CVC를 참여시키며 13퍼센트에 해당하는 15억 유로(약 2조 4195억 원)에 달하는 투자 계약을 발표했다. 프랑스 축구 리그는 스페인에 본사를 둔 방송사 미디어프로_{Mediaproducción}와의 기록적인 TV 중계권 계약이 무산되고 나서, 2021년에 팬데믹으로 인해 막대한 수익 손실을 입었다. 그래서 프랑스 정부에 재정 구제 계획 수립을 요청해야만 했다. 미디어프로와의 계약은 상위 두 개 리그에 대해 4년 동안 40억 유로 이상의 가치가 있었을 테지만, 불과 4개월 만에 파기되었다.[305]

하프타임:
축구 산업은 더 이상 지속 가능하지 않다

이해가 상충하고 있다!: 현행 축구 거버넌스와 규제 문제

유러피언 슈퍼리그 발표와 그에 따른 반응 및 의견은 말할 것도 없이, 딜로이트 풋볼 머니 리그 순위와 소유권 모델에서 상위 그룹의 변화는 유럽 축구 시스템에 확실한 변화가 일어나고 있다는 의미이므로 이를 더욱 깊이 들여다볼 필요가 있다.

앞 장에서는 소유권에 일어난 중요한 제도적 변화, 즉 정부 유관 기관, 사모펀드, 그리고 다중 클럽 소유 모델의 확산에 대해 다뤘다.

클럽 소유주로부터 받은 돈이 스폰서십 수입으로 위장되기도 하고, 동일한 소유 구조 아래 속한 스폰서와의 상업적 계약이 재정적 페어플레이 규정을 우회하기 위해 인위적으로 부풀려지기도 한다. 또한 몇몇 개인이나 단체는 아무리 좋게 보려 해도 이해충돌이 발생할 가능성이 있는 여러 역할을 맡고 있기도 하다. 이 역할은 방송사와 클럽 모두를 장악하고 규제 기관 이사회에서 이사직을 맡고 있는 것에서부터, 소유주가 서로 경쟁하는 두 개의 클럽에 자금을 지원하거나(예를 들어 다중 클럽 소유 모델) 관련 있는 두 클럽 사이에 선수를 이적하는 것까지 다양하다. 그런 가운데 회원이 소유하는 클럽인 레알 마드리드는 클럽 자신과 축구의 공정한 경쟁을 유지하는 데 주력하고 있다.

지난 장에서는 소유권에 대해 논하면서, 관할 기구마다 규칙이 다른 경우가 많고 일관성 없이 시행되는 까닭에 법적 분쟁이 발생하는 모습을 이야기하며 축구의 규율 체계가 가진 허술한 면모를 들여다본 바 있다.

FIFA와 UEFA는 여러 나라를 넘나들며 벌어지는 수십억 달러 규모의 축구 관련 활동을 관리한다. (여기에는 클럽에 대한 규제 기능, 클럽을 활용해 수익을 창출하는 대회 개최 기능, 클럽에 대한 사법 및 징계 기능이 포함된다.) 하지만 이들 기관에 대한 규제 및 감독은 부족한 실정이다.

축구계는 피라미드 구조로 되어 있는데, FIFA가 그 정점에 있고 그 아래에 UEFA, 북중미카리브축구연맹Confederation of North, Central American and Caribbean Association Football, CONCACAF과 같은 대륙별 연맹이 있으며, 다시 그 밑에 각국 협회와 리그가 위치한다. 이 지배구조의 역설은 구성원들이 협력하면서 한편으로 경쟁도 해야 한다는 점이다. 선수들이 최고의 기량을 발휘할 수 있는 시기는 제한되어 있고, 구성원들은 그 기간 내에 자신들이 주관하는 경기를 개최해야 한다. 만약 UEFA가 챔피언스 리그 규모를 확대하려 한다면 국내 리그 및 토너먼트 또는 FIFA 클럽 월드컵과 경쟁해야 할 수도 있다. (반대의 경우도 마찬가지다.) 한편 축구 산업은 유럽의 빅 클럽에 주로 의존하고 있는데, 빅 클럽들은 전 세계로부터 팬과 스폰서 그리고 관객을 유치하는 글로벌 브랜드의 위상을 지키기 위해 세계 각지의 클럽으로부터 최고의 선수들을 영입하고 급여를 지급하는 등 경제적 위험을 무릅쓰고 있다.

FIFA와 UEFA의 미션이 반드시 일치하지는 않는다

FIFA의 미션 "FIFA의 궁극적인 핵심 미션은 전 세계 모두의 이익을 도모하기 위해 축구의 진정한 세계화, 대중화, 민주화를 이룩하는 것이다. … 축구계를 더욱 현대화하고, 더욱 넓은 포용성을 발휘해 장래 모든 대륙에서 최소 50개 대표팀과 50개 클럽이 최고의 기량을 발휘해 경쟁할 수 있는 환경을 조성하는 것이 우리의 목표다."[306]

나도 FIFA가 여러 문제와 논란을 안고 있고 비판받고 있다는 사실은 알고 있다. 하지만 FIFA의 사명과 영향력 때문에라도 FIFA를 도울 수 있어 개인적으로 무척 기쁘다. 그래서 배우고 성장하고 싶지만 부족한 자원과 제한된 기회 탓에 어려움을 겪고 있는 전 세계의 클럽 및 리그 임원들을 위해 우수한 스포츠 경영 비즈니스 사례 및 연구, 데이터를 가르치고 공유하고 있다.

UEFA의 미션 "UEFA의 핵심 사명은 모든 단계에서 유럽 축구를 홍보하고 보호하며 발전시키고, 화합과 연대의 원칙을 장려하며, 유럽 축구가 맞닥뜨리는 모든 문제를 해결하는 것이다."[307]

두 미션 모두 전적으로 타당하고 훌륭하다. 하지만 이 두 미션이 반드시 조화된다고는 할 수 없다. FIFA는 유럽만이 아니라 전 세계 모든 국가대표팀과 클럽을 발전시키기 위해 노력하고 있다. 그렇지만 UEFA는 유럽의 국가대표팀과 클럽의 발전을 위한 기관이다.

이 책의 초입에서 축구 팬들에게 던진 질문으로 돌아가보자. "유럽의 전문가들이 '축구는 팬들의 것'이라고 말할 때, 팬이란 대체 누구를 의미하는 것인가?"

UEFA는 현재 세계에서 가장 인기 있는 클럽 대회인 UEFA 챔피언스 리그를 주관하고 있다. 챔피언스 리그 참가 클럽은 유럽에서 활동하는 클럽이지만, 이들은 본질적으로 유럽을 넘어선 글로벌 브랜드다. UEFA는 리그가 세계적인 인지도를 얻고 클럽이 세계적인 인기를 발판 삼아 전 세계 축구 팬에게 다가가고 경기장을 찾도록 하여 성장하기를 바란다. 더 나아가 가능하다면 유러피언 챔피언스 리그 결승전을 미국에서 개최하고자 한다. 2023년 알렉산데르 체페린 UEFA 회장은 이렇게 말했다. "(미국에서 챔피언스 리그 결승전을) 열지 말라는 법은 없죠. 이에 대한 논의의 물꼬가 트이긴 했지만 작년에는 월드컵이, 2024년에는 유로 2024가 있습니다. 챔피언스 리그를 놓고 보면 올해는 이스탄불, 24년은 런던, 25년은 뮌헨에서 열립니다. 그 후에는 두고 봐야죠. 가능합니다. 하지 말란 법은 없어요."[308] UEFA는 수익금의 약 97퍼센트를 클럽과 국가에 재분배한다. 하지만 대회 수익은 주로 유럽 축구계에 직접 분배된다.[309]

한편 FIFA는 현재 6개 대륙 연맹에서 7개 팀이 참가하는 형식으로 FIFA 클럽 월드컵을 주관하고 있다. 2023년 모로코 라바트에서 열린 결승전에서 레알 마드리드는 사우디아라비아의 알 힐랄Al Hilal SFC을 5:3으로 꺾고 클럽 월드컵 통산 다섯 번째 우승이라는 대기록을 세웠다. 이 대회의 수익금은 월드컵과 마찬가지로 전 세계 축구계에 직접 분배된다.

2022년 12월, 잔니 인판티노Gianni Infantino FIFA 회장은 32개 팀이 참가하는, 2025년부터 4년마다 열리는 새로운 대회에 대한 계획을 최초로 발표했다. 사람들에게 그들이 바라던 글로벌 상품을 더 많이 제공하고, 전 세계의 클럽과 선수 및 팬들에게는 글로벌 브랜드인 빅 클럽에서 선수가 뛰는 꿈을 이룰 기회를 더 많이 제공하겠다는 취지다. 초기에 유럽클럽협회와 FIFA는 일정이 혼잡해지고 선수들과 유러피언 챔피언스 리그에 영향을 끼칠 수 있다며 우려를 표했다. 그러나 논의가 오고 간 끝에 2023년 3월 무렵 UEFA와 ECA는 FIFA와 합의에 이르렀다.

FIFA가 추진하는 새로운 클럽 월드컵이 열리면 12개 유럽 클럽이 참가하게 되고 글로벌 관객을 훨씬 더 많이 유치할 수 있게 된다. 이 12개 팀에는 최근 4년간 챔피언스 리그 결승에 진출한 8개 팀과 UEFA 계수가 가장 높은 4개 팀이 포함된다. 또한 이 클럽 월드컵에는 남미에서 5개 팀, 아프리카, 아시아, 북아메리카에서 각각 2개 팀, 마지막으로 오세아니아에서 1개 팀이 참가한다. (세부 사항은 달라질 수 있다.) 전 세계 대륙의 클럽들이 참가하기 때문에, 팬들은 자신이 좋아하는 클럽 또는 자신이 좋아하는 리그를 대표해 출전하는 클럽을 응원할 수 있다.

전 세계 팬들은 이제 UEFA 챔피언스 리그는 매년마다, FIFA 클럽 월드컵은 4년마다 한 번씩 즐길 수 있게 된다.

보도에 따르면, 제안 단계에 그친 유럽 슈퍼리그에 참가하려 했던 클럽들은 이처럼 규모가 커진 FIFA 클럽 월드컵에 참여할 예정이라고 한다.[310]

스포츠는 EU GDP의 3.5퍼센트를 차지한다. 넓은 견지에서 봤을 때 이는 농업 분야 GDP의 두 배가 넘는 수치다. 그러나 스포츠가 사회적으로나 경제적으로 공공부문과 밀접한 관련을 맺고 있음에도 불구하고, 유럽 스포츠는 대부분 민간 거버넌스 시스템에 의해 규율되고 있다. 그렇기 때문에 대부분의 스포츠 기구는 거의 전적인 자율 규제와 감독 면제를 보장하는 스위스에 본부를 두고 있다.

따라서 현행 축구 규율 체계가 합리적인지 또 제대로 작동하고 있는지 따져봐야 한다.

2021년 11월, 프로 축구 책임자, 거버넌스 및 규정 준수 책임자 등으로 UEFA에서 20년간 근무했던 알렉스 필립스는 「오프더피치」와의 다방면에 걸친 단독 인터뷰에서 다음과 같이 말했다.[311]

대회 주최자가 상업적 측면과 규제 측면을 둘 다 관장하는 한, 이해 상충 문제는 언제라도 불거지기 마련이죠. 규제 기관인 UEFA가 빅 클럽을 퇴출하면, 대회 주최자인 UEFA로서는 운영하는 대회에 대한 관심과 가치가 폭락하는 현실과 마주하게 된다는 겁니다. 그래서 대회, 규제, 발전이라는 세 가지 주요 기능을 분리하여 자율기구에 맡기고, 이들 기관이 걱정 없이 편향되지 않게 제대로 업무를 수행할 수 있게 하자고 제가 여태껏 주장해온 것입니다. … (UEFA의) 규제 역할을 보자면, 과거에 UEFA가 그런 일도 했었다는 것을 알려주는, 이제는 희미한 그림자 정도로만 남은 셈이죠.

유러피언 슈퍼리그 사건에 내려진 판결

유러피언 슈퍼리그를 계획했던 A22스포츠매니지먼트는 2021년에 UEFA의 개별 리그 금지 조치가 경쟁법을 위반한다며 마드리드상업법원Madrid Commercial Court에 소를 제기했다. 이 사건은 2022년 1월에 유럽사법재판소Court of Justice of the European Union, CJEU에 회부되었다.

2022년 7월, 15명의 ECOJ 재판관들은 이틀에 걸쳐 구두 증거를 청취했다. EU 소속 21개 회원국뿐만 아니라 협회 회원과 리그에서도 증거를 제출했다.

ESPN FC의 선임 기자 가브리엘 마르코티Gabriele Marcotti가 이 사건을 보도했다. "이해관계가 첨예한 사건이다. UEFA와 FIFA가 재판에서 승소한다면 관리 기구인 자신들의 승인 없이 자체적으로 대회를 조직하고 입맛에 맞는 방식으로 대회를 운영하려는, 사기업이 대부분인 클럽의 모든 시도를 분쇄할 것이다. 반대로 슈퍼리그가 승소한다면 관리 기구가 아니라 클럽이 스스로 상대 팀, 경기 시간, 수익 배분 방법을 결정할 수 있는 문이 열릴 가능성이 커지게 된다."

2023년 12월 21일, 오랜 기다림 끝에 ECOJ가 최종 판결을 내렸다. 이는 보스만 판결 이후 축구 업계에서 가장 중요한 판결이다.

ECOJ는 UEFA와 FIFA에 대해 "지배적 지위를 남용"하여 경쟁법을 위반했다고 판결하며 다음과 같이 말했다. "슈퍼리그와 같은 신규 축구 클럽 대항전 프로젝트에 대해 사전 승인을 받도록 하고 클럽과 선수의 해당 대회 출전을 금지하는 FIFA와 UEFA의 규정은 불법임을 확인한다." 하지만 동시에 ECOJ는 이번 판결이 슈퍼리그가 반드시 승인되어야 한다는 의미가 아니며, 슈퍼리그 창설은 서비스 제공의 자유와 이동의 자유에 기반해야 한다는 점과 FIFA와 UEFA의 슈퍼리그 창설 방해는 불법이라는 점을 강조했다.

A22의 최고경영자 베른트 라이하르트는 이렇게 논평했다. "우리는 경쟁할 권리를 얻었습니다. UEFA의 독점은 끝났습니다. 축구는 자유를 얻었습니다. 이제 클럽은 위협과 처벌의 두려움에 떨지 않아도 됩니다. 클럽은 자신의 미래를 자유롭게 결정할 수 있습니다."

UEFA와 FIFA는 어떤 반응을 보였을까? 이 판결에 대해 알렉산데르 체페린 UEFA 회장은 이렇게 언급했다. "제 개인적으로 이번 판결이 우리 규정 몇 개 정도는 개선할 기회가 되리라 생각합니다. 하지만 그보다 중요한 것은 먼저 축구계의 단결입니다. … 모든 나라의 정부와 기관들도 우리에게 힘을 보태고 있습니다." FIFA의 반응은 이러했다. "FIFA는 입장을 발표하기에 앞서 UEFA, 다른 연맹 및 협회 회원들과 협력하여 이번 판결을 분석할 계획입니다. FIFA는 규정에 명시된 대로 스포츠만의 특수성, 즉 스포츠 실력에 따라 쌓아 올린 피라미드 구조, 그리고 경쟁적 균형 및 재정적 연대의 원칙에 대한 신념을 지키고 있습니다."

한편 플로렌티노 페레스 레알 마드리드 회장은 이렇게 말했다. "레알 마드리드는 우리의 원칙과 가치, 자유를 보호하는 유럽사법재판소가 내린 결정을 두 팔 벌려 환영합니다. 이 판결이 미치는 범위를 차차 자세히 살펴보겠지만, 이 판결에서 도출될 역사적으로 중요한 의미 두 가지는 능히 짐작할 수 있습니다. 첫째는 유럽 클럽 축구가 독점 체제하에 있지 않으며 앞으로도 결코 독점의 대상이 되지 않으리라는 점입니다. 둘째는 오늘부터 클럽의 운명은 클럽 스스로가 결정하리라는 점입니다. 우리 클럽들은 스포츠를 현대화하고 전 세계 팬의 마음을 사로잡을 유럽 축구 대회를 제안하고 홍보할 권리를 완전히 인정받았습니다. 다시 말해, 오늘 자유의 유럽은 또다시 승리를 거두었고, 축구와 축구 팬 역시 오늘의 승리자입니다."

2023년 2월에 A22는 64개 팀이 멀티리그에서 경쟁을 펼치는 개편된 형식의 슈퍼리그 계획을 발표했다. 새로운 슈퍼리그에서는 영구 참가 멤버를 인정하지 않고 순수하게 '스포츠 실력'만을 기준으로 경쟁하게 될 것이다. 이 발표에 따르면 64개 팀이 8개 그룹으로 나뉘어 '스타 리그, 골드 리그, 블루 리그'에서 경쟁하며, 연간 최소 14경기를 보장받는다. 국내 대회 성적을 바탕으로 참가 티켓을 획득할 수 있고, 리그 간 승강제가 실시될 것이며, 모든 경기는 새로운 디지털 스트리밍 플랫폼을 통해 무료로 중계될 것이다.

실제로 무엇이 바뀌었을까? 유럽사법재판소는 관리 기구인 UEFA가 대회 주관자이자 규제 기관이며 상업적 사업체라는 점을 재확인했다. 따라서 UEFA는 사실상의 독점적 권한을 남용하지 말아야 할 의무가 있으며, UEFA 주최 대회 참가 대신에 자체 대회를 개최하려는 클럽에 대해 합리적인 기준을 마련해야 한다.

이번 판결로 인해 글로벌 빅 클럽에게 자신의 운명을 통제할 수 있는 길이 더 많이 열렸다. 판결의 진정한 의의는 글로벌 클럽과 전 세계 팬들 쪽으로 힘의 저울추가 기울었다는 사실이다. 다시 한번 레알 마드리드는 축구 발전의 최전선에 서게 되었다.

관리 감독과 관련해서 놀라운 점은, 2015년 스위스에 본부를 둔 FIFA의 부패 사건을 조사한 주체가 바로 미국 법무부라는 사실이다. 미국 사법기관에서 외국인이 관련된 사건을 기소하기 위해서는 해당 사건이 미국과 조금이라도 연관성이 있다는 점만 증명하면 된다. FIFA 월드컵과 관련된 사건이 미국 텔레비전 시장에 영향을 끼치고 미국 TV 방송국이 돈을 지불했다는 이유로 미국 사법기관은 이 사안에 대한 관할권을 주장했다. 이는 UEFA 챔피언스 리그와 심지어 잉글랜드 프리미어 리그에도 마찬가지로 해당된다. 2021년 11월, 미국의 거대 미디어 기업 NBC는 프리미어 리그와 약 27억 달러(약 3조 7098억 원)에 달하는 6년 계약을 새로 체결해 방송 파트너십 계약을 갱신했다.

프리미어 리그는 더욱 적극적으로 감독에 나서고 있다. 프리미어 리그는 4년이 넘는 조사 끝에 2023년 2월에 성명을 발표하면서 2009년부터 2018년까지 100건이 넘는 재정 규정 위반 혐의로 맨시티를 기소했다고 밝혔다.[312] 맨시티는 반박했다. "프리미어 리그 규정 위반 혐의로 제소된 데 대하여 놀라움을 금할 수 없으며, 특히 EPL이 여기에 전방위적으로 관여하여 방대한 양의 세부 자료를 송부했다는 점이 더욱 놀랍습니다. 우리 맨시티의 입장을 뒷받침하는 확고부동한 증거를 종합적으로 공정하게 검토할 수 있도록 독립위원회의 사건 조사를 기꺼이 수용하겠습니다. 이에 따라 우리는 이 문제가 최종적으로 해결되어 의혹이 해소되리라 기대합니다."[313] 맨시티가 받는 혐의 중 하나는 클럽에 유입되는 자금을 과다 계상했다는 의혹인데, 특히 상업 및 스폰서십 계약이 문제가 되었다. 프리미어 리그는, 구단주에게서 클럽으로 흘러들어간 자금을 클럽이 FFP를 우회하기 위해 스폰서십 수입으로 위장했다는 주장을 내세우고 있다. 이는 맨시티가 받았던 2년간의 유럽대회 출전 금지 조치를 CAS가 해제하라고 판결했던 사건과 사실관계가 동일한 맥락의 사안이다.

맨시티에게 제기된 또 다른 혐의는, 클럽이 감독에게 지급하는 돈으로 연봉 외에 소유주와 관련이 있는 회사와 컨설턴트 계약을 맺어 별도의 급여를 지급함으로써 구단 운영비용을 인위적으로 축소해 실제 클럽 운영비의 일부만 재무제표에 반영했다는 것이다.

이 사건은 프리미어 리그 문제로 독립 위원회가 내부적으로 처리할 예정이다. UEFA의 FFP 규정과 달리 여기서 내리는 제재에는 시효가 붙어 있지 않다. 맨시티가 규정을 위반한 것으로 밝혀진다면 부과될 수 있는 제재에는 제한이 없다. "다시는 이런 일을 저지르지 마라."라는 경고에서부터 벌금, 승점 감점, 타이틀 박탈, 심지어 프리미어 리그 강등에 이르기까지 어떤 징계든 가능하다. 위원회가 결정을 내린 후에는 프리미어 리그 내 별도의 사법 항소 기구에 최종 결정에 대한 이의를 제기할 수 있다.[314]

프리미어 리그가 맨시티를 수년에 걸친 조사 끝에 기소했다고 하지만, 한 달도 채 지나지 않아 영국 정부가 축구 거버넌스에 관한 백서를 발표할 예정이라고 밝혀 프리미어 리그의 성명 발표 시점이 의문스럽다는 비판이 제기되었다. 프리미어 리그가 소송을 제기함으로써, 영국 정부가 백서에서 제안한 독립 규제 기관이 아니라 리그 스스로 지배구조 문제를 처리할 수 있다는 증거로 내세우려 한다는 것이다. 하지만 조사의 전 과정이 지나치게 오래 걸렸고 앞으로도 대체 얼마나 오래 걸릴 것이냐는 비판의 목소리가 나오고 있다. 프리미어 리그의 맨시티에 대한 조사는 2025년에서 2027년 사이에 종결될 예정으로, 앞으로 몇 년간 더 계속될 것으로 추정된다.

2023년 2월 말, FIFA는 영국 정부의 독립적인 축구 규제 기관 설립 제안이 정치적 간섭에 관한 규정에 저촉될 수 있다는 우려가 이는 가운데서도 이 제안을 검토할 것이라고 밝혔다. 법률 전문가들은 규제 기관 설치가 국가 협회는 "독립적이어야 하고 어떠한 형태의 정치적 간섭도 있어서는 안 된다."라는 FIFA 규정 제15조를 위반할 소지가 있다고 우려를 표한다. 2025년 설치 예정인 규제 기관이 출범해야 어떤 일이 일어날지 알 수 있을 것이다.

2023년 9월, 스포츠 미디어 「디애슬레틱」의 질의에 영국 정부는 아부다비 주재 영국 대사관과 런던의 외무부FCDO 간에 프리미어 리그의 맨시티 제소 건에 대한 논의가 있었음을 인정했다. 그러나 영국 정부는 정보 공개 요청을 한 「디애슬레틱」에 서신 공개는 거부했다.

프리미어 리그는 동일한 소유 구조에 속하는 클럽 간 임대 이적을 금지할지 여부도 고려하고 있다. 그러나 많은 스포츠 법률 전문가들은 MCO 내 클럽 간 이적에 대한 규제가 EU 및 영국의 경쟁법과 충돌할 수 있으며 향후 법적 문제를 일으킬 것으로 예측한다. 이 관련 규정 변경은 특히 맨시티와 뉴캐슬을 겨냥한 것으로 보인다.

UEFA는 영국 팬들이 유러피언 슈퍼리그에 반대하는 것을 흡족하게 여겼을 테지만, 대중의 관심이 쏠리는 바람에 결국 영국 정부가 조사에 착수했고 독립적인 국내 규제 기관 설치 권고라는 결과가 발생했다. 슈퍼리그가 되어가고 있는 프리미어 리그는 축구계의 NBA이자 UEFA의 강력한 경쟁자라 할 수 있는데, UEFA는 이런 프리미어 리그에 대한 사법 및 징계 권한을 일정 부분 잃어버릴 수도 있다.

유럽 시장이 '국가 지원'에 의해 왜곡되는 것을 막기 위해 도입한 새로운 규정을 위반한 혐의로 유럽연합집행위원회가 맨시티와 뉴캐슬에 대한 조사에 착수할 수도 있다는 보도가 나왔다.[315] 맨시티와 뉴캐슬이 2023년 6월에 발효한 역외 보조금 규정Foreign Subsidies Regulation, FSR을 위반했다며 여러 클럽이 불만을 터뜨린 것으로 알려졌다. 관건은 클럽이 '국가에 의해' 관리될 수 있는 범위가 어디까지인가 하는 점이다. 맨시티 측에서는 클럽이 UAE

의 부통령이자 부총리인 셰이크 만수르의 개인 사업체라는 입장을 고수하
고 있다. 뉴캐슬을 소유하고 있으며 사우디아라비아의 무함마드 빈 살만
Mohammed bin Salman Al Saud 왕세자 겸 총리가 의장을 맡고 있는 사우디아라
비아국부펀드는 항상 자신들이 공평하고 독립적인 투자 기관임을 강조한다.

축구 산업의 취약한 시스템

이 책의 앞부분에서 여태 방송 수익이 증가해왔지만 이제 정점을 찍었을 수 있으며, 선수 연봉과 인프라 비용은 더욱 빠른 속도로 증가하고 있어 클럽들 대부분이 채택하고 있는 축구 경제 모델이 갈수록 지속 불가능하고 위험해지고 있다고 설명한 바 있다.

전 세계적인 팬데믹으로 인해 시스템이 얼마나 취약한지도 드러났다. 2021년 6월, 세계경제포럼World Economic Forum은 「COVID-19: 팬데믹은 축구의 구조적 문제를 어떻게 악화시켰는가」라는 제목의 보고서를 발표했다. 보고서의 내용을 살펴보자. "구조적으로 축구 클럽은 자본이 제한적일 뿐만 아니라 현금 흐름을 전혀 또는 거의 창출하지 못한다. 코로나19 위기가 덮치기 전에도 마찬가지였지만, 가장 경영을 잘한 클럽 정도만 손실을 입지 않았다. (입었어도 미미한 수준이었다.) 물론 투자자들의 가치 창출 기회가 없는 것은 아니지만, 그마저도 이는 업계 수익이 증가한다는 것을 전제로 했을 때나 가능한 일이다. 투자자들로서는 장기적으로 클럽의 수익이 커지면 성장의 몫을 가져갈 수 있고, 축구 미디어 중계 시장이 확대됨에 따라 발생한 이익을 챙길 수 있으리라는 가정을 하겠지만, 수익 대부분은 선수들에게 돌아가기 마련이다."

2021년 6월, 「오프더피치」에 "코로나19 확산 전에도 자멸 위기에 빠져 있던 축구 산업"이라는 제목의 기사가 실렸다.[316] 지난 20년간 유럽 축구 산업의 연간 매출 성장률은 8퍼센트 정도였지만, 비용(특히 선수 급여와 이적료)은 더욱 빠른 속도로 증가했다. 따라서 수익이 증가해도 재무성과가 두드러지게 개선되지는 않았다. 기사에서도 실제로 같은 말을 하고 있다. "실제

로 코로나19 확산 전에도 많은 구단이 손실을 보고 있었다." 손실을 만회하
려면 자본을 투입해야 한다. 계속해서 기사 내용을 살펴보자. "다른 어느 클
럽보다도 두 클럽의 사례가 눈에 띈다. 바로 맨체스터 시티와 파리 생제르맹
이다. 아부다비와 카타르의 지분 소유주들은 이 두 클럽의 가치를 끌어올리
기 위해 막대한 자금을 투자했다. 2008/2009년부터 2018/2019년에 이르
는 기간 동안 (파트너에게 지불해야 할 금액까지 포함해) 총 13억 2900만 파운드
(약 2조 4852억 원)의 자금이 맨체스터 시티에 투입되었다. … 2011/2012부
터 2018/2019까지 파리 생제르맹에는 4억 1900만 유로(약 6758억 원)의 자
본이 투입되었는데, 2019년 6월 30일 기준으로 파트너에게 지불해야 할 1억
2400만 유로의 신규 부채 또한 발생했다. … 외부에서 창출된 자본이 축구
산업으로 밀려 들어와 때로는 성장을 가속하기도 하고 또 한편으로는 전반
적인 상승세에 편승하도록 하면서 거의 두 자릿수에 달하는 기간 동안 성장
을 이끌었지만, 동시에 전체 시스템과 모든 프로세스에 압박을 가했다."

손실이 있다고 해도 팬들은 자신이 책임질 일이 없기 때문에 신경 쓰지 않
는다. 리그 우승을 목표로 더 뛰어난 선수의 영입에 더 많은 돈을 쓰라고 클
럽 소유주를 닦달할 뿐이다. 하지만 레알 마드리드의 회원들은 클럽을 직접
소유하고 있으므로 클럽이 처한 상황에 신경을 쓴다. 레알 마드리드는 축구
의 지속 가능성을 높일 수 있도록 변화를 촉구하고 있다. 이는 축구를 위해서
나 레알 마드리드 자신을 위해서 바람직한 일이다.

「오프더피치」 기사의 결론은 이렇다. "슈퍼리그가 축구 정서상 현시점에
서는 수용되지 않겠지만, 위에서 언급한 문제 중 일부를 부분적으로나마 해
결했을 뿐만 아니라 전체 시스템에 막대한 규모의 새 재원이 공급되는 결과
를 가져왔다. 이 돈을 클럽에 어떻게 분배할지에 대한 문제는 향후 논의가 진
행되어야 한다. 슈퍼리그가 지속 가능성을 보장하는 최선의 방법은 아니겠

지만, 축구를 살리는 데 큰 도움이 되리라는 점은 분명하다."

프리미어 리그 클럽을 소유한다고 재정적 성공이 보장되리라 생각한다면 오산이다. 재무분석회사 바이시블의 공동 설립자인 로저 벨Roger Bell은 이에 대해 다음과 같이 말했다. "잉글랜드 최고의 축구 클럽을 소유하는 것이 수익성 있는 사업은 아닙니다. 비즈니스 세계에서 실적이 부진할 경우 흔히 일어나는 인수합병이라는 요소가 축구에서는 없습니다."[317] 따라서 재무 상황의 개혁은 사실상 운영 측면이나 구조적인 측면에서 이루어져야 한다. 구조 개혁이라는 관점에서 봤을 때 슈퍼리그의 등장은 예측이 가능했을 뿐만 아니라 당연한 일이기도 했다. 로저 벨은 덧붙였다. "지난 2년 동안 모든 수치가 심각한 상황임을 가리키고 있는데, 슈퍼리그 2.0 버전의 등장이 얼토당토않은 일은 아니죠."

전설 같은 이야기, 레스터 시티

맞다. 그렇다. 레스터 시티가 2015~16시즌 프리미어 리그에서 우승한 사실을 나도 알고 있다. 2003~04시즌 이후 빅6(현재는 뉴캐슬을 포함해 빅7)에 속하지 않은 클럽 중 챔피언스 리그 진출권을 획득한 팀은 레스터 시티 단 한 팀뿐이었다. 2022~23시즌에는 사우디아라비아의 PIF로 소유주가 바뀐 뉴캐슬이 출전했다.

2022~23시즌에 레스터 시티는 챔피언십 리그로 강등되었다. 한편 빅6와 뉴캐슬 중 강등 위기에 처한 클럽은 한 팀도 없다. 심지어 2022~23시즌에 리그 12위를 기록해, 아직도 잊히지 않는 최악의 시즌을 보내며 재앙과도 같은 성적으로 시즌을 마무리한 첼시조차도 강등권에 속하지는 않았다. 본질적으로 빅6와 뉴캐슬은 프리미어 리그의 '원년 영구 멤버'나 다를 바가 없다.

자신들이 그렇다고 말만 하지 않을 뿐이다.

레스터 시티라…. 레스터 시티 이야기를 하고 싶어 하는 사람이 있을까. 하지만 레스터 시티는 2020~21 회계연도에 3120만 파운드(약 583억 원), 2019~20 회계연도에 6730만 파운드, 2018~19 회계연도에 2000만 파운드의 적자를 기록한 데 이어 2021~22 회계연도에는 9250만 파운드의 적자를 기록했다. 여우들Foxes이라는 별칭으로도 불리는 레스터 시티는 종종 '영국에서 가장 훌륭하게 운영되는 클럽'으로 평가받는다.[318]

가장 부유한 리그에 속해 있으면서도 레스터 시티가 이렇게나 많은 손실을 보고 있는 이유가 뭘까? 레스터 시티는 2018~2019 프리미어 리그 순위에서 9위를 차지했으며(빅6가 독식하는 유럽 리그 진출권에 아쉽게 미치지 못했다.) 매출 대비 급여 비율은 85퍼센트에 달했다. (2019~20시즌에는 105퍼센트로 정점을 찍었다.) 이는 지속 가능하지 않다. 선수단 급여로는 1억 7200만 유로(약 2774억 원)가 나갔다. 반면, 5위와 6위를 차지한 아스널과 맨유는 각각 3억 9900만 유로와 2억 6700만 유로를 지출했는데, 이는 레스터 시티의 총수입보다도 많은 금액이다. 프리미어 리그에서 빅6와 뉴캐슬이 분리된 자신들만의 리그를 펼치고 있다는 점을 여실히 보여준다.

2022년 7월 19일 기준으로, 프리미어 리그에서 5회 연속 톱 10에 들었던 레스터 시티는 유럽의 상위 5대 리그 소속 클럽 중 신규 선수를 등록하지 않은 단 두 개의 클럽 중 하나다. (재미있게도 다른 한 팀은 CFG가 일부 지분을 소유하고 있는 라리가의 지로나다.) 이유가 뭘까? 바로 돈 때문이다.[319]

현 레스터 시티 회장인 아이야왓 스리바드다나프라바Aiwayatt Srivaddha-naprabha 그리고 작고한 (그리고 많은 이들의 사랑을 받았던) 그의 아버지 비차이 스리바드다나프라바Vichai Srivaddhanaprabha는 연고지인 레스터와 인근 지역사회에 아낌없이 베풀었던 구단주였다. 이들 부자의 친절함과 나눔의 정신 덕에 레스터 시티의 프리미어 리그 우승은 더욱 따뜻한 환영을 받았다. 레스터 시티의 소유주들은 빅6와 뉴캐슬을 따라잡기 위해 노력을 기울였고, 새로운 소유권 모델을 도입하기 위해 2017년 벨기에의 OH 뢰번OH Leaven을 인수했다.

앞서 언급했듯이 레스터 시티는 2022~23시즌 종료 후 강등되었다. 여기서 또 다른 중요 요인, 즉 승격과 강등에 대해 알아보자. 레스터 시티는 2013~14시즌에 프리미어 리그로 승격했다. 프리미어 리그 승격 후 세 시즌 이내에 강등될 확률과 새롭게 프리미어 리그로 승격한 클럽이 얼마나 오랫동안 강등되지 않고 리그에 연속해서 머무는지 분석해보았다. 새로 승격한 클럽이 프리미어 리그에 머무는 기간은 95퍼센트 이상의 확률로 5년이 채 되지 않았다. 보통 매 시즌 승격하는 세 클럽 중 적어도 한 클럽은 승격 후 맞이하는 첫 시즌에 강등당한다. 그리고 대개 두 번째 시즌에 최소 두 팀이 강등되며, 이때를 넘겨도 세 시즌 이내에 강등되는 경우가 95퍼센트 이상이다. 통상 새로 승격한 클럽은 프리미어 리그에 3년 이상 머무르지 못한다. 프리미어 리그로 승격하거나 또는 프리미어 리그에 잔류하기 위해 고군분투하는 클럽은 선수들에게 거의 모든 돈을 쏟아붓는데, 이것이 지속 가능할 리 만무하다. 그래서 유소년 육성 아카데미나 팬 친화적인 경기장 등 다른 투자를 위한 자금은 언제나 부족할 수밖에 없다.

축구계의 NBA: 프리미어 리그와 비 프리미어 리그의 엄청난 격차

2023 딜로이트 풋볼 머니 리그 순위를 보면 역사상 처음으로 20개 클럽 중 절반 이상(11개 클럽)이 한 국가(영국)의 소속 팀이며, 현재 프리미어 리그 회원의 80퍼센트가 딜로이트 풋볼 머니 리그 상위 30위권에 포진하고 있다.

리즈 유나이티드는 프리미어 리그의 위상을 보여주는 대표적인 팀이다. 리즈 유나이티드는 2020년까지 챔피언십 소속이었고 20년 동안 유럽 리그 대회에 진출한 적이 없던 팀이다. 하지만 이제는 벤피카나 아약스 같은 챔피언스 리그 단골 출전 클럽을 제치고 딜로이트 풋볼 머니 리그 18위를 차지하고 있다.[320] 또 상위 5대 리그에 속하지 않는 클럽 중 어떤 팀을 데려다 놓아도 그 선수단의 가치가 프리미어 리그 20개 클럽 중 상위 18개 클럽의 선수단 가치에는 미치지 못한다. 오직 선수단 가치가 2억 9600만 유로(약 4774억 원)인 풀럼과 2억 6400만 유로인 본머스 정도만 FC 포르투, 아약스, 벤피카보다 아래에 있을 뿐이다.[321]

프리미어 리그의 방송 수익은 다른 리그의 두 배에 이른다. 다른 리그의 경우 방송 수익을 가장 많이 분배받는 클럽과 가장 적게 받는 클럽 간의 격차가 3배에서 3.5배인데, 프리미어 리그는 수익 차이가 1.8배다. 많은 이들이 이렇게 '가장 공정하고 공평하게' 분배하는 중계료 수익 덕분에 프리미어 리그가 가장 경쟁력 있는 리그가 되었다고 해석하기도 한다. 하지만 유념해야 할 사실은, 만약 다른 리그에서 높은 성적을 거둔 클럽에게 중계권료를 더 높은 비율로 지급하지 않았다면 자국에서 좋은 성적을 거둔 클럽도 유럽 리그 차원에서는 경쟁력을 갖출 수 없었을 것이라는 점이다. 예를 들어 프리미어 리그

내 6개 클럽이 저마다 받는 TV 중계권료는 레알 마드리드보다 높으며, 리그 꼴찌인 영국 클럽이 이탈리아의 1등 클럽보다 더 많은 중계권료를 받는다. 어쨌든 프리미어 리그가 전 세계 관중을 사로잡는 이유가 '가장 경쟁력 있는 리그'이기 때문이라는 해석은 납득하기 어렵다.

빅6(현재는 뉴캐슬까지 더해 빅7)에 속하는 클럽은 다른 클럽보다 급여를 더 많이 지급할 자금력이 있으며, 총수입보다 더 많이 지출하는 경우도 있다. 따라서 전 세계에서 가장 뛰어난 선수들이 프리미어 리그로 몰려든다. 외국인 스타 선수는 팀 승리에 기여할 뿐만 아니라 전 세계 시청자의 이목을 끄는 중요한 역할을 한다. 해당 선수 출신 국가의 팬들은 자국 출신 스타 선수를 응원하기 마련이다. 또 유럽 리그 중 외국인 선수 비율이 가장 높은 리그는 단연코 프리미어 리그다. 프리미어 리그에서 뛰는 선수들의 국적은 65개나 된다. 그중 프랑스와 스페인 출신 선수의 수가 가장 많다. (때문에 리그 1과 라리가를 향하던 프랑스와 스페인 팬의 관심이 프리미어 리그로 옮겨가기도 했다.)

프리미어 리그 vs. 라리가

레알 마드리드와 바르셀로나 정도를 제외하면, 프리미어 리그 클럽이 라리가 클럽보다 '더 우월하다.'라는 인식이 널리 퍼져 있다. 그것이 사실인지 유럽 토너먼트 본선 라운드에서 (레알 마드리드와 바르셀로나를 제외하고) 라리가 클럽과 프리미어 리그 클럽이 맞붙은 결과를 살펴보자. 최근 유로파 리그 결승전만 보더라도, 2020~21시즌에는 비야레알이 준결승에서 아스널을 꺾고 결승에 진출해 맨유를 상대로 우승을 거두었으며, 2015~16시즌에는 세비야가 리버풀을 격파했다.

실제로 유로파 리그는 라리가 클럽들의 독무대였다. 지난 20년간 라리가가 12회 우승을 거둔 반면, 프리미어 리그는 고작 3회였다. 2022~23시즌에는 세비야가 8강에서 맨유를 꺾고 올라가 우승을 차지했다. 2019~20시즌에는 세비야가 8강에서 울버햄튼, 준결승에서 맨유, 결승에서 인터 밀란을 차례로 격파하고 우승 트로피를 들어 올렸다. 2018~19시즌에는 아스널이 준결승에서 발렌시아를 꺾긴 했지만 결승에서 첼시에게 패했다.

챔피언스 리그에서는 2021~22시즌에 맨시티가 8강에서 아틀레티코 마드리드를 1대0으로 꺾었지만, 준결승에서는 레알 마드리드에게 패했다. 리버풀이 준결승에서 비야레알을 상대로 승리를 거두긴 했지만, 비야레알은 16강전에서 유벤투스를, 8강에서 바이에른 뮌헨을 꺾고 4강에 올랐다. 물론 레알 마드리드도 2021~22시즌에 첼시, 맨시티, 리버풀을 상대로 승리했다.

2020~21시즌에는 첼시가 아틀레티코 마드리드와 레알 마드리드를 꺾고 우승 트로피를 들어 올렸지만, 같은 해에 레알 마드리드는 리버풀을 이겼다.

유럽 대회 성적을 볼 때 프리미어 리그 클럽이 라리가 클럽보다 더 우월하다는 주장은 납득하기 어렵다. 적어도 프리미어 리그가 그 많은 재정적 자원을 투입하면서 최상의 결과를 뽑아내고 있다고 보기는 힘들다. 솔직히 프리미어 리그 클럽의 성적이 더 좋지만은 않다는 결과는 놀라울 정도다. 이것을 어떻게 설명할 수 있을지는 나도 모르겠다.

라리가가 굳이 밝히고 싶어 하지 않을 이야기가 있다. 레알 마드리드가 좋은 성적을 거둔 탓에 (레알 마드리드를 제외한) 라리가 클럽의 성적이 전반적으로 하락세라는 사실이 드러나지 않고 있다는 것이다. 2016년 이후 바르셀로나와 아틀레티코 마드리드가 8강에 진출한 것은 단 한 번뿐이었는데, 두 클럽 모두 두 시즌 동안 조별 리그를 벗어나지 못했다. 레알 마드리드가 챔피언스 리그에서 거둔 성적이 아니었다면 라리가의 UEFA 계수 순위는 훨씬 낮았을 것이다. TV 중계권료 격차를 생각하면 라리가가 프리미어 리그만큼 경쟁력이 없다는 사실이 이해가 되지만, 현재 독일과 이탈리아가 라리가를 따라잡고 있고… 어쩌면 체코나 그리스한테도 따라잡힐 수 있다.

뒤에서는 소유권 모델 변경 이후 프리미어 리그 클럽의 챔피언스 리그 성적이 어떻게 극적으로 개선되었는지 살펴볼 것이다. 물론 레알 마드리드가 없었으면 성적은 더 좋았겠지만 말이다.

어찌되었든 프리미어 리그의 진정한 볼거리는 빅6 또는 빅7이 모든 팀의 선망의 대상인 유럽 챔피언스 리그 진출권 네 자리를 놓고 벌이는 경쟁이다. 빅7의 경기는 전 세계 시청자의 이목을 사로잡는 '빅 이벤트'로, 말하자면 그들만의 슈퍼리그다. (챔피언스 리그의 본선 라운드보다 아스널과 맨시티의 경기를 본 시청자가 더 많다는 사실을 떠올려보라.) 세계적인 스타들로 가득한 클럽들이 경기를 치르며 맞붙는다는 사실 하나만으로도 전 세계 시청자들의 관심과 시선을 붙잡아두기에 충분하다. 프리미어 리그에 참여하는 정부 유관 기관, 사모펀드, 그리고 다중 클럽 소유 모델이 많아질수록 빅 클럽과 이들이 펼치는 '이벤트' 경기도 늘어날 것이다. 한때 맨유 대 리버풀의 경기는 레알 마드리드 대 바르셀로나의 경기처럼 관중이 쇄도하는 경기였다. 지금은 맨시티 대 리버풀의 경기가 더욱 화제가 되는데, 사실 아부다비가 관여하기 전에는 맨시티에 관심을 갖는 사람이 거의 없었다 해도 과언이 아니다. 사우디아라비아의 PIF가 운영하는 뉴캐슬의 서포터들이, (새로운 소유 모델이 선덜랜드를 인수하지 않는 한) 선덜랜드와의 더비를 기대하기보다는 정부 유관 기관, 사모펀드 및 다중 클럽 소유 모델에게 인수되어 새로운 라이벌로 등극할 클럽과의 대결을 더욱 기대할 날도 머지않았다.

이제 다음 변화로 넘어가보자.

글로벌 브랜드가 다른 클럽에 미치는 영향

영국을 제외한 상위 5대 리그에서 글로벌 브랜드로 리그를 주도하는 일부 클럽은 재정 면에서나 성적 면에서 리그 중계권 수익에 주로 의존하는 리그 내 다른 클럽들과 격차를 벌리고 있다. (물론 여기에는 경기의 흥미를 떨어뜨리고 우승 팀 및 챔피언스 리그 진출 팀의 예측이 쉬워지는 결과가 따른다.) 그리고 챔피언스 리그에 참가하는 대부분의 클럽과도 격차를 벌리고 있다.

프리미어 리그에는 전 세계 시청자의 관심을 끄는 빅 클럽이 예닐곱 팀이나 있지만, 라리가에는 둘, 아틀레티코 마드리드까지 포함하면 셋 정도 되는 빅 클럽이 시청자들의 관심을 받으며 자국 리그 우승컵을 놓고 다툰다. 단순히 말해서 라리가가 국제 시장에 내놓을 수 있는 주력 상품은 결국 엘 클라시코뿐이다. 독일에서는 바이에른 뮌헨이 최근 열한 번째 분데스리가 우승컵을 차지했는데, 전 세계 시청자들에게는 지루하게 보일 수밖에 없었다. (일부에서는 바이에른 뮌헨에 대적할 강력한 라이벌이나 최고의 경쟁자가 없다는 점이 챔피언스 리그에서 오히려 독이 됐다고 여긴다.) 이탈리아에는 유러피언 컵 우승 경력을 자랑하며 글로벌 시청자들의 주목을 받는 세 클럽, AC 밀란, 인터 밀란 그리고 유벤투스가 있다. (인터 밀란과 AC 밀란이 재정 문제를 겪는 동안 유벤투스가 자국 리그에서 9회 연속 우승을 달성했다.)[322] 프랑스에는 PSG 그리고 나머지 팀들이 있다. (일부에서는 PSG 역시 바이에른 뮌헨처럼 대적할 강력한 라이벌이나 최고의 경쟁자가 없다는 점이 챔피언스 리그에서 오히려 악재가 됐다고 여긴다.) 레알 마드리드, 바르셀로나, 바이에른 뮌헨, PSG 같은 클럽들은 승격이나 강등에 신경 쓰지 않는다. 프리미어 리그의 빅6 또는 빅7도 마찬가지다.

최고의 선수를 보유한 빅 클럽을 가장 많이 볼 수 있는 리그는 프리미어 리그다. 빅6와 뉴캐슬을 보유하고 있기에 다른 어떤 리그보다 '가장 경쟁력 있는 리그'라고 할 수 있다. 같은 프리미어 리그라 해도 이들 빅 클럽이 펼치는 경기는 경쟁이 치열하고 흥미진진하다. 엘 클라시코는 한 시즌에 두 번 치러지는데, 프리미어 리그는 맨시티 vs. 리버풀, 맨시티 vs. 맨유, 첼시 vs. 아스널, 아스널 vs. 토트넘, 첼시 vs. 토트넘 같은 전 세계 시청자를 사로잡는 '슈퍼리그 클럽' 간의 흥미로운 경기가 한 시즌에 두 번씩 열린다. 거의 매주 주말마다 '블록버스터 경기'가 열린다는 얘기다. 앞서 '프리미어 리그 vs. 라리가' 부분에서 보았듯이, 사실 프리미어 리그 상위권에 최고의 팀들만 포진해 있다고 말하기는 어렵다. 하지만 프리미어 리그 내 빅 클럽과 다른 리그의 클럽들과의 재정 격차가 국제 중계 수익에서뿐만 아니라 상업적 수익(스폰서십, 라이선스)에서도 매년 커지고 있다는 사실은 분명하다.

유럽 내 다른 리그들의 우려 가운데 하나는 프리미어 리그의 중위권 클럽조차 유럽 대륙 내 대다수 클럽들과는 완전히 다른 수준에서 재정을 운영하고 있다는 점이다. 프리미어 리그는 2021~22년 여름 오프 시즌에 다른 4개 리그의 지출액 전부를 합친 22억 3000만 유로~22억 5000만 유로(약 3조 5970억 원~3조 6292억 원)에 상당하는 돈을 지출했다.[323] 한 가지 사례를 보자면 분데스리가는 프리미어 리그의 피더 리그화되고 있다. 그런데 빅6나 빅7이 독일에서 선수를 영입하는 것이 아니라 프리미어 리그 중하위권 클럽들이 독일에서 선수들을 데려오는 실정이다. 그리고 선수만 프리미어 리그로 가는 것이 아니라 감독, 코치, 스카우터도 프리미어 리그로 향한다. 지로나의 지분을 소유한 맨시티의 경우처럼, 다중 클럽 소유 모델은 라리가가 프리미어 리그의 피더 클럽이 되어가는 현상을 가속할 것이다.

레알 마드리드가 최근에 대형 선수를 매각한 사례를 살펴보자. 알바로 모라타Álvaro Morata가 2017년 7000만 유로(약 1129억 원)에 첼시로, 앙헬 디

마리아Ángel Di María가 2014년 7000만 유로에 맨유로, 카세미루가 2022년 7000만 유로에 맨유로, 메수트 외질Mesut Özil이 2013년 5000만 유로에 아스널로, 마테오 코바치치Mateo Kovačić가 2019년 4700만 유로에 첼시로, 마르틴 외데고르Martin Ødegaard가 2021년 3500만 유로에 아스널로, 라파엘 바란Raphaël Varane이 2021년 4000만 유로에 맨유로 매각되었다. 크리스티아누 호날두의 유벤투스 이적이라는 이례적인 경우를 제외하면, 이 선수들은 레알 마드리드의 선수들을 계속해서 영입할 자금력이 있는 클럽들이 모여 있는 유일한 리그인 프리미어 리그 클럽으로 매각된 것이다. (마르코 아센시오Marco Asensio와 세르히오 라모스는 PSG로 자유 이적했으며, 아슈라프 하키미Achraf Hakimi는 인터 밀란에 매각되었다.)

또한 새로운 소유권 모델이 이들 빅 클럽에 투자를 늘림으로써 격차는 더 벌어질 수도 있다. 정부 유관 기관이나 사모펀드 입장에서는 레알 마드리드, 바르셀로나, 바이에른 뮌헨 같은 회원 소유의 빅 클럽을 인수할 수 없는 데다 프리미어 리그와 다른 국내 리그 간의 방송 수익 격차가 점점 커지고 있기 때문에, 새로운 소유권 모델은 더욱 프리미어 리그에 눈독을 들이게 될 것이다. 이로 인해 프리미어 리그에 더 많은 '빅 클럽'이 등장하거나 리그 간 격차는 더 벌어질 것이다. 다중 클럽 소유주는 여러 클럽 중에서도 맨시티 같은 프리미어 리그 클럽을 핵심 클럽으로 여길 것이다. 빅6 또는 빅7 소유주에게 닥쳐 올 수 있는 가장 큰 문제는 재정적 위험이다. 챔피언스 리그 출전권은 네 장뿐인데 이 티켓을 놓치면 수익 면에서 수천만 유로의 경제적 타격을 받게 된다. (그리고 선수를 계속 보유할 수 없어 매각해야만 하는 상황도 포함된다.) 수익을 생각하면 이들 소유주에게 유러피언 슈퍼리그가 매력적으로 보일 수밖에 없다.[324] UEFA가 챔피언스 리그 참가 방식을 변경하면서 추가 출전권 4장 중 2장은 유럽 클럽에게 국내 리그의 이전 시즌 성적에 따라 주어야 한다는 압박을 받았던 이유도 이 때문이다.

어쩌면 슈퍼리그가 그리 나쁜 생각이 아닐지도

프리미어 리그와의 격차가 계속 커지면서 우수 선수 영입을 위한 경쟁과 챔피언스 리그 우승을 위한 경쟁이 레알 마드리드에게는 점점 더 버거워질 것이다. 순수하게 재정적인 측면에서만 봤을 때, 프리미어 리그와의 격차를 좁힐 수 있는 구조적인 해결책은 슈퍼리그였다. 이는 레알 마드리드만의 문제가 아니라 프리미어 리그 내 중소 클럽과 영국 바깥의 팬 모두에게 해당하는 문제다. 유럽의 축구 팬들도 변화를 느끼고 있다. 한편 알렉산데르 체페린 UEFA 회장은 슈퍼리그 도입 논의가 오가던 당시 영국 팬들은 반대에 나섰지만 이탈리아와 스페인 팬들은 UEFA를 도우려 하지 않았다며 맹비난했다. "영국 팬들은 우리를 도왔지만 이탈리아와 스페인 팬들은 아무것도 하지 않았습니다."[325] 한 조사에 따르면, 이탈리아 팬의 72퍼센트, 프랑스 팬의 71퍼센트, 스페인 팬의 76퍼센트가 유러피언 슈퍼리그를 지지한다고 한다.[326] 그리고 젊은 층일수록 더 높은 지지를 보낸다.

2023년 3월 8일 바이에른 뮌헨이 PSG를 탈락시킨 챔피언스 리그 16강전이 끝나고, 축구 저널리스트이자 작가인 가브리엘 마르코티는 ESPN FC에서 다음과 같이 말했다.

프랑스를 비롯해 다른 나라에서도 이렇게 말하는 사람도 분명히 있을 겁니다. "잠깐만, 그 슈퍼리그 얘기는 어떻게 된 거지? 여기 리그 1은 말이야, 얘들은 매주 경기를 대충대충 뛰어. 그래도 리그에서 우승하니까. 선수들 정신을 번쩍 들게 해서 매주 발바닥에 땀 나도록 경기를 뛰게 할 뭔가가 필요한 것 아니야? 어쩌면 슈퍼리그가 그리 나쁜 생각은 아닐 수도 있겠는데.”

이러한 논쟁이 재점화될 것 같다는 생각이 듭니다. … 이번 시즌 리그1, 쿠프 드 프랑스Coup de France, 챔피언스 리그에서 메시가 진짜, 진짜 강팀이랑 맞붙는 게 몇 번이나 될까요? 그리 많지 않을 겁니다.[327]

전 세계에서 가장 큰 스포츠 시장이자 축구 성장에 핵심적인 역할을 할 미국은 어떨까? 2018년 미국은 4710억 달러(약 647조 1540억 원) 규모의 전 세계 스포츠 시장에서 32.5퍼센트의 점유율을 차지했으며, 나머지 상위 5개 국가는 중국(12.5퍼센트), 일본(4.6퍼센트), 독일(4.1퍼센트), 프랑스(3.2퍼센트) 순이었다.[328]

알렉산데르 체페린 UEFA 회장은 이렇게 말했다. “요즘 미국에서 축구가 엄청난 인기를 구가하고 있습니다. 미국인들은 최고의 경기를 위해서라면 이 정도는(손을 높이 치켜드는 제스처를 취하며) 기꺼이 지불합니다. 맘에 안 들면 한 푼도 안 쓰지만요. 유럽의 농구 팬들이 NBA를 응원하듯이 미국인들도 유럽 축구를 응원할 것입니다. 미국은 미래를 위한 매우 중요하고도 전망이 밝은 시장입니다. 중요한 점은 우리 중계권 판매가 호조를 보인다는 것이죠.”

전 미국 남자 축구 국가대표 선수이자 폭스스포츠Fox Sports의 애널리스트인 알렉시 랄라스Alexi Lalas의 발언은 많은 미국인의 생각을 대변한다. “만약 그게(유러피언 슈퍼리그) 이미 시장에 나와 있는 경기보다 더 나은 상품을 제공한다면 저는 고객이 될 것입니다. 저는 축구의 소비자입니다. 흥미진진하고 재미있는 경기를 보고 싶습니다.”

(하루 평균 100만 명 이상의 시청자가 관람하는) ESPN의 TV쇼, 〈파든 디 인터럽션Pardon the Interruption, PTI〉의 공동 진행자인 마이클 윌본Michael Wilbon 역시 이렇게 말했다. “이 새로운 슈퍼리그는 … 재밌을 것 같군요. 세계적으로

유명한 팀들이 홈과 원정을 오가며 서로 경기를 펼치다니 … 꼭 보고 싶네요. … 최고의 팀과 최고의 선수들이 서로 대결하는 모습을 보고 싶어요. … 제가 유럽에서 이런 경기가 열리는 곳에서 살면서 자랐다면, 어느 정도는 전통을 옹호하기도 하겠지만 … 불편해하실 분들에게는 죄송하지만 전 진짜로 새로운 리그를 보고 싶습니다."

마이클 윌본과 함께 PTI를 공동 진행하는 토니 콘하이저^{Tony Kornheiser} 또한 이렇게 말했다. "현재 유럽 축구를 장악하고 있는 그들은(FIFA와 UEFA) 통제권을 잃을까 두려워하고 있어요. 이게(유러피언 슈퍼리그) 더 나은 아이디어라는 걸 다들 알잖아요. 훨씬 더 낫죠. 슈퍼리그가 잘 됐으면 좋겠군요."

어느 에버턴 팬의 시각

2021년, 유러피언 슈퍼리그 창설 계획이 발표되자 (공동 창립 멤버로 참여하지 않은) 에버턴은 팬들을 대상으로 설문 조사를 실시했다.[329] 설문 조사를 완료하고 제출한 1만 명의 에버턴 팬 중 압도적인 다수가 유러피언 슈퍼리그를 지지하지 않았다. 연고지가 같은 라이벌 클럽 리버풀이 많은 글로벌 팬과 스폰서를 보유한 데 비해 에버턴은 탄탄한 '로컬' 팬층을 보유하고 있다.

하지만 설문 조사 결과에 따르면, 에버턴 팬들은 잉글랜드 축구의 미래, 잉글랜드 축구의 현행 규제 방식, ESL 계획의 부정적인 여파가 에버턴뿐만 아니라 축구계의 피라미드식 질서에 장래 미칠 영향에 대해 전반적으로 우려하고 있는 것으로 나타났다. 설문 조사에 참여한 에버턴 팬 가운데 30퍼센트만이 프리미어 리그 내 다른 클럽도 잉글랜드 축구의 정신과 전통을 유지하기 위해 노력하고 있다고 믿었다. 현재 잉글랜드 축구의 규제 수준이 적절하다고 답한 사람은 5명 중 1명뿐이었다. 무언가 문제가 있는 게 분명한 듯하며, 최소한의 관심 내지는 조치가 필요할 것으로 보인다.

마지막으로, 어느 에버턴 팬이 영국 라디오 채널 토크스포츠talkSport에 나와 한 말 가운데 흥미로운 내용이 있었다. ESL에 초대받지 않은 프리미어 리그의 다른 클럽 팬들이 내가 처음 예상했던 것보다 이런 감정을 토로하는 경우가 종종 있다.

이게(유러피언 슈퍼리그) 좋은 기회가 될 수 있다고 생각합니다. 자기네들이 축구를 장악하고 있다고 생각하는 6개 (프리미어 리그) 클럽의 손아귀에서 축구를 해방할 수 있는 기회가 될 수 있겠죠. 51 퍼센트가 됐든, 임금 상한선이 됐든 … 뭐가 됐든지 간에 … 우리에게는 규칙을 다시 쓸 수 있는 기회가 될 겁니다. 맨유가 있다면 리즈 유나이티드가 있습니다. 아스널이 있다면 애스턴 빌라가 있습니다. 토트넘이 있다면 허더즈필드Huddersfield Town AFC가 있죠. 빅 클럽들이 없어도 풍부한 역사와 두터운 팬층을 보유한 이런 클럽으로 대체할 수 있습니다.[330]

로컬 팬 vs. 글로벌 팬: 축구 부족주의의 세계화

이 책을 시작하면서 '팬이란 무엇인가?'라는 질문을 던졌다. 이는 시즌 티켓을 구매하는 로컬 클럽 팬들이 글로벌 자본주의에 그리고 로컬 팬들보다 훨씬 수도 많고 이제 막 축구에 흥미를 갖게 된 글로벌 클럽 팬들의 기대 및 선호에 여러 세대에 걸쳐 변함없이 얼마나 반발하고 있는지를 강조하기 위해서였다. 글로벌 팬들은 로컬 클럽끼리의 경쟁 구도에 연연해하지 않으며, 경기장에 단 한 번도 가본 적이 없는 사람이 대부분이다.

2018년, 당시 리버풀의 CEO였던 피터 무어Peter Moore는 리버풀의 정수를 담은 선언문을 발표했다. "우리의 맥박은 세계를 향해 뛰고, 우리의 심장은 지역을 향해 뛴다. 당신은 결코 혼자 가지 않는다. 이것은 우리의 찬가이자 하나된 외침이다." 로컬 대 글로벌은 축구계에서 균형을 잡아야 할 가장 큰 현안이다. 글로벌 팬을 만족시켜야 수익이 늘어난다. 선수들의 급여 인상을 감당하려면 클럽은 수익을 늘려야 한다. 하지만 글로벌 클럽의 마케팅 요소에는 로컬 클럽으로서의 '진정한' 역사, 전통, 가치를 포함하기 때문에 '진정한' 로컬 팬들을 실망시키는 위험을 무릅쓸 수 없다. 로컬 팬은 종종 경기장 분위기를 달군다. 로컬 팬은 자기네들은 처음부터 팬이었고, 시즌 티켓도 구매하며, 옆에서 응원하는 다른 로컬 팬들과 서로서로 잘 아는 사이라고 생각한다. 이들의 부족주의는 지역에 기반한다.

그러나 축구 부족주의는 방송, 인터넷, SNS와 같은 디지털 기술을 통해 전 세계로 퍼져나갔다. 대부분의 글로벌 팬은 심지어 경기장에 단 한 번도 가본 적이 없다. 시즌 티켓을 구매하는 대신 TV 서비스를 구독한다. 이들은 물리적으로 연결된 것이 아니라 SNS를 통해 디지털로 연결되어 있다. 또한 경기를 엔터테인먼트로 여긴다. 글로벌 팬이 보고 싶어 하는 것은 빅 클럽 레알 마드리드 및 스타 호날두가 빅 클럽 바르셀로나 및 스타 메시와 대결하는 승부이고, 빅 클럽 리버풀 및 스타 스티븐 제라드Steven Gerrard가 빅 클럽 첼시 및 스타 프랭크 램파드Frank Lampard와 펼치는 경기다. "사실 슈퍼리그 프로젝트 실행을 가로막는 것은 다름 아닌 이 프로젝트 참여 주체들 간 로컬의 이해관계와 글로벌의 이해관계가 만나는 지점 그리고 갈등인 것이다."[330]

클럽뿐만이 아니다. 리그도 로컬 대 글로벌 구도 속에서 균형을 잡고 있다. 2019년 10월, 라리가는 스페인축구연맹에 비야레알과 아틀레티코 마드리드 간의 리그 경기를 미국 플로리다주 마이애미의 하드록 스타디움으로 옮겨 개최할 수 있게 해달라고 요청했다. 라리가가 미국으로 장소를 옮겨 경기를 개최하려 했던 것은 2019년 초 바르셀로나와 지로나의 경기에 이어 이번이 두 번째였다. 두 번 모두 스페인축구연맹과 선수 노조의 강력한 반발에 부딪혔다. 또한 레알 마드리드는 스페인축구연맹에 서한을 보내 미국에서 라리가 경기를 치르는 계획에 "전적으로 반대한다."라는 입장을 표명했는데, 미국에서 경기가 열리면 "대회의 무결성과 공정성"을 위협할 수 있기 때문이라고 밝혔다. 축구를 위해서도 좋은 일은 무엇인가. 내가 보기에는 이 점이 바로 레알 마드리드가 가장 관심을 갖는 부분이다.

스포츠, 엔터테인먼트 및 콘텐츠 분야에서 광범위하게 진행되고 있는 변화에 대해서는 하고 싶은 이야기가 많다. 하지만 다음 장에서는 먼저 축구와 관련해 나타난 변화를 다루겠다.

경기 일정은 갈수록 혼잡해지고 있다. (여기에는 경기 수 증가에 따른 선수들의 부담 및 부상 빈도 간 상관관계로 인해 다치는 선수들이 늘어나는 것도 포함된다.) 슈퍼 에이전트는 더 많은 권한을 갖고 더 많은 돈을 가져간다. (그리고 클럽에 행사하는 영향력도 더 커지고 있다.)

선수들은 본질적으로 글로벌 브랜드가 되었다. 일부 선수들은 소속 클럽보다 더 많은 SNS 팔로어를 보유하고 있을 뿐만 아니라 비디오 게임을 통해 인지도가 상승하고 있으며, 클럽이 버는 돈보다 훨씬 더 많은 돈을 벌어들이고 있다.

대중이 선수들의 이적과 사생활 및 선수 개개인의 수입에 열광하고, 유튜브, 인스타그램, 틱톡을 통해 스포츠 뉴스를 접하는 사람들이 늘어나면서 거버넌스는 한계에 봉착했으며, 축구 미디어는 즉각적인 뉴스를 토해내는 매체가 되었다.

5장

지금, 축구가 바뀌고 있다: 새로운 권력과 새로운 위기

옐로 카드! 변화에 저항하는 축구계

축구에서 많은 시스템 변화가 일어나고 있다는 점은 이해관계자 대부분이 인식하고 있다. 하지만 실질적으로는 아무런 대응이나 조치도 이루어지지 않고 있다. 대부분의 축구 이해관계자는 변화에 저항하는 듯하다. 하지만 축구의 미래에 관해 생각하지 않을 수 없다. 진정한 변화를 절박하게 받아들이지 않고 그저 현 상태를 유지하고 있다는 점은 안타깝게도 축구계의 가장 큰 후회로 남을지도 모른다. 대표적인 예가 빠듯한 경기 일정이다. 이번 장에서는 슈퍼 에이전트의 영향력, 비디오 게임과 축구 미디어의 부상 덕분에 클럽보다 선수가 더 주목받는 현상, 그리고 사우디 프로 리그 계약이 축구에 미치는 영향을 살펴본다.

경기 일정은 정말 더 빠듯해졌을까?

대회가 더 많아지면서 일정이 빠듯해질수록 무엇보다 선수 부상이 많아진다. 경기 수가 늘어나는 상황에서 선수들이 격렬한 플레이를 계속 펼치다 보면 부상을 입을 확률이 커질 수밖에 없다. 그래서 레알 마드리드는 더 많은 경기를 일정에 추가하겠다는 연맹의 결정에 우려를 표했다. 플로렌티노 페레스는 이렇게 말했다. "새로운 모델(새로운 챔피언스 리그 형식)은 팬들의 소외를 불러오고 축구의 쇠퇴를 가속화할 수 있습니다. 별 볼 일 없는 경기의 수를 늘리겠다는 UEFA의 결정을 이해할 수 없습니다."[332] 플로렌티노는 훨씬 적은 경기를 치르면서도 더 높은 수익을 올리는 NFL에 대해 언급했다. "NFL은 한 시즌에 285경기를 치르는데, 챔피언스 리그와 유로파 리그 그리고 상위 5개 유럽 리그를 다 합쳐 치르는 연간 2000여 경기보다 더 많은 시청각 수익을 올립니다. 변명의 여지가 없습니다. 데이터에 다 나와 있으니까요. 엔터테인먼트 경쟁에서 축구가 뒤지고 있다는 것은 분명한 사실입니다."

현재 일정에 대한 의견을 묻는 질문에 카를로 안첼로티는 이렇게 답했다. "무슨 말을 듣고 싶으신데요? 이런 일정은 정말 말도 안 됩니다."[333]

루카 모드리치는 선수들이 출전하게 될 경기 수에 대해 이렇게 말했다. "국내 리그와 유럽 그리고 대표팀까지 하면 3일마다 경기를 치르고 있습니다. 이렇게 복잡한 일정에 맞춰 플레이를 하는데 선수들의 건강에 관심이 있는 사람은 아무도 없습니다."[334]

최상위 수준의 축구에서 일정이 너무 빡빡하게 짜여 있다는 점에 사람들이 대부분 동의한다. 그런데도 조직과 리그는 반대로 가고 있다. 중요한 경기 위주로 압축할 생각은 하지 않고 더 많은 수익을 창출하겠다며 게임 수를 늘리고 있다.[335] 수익이 높아질수록 선수들에게 지급해야 할 돈도 더 많아진다. 하지만 그러려면 어떤 대가를 치러야 할까?

그동안 유럽 축구에서 전반적으로 부상이 증가하고 있다던 주요 클럽 감독들의 말이 다국적 보험 중개사 하우든Howden의 연구 보고서를 통해 사실로 확인되었다. 하우든은 유럽의 빅 리그에서 총 4810명의 부상자가 발생했으며, 이는 이전 시즌에 비해 20퍼센트 증가한 수치라고 전했다.[336] 하우든은 '부상 지수'라는 것을 통해 부상이 미치는 재정적 영향을 계산한다. 이 계산에 따르면 2021~22시즌에 유럽 리그에서 발생한 합계 부상 비용은 총 5억 6200만 달러(약 7721억 원)에 달했다. 젊은 선수들의 부상도 우려스러울 정도로 증가하고 있다. 하우든은 지난 시즌 21세 이하 선수들의 총 부상자 수가 326명으로, 불과 세 시즌 전의 30명과 극명하게 비교된다고 밝혔다.

앞에서 2022년 챔피언스 리그 결승전이 레알 마드리드에게는 시즌 56회째, 리버풀에게는 63회째 경기라고 언급했다. 프리미어 리그와 라리가에서는 클럽이 시즌당 38경기를 치르고, 각 경기는 추가시간까지 하면 평균 98분동안 진행된다. 즉 모든 경기를 빠짐없이 소화하면 이론적으로는 소속 리그에서 연간 약 3724분을 뛸 수 있다는 뜻이다. 레알 마드리드는 그 외에도 보통 코파 델 레이Copa del Rey(4월 또는 5월 결승), 수페르코파 데 에스파냐(1월 결승), UEFA 슈퍼컵(8월 결승), UEFA 챔피언스 리그(5월 결승), FIFA 클럽 월드컵(12월 또는 2월 결승) 등 다양한 경기에 출전한다.

2021~22시즌에 레알 마드리드에서는 여섯 명의 선수가 3900분 이상 경기에 출전했다. (이는 국제 경기를 제외하고 라리가 외 경기를 포함한 수치다.) 골키퍼 티보 쿠르투아가 52경기에서 4700분, 센터백 에데르 밀리탕Éder Militão이 50경기에서 4496분, 왼쪽 공격수 비니시우스 주니오르가 52경기에서 4274분, 센터백 데이비드 알라바David Alaba가 46경기에서 4071분, 수비형

미드필더 카세미루가 48경기에서 3928분, 센터 포워드 카림 벤제마가 46경기에서 3919분이었다.[337]

레알 마드리드 선수들은 대부분 국가대표로도 활약하며 추가로 4~8개 경기(2022 FIFA 월드컵 예선, 대륙별 토너먼트, 국제 친선 경기)에 출전했다. 레알 마드리드에서 3900분 이상 출전했던 6명의 선수는 보통 5~7개의 국제 친선 경기에도 출전해 약 400~600분 동안 뛰었다.

흥미롭게도 레알 마드리드는 챔피언스 리그에서 우승했던 1999~2000시즌에도 비슷하게 65경기를 치렀다. (2021~22시즌의 리버풀보다도 경기 수가 많았다.) 1999~2000시즌에도 6명의 선수가 3900분 이상을 뛰었다. 두 선수가 특히 출전 시간이 많았는데, 호베르투 카를루스Roberto Carlos가 59경기에서 5162분, 라울Raúl González이 57경기에서 4930분을 뛰었다! (호베르투 카를루스와 라울 둘 다 레알 마드리드 아카데미에서 일하고 있다니 재미있지 않은가! 또한 리버풀은 2004~05시즌 챔피언스 리그에서 우승할 때 총 53경기를 치렀다.) 나는 지난 몇십 년 동안 실제로는 경기 수가 증가하지 않았다는 사실을 알고 놀랐다. 그렇다면 그 많은 감독과 선수들은 무엇에 대해 불평하는 것일까? 무엇이 달라졌을까?

지난 몇 년간 프로 축구가 선수들에게 신체적으로 요구하는 것이 훨씬 많아졌다. 선수들이 경기에서 뛰는 거리와 전력 질주하는 강도가 모두 증가했다. 2006~07부터 2012~13시즌까지 7시즌 동안 프리미어 리그의 모든 경기를 분석한 연구에 따르면, 전력 질주 횟수는 31회에서 57회로 85퍼센트 증가했고, 전력 질주로 달리는 거리는 232미터에서 350미터로 35퍼센트 증가했다.[338] 전력 질주의 횟수와 강도의 증가는 최상위 수준의 축구에서 플레이 방식이 변화했음을 뜻하며, 상대를 압박하기 위해 고강도 러닝으로 공격적인 플레이를 활용하는 감독들이 더 많아졌다는 뜻이다. 이로 인해 선수들은 더 피곤해지고 부상에 더 많이 노출된다.[339] 부상은 포지션, 달린 거리, 전력 질주/속도, 스프린트 강도, 볼 소유와 높은 상관관계를 보인다. 훈련 시간 1000시간당 3.4명의 부상자가 발생하는 반면에 경기에서는 23.8명의 부상자가 발생하는 것을 보면 전력을 다하는 플레이가 부상에 얼마나 큰 영향을 미치는지 알 수 있다. 중요한 경기와 연습에서 느끼는 압박감의 차이도 일부 영향을 미칠 것이다. 또한 전력 질주해야 하는 운동장의 크기나 거리 차이가 부상에 영향을 미칠 수도 있다.

득점과 부상 둘 다 피로의 영향을 받는다. 연구에 따르면 경기 마지막 20~25분 동안 선수들의 집중도가 유의미하게 떨어지는 것으로 나타났으며, 이때 부상 위험도 가장 많다. 집중도 하락은 또한 경기 시작 75분 후에 득점 확률이 높은 이유도 설명해준다. 이는 달리 말하면 후반전에 선수 교체 카드가 경기 성적에 많은 도움이 될 수 있고, 벤치에서 대기 중인 선수들의 층이 두터우면 경쟁에서 우위를 차지할 수도 있다는 말이다.

FIFA는 축구계 전반에 걸쳐 여러 주요 이해관계자들의 의견을 반영하고 코로나19가 전 세계 축구에 미치는 지속적인 영향을 분석한 결과에 따라, 2020년 5월부터 대회 주최 측이 경기당 최대 5명(기존에는 3명)의 교체 선수 카드를 사용할 수 있도록 허용했다. 이는 선수의 건강과 이익을 위한 결정으로, 특히 스케줄에 차질이 생겨 대회 일정이 빠듯해진 경우에 교체 선수 증원을 활용할 수 있도록 했다.

축구 선수의 경기력은 '회복'이 관건

엘리트 축구 클럽의 선수가 일요일에 90분간 경기 전체를 뛴다고 하자. 그러면 보통 월요일에는 가벼운 신체 활동, 스트레칭, 마사지 등을 통해 휴식과 회복에 집중한다. 화요일에는 이틀 전 뛰었던 경기 시간의 약 50퍼센트 정도로 연습한다. (절대 전력을 다하지 않는다.) 따라서 이 선수의 경우에는 45분 정도 신체적으로 어느 정도 강도 있는 훈련을 하고 영상을 보며 작전을 검토한다. 수요일에는 챔피언스 리그 게임이 있어 90분간 경기를 뛸 수도 있다. 목요일은 휴식과 회복을 위한 날이다. 금요일에는 어느 정도 강도 있는 훈련을 한다. 토요일에는 또 경기에 출전해 90분을 뛸 수도 있다.

그렇게 하루가 지나고 한 주가 지나면서 시즌에 걸쳐 신체에 부하가 걸리기 시작하고, 이는 선수에게 실질적인 영향을 미친다. 대표적인 사례가 생화학적 영향이다. 선수들 대부분은 시즌이 끝나면 빈혈 증상을 보인다. 시즌 내내 땀을 흘리고 격렬한 신체 활동을 하느라 철분이 빠져나간다. 몸이 새로운 적혈구를 생성하기까지는 시간이 걸린다. 팀 닥터가 적혈구 부족 문제를 해결해보려 하지만 도핑 방지 규정으로 인해 보충제나 정맥 주사만으로는 한계가 있다. 시즌이 진행됨에 따라 근육과 관절에도 점점 더 피로가 쌓이고 부상에 취약해진다.

3월과 4월이 되면 선수들과 의료진은 주로 회복에 집중한다. 이 시기에는 신체적 회복뿐만 아니라 정신적 건강과 회복도 중요하다. 국가대표로 전 세계 원정길에 올라야 하는 선수라면 시즌은 더욱 힘든 시기가 된다. 특히 국가대표팀 경기가 대회 예선 통과를 위한 경기라면 신체적, 정신적으로 힘든 경우가 많다. 전성기를 넘긴 연령의 선수들은 일반적으로 회복에 더 많은 시간이 걸린다. 그래서 신체적, 정신적 소모와 압박감이 최고조에 달하는 시즌 종반에 더욱 어려움을 느낀다.

의료진은 모든 데이터를 활용해 선수들이 최고의 기량을 발휘할 수 있도록 최선을 다한다. 그리고 감독은 매 경기마다 선수들에게 동기를 부여하고 전체 선수단의 운용을 관리할 수 있어야 한다. 며칠 후에 챔피언스 리그 경기에서 힘든 상대를 만난다는 것을 인지하는 선수라면, 무의식적으로 오늘 시설도 좋지 않고 별로 크지도 않은 경기장에서 만난 상대에게 최선을 다하려 하지 않을 수도 있다. 특히 시즌 막바지에는 최고의 기량을 발휘하지 못할 수도 있다. 하지만 선수는 최상의 상태에서 최선을 다해 플레이해야 하는 법이다. 감독은 돈을 지불하고 티켓을 구매해 경기를 보는 팬들의 기대 등 다양한 이유로 스타급 선수들을 기용해야 한다는 압박감을 느낀다.

국제축구선수협회가 새로 발표한 내용에 따르면 지난 3년간 엘리트 남자 프로 축구에서 쉬는 날 없이 연속 경기를 펼치는 사례가 증가했으며, 국가대표팀 선수들 경우에는 일주일에 두 경기에 출전해 경기 시간의 70퍼센트 정도를 거의 규칙적으로 소화하며 보내고 있다.[340] 경기에 꾸준히 출전하면서 쌓인 피로는 선수의 건강과 경기력 그리고 선수의 수명에 위험을 초래한다.

국가대표 선수들에게 필수적인 장거리 이동은 갑작스러운 기후 및 시간대 변화를 동반하며, 이는 많은 선수들의 건강과 경기력에 부담을 준다. 일부 선수들은 지난 세 시즌 동안 20만 킬로미터가 넘는 거리를 이동했다. 이는 지구를 다섯 바퀴 도는 것과 같은 거리다.

이런 식으로 게임이 변한다는 말은 클럽 입장에서는 여행 일정 및 수송, 훈련량 관리, 선수 로테이션, 휴식 및 회복 같은 주요 변수를 잘 조절해야만 플레이 리듬을 살려낼 수 있다는 뜻이다. 예를 들어 코치와 피지컬 트레이너는 선수들이 매우 빡빡한, 때로는 일주일에 세 경기를 치러야 하는 일정 속에서도 막중한 역할을 수행해낼 수 있도록 훈련 계획을 설계한다. 다음 경기까지 시간이 얼마나 남았는지, 시즌의 초반이나 중반 또는 후반인지 등에 따라 훈련의 강도가 달라진다. 이때 우선순위는 회복, 그리고 가장 중요한 경기다.

최상의 컨디션을 유지하는 최고의 선수는 매우 드문 귀중한 자산이다.

긴 시즌을 견뎌내며 트로피를 놓고 경쟁하는 레알 마드리드와 다른 빅 클럽들에게 빡빡한 일정과 선수 교체 5명은 무엇을 의미할까? 경기 후반에 교체로 들어갈 수 있는 대기 선수층을 두텁게 만들려면 결국엔 들어가야 할 돈, 이적료와 연봉이 둘 다 많이 필요하다는 뜻이다. 또한 선수들의 건강, 경기력, 회복을 관찰 및 관리할 수 있는 기술에 대한 투자, 피트니스와 보건 및 의료진에 대한 투자, 훈련 시설과 인프라에 대한 투자가 더 많아져야 한다는 의미다.

스포츠에서 성과 도출을 위한 토대로 과거에는 선수의 재능에만 기댔다면, 이제는 의료/보건, 기술, 데이터 분석 및 시설을 중요하게 여긴다. 이는 상업적 성공과도 연결되어 있다. 축구 의료/보건/과학/기술/데이터 분석 책임자는 이제 경기장에서 펼치는 기량과 경기장 밖에서 거두는 성공을 이어주는 가교 역할을 한다. 시즌 마지막에 열리는 가장 큰 경기, 결승전, 챔피언스 리그에서 성과를 내야 한다는 점을 클럽들이 깨닫고 있기 때문이다. 선수들도 나이가 들면 모든 경기에서 매 순간마다 최고의 기량을 발휘할 수는 없다. 축구라는 스포츠가 전 세계 관중들에게 예전만큼 흥미를 주지 못하고 있다는 많은 사람들의 우려에 대해 지단Zinedine Zidane은 이렇게 말했다. "아무래도 지나치게 많은 경기를 치르고 너무 많은 부상이 발생하면서, 이제는 축구에서 화려하고 인상적인 볼거리가 많이 사라졌다는 생각을 하게 되는 시점까지 온 것 같습니다." 전 브라이턴 앤 호브 앨비언의 공격수이자 현재 잉글랜드프로축구선수협회의 최고경영자로 존경받는 마헤타 몰랑고Maheta Molango는 이렇게 말했다. "우리 아이들이 선수들이 펼치는 최고의 실력을 볼 수 있으면 좋겠습니다. 그래서 저도 축구라는 게임에 반했던 것이고요. … 지금 저는 아이들이 TV를 보면서, 저렇게 많은 경기를 계속해서 뛰어다닐 수 있는 선수를 기대한다는 건 착각에 불과하다고 생각합니다."[341] (참고로, 몰랑고와 나는 모두 FIFA의 학술 이사회에서 함께 활동하고 있다.)

몰랑고는 또 일정 문제에서 포괄적인 해결책을 찾지 못하는 이유에 대해서도 생각을 밝혔다. "서로 다른 이해관계자들이 각자 손실을 따져가면서 자신의 사업적 이익을 보호하려고 판을 짜놓고 어떻게든 선수들을 그 판에 끼워맞추고 있습니다."

선수들이 한 주 또는 한 시즌에 경기를 치르면서 정신적으로나 육체적으로나 모든 에너지와 집중력을 쏟아부을 수 있는 경기는 제한되어 있다. 그리고 플레이할 수 있는 기회도 비교적 제한적인 상황에서 선수로서 절정의 시기를 맞이하고 나면 기량과 체력은 내리막길을 간다. 한 경기에서 그리고 한 시즌에서 수익을 늘리고 극대화시키려면 해당 경기가 전 세계의 관심을 받는 '이벤트'가 되어야 한다는 사실을 깨닫는 스타 선수들이 많아졌다. 보통 수익이 높은 경기는 클럽을 위한 경기다. 반면에 선수 브랜드 제고에 도움이 되는 경기는 국가대표팀 경기다.

레알 마드리드는 팬들에게 더 의미 있고 재미있는 경기로 구성된 대회를 구상하고 있다. 빅 클럽들은 많은 이적료와 급여를 지불하고 데려온 선수들이 국가대표팀에 차출되면 부상의 위험을 감수해야 하고, 또 선수들이 돌아오면 휴식까지 신경 써야 하기 때문에 경기 일정에 자신들의 의견을 더 많이 반영시키고자 한다.

클럽은 월드컵이 열리는 해에 시즌의 최대 22퍼센트까지 선수의 국가대표 활동 의무를 준수해야 하고, 여기에 해당하는 선수들은 클럽 경기에 출전할 수 없다. 유럽클럽협회는 월드컵이 열리는 해의 일반적인 엘리트 선수 캘린더를 104개의 시간대로 구분해놓았다. (한 주에 주중, 주말 경기로 구성된 52주씩이다.) 선수는 국내 리그 38경기, 국내 컵 6경기, 챔피언스 리그 19경기, 국제 대회 예선 12경기, 월드컵 전 캠프 3경기, 월드컵 8경기, 기타 국제 경기

12경기에 출전할 수 있고 의무 휴식 기간은 6일이다. 이 104개의 일정 구분에서 클럽 경기는 75개(72퍼센트)에 해당하고, 국제 경기는 23개(22퍼센트)에 해당한다. 해당 선수의 시간에 대한 예상 급여는 4억 4800만 유로에서 5억 8500만 유로(약 7226억 원~9436억 원)로, 이 금액은 기본적으로 클럽이 지불한다.

FIFA, 지역을 관리하는 UEFA, 그리고 국가별 축구협회는 게임의 체계화와 발전에 쓰일 수익을 경기를 통해 충당한다. 그러니 이들에게는 경기 수가 많을수록 좋다. 그리고 어떤 변화라도 이러한 수익에 영향을 미칠 수 있다.

결국 이해관계자들은 수익이라는 파이를 더 크게 만드는 방법을 함께 고민해야 하며, 이는 필연적으로 엔터테인먼트 제품의 품질 향상이라는 주제로 귀결된다.

또한 축구와 경쟁 관계에 있는 여러 스포츠와 엔터테인먼트 옵션 외에도 논의해야 할 부분이 있다. 남자 축구의 빡빡한 경기 일정이 여자 축구의 방송 및 성장 기회에 미치는 영향이다. 이 문제는 6장에서 다루겠다.

빠듯한 일정 문제 해결을 위한 아르센 벵거의 제안

현재 FIFA 국제 경기 일정표International Match Calendar, IMC는 FIFA, 6개 대륙 축구연맹, 유럽클럽협회, 그리고 국제축구선수협회[342] 간에 개괄적으로 맺은 협약으로, '공식' 및 '친선' 남자 국제 경기를 열 수 있는 날짜를 명시하고 있다.

현재 열려 있는 시기는 5개로, 3월, 5월~6월, 8월~9월, 10월, 11월이다. 이 경기 일정표에 따라 국제 경기 가능 시기 안에서 날짜를 정하고, AFC 아시안컵, 아프리카 네이션스컵, 코파 아메리카Copa America, CONCACAF 골드컵, OFC 네이션스컵, UEFA 유러피언 챔피언십, FIFA 월드컵 같은 국제 대회의 개최 시기를 결정한다.[343]

2021년 9월, 전 아스널 감독이자 FIFA 글로벌 축구 개발 책임자Chief of Global Football Development인 아르센 벵거Arsène Wenger는 IMC 최적화를 위한 제안을 내놓았다.

벵거는 2024년부터 축구의 연간 일정을 변경하자는 제안을 내놓았다. 모든 국가대표팀 '예선'을 10월부터 11월까지 6주 동안 진행하거나 10월과 3월 두 차례 기간에 걸쳐 진행하자고 했다. 이때 국가 간 친선 경기는 제외한다. 시즌의 나머지 기간을 클럽 경기로 전환하면 국가대표팀 축구로 인한 '중단'이 줄어들 것이며, 6월에 열리는 국내 대회를 위해서도 한 달의 기간이 마련될 수 있다. FIFA도 선수들을 위해 의무 휴식 기간 도입을 지지한 바 있다.[344]

7월의 대부분은 매년 선수들의 휴식 기간으로 남겨둘 것이다. 벵거는 덧붙였다. "국가대표 축구가 20퍼센트, 클럽 축구가 80퍼센트의 비중을 차지하고 있는데, 우리는 이 균형을 유지하면서도 좀 더 효율적인 방식으로 재조정하고 싶을 뿐입니다. … 이는 국가대표 축구의 예선전을 재편성하고 축소하여 선수들이 클럽에 남을 수 있는 기간을 더 늘리고 매년 선수들에게 휴식 기간을 보장할 수 있다는 의미입니다."

당시 첼시 감독 토마스 투헬Thomas Tuchel은 벵거의 제안에 대해 이렇게 말했다: "훌륭한 아이디어입니다. 지금은 선수들의 플레이 기간이 너무 길고 대회가 너무 많으며 경기도 너무 많습니다. 결과적으로 질은 높아지지 않고 양만 늘어나고 있습니다. 누구나 자기 팀에서 최고의 선수가 경기에 출전해 주길 원하지만, 그건 욕심이죠."[345]

많은 팬들이 선수 차출과 그로 인한 중단이 너무 많고 시즌과 대회들의 시작 시기가 제각각이라는 점에 동의한다. 그리고 세계적인 빅 클럽들의 경우에는 다른 나라로 전지훈련을 떠나고 팬들에게 선수들을 직접 볼 기회를 주는 것이 해당 클럽의 인지도 제고와 금전적 인센티브를 위해서라는 논란도 있다.

벵거는 매우 사려 깊고 실용적이자 혁신적인 사람으로 잘 알려져 있다. 그의 FIFA 기술 자문 그룹Technical Advisory Group이 내놓은 권고는 진지하게 논의할 가치가 있었다. 하지만 사람들의 입에 가장 많이 오르내렸던 내용은 4년이 아닌 2년마다 FIFA 월드컵을 개최하자는 개혁안이었다. 벵거는 더 많은 '이벤트 경기'에 대한 팬들의 열망이 높아지고 해외여행이 비교적 편해졌다는 점을 고려할 때 현재의 월드컵 일정이 '구시대적'이라고 믿고 있다. 안타깝게도 2년마다 월드컵을 개최한다는 안에 대한 사람들의 감정적 반응 때문에 막상 해결하려 했던 가장 중요한 문제들은 그냥 묻히고 말았다.

그가 한 주장의 핵심은 무의미한 경기를 의미 있는 경기로 대체하는 것이었다. 국제 경기의 전체 수를 늘리기보다 경기의 질을 높이는 것이 목표였다. 예를 들어 유럽 축구 선수권 대회와 코파 아메리카 같은 대륙별 국가 대항전을 월드컵을 위한 경로/예선으로 활용하여 각 나라에서 벌이는 예선을 최대한 효율적으로 만드는 것도 한 가지 방법이었다.

새로운 위협으로 떠오른 슈퍼 에이전트의 영향력

요즘 소위 슈퍼 에이전트라 불리는 이들의 힘이 막강해지고 있고, 그들이 가져가는 돈도 많아지고 있다. 그 결과로 점점 더 어린 선수들이 발굴되어 클럽으로 보내지는 현상이 벌어지고 있다. 두드러진 사례들을 살펴보자.

조르제 멘데스

슈퍼 에이전트는 이제 축구계에서 중요한 일각으로 자리매김하고 있으며, 일부는 이름만 대면 알 만한 이들도 있다. 그중 하나가 조르제 멘데스Jorge Mendes다. 그는 세계에서 가장 영향력 있는 에이전트 중 한 사람으로 크리스티아누 호날두, 조제 모리뉴José Mourinho, 디에고 코스타Diego Costa, 하메스 로드리게스James Rodríguez, 주앙 펠릭스João Félix 등을 고객으로 두고 있다. 그는 글로브 사커 어워드Globe Soccer Awards에서 올해의 베스트 에이전트Best Agent of the Year로 10번이나 선정되었으며, 2020년에는 세기의 에이전트Agent of the Century상을 수상했다. 그를 통해 오가는 이적료는 10억 달러(약 1조 3740억 원)가 넘는다. 알렉스 퍼거슨 경은 자전 에세이 『나의 이야기My Autobiography』에서 이렇게 썼다. "조르제 멘데스는 내가 상대했던 에이전트 가운데 의심의 여지 없이 최고였다. 그는 책임감이 있었고, 선수들을 극진히 돌보았으며, 클럽에도 아주 공정했다." 조르제 멘데스는 믿고 일을 맡길 수 있고, 정직하고, 열정적이며, 헌신적이고, 착실한 사람으로 알려져 있다.

벤피카의 루이스 필리페 비에이라Luís Filipe Vieira 회장은 TVI와의 인터뷰에서 이렇게 말했다. "(멘데스는) 융통성을 발휘할 줄 알고, 프로답게 일을 처리합니다. 그가 이적을 성공시킬 때마다 10퍼센트를 요구한다는 사실은 누구나 다 알죠. 이 나라에서 그걸 모르는 사람은 단 한 명도 없습니다."[346] 포르투갈에서 유명 선수들의 이적은 대부분 멘데스의 손을 거쳐 성사된다. 그는 자국인 포르투갈에서 가장 영향력 있는 에이전트로 알려져 있으며, 종종 벤피카, 포르투, 브라가와의 계약에 관여한다. 『The Orgy of Power: The Counter Story of Jorge Mendes, the Patron of Global Football』의 저자이자 피렌체 대학교의 사회학자로 축구 비즈니스 전문가인 피포 루소Pippo Russo는 이렇게 말했다. "멘데스는 포르투갈의 진정한 수문장이라 할 수 있죠. 빅3(호날두, 무리뉴, 실바Bernardo Silva)와 관련한 모든 이적은 조르제 멘데스의 중재로 이루어집니다. 그가 관여하지 않으면 아무도 움직이지 않습니다, 특히 프리미어 리그로는⋯ 그의 손을 거쳐 성사된 이적이 아주 많습니다. 선수가 이적하는 자리에는 늘 그가 나타납니다."[347] 멘데스는 2003년에 크리스티아누 호날두를 맨유로, 2004년에 조제 모리뉴 감독, 히카르두 카르발류Ricardo Carvalho, 파울루 페헤이라Paulo Ferreira 선수를 첼시로 이적시키면서 영국 시장의 문을 열었다. 그가 축구, 특히 포르투갈 축구에서 젊은 인재를 발굴하고 그들에게 다양한 유럽 클럽에서 활동할 수 있는 기회를 제공하는 데 중요한 역할을 하고 있다는 점은 주목할 만하다.[348] 많은 포르투갈 클럽들이 멘데스가 주선한 이적을 통해 재정적으로 혜택을 받았다고(어떤 클럽들은 살아남았다고) 해도 과언은 아니다. 포르투갈의 클럽들은 받은 이적료로 1군뿐만 아니라 인프라 그리고 유소년 아카데미에도 투자할 수 있었다.

멘데스를 비롯한 슈퍼 에이전트들이 특정 클럽의 선수 이적에 과도한 영향력을 행사한다고 믿는 사람들도 있다. 예를 들어 2016년 초, 멘데스의 고객인 조제 모리뉴를 포함해 축구계의 전설들이 모인 자리에서, 멘데스와 중국의 억만장자 궈광창Guo Guangchang은 중국에서 축구를 확장하고 선수들의 경력에 도움을 준다는 목적으로 파트너십을 발표했다. 궈광창은 클럽메드

Club Med, 토마스쿡그룹Thomas Cook Group, 태양의서커스Cirque du Soleil, 세인트존St. John 의류 브랜드를 소유한 중국의 다국적 대기업 지주회사인 민간 기업 푸싱인터내셔널의 공동 설립자다. 이 두 사람의 거래로 궈광창과 제휴 관계에 있는 한 법인은 멘데스의 축구 에이전시 제스티푸테GestiFute의 지분 15~20퍼센트를 인수했다.[349]

불과 몇 달 후인 2016년 7월, 푸싱은 잉글랜드 축구 클럽 울버햄튼 원더러스를 약 4500만 파운드(약 841억 원)에 인수했다. FA 규정은 클럽을 소유한 회사나 개인이 축구 에이전시의 지분을 소유하는 것을 금지하고 있다. 이해 충돌을 방지하기 위해서다. 또 이 규정은 직접적이든 간접적이든 에이전트가 중요한 물질적 영향력이나 경영적 영향력 또는 '클럽의 업무에 대한 어떠한 영향력'도 행사할 수 있는 위치에 있어서는 안 된다고 정하고 있다. 당연히 푸싱과 멘데스의 연관성으로 인해 울브스의 규정 위반에 대한 우려가 제기되었다. 그런데도 (잉글랜드)축구협회는 울버햄튼 원더러스의 인수를 승인했다. 유념해야 할 점은, 멘데스의 축구 에이전시 제스티푸테의 지분을 직접 소유한 당사자는 푸싱이 아니라 푸싱의 대주주와 제휴 관계에 있는 법인이라는 사실이다.

중국어 '푸싱'은 발음상 '부활'을 뜻한다. 그리고 울브스는 놀라운 모습으로 부활하며 프리미어 리그 내에서 그들만의 '분리된 슈퍼리그'에 합류했다. 아마도 이 분리된 리그에는 빅6와 뉴캐슬 그리고 울버햄튼 원더러스가 속하게 될 것이다.

푸싱이 인수하기 전까지 울브스는 지난 32시즌 동안 프리미어 리그에서 활동한 기간이 단 4시즌밖에 되지 않았다. 프리미어 리그에서도 15위를 넘어선 적이 없었다. 그런데 인수가 승인된 이후 6주에 걸쳐 12명의 선수가 합류했고, 그들 중 몇몇 선수가 좋은 활약을 펼쳤다. 많은 선수들 또는 클럽 관계자가 멘데스와 가까운 사이였다. 2016~17시즌이 끝난 후 멘데스의 첫 번째 고객이자 절친한 친구인 누노 이스피리투 산투Nuno Espírito Santo가 감독으로 부임했다. 그가 멘데스와 함께 선수 영입과 장기 전략을 함께 공유할 수 있는 사람이었기 때문이다.[350] 또한 울브스의 회장 제프 시Jeff Shi는 중국과 영국을 오가는 생활을 청산하고 아예 가족과 함께 상하이에서 울버햄튼의 훈련장 근처로 거주지를 옮겼다. 그는 울브스를 원활하게 운영하고 좋은 성적과 탄탄한 재정 상태를 꾸준히 유지하고자 노력하고 있다. 마지막으로, 울브스는 2017년 7월에 제스티푸테의 고객인 후벵 네베스Rúben Neves를 당시 클럽 및 챔피언십 리그 역대 최고 이적료인 1600만 유로(약 258억 원)로 영입했다. 이로써 네베스는 포르투 시절 감독이었던 누노와 재회하게 되었다.

푸싱의 구단 인수 이후 울브스의 문화는 빠르게 바뀌고 기대치가 상승했다. 선수단, 아카데미, 인프라에 많은 자금이 투자되었다. 누노 감독의 지휘 아래 울브스는 2017~18시즌 EFL 챔피언십 우승을 차지하고 6년 만에 프리미어 리그로 복귀했다. 울브스가 프리미어 리그에 진출하면서 EFL은 멘데스와 울브스와의 관계에 대해 재조사를 실시했다.[351]

2018년, 울브스의 매니징 디렉터 로리 달림플Laurie Dalrymple은 멘데스가 구단주에게 특히 선수들에 대한 조언을 제공했으며, 멘데스와 '연결된' 선수들이 영입되었다고 확인해주었다. 울브스의 한 관계자는 이렇게 말했다. "여러 에이전트나 축구계의 영향력 있는 인사들이 다 하듯이 조르제 멘데스도 구단주들에게 조언을 해줄 수 있습니다."[352] 달림플은 어떠한 규정 위반도 없었다고 주장했다. 다시 한번, EFL은 울브스 클럽 인수에 문제가 없다고 확인해주었다. 하지만 울브스의 성공적인 팀 구축에 멘데스가 얼마나 중요한 역할을 했는지 의심하는 사람은 없다. 아마 멘데스가 없었다면 푸싱도, 누노도, 네베스도 그리고 프리미어 리그 진출도 없었을 것이다.

울브스는 프리미어 리그에 복귀하고 첫 시즌을 7위로 마감했다. 그 시즌에 맨시티가 EFL 컵과 FA 컵에서 모두 우승하면서, 울브스가 남은 자리를 물려받아 1980~81시즌 이후 처음으로 UEFA 유로파 리그에 진출하게 되었다. 울브스는 8강에서 세비야에게 패하며 4강 진출에 실패했고, 세비야는 결국 대회 우승까지 차지했다. 울브스는 2019~20시즌에도 이전 시즌과 마찬가지로 프리미어 리그 7위를 차지했다. 팬데믹으로 힘들었던 2020~21시즌에는 13위를 차지했고, 누노 감독은 '상호 동의하에' 클럽을 떠났다. 제스티 푸테의 고객이자 전 벤피카 감독 브루누 라즈Bruno Lage가 새로운 감독으로 자리를 이어받았고, 팀은 10위를 차지했다. 결국 그는 해고되었고, 클럽은 푸싱이 울브스를 인수할 때부터 감독으로 점찍어두었던 훌렌 로페테기Julen Lopetegui를 고용했다.[353] 로페테기와 그의 에이전트 카를로스 부세로Carlos Bucero는 멘데스와 가까운 관계다.

톰 버긴Tom Bergin과 카셀 브라이언로우Cassell Bryan-Low는 2019년 1월 「로이터통신」 기사에 이렇게 썼다.

거래와 관련된 이메일과 내부 자료를 볼 때, 당시와 그 이후로도 멘데스와 궈광창이 공개적으로 밝히지 않은 내용은 그들이 유럽에서 클럽 및 축구 아카데미 사이에 네트워크를 구축해서 선수들을 사고팔 계획을 구상했다는 것이다. 이러한 네트워크를 통해 파트너들은 투자자들의 선수 지분 매수와 거래를 금지하는 조항을 회피할 수 있다. 멘데스 같은 최고 에이전트의 도움을 받아, 소규모 클럽 지원에 도움이 될 수 있었을 수익을 자신들이 확보할 수 있었다. 2015년 내부 자료에 따르면 푸싱은 선수를 거래하고 대리하는 것이 축구 산업에서 유일하게 지속 가능한 수익을 창출하는 부분이라고 믿었다. ⋯ 2016년 8월,

푸싱에서 근무하는 한 분석가는 멘데스의 비즈니스 파트너 루이스 코레이아Luis Correia에게 보낸 이메일에서 이렇게 말했다. "우리의 목표는 당신과 함께 전 세계 축구 시장에서 다양한 수준의 클럽과 훈련 시설을 갖춘 완전한 시스템을 구축하는 것입니다. … 저는 우리가 함께 모든 주요 리그에서 강력한 입지를 구축할 수 있을 것이라고 믿습니다."[354]

푸싱의 자료와 이메일은 이들의 파트너십이 나중에 이익을 위해 매각할 수 있는 선수들을 식별하기 위한 네트워크 구축을 하나의 목표로 삼고 있었음을 짐작케 한다. 푸싱의 임원은 2016년 이메일에서 선수에게 투자하고 거래하는 행위가 "축구 산업에서 가장 수익성이 높은 사업 부분"이라고 설명하고 있다. 푸싱, 궈광창, 멘데스, 코레이아 중 누구도 「로이터통신」의 논평 요청에 응하지 않았다. (참고로 파트너십에 대해 자세한 조사를 진행할 때는 다양한 가설을 검토하는데, 이는 가능성과 가설에 불과할 수 있으며 여러 부분에서 올바르지 않거나 의도치 않은 내용이 있을 수 있다.)

새로운 파트너십의 야망에 대한 의심의 눈길은 독일 시사 주간지 「데어슈피겔」이 자료를 입수한 풋볼리크스에서 제기됐다. 맞다. 풋볼리크스는 맨체스터 시티와 PSG의 내부 기밀 정보를 폭로한 바로 그 사이트다.[355]

주의 깊게 봐야 할 점이 있다. 사모펀드 기업 CVC는 축구계에서 TV 중계권료의 가치를 상승시켜 직접적인 수익을 창출하는 방식을 사용했다. 하지만 멘데스와 푸싱의 경우에는 새로운 파트너십을 통해 축구 선수의 매각이나 트레이드로 이익을 챙기려는 좀 더 노골적인 방법을 사용한 듯 보였다. 재능 있는 선수들을 사고파는 거래는 축구 클럽의 수익 활동 중에서 가장 수익성이 높은 부분이다. 장부에서 차변과 대변의 균형을 맞추기 위해 필요한 부분이기도 하다. 그러나 원래는 클럽으로 흘러가서, 팬들이 돈을 지불하면서까지 보기를 원했던 활기찬 경쟁을 지속하는 데 도움이 되어야 할 돈이 에이전트 그리고 수익만을 목적으로 하는 재무적 투자자에게 빼돌려지는 비즈니스 모델은 팬들 대부분과 축구 기관 그리고 클럽 소유주로부터 반대와 비판에 직면할 수밖에 없다.

선수, 에이전트, 구단주 사이에 여러 이해관계가 얽히면 스포츠의 공명정대한 경쟁이 위험에 처할 수 있다. 축구 정책 집행에 깊은 관심을 가져온 벨기에의 유럽의회 의원 이보 벨렛Ivo Belet은 슈퍼 에이전트와 클럽 간의 관계가 "유럽 축구에 큰 위협이며 이에 대해 더 신중하게 조사해야 한다."라고 말했다.[356]

에이전트와 클럽의 위험한 관계

스포츠 기자 로리 스미스Rory Smith는 2017년 「뉴욕타임스」에 벨기에 프로 축구 클럽 로열 엑셀 무스크롱Royal Excel Mouscron에 대한 기사를 올렸다.[357] 이 클럽은 2015년에 이스라엘 슈퍼 에이전트 피니 자하비Pini Zahavi가 참여한 몰타의 회사에 인수된 후 그의 조카 아다르Adar가 관리하는, 몰타의 다른 컨소시엄으로 소유권이 이전되었다. 「DH레스포츠DH Les Sports」는 이러한 소유권 이동이 에이전트의 클럽 소유를 금지하는 FIFA 규정을 회피하기 위한 방편이라고 보도했다. 하지만 자하비는 이를 계속해서 부인해왔다.[358] 피니 자하비는 축구계에서 가장 유명하고 영향력 있는 에이전트 중 한 명이다. 그는 네이마르와 토마스 투헬의 에이전트였다.

기사 내용에 따르면 자하비가 비즈니스 동료인 독일-마케도니아인 에이전트 팔리 라마다니Fali Ramadani와 함께 무스크롱에 관여한 이후, 키프로스의 아폴론 리마솔Apollon Limassol FC에서 여덟 명의 선수가 임대 형식으로 무스크롱에 왔다. 자하비는 아폴론 리마솔과도 긴밀한 관계에 있다. 스미스는 이렇게 썼다. "이로 인해 클럽이 클럽 자체의 이익을 위해서가 아니라 자하비와 라마다니 그리고 그들의 고객들을 위해 운영되면서, 클럽이 이적을 희망하는 선수들을 선보이는 곳 또는 선수를 임대로 보내며 매번 수수료를 챙기는 전초기지로 전락한다는 우려가 제기되고 있다. 이런 행위는 에이전트가 선수의 경제적 권리를 소유할 수 없다는 규정을 회피하기 위한 수단이다."[358]

2018년 3월, 카라바오에너지드링크Carabao Energy Drink를 운영하는 태국 사업가 파이로즈 피엠퐁산트Pairoj Piempongsant가 무스크롱의 지배권을 인수했다.[360] 11개월 후, 피니 자하비의 자금 세탁 혐의로 인해 클럽은 벨기에 연방 사법부의 위탁 관리에 들어갔다.[361]

2021년, 벨기에 연방 검찰청은 무스크롱에 대해 조사를 마치고 자하비를 위조, 사기, 자금 세탁 혐의로 기소했다. 자하비의 변호사는 "그(자하비)는 자신에 대한 혐의를 강력히 부정하고 있다."라고 하면서, 그의 기소 소식이 언론에 보도된 것은 "수사 자료 유출이자 무죄 추정 원칙에 대한 명백한 위반"이라고 주장했다. 자하비는 무스크롱에 지속적으로 개입했다는 의혹을 일관되게 부인하고 있다.[362]

마지막으로, 이런 여러 관계는 유소년 및 지역 기반 스포츠 활동 투자에까지 영향을 미칠 수 있다. 영국 샐퍼드 대학교Salford University에서 스포츠 엔터프라이즈를 가르치는 사이먼 채드윅Simon Chadwick 교수는 클럽, 에이전트, 투자자 간의 긴밀한 관계가 재정적으로 미치는 영향에 대해 우려를 표했다.

"스포츠에서 (돈이) 새어나가면 그 영향이 아래로 내려가면서 유소년 축구 등 스포츠 인프라 지원에까지 영향을 미칠 수 있습니다."[363]

레알 마드리드는 멘데스를 비롯해 다른 슈퍼 에이전트와 매우 좋은 관계를 유지하고 있다. 하지만 울브스에서 일어난 일은 레알 마드리드에게 경쟁 면에서 잠재적 위협이 될 수 있다는 점을 잘 보여준다. 레알 마드리드는 정부 유관 기관, 사모펀드, 다중 클럽 소유 모델인 클럽과 경쟁하고 있는데, 이제는 에이전트와 특별 관계에 있는 클럽과도 경쟁하고 있다. 그리고 레알 마드리드는 인재 영입을 멘데스를 비롯한 에이전트들에게 의존하고 있다. 울브스는 프리미어 리그에 속해 있으니 문제가 없지 않느냐고도 할 수 있지만, 레알 마드리드의 본거지인 라리가에서도 다른 슈퍼 에이전트 관련 거래가 존재한다.

페레 과르디올라

2017년, 맨체스터 시티와 에이전트 페레 과르디올라는 스페인 카탈루냐 지역의 클럽 지로나의 지분 88.6퍼센트를 인수했다.[364] 페레 과르디올라는 그의 형인 펩 과르디올라 감독, 루이스 수아레스Luis Suárez, 안드레스 이니에스타Andrés Iniesta를 비롯해 다수의, 그중 몇 명은 맨시티 소속인 스페인 선수들을 고객으로 둔 에이전트다. 그는 잉글랜드와 스페인축구연맹에 등록되어 있다. FA는 클럽이나 클럽 관계자 또는 감독이 중개인의 사업이나 업무와 이해관계가 있어서는 안 된다고 규정하고 있다. 이는 에이전트가 선수의 이적이나 임대를 결정할 때 클럽을 위한 최선의 이익이 아니라 수수료를 통해 자신이 돈을 벌 기회로 삼으려는 명백한 위험을 방지하기 위해서다. 보도에 따르면 FA와 맨시티는 펩이 선수들을 지로나로, 즉 자신의 동생이자 에이전트에게 이익이 되는 구단으로 임대하더라도 이해충돌이 발생하지 않는다고 믿

306

고 있다. 어쨌거나 FA는 에이전트의 이해관계나 영향력을 금지하는 이 규정이 잉글랜드 클럽에만 적용된다고 말한다. 바꿔 말하면 외국 클럽의 지분을 매입하는 경우에는 이 규정이 적용되지 않는다는 뜻이다. 스페인축구연맹은 이런 식의 제한 규정을 두고 있지 않다. 따라서 페레 과르디올라는 지로나의 지분 44.3퍼센트를 문제없이 매입할 수 있었고, 맨체스터 시티의 모기업인 시티풋볼그룹도 똑같은 44.3퍼센트의 지분을 매입했다.

이와 관련하여 데이비드 콘은 2017년 8월 「가디언」에 다음과 같은 내용의 기사를 썼다.

카탈루냐 출신으로 전 바르셀로나 부사장이자 현재 맨시티의 최고경영자인 페란 소리아노와 맨시티 풋볼 디렉터 치키 베기히스타인Txiki Begiristain, 이 두 사람은 페레와 함께 지로나의 인수 계약 체결에 핵심적인 역할을 해왔다. 둘은 바르사(바르셀로나)의 전성기 시절 과르디올라 형제와 긴밀한 협력 관계에 있었고, 펩을 맨시티로 유치하기 위해 끊임없이 로비를 벌였다. 아부다비 구단주는 맨시티에서 모아둔 어린 선수들을 라리가에 임대 보내 기량을 연마할 수 있고, 클럽 인수는 일종의 투자라는 점에서 매력을 느꼈다고 말했다. 아름다운 지역의 작은 구단인 지로나는 지난 시즌에 클럽 역사상 처음으로 라리가로 승격되었다. 클럽 지분 88.6퍼센트 인수에 700만 유로(약 113억 원)의 비용이 들었다고 하는데, 상당한 가치 투자처럼 보인다. 맨시티가 지분 가치 상승을 통한 수익 창출을 목표로 하고 있다면 맨시티는 페레도 같은 목표를 달성할 수 있도록 돕고 있는 셈이다.[365]

좀 더 상황을 설명하자면, 2015~16시즌에 지로나는 플로리앙 르죈Florian

Lejeune을 맨체스터 시티에 30만 유로(약 4억 8390만 원)에 매각했고, 맨시티는 즉시 르죈을 지로나로 다시 임대했다. 동시에 맨체스터 시티는 라리가 2 소속의 폰페라디나SD Ponferradina로부터 루벤 소브리노Rúben Sobrino를 55만 유로에 영입한 후 곧바로 지로나에 임대했다.

다음 시즌에 맨시티는 파블로 마리Pablo Mari, 파블로 마페오Pablo Maffeo, 앙헬리뇨José Ángel Esmorís Tasende 등 세 명의 선수를 지로나에 임대로 보냈다. 지로나는 준우승을 차지하며 스페인 1부 리그로 승격하는 등 역대 최고의 시즌을 보냈다.

맨시티의 모기업인 CFG와 페레 과르디올라는 2017년 여름에 지로나의 지분 44.3퍼센트씩을 인수했다. 지로나는 라리가에 처음 올라간 2017~18시즌에 맨체스터 시티로부터 임대한 선수 5명이 활약한 덕분에 10위를 차지하며 엄청난 파란을 일으켰다. 라리가 회장 하비에르 테바스는 CFG가 라리가에서 지로나의 지출 규정을 우회하기 위해 '금전적 도핑'을 했다고 비난했다. CFG는 테바스에게 법적 조치를 취하겠다고 위협했으나 실제로 행동을 취하지는 않았다.

CFG가 지로나의 지분을 인수한 이후, 18명의 CFG 선수들이 지로나와 계약을 맺었다. 2023~24시즌 선수단 중에서 임대 선수 2명을 포함해 5명이 CFG 소유 클럽 출신이었다.

어쩌면 지로나를 통해 미래의 축구를 엿볼 수 있을지도 모른다. 다중 클럽 소유 그룹MCOs을 중심으로 선수들은 끝없이 이동하고, 그렇게 같은 조직에서 배출한 선수들이 리그 우승을 노리고 더 나아가 지역 또는 국제 클럽 대회까지 진출하는 것이다.[366]

소유권이 동일한 클럽들 간의 거래는 독립성 그리고 경쟁의 무결성 측면에서 의문을 불러일으킨다. '이중 소유권' 자체를 금지하는 규정은 없다. 규정에는 '어떤 개인이나 법인도 UEFA 클럽 대회에 참가하는 두 개 이상의 클럽에 대해 통제권이나 영향력을 미칠 수 없다.'라고 명시되어 있을 뿐이다. 시티풋볼그룹 그리고 맨시티 감독의 동생이 각각 44.3퍼센트씩의 지분을 보유하고 있기 때문에, 이 경우에 두 클럽 모두의 대부분을 소유한다는 '통제권'의 정의는 적용되지 않는다. 통제권은 또한 '양 클럽의 의사결정에 어떻게든 결정적인 영향을 미칠 수 있는 능력'을 의미한다. 이는 법률상 정의도 중요하지만 어떻게 해석하고 판단하느냐에 따라 달라진다. 레드불 잘츠부르크와 RB 라이프치히의 챔피언스 리그 출전을 허용한 UEFA의 결정도 아마 지로나의 지분 인수 계약 형태에 영향을 미쳤을 것이다.

2024년 3월, UEFA는 시티풋볼그룹이 맨체스터 시티와 지로나 중 한 곳의 지분을 줄여야 한다고 선언했다. 일부 슈퍼 에이전트의 활동 때문에 레알 마드리드를 비롯해 축구계는 '경쟁의 무결성'과 '독립성' 문제가 예전보다 자주 발생하는 새로운 환경에 처해 있다.

FIFA의 에이전트 관련 규정

축구계에 돈이 스며들면서 에이전트는 자신이 관리하는 선수들에게 거액의 이적과 계약 협상에 도움을 주고 영향력을 점점 키워갔다. 때로는 에이전트가 클럽과 선수 모두를 대리하거나 둘 모두에게 비용을 받는 경우도 있어 잠재적인 갈등의 소지가 되기도 했다. 점점 권력이 커지는 '슈퍼 에이전트'도 있지만, 선수들을 대변하는 가족 구성원의 수가 급격히 증가했고, 한 명의 선수를 대리하겠다며 기본적인 경험도 없이 뛰어드는 새로운 에이전트들도 많아졌다. 한편 에이전트가 수수료로 너무 많은 돈을 챙겨가고 있고, 그 돈이 축구 시설 개선, 유소년 축구 등 스포츠 인프라 개선 프로젝트, 여자 경기 등에 쓰이는 게 더 바람직하다고 생각하는 사람들도 늘어났다. 2022년에 클럽이 축구 에이전트에게 지급한 수수료는 6억 2300만 달러(약 8560억 원)로, 2021년에 비해 24퍼센트 증가한 금액이다. 이런 여러 가지 이유로 많은 이들이 에이전트의 수수료 상한선을 정하고, 일종의 자격증을 교부하며, 이해관계의 충돌을 줄이고 투명성을 높이기를 원한다.

2023년 1월, FIFA는 전문인으로서 축구 에이전트의 기본적인 규범 및 윤리적 기준을 보장하기 위해 새로운 규정을 발표했다. 어떤 축구 에이전트는 최대 5~10퍼센트의 수수료를 받기도 했을 테지만, 이제는 새로운 규정에 따라야 한다. 선수 연봉이 20만 달러(약 2억 7480만 원)를 초과할 경우에는 총급여의 최대 3퍼센트, 20만 달러 이하일 경우에는 최대 5퍼센트를 받을 수 있다. 또 에이전트는 모든 거래를 공개해야만 하며, 이를 통해 팬들은 클럽이 얼마를 지급했는지 확인할 수 있게 되었다. 다른 주요 변화로는 라이선스 제도의 의무화 그리고 이해충돌을 피하기 위한 다중 대표 금지를 들 수 있다. 이제 에이전트가 되고자 하는 사람은 FIFA 시험 합격 등 엄격한 절차를 따라야 하며, 그 후 관리 기관에 연회비를 납부해야 한다. FIFA는 새로운 규칙에 '레거시 에이전트Legacy Agent' 조항을 넣어 2015년 이전에 등록한 에이전트는 이전 규정에 따라 자격을 인정하므로 다시 시험에 응시할 필요가 없다고 밝혔다.

FIFA의 새로운 규정은 반발을 불러왔다. 소위 '잘나가는' 에이전트들은 반대의 목소리와 함께 소송에 들어갔다. 2023년 11월, 마드리드상업법원은 FIFA와 스페인축구연맹이 국내에서 새로운 규정을 적용하지 못하도록 금지했다. 독일 도르트문트지방법원은 새로운 규정의 가장 핵심 조항에 대해 금지 명령을 내렸다. 다른 유럽 국가에서도 소송이 진행되고 있다. 소송 내용 중 가운데 이중 대리(동일한 거래에서 에이전트가 선수와 클럽을 모두 대표하는 경우)와 수수료 상한선에 대한 조항이 가장 큰 걸림돌로 보인다. 새로운 규정

으로 인해 고액 연봉을 받는 선수를 잡기가 더 어려워질 것이라거나 에이전
시가 선수에게 제공하는 서비스를 축소할 수밖에 없을 것이라고 하는 사람
들도 있다.

2023년 7월, 에이전트들이 자국 산업 규제와 수수료 상한제의 위법성을
주장하며 제기한 소송에서 해외의 여러 법원이 FIFA의 손을 들어주었다. 스
포츠중재재판소는 취리히 소재 프로축구에이전트협회PROFAA가 제기한 소
송을 "전부 기각했다."라고 밝혔다. FIFA는 이번 판결이 "FIFA 축구 에이전
트 규정의 합법성, 타당성 및 비례성 원칙을 완전히 확인해준" 결정이라고 말
했다.[367]

많은 이들이 에이전트가 규정을 우회할 방법을 찾을 것이라고 우려한다.
예를 들어 자유계약선수인 스타 플레이어가 시장에 나와 영입 경쟁이 벌어
지면 3퍼센트 상한선을 지키지 않는 클럽이 분명히 있을 거라고 믿는 사람이
많다. 앞에서는 투명한 공개를 통해 3퍼센트 규정을 지키는 것처럼 하고 뒤
로는 공개할 필요가 없는 다른 방법을 통해 보상을 제공할 것이라고 의심한
다. 예를 들어 에이전트가 직접 돈을 받지 않고 관련 회사 및 관계자 네트워
크를 통해 받거나, 아니면 '다른 업무'에 대한 수수료를 받는 식으로 꾸밀 수
도 있다는 것이다.

클럽의 가치를 넘어서기 시작한 글로벌 브랜드 선수들

오늘날 운동선수들은 얼마든지 글로벌 브랜드가 될 수 있다. 일부 선수들은 클럽보다 소셜 미디어 팔로어가 많고, 비디오 게임을 통해 이름을 알리는 경우가 증가하고 있으며, 클럽보다 더 많은 돈을 번다.

전통적으로 축구 팬들은 지역이나 가족 관계 또는 클럽의 유명세에 따라 자신이 응원하는 '클럽'을 선택했다. 그리고 경기장에 가서 클럽의 경기를 보거나 텔레비전으로 중계 시간을 확인해가며 경기를 시청했다. 그런 오래된 팬들에게 시간의 흐름과 더불어 변한 것은 유니폼과 선수들 그리고 아마도 로고 정도였을 것이다.

그런데 다른 종류의 축구 팬이 서서히 등장하기 시작했다. 2002년 6월, 데이비드 베컴David Beckham의 글로벌 팬, 특히 아시아 팬들이 맨유에서 레알 마드리드로 베컴을 따라가면서 변화가 가속화되기 시작했다. 그 후 2004년, 2005년, 2006년, 2010년, 2015년에 각각 페이스북, 유튜브, 트위터, 인스타그램, 틱톡이 등장했다. 새로운 소셜 미디어 플랫폼이 성장함에 따라 유니폼의 색상이나 로고가 아닌, 그것을 착용한 선수들을 더욱 중요하게 생각하는 서포터스가 점점 많아지고 있다.

동시에 FIFA 비디오 게임이 점점 인기를 더해갔다. FIFA 11은 1600만 장 이상, FIFA 18도 2600만 장이 넘게 판매되었다. 아이들은 게임을 하며 선수 그리고 그 선수의 통계와 평점에 익숙해졌다. 이렇게 새로 등장한 팬들은 자신만의 선수를 선택하고, 게임에서 자신만의 팀을 꾸리고, 자신이 좋아하는 선수들의 이적 소식, 개인 생활, 돈, 옷, 자동차 등을 실생활에서 팔로우한다.

이런 팬들은 대부분 유니폼 뒤에 적힌 이름과 등번호를 가장 중요하게 여긴다. 소셜 미디어 계정을 분석한 결과, 팬들은 클럽보다 개별 선수의 삶과 주목받을 만한 행동에 점점 더 많은 관심을 보이는 추세가 두드러진다. 이들 은 무의식적으로 자신의 영웅이자 좋아하는 운동선수처럼 되고 싶어 한다. 선수가 무엇을 하고, 무엇을 먹고, 어디로 가는지 알려고 하고, 자기도 할 수 있으면 따라 하려 한다.[368] 이런 행동을 통해 그 선수가 더욱 중요하고 가까운 사이처럼 느껴진다. 그 선수가 친구처럼 느껴지기 시작한다. 국가를 넘나드 는 소셜 미디어를 무기로 삼는 아시아 시청자 및 팬층을 중심으로 이런 경향 이 강해지고 있다. 자신의 우상이 활동하는 클럽을 팔로우하는 팬 중에는 그 선수가 나오는 콘텐츠만 소비하는 사용자가 점점 많아지고 있다.

앞서 설명했듯이, 운동선수는 소셜 미디어 팔로어 수가 많을수록 스폰서 십 가치가 높아진다. 팬들은 자신의 우상을 모방하면서 선수와 같은 신발, 향 수, 의류를 구매한다. 그러면서 자신의 우상과 가까워지는 느낌, 자신이 선수 의 명성과 성공에 일부 기여한 듯한 느낌을 받는다.

요즘은 많은 선수가 자신만의 소셜 미디어 담당자나 팀을 두기도 하고 외 부 서비스를 활용하는 방법을 선호한다. 레알 마드리드는 20명이 넘는 소셜 미디어 전문 제작 및 퍼블리싱 직원을 두고 페이스북, 인스타그램, X, 스냅 Snap, 유튜브, 틱톡, 중국과 일본의 소셜 미디어 플랫폼 등 다양한 플랫폼과 다양한 형태의 스토리텔링에 힘쓰고 있다. 레알 마드리드는 여러 채널을 통 해 수많은 콘텐츠를 게시하기 때문에 콘텐츠의 효과 여부는 물론이고 효과 가 있는 시기와 그렇지 않은 시기에 관한 데이터까지 보유하고 있다. 따라서 레알 마드리드는 소속된 선수가 최대한의 효과를 보려면 레알 마드리드가 갖춘 인력과 기술력을 활용해 함께 일하는 것이 좋다고 생각한다.

소셜 미디어가 떠오르면서 스포츠 팬들은 자신이 좋아하는 선수나 클럽 과 연결하고 소통하는 방법도 바꿨다. 팬들은 선수의 경기력을 확인하기 위해 실시간 데이터 모니터링을 사용한다. 그리고 자신이 좋아하는 선수와 팀을 정기적으로 팔로우하고, 참여와 응원을 위해 다양한 소셜 미디어 플랫폼을 사용한다. 또 팬들은 진정성과 접근성을 보여주는 클럽과 선수 그리고 레알 마드리드처럼 자체 콘텐츠를 제공해 팬들과 교류하며 관계를 강화하는 클럽과 선수를 찾는다. 레알 마드리드는 일대다 관계에서 커뮤니티 구축 모델로 전환했다. 이는 레알 마드리드의 디지털, 콘텐츠 그리고 마드리디스타 전략의 기반이 되었다.

소셜 미디어의 장막 뒤에 숨은 인종차별과 학대

소셜 미디어는 예전에는 생각지도 못했던 방식으로 참여자의 범위를 넓히고 팬과 그들의 영웅을 연결해주는 등 스포츠에서 매우 긍정적인 역할을 할 수 있다. 우리는 모두가 자신의 의견을 제시하고 자신의 의견을 들어주기를 원하는 사회에 살고 있다. 하지만 소셜 미디어는 혐오 발언이나 인종차별적 댓글 또는 괴롭히고 위협하는 댓글로 선수, 매니저, 심판, 관계자 등을 학대할 수 있는 익명의 플랫폼이 될 수도 있다. 소셜 미디어 플랫폼에서는 가해자 식별이 매우 어려운 편이다. 그래서 '어그로꾼Troll'들은 자신의 의견을 표현하고 관심을 끌어내서 반응을 얻기 위한 방법으로 소셜 미디어를 사용하기도 한다. 소셜 미디어의 이런 어두운 측면이 사람들의 축구 콘텐츠 소비 방식 그리고 선수와 클럽의 소셜 미디어 사용 방식에 얼마나 부정적인 영향을 미치는지 분석하기란 쉬운 일이 아니다.

2021년 3월, 전 아스널 및 바르셀로나의 공격수 티에리 앙리Thierry Henry는 소셜 미디어를 끊으면서 이렇게 말했다. "개인을 향한 엄청난 인종차별, 괴롭힘 그리고 그로 인해 겪는 정신적 고문이 너무 심해 감당할 수가 없습니다. 책임을 지울 무언가가 있어야만 합니다. 계정을 만드는 것도, 이를 이용해 아니면 말고 식으로 따돌림과 괴롭힘을 가하면서 익명을 유지하는 것도 여전히 너무 쉽습니다. 이런 상태가 바뀔 때까지 저는 모든 소셜 플랫폼에서 계정을 삭제할 것입니다. 곧 변화가 있기를 바랍니다."[369]

2021년 4월, 스완지는 페이스북과 X(당시 트위터)를 비롯한 온라인 플랫폼에서 선수 학대 사건이 반복되자 '#이제 그만EnoughisEnough'이라는 해시태그와 함께 클럽 전체의 공식 소셜 미디어 채널을 일주일간 보이콧한다고 발표했다. 많은 이들이 스완지와 그들의 행동에 박수를 보냈다.[370] 잉글랜드 축구계와 UEFA 역시 차별 및 온라인 학대에 맞선다는 의미로 일주일간 소셜 미디어 플랫폼 보이콧에 동참한다고 발표했다.

2022~23시즌의 마지막 6주 동안, 잉글랜드프로축구선수협회와 시그니파이Signify는 공동으로 실시한 연구에서 프리미어 리그 선수들을 겨냥한 노골적이고 폭력적인 메시지가 3000개 이상 발견되었으며, 이 중 56퍼센트가 인종차별적이라고 밝혔다. 설문조사에 참여한 선수 중 43퍼센트는 인종차별적 학대를 경험한 적이 있다고 답했다.[371]

사회 전반에 걸친 문제를 축구가 대표적으로 보여주고 있다. 물론 시합 중에도 그런 일이 발생한다. 여론분석업체 유고브YouGov가 실시한 2021년 스카이스포츠뉴스 설문 조사에 따르면 경기를 관전한 팬의 62퍼센트는 선수가 인종차별적 학대를 당할 것을 두려워한다고 여기고, 60퍼센트는 인종차별에 대한 제재가 충분하지 않다고 생각하는 것으로 드러났다. 경기장을 방문할 계획인 다양한 인종의 팬들 중 73퍼센트는 인종차별적 학대 발생 가능성을 우려하고 있는 것으로 나타났다.[372]

2023년 5월, 비니시우스 주니오르는 레알 마드리드의 발렌시아 원정 경기에서 팬들로부터 인종차별적 학대를 받았다. 그가 충격적인 인종차별 사건의 희생자가 된 것은 한두 번이 아니었다. 그는 소셜 미디어에 이런 글을 올렸다. "한때 호나우지뉴Ronaldo de Assis Moreira, 호나우두Ronaldo Luís Nazário de Lima, 크리스티아누, 메시가 누볐던 챔피언십(라리가)이 오늘날 인종차별주의자들의 소유가 되었다." 레알 마드리드는 이 사건에 대해 고소를 진행했다.[373] 라리가 및 소속 심판들이 인종차별 문제를 해결하거나 줄이는 데 실패했다고 (또는 효율적인 행동과 절차를 실행하지 못했다고) 비판하는 사람들도 있다. 사건이 발생하기 전인 2022년 9월, 레알 마드리드는 모든 종류의 인종차별 및 외국인 혐오 관련 언어와 행동, 특히 비니시우스 주니오르에 대한 발언을 비난하는 공식 성명을 발표하면서, 클럽 법무팀이 선수들을 향해 인종차별적 발언을 하는 사람들에게 조치를 취하도록 지시했다.

비니시우스 주니오르는 FIFA 특별기획팀과 함께 구체적인 권고안 마련 작업을 진행 중이다. 잔니 인판티노 FIFA 회장은 선수들이 학대 상황에 처할 시에는 경기 관계자들이 반드시 경기를 중단해야 한다고 말했다.

레알 마드리드는 선수들을 보호하고 팬들이 안전하게 참여할 수 있는 커뮤니티를 만들기 위해 소셜 미디어 모니터링 전담 플랫폼과 협력하여 공식 채널에서 혐오스럽고 폭력적인 언어를 식별하고 제거한다. 이는 기본적인 소셜 미디어 검증 프로그램 외에도 추가적으로 노력과 투자가 필요한 일이다.

인스타그램에서 소속 클럽보다 더 많은 팔로어를 보유한 선수들이 있다. 2020년을 기준으로는 크리스티아누 호날두(선수 2억 4100만 팔로어, 유벤투스 4400만 팔로어), 리오넬 메시(선수 1억 6800만 팔로어, 바르셀로나 9100만 팔로어), 네이마르(선수 1억 4300만 팔로어, PSG 3100만 팔로어), 폴 포그바Paul Pogba(선수 4200만 팔로어, 맨유 3800만 팔로어), 모하메드 살라(선수 4100만 팔

로어, 리버풀 2800만 팔로어), 이렇게 다섯 명이었다.[374] 이 다섯 명의 선수 모두 급여와 스폰서십으로 벌어들인 돈이 소속 클럽의 수익보다 더 많았다. 생각해보라. 선수가 자신의 소속 클럽보다 더 많은 팔로어를 보유하고 더 많은 수익을 올린다니! 이 선수들은 그 자체로 클럽보다 더 큰 글로벌 브랜드이자 기업인 것이다.

앞서 언급했듯이, 수백만 명의 팬들이 슈퍼스타 선수들에게 충성을 다한다는 사실은 통계가 말해준다. 일례로 2018년에 호날두가 유벤투스에 매각되자 유벤투스의 소셜 미디어 팔로어 수가 뚜렷하게 증가했다. 풋볼벤치마크에 따르면 호날두의 유벤투스행 소문이 퍼지기 시작해서 클럽의 발표가 있기까지 한 주 동안 유벤투스는 200만 명 이상의 SNS 팔로어를 확보했다. 유벤투스는 팔로어 수에서 레알 마드리드의 약 5분의 1 정도에 머무르고 있었는데, 호날두 영입이 클럽의 소셜 미디어 입지 강화에 도움이 될 것이라는 계산도 깔려 있었던 것이다. (2018년에 호날두가 유벤투스로 이적하자 하루 만에 약 6000만 달러(약 824억 원)에 해당하는 52만 장의 유니폼이 팔려나갔다. 호날두라는 브랜드의 가치가 얼마나 대단한 영향력이 있는지 설명하기 위해 비교하자면, 호날두 영입 이전에는 시즌 내내 판매한 유니폼 수량이 85만 장이었다.[375])

흥미롭게도 호날두의 유벤투스 이적은 레알 마드리드의 소셜 미디어 팔로어 수에는 아무런 영향을 미치지 않았다. 이는 레알 마드리드가 팬을 얼마나 잘 관리하고 있는지를 보여준다. 2021년에 호날두가 유벤투스를 떠나 맨유로 이적하자 유벤투스는 30만 명의 팔로어를 잃었고, 맨유는 거의 400만 명의 팔로어를 확보했다.[376] 메시가 2021년 바르셀로나에서 PSG로 이적했을 때를 보자. 당시 블라우그라나Blaugrana(바르셀로나의 별칭)의 소셜 미디어 팔로어 수에는 차이가 없었지만, PSG는 거의 700만 명의 팔로어를 얻었다.

하키미와 세르히오 라모스도 PSG에 합류하면서 각각 50만 명의 팔로어를 데리고 왔다. 이 수치는 글로벌 브랜드를 보유한 스타 플레이어가 클럽에게 소중한 소셜 미디어 자산이 될 수 있다는 사실을 분명히 보여준다. 이미 좋은 콘텐츠가 있고, 소셜 미디어에서의 커다란 존재감을 지닌 클럽에게는 더더욱 그렇다. 레알 마드리드나 바르셀로나처럼 차별화된 글로벌 브랜드를 보유한 빅 클럽과 선수의 팬들 사이에 일종의 '끈끈함'이 존재한다는 것 또한 데이터를 통해 알 수 있다. 베컴이 레알 마드리드를 떠날 때도 마찬가지였는데, 그의 팬들은 대체로 기존 클럽의 지지자로 남았다. 마지막으로, 이러한 수치는 팬들이 스타 플레이어에 대해 많은 관심을 가지고 있다는 사실을 보여준다. 팬들은 최고의 선수들을 보고 싶어 한다.

레알 마드리드가 선수 브랜드에 미치는 영향

전 세계적으로 소셜 미디어에서 가장 많이 팔로우 된 축구 선수 열 명 중 다섯 명이 레알 마드리드 출신이었다. (이를 ◆로 표시했다.)

2023년에 가장 많이 팔로우 된 축구 선수 상위 10명[377]

1. 크리스티아누 호날두◆
2. 리오넬 메시
3. 네이마르
4. 킬리안 음바페
5. 마르셀루◆
6. 즐라탄 이브라히모비치 Zlatan Ibrahimović
7. 폴 포그바

8. 세르히오 라모스◆

9. 하메스 로드리게스◆

10. 가레스 베일◆

레알 마드리드는 많은 스타 선수들을 영입하면서, 선수들에게 글로벌 플랫폼과 수억 명의 팬들에게 다가갈 수 있는 기회 또한 제공한다. 선수와 클럽은 공생 관계에 있다. 아르다 귈러Arda Güler의 레알 마드리드 이적 발표는 메시의 PSG 이적에 이어 소셜 미디어 역사상 두 번째로 많은 관심을 받은 계약 발표였다.[378] 이것이 바로 레알 마드리드 사단의 힘인 것이다.

이런 선수들은 클럽과 다름없거나, 심지어 클럽을 넘어서는 글로벌 브랜드다. 글로벌 브랜드 회사와 마찬가지로 담당 직원 또는 회사가 브랜딩, 소셜 미디어, 스폰서십 계약, 회계 업무를 처리한다.

스타 플레이어와 빅 클럽에 관심을 집중시킨 것은 소셜 미디어뿐만이 아니었다. 비디오 게임도 이러한 흐름에 일조했다. 축구 비디오 게임은 모바일, PC, 콘솔 게임 플랫폼에서 낮이든 밤이든 이용할 수 있기 때문에 축구에 미친 팬들을 만족시킬 수 있는 무한한 가능성을 제공한다. 이러한 게임은 현실과 판타지의 경계를 모호하게 만들었다. 비디오 게임에서는 다양한 사용자 지정 옵션을 통해 개인이 자신만의 유니폼과 팀 이름을 만들 수 있어, 팬들은 게임을 하는 시간을 통해 자신도 축구 세계의 일부가 된다. 축구를 모르고 게임에 처음 접하는 팬들에게는 게임 속 축구 선수들이 실제로도 존재한다는 점이 이상하게 느껴질 수도 있다. 어떤 사람들은 경기장에서 뛰는 선수의 모습이 아니라 콘솔을 통해 알게 된 통계로 선수를 기억하기도 한다. 예를 들어 폴 포그바는 안타깝게도 부상 및 기타 문제로 2022~23시즌 대부분을 경기에 출전하지 못했다. 하지만 그는 FIFA 비디오 게임에서 가장 인기 있는 선수 중 한 명이었다. 또 흥미롭게도, PSG는 FIFA 비디오 게임에서 음바페, 메시, 네이마르의 라인업으로 최고의 팀 중 하나가 되었는데, 여러 젊은 게이머들이 PSG를 통해 클럽과 선수들을 더 잘 알게 되었다고 내게 말해주었다. 그러고 나서 FIFA 23에서 가장 인기 있는 팀을 인터넷으로 직접 검색해보니… 결과는 역시 PSG였다.

FIFA 인터내셔널 사커FIFA International Soccer 비디오 게임은 1993년에 처음 출시되었다.[379] FIFA 비디오 게임 시리즈는 2010년까지 1억 장 이상 판매되며 세계에서 가장 많이 팔린 스포츠 비디오 게임 프랜차이즈가 되었다. 이 비디오 게임은 날이 갈수록 인기를 더해갔다. FIFA 12는 출시 첫 주에 320만 장 이상의 판매로 소매점에서 1억 8600만 달러(약 2555억 원) 이상의 수익을 올리며 '역대 판매 속도 1위 스포츠 게임'이라는 기록을 남겼다. FIFA 18은 2640만 장의 판매 기록을 세웠다. 2018년, 「가디언」의 스티브 복서Steve Boxer 는 FIFA 18을 "가장 매끄럽고 세련되며 단연코 가장 인기 있는 축구 게임"으로 "축구 (비디오) 게임의 프리미어 리그"라고 평가했다. 또한 그는 "파니니Panini 스티커 구입하듯 선수들을 모아 드림 팀을 구축할 수 있는"FIFA 얼티밋 팀FIFA Ultimate Team 모드를 칭찬하면서 "이 시리즈에는 국제적인 슈퍼스타들, 그리고 자신이 좋아하는 팀을 경기장 안팎에서 제어할 수 있는 모드가 있다."라고 덧붙였다.[380] FIFA와 풋볼 매니저Football Manager의 얼티밋 팀 기능을 통해 비디오 게이머는 기존 팀에서 벗어나 자신만의 라인업을 만들 수 있다. 이로 인해 선수가 속한 클럽을 넘어 선수 자체와 공감하고 가깝게 느끼는 팬 세대가 생겨났다. 이러한 변화는 글로벌 팬덤에 새로운 트렌드를 가져왔으며 오프라인에서 축구를 소비하는 방식에도 녹아들고 있다.

기술 발전으로 축구 선수들의 모습, 표정, 움직임이 개선되면서 실제와 가상 세계 사이의 격차가 좁혀졌다. 축구 비디오 게임은 매우 자연스러운 공의 움직임, 번개처럼 빠른 전환, 놀라운 기술 발휘 능력 등을 제공하며 축구 판타지나 다름없어졌다. 선수들이 멋진 움직임으로 기막힌 골을 터뜨리고, 화면에서 보여주는 모습과 들려오는 환성은 사람을 흥분시킨다. 현실에서 최고의 선수가 보여줄 수 있는 움직임과 빅 클럽들이 맞붙는 경기 상황을 재현해낸다. 이렇게 비디오 게임은 팬들을 축구에 몰입하게 만든다. 비디오 게임 플레이어가 스타 축구 선수와 빅 클럽을 선택한다. 그러고 나면 관계가 형성되기 시작한다. 일단 그 상태에 도달하면 더 많은 것들을 탐구하게 되고 실제 게임에 대한 기대치가 높아진다. 이제 지역 팀을 응원하는 것만으로는 성에 차지 않는다.

팬들은 축구에 대한 관심으로 비디오 게임을 시작하는 게 아니라, 비디오 게임을 통해 선수들을 알아가면서 점점 더 축구에 발을 들이게 된다. ESPN의 2014년 여론조사에 따르면, 미국인의 34퍼센트가 비디오 게임을 하면서 축구 팬이 되었다고 답했고, 전체 미국인의 절반은 비디오 게임으로 인해 축구에 대한 관심이 높아졌다고 답했다.[381]

비디오 게임과 데이터 모두에 관심이 있는 젊은 팬들을 끌어들이는 것은 게임 시뮬레이션의 데이터 및 디테일에 있다. FIFA 시리즈는 불과 일이십 년 전만 해도 프로 코치들조차 상상할 수 없었던 수준으로 축구 서포터스 세대에게 축구를 알려주고 이끌고 있다. 이제 팬들은 축구에서 선수 통계, 전술, 이적 규정, 세부적인 행정 절차에 대해 그 어느 때보다 많은 지식을 갖추게 되었다. 흥미로운 점은 뛰어난 업적이나 독특한 플레이로 유명했던 전설적인 선수들을 FIFA 아이콘FIFA Icon으로 게임에 포함시키면서 축구계의 전설적인 선수들을 여러 젊은 팬들도 알게 되었다는 사실이다. 전설적인 선수들은 대부분 과거에 대한 향수 때문인지 평가가 치우쳐 있어 실제보다 더 대단한 선수로 등장한다.

팬과 축구의 관계는 진화하고 있으며, 다양한 방식으로 축구와 소통하는 사람들이 훨씬 더 많아진 것을 볼 수 있다. 스카이스포츠의 「2021년 축구 팬덤The Football Fandom in 2021」이라는 제목의 보고서에 따르면, 70퍼센트의 사람들은 선수들이 영국의 차별 문제에 관해 대화를 진전시킬 수 있는 힘을 지니고 있다고 믿으며, 63퍼센트는 축구에 대한 사랑 덕분에 사회적, 경제적 이슈를 더 잘 이해하게 되었다고 답했다.[382] 젊은 세대의 사회 문제에 대한 인식은 점점 높아지고 있으며, 이는 그들의 믿음과 지지에 영향을 미친다. 켄트 대학교University of Kent의 퓨처 리더스Future Leaders[383] 펠로우인 마사 뉴슨Martha Newson 박사는 이 보고서에 대해 이렇게 말했다.

축구는 이제 그 어느 때보다 영국 대중을 대변하고 있다. 축구는 경기장에서 일어나는 일 이상의 의미를 지니는 것으로, 우리의 일상적인 신념에 깊이 뿌리내리고 대화 속에 자리 잡았으며 사회 및 공동체의 행동 형성에 영향을 미친다. 축구는 경기장을 찾거나 경기 일정을 확인하는 것 이상으로 훨씬 더 큰 의미를 지닌다. 이제 축구는 SNS에서 '좋아요'를 누르거나 '올바른' 운동화를 신거나 노래 가사의 의미를 이해하는 것처럼 사회적 연결이자 세상에 자신을 알리는 방식이다. 일부 팬들에게는 축구를 예찬하는 마음이 쇼핑하는 방식과 브랜드에도 그대로 드러난다.

이렇듯 초연결 소셜 미디어에 익숙한 세상에서, 팬들은 자신이 좋아하는 축구 스타를 경기 중에만 보는 것으로는 만족하지 못한다. 팬들은 그 선수에 대해 알고 싶어 한다. 그래서 경기할 때의 모습만이 아니라 경기장 밖에서,

라커룸에서, 훈련장에서, 가족과 함께, 심지어 반려동물과 함께 있을 때 어떤 모습을 보이는지도 궁금해한다. 레알 마드리드가 무대 뒤 라커룸 콘텐츠를 제공하는 이유다.

선수들은 또 다큐멘터리 제작을 통해 자신의 삶과 이야기를 팬들이 엿볼 수 있도록 함으로써 브랜드를 구축하고 지원하기도 한다. 〈지단: 21세기의 초상Zidane: A 21st Century Portrait〉(2006), 〈메시Messi〉(2014), 〈호날두Ronaldo〉(2015), 〈즐라탄 이브라히모비치의 비밀Becoming Zlatan〉(2015), 〈카림 벤제마의 질주Le K Benzema〉(2017), 〈크로스Kroos〉(2019), 〈앙투안 그리에즈만: 진행형 레전드Antoine Griezmann: The Making of a Legend〉(2019), 〈캡틴스The Chosen Few: Luka Modrić〉(2022) 등을 예로 들 수 있다. 비니시우스 주니오르, 세르히오 라모스, 이케르 카시야스Iker Casillas도 TV 다큐멘터리 시리즈를 제작했다.

레알 마드리드는 자체 다큐멘터리를 제작했다. 8개의 에피소드로 구성된 〈할라 마드리드Hala Madrid〉(2017)를 통해 클럽의 비하인드 스토리를 보여주었다. 아마존프라임비디오Amazon Prime Video는 2022년에 다큐멘터리 시리즈인 〈레알 마드리드: 더 화이트 레전드Real Madrid, La Leyenda BlancaReal〉를 선보였다. 45분 분량의 에피소드 여섯 개로 구성된 이 다큐멘터리는 레알 마드리드의 가장 위대한 업적과 중요한 사건들을 담고 있다. 애플티비플러스Apple TV+에서 상영한 〈끝까지! 바모스 레알 마드리드Real Madrid: Until the End〉는 놀라운 2021~22시즌을 보낸 이 우상화된 팀의 드러나지 않은 뒷이야기를 들려준다.

수백만 명의 팬들은 한 클럽을 전반적으로 따르기보다는 좋아하는 선수를 지켜보고 변화를 따라간다. 축구 선수들이 소속 클럽을 바꾸고 팬들도 한두 사람이 아닌 여러 명의 선수를 좋아하게 되면서, 최근 몇 년 사이에는 자신이 좋아하는 제2 또는 제3의 팀까지 만드는 경우가 흔해졌다. 축구 미디어 회사

COPA90의 2022년 조사 결과에서는 영국에서 16~24세의 젊은이들 가운데 46퍼센트가 최소 두 개의 풋볼 클럽을 응원한다고 답했고, 27퍼센트는 세 개 이상의 팀을 응원하는 것으로 나타났다.[384]

현대 축구 미디어의 기묘한 비즈니스

축구 미디어의 변화는 간추려 설명하기 힘들 정도다. 모든 소식이 관리 시스템을 제대로 거치지도 않고 즉각 뉴스가 되어 퍼진다. 선수 이적 및 선수 개개인의 돈과 삶에 대한 대중의 관심이 높아지고, 유튜브, 인스타그램, 틱톡을 통해 스포츠 뉴스를 접하는 사람들이 많아지면서 이러한 변화를 부추긴 면도 있다.

팬들은 언제나 축구계의 소식을 알고 싶어 했다. 특히 경기와 경기 사이, 시즌과 시즌 사이에 등장하는 가십과 소문은 팬들을 사로잡는다. 스페인 신문을 집어들면 종류에 관계없이 축구 관련 잡담과 추측 기사가 한 페이지씩은 나온다. 스포츠 라디오와 TV 역시 마찬가지다. 그러나 이런 매체들은 오직 특정 사안에 대해서만 줄기차게 이야기할 수 있을 뿐이었다. 그들의 화두는 한계가 있었다.

상황은 소셜 미디어로 인해 일변했다. 축구 소식, 특히 유출된 이적 소문은 이전보다 훨씬 더 빠르게 퍼져나가고 범위도 급격하게 확대되고 있다. 생각나면 언제든 클릭 한 번으로 정보 공유가 가능해졌다. 또 축구 뉴스는 더욱 개인화되고 있다. 소셜 미디어는 기자들이 (편집자의 확인이나 사실 여부의 검증 없이) 여과되지 않은 생각을 독자들과 직접 나누고 공유할 수 있는 기회를 제공했다. 기자, 인플루언서, 중개인, 참가자 간의 경계가 모호해졌다. 스포츠 기자라는 직업은 전 세계 시청자에게 다가갈 수 있는 지름길이 됐다. 하지만 그들이 누리는 인기의 중심에는 그들이(그리고 축구가) 곧 스포츠이자 엔터테인먼트라는 사실이 있다. 이적 업계에 대한 보도는 무수히 쏟아지는 SNS 게시물, 사진, 경력, 이모티콘, 특징적인 구호 등으로 진화했다.

가장 잘 알려진 예로는 SNS에서 수백만 명의 팔로어를 보유한 이탈리아 저널리스트 파브리치오 로마노Fabrizio Romano를 들 수 있다. 그의 팔로어는 자신이 보도하는 클럽이나 선수보다 더 많을 때도 종종 있다. 심지어 ESPN FC 같은 미디어 매체보다도 많은 팔로어를 보유하고 있다. 2023년 7월 기준으로 로마노는 놀랍게도 40억 회 이상의 조회수를 기록하며 세계에서 가장 영향력 있는 X 계정을 보유하고 있는 것으로 알려졌다. 스카이스포츠뉴스가 누구보다 발 빠르게 이적 소식을 전할 수 있는 것은 당연히 파브리치오 로마노 같은 일급 이적 전문가의 도움 덕분이다. 로마노는 더블탭Double Tap이 제작한 6시간짜리 〈데드라인 데이 쇼Deadline Day Show〉 프로그램을 유튜브를 통해 직접 진행하기도 했다. 여섯 시간 동안 로마노가 한 일은 대부분 휴대폰 스크롤뿐이었지만, 그래도 150만 명의 시청자는 신경 쓰지 않는 듯했다. 로마노의 뒤에는 스폰서인 하이네켄Heineken 맥주통이 보란 듯이 놓여 있었다.

로마노는 수십억 달러 규모의 축구 선수 이적 시장을 취재하는 저널리스트다. 구단이 어떤 선수를 영입하는지 가장 먼저 알고 싶어 하는 사람들이 그를 팔로우한다. 로마노는 중요한 이적 소식을 발표할 때마다 '이제 시작이다!'라는 뜻으로 "Here we go!"라는 캐치프레이즈를 사용한다. 로마노가 여타 축구 이적 전문 기자들과 차별화를 이룰 수 있었던 핵심적인 특징 중 하나는 보도의 정확성이다. 그의 이적 보도가 항상 가장 먼저 나오는 것은 아니지만, 일단 그가 보도한 이적 소식은 신뢰할 수 있다고들 한다. 그가 "Here we go!"라고 하면 '기정 사실 또는 이미 끝난 합의'라는 뜻으로 받아들여진다.

이적 금액의 증가와 함께 대중의 관심도 증가했다. 이적 시장은 이제 60억 달러(약 8조 2440억 원) 규모의 산업이 되었다.[385] 예전에는 이적 계약 시 선수와 에이전트 그리고 클럽 대표가 참여했다. 요즘에는 많은 사람들이 참석해 이적 계약을 이벤트로 만든다. 클럽을 이적하는 선수는 챔피언십에서 우승하는 선수보다 더 많은 광고 효과를 발생시킨다. 사람들은 이적에 경기 자체만큼이나 혹은 경기보다 더 많은 관심을 보인다. 인스타그램에서 스포츠 팀 관련 게시물 가운데 가장 많은 '좋아요'를 받은 게시물이 이적 소식이었다. 바로 CR7, 즉 호날두의 맨체스터 유나이티드 복귀 게시물이었다. 두 번째로 많이 받은 게시물 역시 메시의 PSG 합류에 관한 게시물이었다. 팬들은 이적에 대한 대화와 정보 교환을 위해 게시판과 채팅방을 만든다. 팬들은 일 년 내내 클럽과 소통하고 싶어 하고, 클럽의 이적 소식은 그 공백을 메워주는 역할을 한다. 보통 전통적인 미디어가 그런 소식을 전하는 역할을 했다. 그런데 소셜 미디어는 아예 직접적인 상호작용을, 기자들과도 함께 진행할 수 있게 해준다. 지역 부족주의가 세계로 향하는 것이다.

마지막으로, 이적 소식은 비디오 게임에서도 중요하다. 젊은 팬들은 이적이 게임에서 팀에 어떤 영향을 미칠 것인지에 대해 생각한다. 이들에게는 이 또한 흥미와 재미의 일부가 된다.

유럽 축구를 위협하는 사우디아라비아 축구

사우디아라비아 축구는 엄청난 자금력을 뽐내며 글로벌 무대로 올라섰다. SPL이 슈퍼스타 선수들을 영입하면서 SPL 클럽이 2022 FIFA 클럽 월드컵 결승에 진출했고, 사우디아라비아는 2022 월드컵에서 놀랍게도 아르헨티나를 꺾었다. 사우디아라비아국부펀드를 등에 업은 뉴캐슬은 2022~23 프리미어 리그에서 4위를 차지하며 유럽 챔피언스 리그에 진출하는 성과를 거두었다.

사우디아라비아는 축구와 관련해 100년이 넘는 역사를 지니고 있다. 축구는 사우디아라비아에서 가장 인기 있는 스포츠일 뿐만 아니라 국가의 자존심이 걸린 문제이기도 하다. 사우디아라비아는 2016년 이후로 축구에 투자를 거듭하고 있다. 이는 석유 의존도를 낮추고, 관광업을 포함해 경제를 다각화하며, 공공 서비스 부문을 발전시키고, 사우디를 전 세계에 개방하며, 여성의 권리 향상을 포함해 건강하고 활기찬 사회를 만들겠다는 사우디아라비아의 커다란 전략적 틀의 일환이었다. 여기에는 UAE의 약 2배, 카타르의 4배에 달하는 사우디아라비아의 GDP가 도움이 되었다. 또 사우디아라비아에는 3200만 명 이상의 인구가 거주하고 있으며, 그중 51퍼센트가 30세 미만이다. 인구 대부분이 축구를 하거나, 경기를 관람하거나, 축구 소식을 접하며 산다. 축구는 젊은 세대의 기호 또는 요구를 배려하고 보조를 맞추기 위한, 훨씬 더 광범위한 사회경제적 계획의 일부다.

'녹색 매The Green Falcons'라는 애칭을 지닌 사우디아라비아 축구 남녀 국가 대표팀은 상당한 발전을 보여주었다. 남자 대표팀은 2022 월드컵에서 아르헨티나를 꺾었다. 여자 대표팀은 FIFA 세계 랭킹에 처음으로 이름을 올렸다.

여자 프로 리그도 창설되었다.

SPL 팀들은 아시아축구연맹Asian Football Confederation, AFC의 강호로 자리 매김했으며 세계적으로 경쟁력이 점점 더 높아지고 있다. 2023년에 AFC 챔피언 알 힐랄은 클럽 월드컵 준결승에서 남미 챔피언 플라멩구CR Flamengo를 3:2로 이겼다. 당시가 사우디 팀의 첫 번째 클럽 월드컵 결승 진출이었다.

SPL은 크리스티아누 호날두(맨유에서 방출), 카림 벤제마(레알 마드리드), 네이마르(PSG), 은골로 캉테N'Golo Kanté(첼시), 후벵 네베스(울버햄튼), 칼리두 쿨리발리Kalidou Koulibaly(첼시) 등 최고의 선수들을 꾸준히 영입하고 있다. SPL은 프리미어 리그 및 유럽 전역에서 최고의 심판들을 영입해 정규직으로 고용하는 방안도 모색하고 있는 것으로 알려졌다.

SPL의 경기는 엄청난 관중을 끌어들이기도 한다. SPL에서 제다의 알 이티하드Al-Ittihad FC와 리야드의 알 힐랄이 맞붙는 경기는 '사우디의 엘 클라시코'라고도 불리는데, 이 경기가 열리는 날에는 6만 명 이상의 관중을 수용할 수 있는 경기장이 가득 찬다. 제다의 알 이티하드와 알 아흘리Al-Ahli SFC가 맞붙는 제다 더비Jeddah Derby는 70여 년의 역사를 지니고 있다.

SPL은 향후 5~10년 안에 세계 10대 축구 리그에 진입하는 것을 노리고 있다. 2023년 여름 이적 시장에서 사우디 클럽들은 유럽 클럽에서 뛰던 선수 82명을 데려오며 이적료로 8억 2700만 유로(약 1조 3339억 원)를 지출했다. 그런데 SPL로 이적하는 선수 중 4분의 1 정도가 전체 이적료의 96퍼센트를 차지한다. SPL에서 중위급 선수의 가치는 여전히 100만 유로에 미치지 못한다.

2023년 8월을 기준으로 SPL 클럽 소속 선수들의 총가치는 약 11억 유로(약 1조 7743억 원)다. 이는 유럽에서 일곱 번째인 튀르키예 쉬페르 리그Turkish Süper Lig와 같다. 잉글랜드 프리미어 리그 선수들의 가치는 총 100억 유로가 넘는다. 프리미어 리그를 제외한 나머지 유럽 상위 5개 리그 선수들의 총가치는 각각 30억에서 50억 유로 정도쯤 된다. 이를 고려하면 사우디아라비아는 자국의 축구 리그 성장을 위해 지금보다 훨씬 더 많은 비용을 지출해야만 할 것이다.

사우디아라비아국부펀드는 뉴캐슬의 지배 지분과 전통 있는 사우디 축구 상위 4개 클럽 그리고 첼시 공동 소유주의 소수 지분 등을 통해 선도적인 다중 클럽 소유 모델을 빠르게 구축했다.[386] 그리고 뉴캐슬은 챔피언스 리그에 진출하며 빅6의 아성을 무너뜨렸다.

사우디 펀드가 비디오 게임 개발사에도 상당한 투자를 하고 있다는 점 역시 주목할 만하다. 앞서 언급했듯이, 비디오 게임은 팬덤 및 게임의 개발 방식에서 점점 중요성을 더해가고 있다.

인프라에 적절한 투자를 계속하고, 인적 자본에 현명하게 집중하며, 장기적이고 지속 가능한 영입 전략을 이어간다면 당연히 그 국가와 리그는 진정한 글로벌 강자가 될 수 있다. 사우디의 노력과 자원은 다른 리그와 클럽에게 위협적이다.

클럽의 선수 구매에 관한 조언을 제공하는 자문회사 레텍소인텔리전스 Retexo Intelligence의 매니징 파트너 크리스티안 누리Christian Nourry는 2023년 7월에 「파이낸셜타임스」와의 인터뷰에서 사우디 자금이 유럽 이적 시장에 미치는 영향에 관해 언급했다. 그는 사우디 자금이 선수들의 급여를 끌어올리고, 소속 팀과 계약 연장을 주저하게 만들며, 클럽은 잔류해주기를 바랐던 선수를 대체할 수밖에 없는 상황을 맞이하는 등 그 영향력이 "상당하다."라고 하면서 말을 이었다. "지금 유럽의 빅 클럽들은 여전히 어떤 선수를 잃게 될지, 혹시라도 예상하지 못했던 이탈 발생 시 단기적이든 장기적이든 해결책을 찾기 위해 돈을 얼마나 써야 할지를 파악하기 위해서 여전히 노력 중입니다."[387] 알렉산데르 체페린 UEFA 회장과 돈 가버Don Garber 메이저 리그 사커Major League Soccer, MLS 총재는 사우디아라비아국부펀드가 공약했던 축구 투자에 대해 비교적 무시하는 듯한 태도를 보여 왔다.[388][389]

사우디 클럽들이 지출한 약 10억 유로(약 1조 6130억 원)는 글로벌 이적 시장을 2019년 이후 최고 수준으로 끌어올리는 데 일조했다. 2023년 여름 이적 시장에서 사우디 팀들보다 지출을 많이 한 팀은 프리미어 리그 소속 클럽뿐이었다. 그리고 이적료 지출이 가장 많은 10개 리그 가운데 사우디처럼 수지 적자를 기록한 리그 역시 프리미어 리그뿐이었다. 세인트 갈렌 대학교University of St. Gallen의 조세 및 무역 정책 책임자이자 법학 및 경제학 연구소의 부소장인 경제학자 스테판 레지Stefan Legge는 사우디가 유럽 클럽들에게 선수 연봉의 인플레이션이라는 중요한 문제를 야기하고 있다고 지적했다. 레지는 이렇게 말했다. "어떤 시장에서든 단 하나 때문에 모든 것의 가격이 엉망이 될 수 있습니다. … 사우디아라비아는 좋은 선수를 영입하기 위해 엄청난 급여와 이적료를 지급할 수밖에 없습니다. 이는 유럽 클럽들에게 수익을 안겨주지만, 업계 전체의 비용 역시 증가시키죠."[390]

사우디아라비아가 이미 지출을 중단하기에는 너무 멀리 왔다는 점, 그리고 중국이 야심찬 축구 발전 프로그램인 '차이나 2.0China 2.0'을 쉽사리 그만두지 않을 것이라는 점을 부인하는 사람은 별로 없다. 당국이 마음만 먹으면 언제든 바로 정책을 전환할 수 있기 때문에 사우디아라비아의 향후 축구 정책이 어디로 갈지 예측하기는 어렵다. 하지만 사우디는 축구를 대규모 사회 및 경제 개발 프로젝트의 일환으로 생각하고 있기에, 인내심을 가지고 장기적인 투자를 이어갈 것이라고 보는 사람이 많다.

사우디가 후원하는 LIV 투어, PGA 투어와 합병되다

2022년, 사우디아라비아국부펀드가 자금을 지원하는 LIV 골프가 PGA 투어에 도전장을 던지며 등장했다. LIV는 필 미켈슨Phil Mickelson, 더스틴 존슨Dustin Johnson, 브룩스 켑카Brooks Koepka 등 여러 유명 골프 선수를 영입했다. (LIV는 54를 로마 숫자로 표현한 것이다. LIV 골프대회는 3라운드 54홀 경기로 치러진다.)

LIV는 PGA 투어의 전통에 반기를 들었다. LIV 골프대회에서는 음악이 울려 퍼지고, 복장 규정도 느슨한 편이었다. (선수들이 반바지를 입을 수 있었다.) 또 대회에 참가하는 선수의 수가 적었다. (LIV는 보통 48명이 출전하는데, PGA는 132명, 144명 또는 156명이 출전한다.) 시작할 때도 PGA 투어는 1번 또는 10번 홀에서 순차적으로 출발하는 데 반해 LIV는 모든 홀에서 동시에 출발하는 샷건 스타트Shotgun Starts 방식을 사용했다. 토너먼트는 4라운드 대신 3라운드로 진행되었으며, 컷 탈락 규정이 없었다. PGA 투어는 대략 47개의 대회를 개최하는 반면에 LIV는 14개에 불과했다.

타이거 우즈Tiger Woods, 마쓰야마 히데키Matsuyama Hideki, 로리 맥길로이Rory McIlroy 같은 선수들은 거액을 보증하는 LIV의 제안을 거절하고 PGA 투어에 남으며 의리를 지켰다.

LIV가 출범하면서 일련의 소송이 제기되었고, 선수들 간에 비난도 오고 갔다. PGA 투어는 LIV 토너먼트에 출전한 선수들에게 PGA 투어 출전 정지 처분을 내렸다.

2023년 5월, 14개 대회로 구성된 LIV 투어 시리즈에 출전하는 선수는 모두 48명, 총 12개 팀이었다. 이 가운데 필 미켈슨, 버바 왓슨Bubba Watson, 세르히오 가르시아Sergio Garcia, 루이스 우스트이젠Louis Oosthuizen, 카메론 스미스Cameron Smith 등 13명은 메이저 대회 우승 경력이 있는 선수들이었다. 더스틴 존슨, 마틴 카이머Martin Kaymer, 브룩스 켑카, 리 웨스트우드Lee Westwood 등 4명은 세계 랭킹 1위 타이틀을 차지한 적도 있었다.

2023년 6월, PGA 투어와 LIV 골프는 (DP 월드 투어DP World Tour와 함께) 운영을 통합하고, 새로운 골프 기구의 성장과 성공을 촉진하기 위해 PIF가 추가 자본 투자를 할 것이라고 발표했다. 이전에 LIV 골프를 아주 강하게 비판했던 로리 맥길로이는 이번 계약이 스포츠의 재정적 미래를 보장할 것이라고 생각한다며 이렇게 덧붙였다. "(사우디 자금을 골프에 투자한다는) 합의를 보았는데 … 솔직히, 이 사실을, 앞으로 일어날 일을 어쩔 수 없이 받아들여야죠."[391]

역사와 전통을 지닌 골프와 PGA 투어는 변화에 저항했다. 여기에 LIV 투어는 새로운 엔터테인먼트 및 선수 친화적인 방식 그리고 자본으로 골프계를 흔들었다.

많은 축구 이사진들은 궁금해한다. LIV가 PGA 투어의 거물급 스타들을 대거 영입하며 이를 빌미로 결국 PGA의 변화와 합병을 이끌어낸 것처럼, 사우디 프로 리그도 똑같은 일을 벌일 수 있을까?

축구 이사진들이 또 궁금해하는 것은 사우디아라비아가 글로벌 축구 무대에서 비교적 빠르게 부상하고 있는 상황에 대응하기 위해 카타르와 UAE(또는 다른 국가나 MCO 또는 사모펀드 혹은 리그)가 어떤 행동을 취할 수 있을 것인지다.

사우디아라비아의 클럽들이 이르면 2025년 초에 UEFA 챔피언스 리그에 진출하는 '와일드카드'에 관심을 둔다는 추측이 무성해지고 있다.[392] 챔피언스 리그의 최고 운영 책임자 카를로 노라Carlo Nohra는 2023년 8월 블룸버그Bloomberg와의 인터뷰에서 SPL이 주요 유럽 대회에 사우디 클럽들의 진출 가능성을 논의하고 싶어 한다고 전했다.[393] 그러면서 이렇게 말했다. "우리는 달라지려고 노력하고 있습니다. 따라서 우리는 리그의 어떠한 형식 변경이나 개선 사항도 기쁜 마음으로 받아들일 것입니다." 그는 SPL이 AFC 챔피언스 리그에 참가할 수 있도록 여전히 "최선을 다하고 있다."라면서, SPL 팀들의 UEFA 챔피언스 리그 합류 관련 논의는 아마도 UEFA와 사우디아라비아축구연맹 간에 이루어질 것이라고 덧붙였다. UEFA 회원국에는 대륙 횡단 국가와 아시아 국가 등 몇몇 비유럽 국가들이 포함되어 있으며, 이들 국가의 클럽은 유러피언 챔피언스 리그에 참가할 수 있다.[394] 2023년 8월에 UEFA 회장 알렉산데르 체페린은 이렇게 말했다. "챔피언스 리그와 유로파 리그 그리고 컨퍼런스 리그에는 유럽 클럽만 참가할 수 있습니다. … 결승전은 유럽 클럽만 (개최) 신청을 할 수 있으며 … 규칙을 변경해야만 하는데, 우리는 그것을 바라지 않습니다."[395]

또 체페린은 SPL이 나이 든 선수들에게만 매력적으로 다가올 뿐 "킬리안 음바페와 엘링 홀란드는 사우디에서 뛰는 것을 꿈에도 생각하지 않는다."라고 했다. 하지만 리버풀의 클럽 감독은 신흥 SPL이 야기하는 위협을 무시하기에는 너무 이르다고 말했다. "제가 다 알지는 못하지만, 홀란드나 음바페를 예로 든 것은 적절하지 않다고 봅니다. 그 선수들은 너무 젊고 이미 많은 돈을 벌고 있으니까 좀 다른 얘기라고 할 수 있죠. … 상황이 어디로 흘러갈지는 모르겠지만, 우리가 이 순간에 사우디 리그를 대놓고 부정할 수는 없다는 점에서 오히려 위협이나 걱정이 느껴집니다."[396]

세리에 A를 이끄는 로렌조 카시니Lorenzo Casini 회장은 SPL이 유럽 축구의 경쟁력에 미치는 위협에 대응할 것을 FIFA와 UEFA에 촉구했다. 그는 인터뷰에서 이렇게 말했다. "물론 사우디 현상이 완전히 새로운 것은 아닙니다. 다른 나라들도 과거에 이런 식의 거래를(스타 선수 영입) 한 적이 있습니다. (하지만) 지금 사우디 축구가 벌이고 있는 일은 그 규모가 놀라울 정도입니다. 사우디나 다른 중동 자본이 유럽 클럽에 투자로 들어왔던 과거의 1단계 수준을 넘어섰고 … 지금은 2단계로 볼 수 있는데, 챔피언들을 자기네 나라로 데려가 진짜로 유럽의 챔피언십을 만들려고 하고 있습니다. … 당연히 FIFA와 UEFA는 경쟁력 저하라는 위험에 빠지지 않도록 대응책을 취해야 할 것입니다."[397]

축구에서 일어나는 중대한 시스템 변화들

나는 소유권의 변화, 그리고 유러피언 슈퍼리그 발표와 그에 따른 반응 및 의견들을 보면서 무언가 실질적인 변화가 일어나고 있다는 것을 느꼈고, 좀 더 깊이 알아보고 싶은 마음이 생겼다. 그러면서 예상하지 못했던 사실들을 알았고 그 내용을 지금껏 설명했다. 결론적으로 말하자면, 축구에는 지금 중대한 시스템 변화들이 발생하고 있다. 앞에 다뤘던 내용들을 다시 살펴보자.

- **정부 유관 기관, 사모펀드 그리고 다중 클럽 소유 모델이 확산하고 있다.** 재정적 페어플레이 규정을 회피하기 위해 긴밀한 제휴 관계에 있는 스폰서의 수익을 부풀리는 부분, 그리고 여러 역할을 지닌 사람들/기관들이 이해 상충으로 인식할 수 있는 부분도 포함된다.
- **과거에 상승을 이어오던 중계권료는 이제는 정점에 달한 듯 보이고, 반면에 선수 연봉과 인프라 비용은 더욱 빠르게 상승하고 있다.** 이는 클럽 대부분이 따르는 축구 경제 모델의 지속 가능성을 저해하고 그 어느 때보다 위험하게 만든다. 코로나19 유행으로 시스템이 얼마나 취약한지 드러났다.
- **프리미어 리그는 '축구의 NBA'가 되어가고 있다.** 또 기존의 빅6와 신흥 클럽들은 프리미어 리그의 다른 클럽들과 분리된 자신들만의 리그를 이미 형성하고 있다.
- **(프리미어 리그를 제외한) 상위 5대 리그에서 글로벌 브랜드를 보유하고 지배력을 발휘하는 소수의 클럽들은 다른 클럽들과 격차를 벌리고 있다.** 이들 클럽들은 재정 면으로나 성과 면에서, 주로 리그 방송 수익

에 의존하는 자국 클럽들 및 챔피언스 리그에 출전하는 대부분의 클럽들과 격차를 벌리고 있다. 이로 인해 경기의 흥미가 반감되고, 리그 우승팀/챔피언스 리그 출전팀 예측이 더욱 쉬워졌다.

- **해당 지역에서 여러 세대에 걸쳐 열성적으로 시즌 티켓을 구매하고 보유하는 클럽 팬들은 글로벌 자본주의에 반발하고 있다.** 또 지역 라이벌 의식에 얽매이지 않고 경기장에는 한 번도 가본 적이 없는, 새로 등장한 다수의 글로벌 클럽 팬들에 대해서도 반발하고 있다.[398]

- **경기 및 대회 일정이 더욱 빠듯해지는 것으로 보이며 선수들에게 더욱 많은 체력이 요구되고 있다.** 이는 경기 수, 경기 강도, 부상 간의 상관관계로 인해 더 잦은 선수 부상으로 나타난다. FIFA와 UEFA의 지속적인 대회 확장이 이러한 추세의 한 가지 원인이기도 하다.

- **축구의 규제 시스템이 종종 관할권에 따라 다르고, 일관성 없이 시행되며, 합법성과 타당성에 의문이 제기되는 짜집기식 규칙들로 운용되고 있다는 점이 드러나고 있다.** (FIFA와 UEFA의 이해관계 상충 역시 포함된다.)

- **FIFA와 UEFA는 축구에서 클럽에 대한 규제 기능, 클럽을 활용한 토너먼트 개최로 수익을 창출하는 기능, 클럽에 대한 사법 및 징계 기능 등 수십억 달러 규모의 초국가적 활동을 영위하고 있지만, 잠재적인 갈등을 포함한 여러 면에서 철저한 규제나 감독을 받지 않는 것으로 드러났다.**

- **슈퍼 에이전트는 선수 이적료와 급여 인상을 통해 점점 더 많은 돈을 벌어들이고 있다.** 그들은 그 어느 때보다 강력한 힘을 지니고 있을 뿐만 아니라 클럽에 끼치는 영향력도 커지고 있다.

- **선수들은 얼마든지 스스로 글로벌 브랜드가 될 수 있다.** 일부 선수는

클럽보다 더 많은 팔로어를 보유하고, 비디오 게임을 통해 더 높은 인지도를 갖고 있으며, 더 많은 수익을 올리기도 한다.

- **축구 미디어는 즉각적인 뉴스가 되었다.** 팬들은 선수들의 이적 이슈와 선수 개인의 재산 및 사생활에 관심을 보이며, 점점 더 많은 이들이 유튜브, 인스타그램, 틱톡을 통해 스포츠 뉴스를 접하고 있다.
- **사우디아라비아 축구는 돈을 아끼지 않고 쓰는 추진력을 바탕으로 글로벌 무대에 올라섰다.** SPL은 슈퍼스타 선수들과 계약을 맺었고, SPL 클럽은 2022 FIFA 클럽 월드컵 결승에 진출했으며, 사우디아라비아는 2022 월드컵에서 아르헨티나를 이겼다. 또한 사우디아라비아국부펀드가 관리하는 뉴캐슬은 2022~23 프리미어 리그에서 4위를 차지하며 유러피언 챔피언스 리그 진출권을 획득했다.

축구 클럽들에게 적응하지 못하면 도태된다는 압박을 가하는 것은 축구 내부의 변화뿐만이 아니다. 다음 장에서는 스포츠와 엔터테인먼트 그리고 콘텐츠 전반에 걸쳐 일어나는 중대한 시스템적 변화를 살펴볼 것이다. 논의될 내용은 다음과 같다.

- 엔터테인먼트를 시청할 수 있는 새로운 OTT 서비스 플랫폼.
- 데이터 수집과 분석 및 관리 능력 향상. (경기장 안팎, 그리고 선수 데이터를 소유한 사람들 포함)
- 스토리텔링, 소셜 미디어, 비디오 게임, 팬 토큰을 포함한 팬 참여 양상의 변화.
- 인구 통계, 멀티 스크린 사용, 부분 시청을 포함한 시청 방식의 변화
- 더욱 탐구적인 팬들과 더 나은 경기장 경험 등을 포함한 팬 경험 기대치

의 변화

- 점점 불편해지는 베팅 회사와의 관계.
- 여성 스포츠의 인기 및 영향력 상승.

다음 장에서는 스포츠, 엔터테인먼트, 콘텐츠에서 더욱 광범위하게 벌어지고 있는 변화들에 관해 설명하고, 레알 마드리드가 어떻게 자신의 가치와 정체성을 진심으로 지켜가면서도 적응하고 혁신해나가는지 알아보려 한다.

6장

축구를 소비하는 방식도 바뀌고 있다: 팬 경험의 변화

축구의 변화를 뛰어넘는 팬 경험의 변화

지금 스포츠, 엔터테인먼트, 콘텐츠 전반에 광범위하게 퍼져나가고 있는 변화는 그 속도가 너무 빨라 따라잡기 힘들 정도다. 대상, 이유, 시청과 참여의 방식 등 스포츠 경험은 진화를 거듭하고 있다. 또 이런 양상은 세대와 나라마다 다르다. 레알 마드리드는 고유의 가치와 정체성을 지키는 가운데 이런 변화에 적응하며 혁신에 나서고 있다.

OTT의 등장: 차별화된 콘텐츠를 제공하라

「포브스」의 2019년 조사에 따르면 온라인 동영상 서비스를 유료로 이용하는 전 세계 스포츠 팬 가운데 52퍼센트가 2024년까지 '가입을 해지하고' 스트리밍 전용 서비스로 갈아탈 계획이라고 한다.[399] 스트리밍 전용 서비스는 정해진 일정에 따라 콘텐츠를 제공하는 기존의 선형적 서비스Linear Service보다 더 유연하고 구독료도 저렴할뿐더러 훨씬 다양한 콘텐츠를 제공하면서 스포츠 TV 시장에 파란을 일으켰다.

코로나19로 인한 전 세계 봉쇄 조치 기간 동안 사람들은 더욱 다양한 양질의 동영상 콘텐츠를 접하고 싶어 했다. 이러한 욕구에 힘입어 디지털 동영상 소비가 전반적으로 증가하면서, 기존의 케이블 TV 및 위성 방송 서비스를 이용하던 이들이 아마존프라임, 훌루Hulu, 넷플릭스, 그리고 영국의 스카이 채널에서 운영하는 나우TVNow TV, 프랑스의 카날플뤼스Canal+가 제공하는 카날플레이Canal Play, 스페인의 무비스타플러스Movistar Plus 같은 OTT 서비스로 전환하는 속도가 빨라지고 있다. 유튜브 또한 사실상 글로벌 OTT 플랫폼이다.

OTT 플랫폼은 오늘날 스포츠 팬과 소비자 대다수의 요구에 따라 여러 운영체제에서 작동하는 크로스플랫폼Cross-platform으로서의 호환성을 제공하며, 인터넷만 연결되면 언제든 플랫폼에 접속해 이용할 수 있다. 3D 기술, 4K 해상도, 가상현실을 활용한 첨단 OTT 스트리밍 서비스를 이용하면 이론적으로 간단한 스위치 조작만으로도 경기를 여러 각도에서 볼 수 있다. 하지만 실제로는 방송사나 리그 중계권을 보유한 회사들 가운데 이러한 기능을 도입한 곳은 별로 없다. 클럽은 방송 중계권을 손에 쥐고 있지 않으므로 그들이 어떻게 할 수 있는 부분도 아니다. 그래서인지 유럽보다는 미국에서 혁신이 더 많이 일어나고 있다.

(가상현실이나 몰입형 스트리밍을 의미하는) 3D를 둘러싸고 불거진 또 다른 중요한 문제가 있는데, 바로 필수 하드웨어 보급률이 낮다는 점이다. 애플의 비전 프로Vision Pro 같은 기기가 있기는 하지만, 거실에서 다른 사람들과 경기를 시청하는 데 혼자 머리에 장비를 뒤집어쓰고 있어야 한다는 일종의 사회적 요소는 해결해야 할 부분이라 할 수 있다.

그런데 OTT란 대체 뭘까? 간단히 말해, 케이블 TV나 위성 방송처럼 OTT도 하나의 전송 메커니즘이다. 즉 OTT는 인터넷을 통해 수신기기에 콘텐츠를 전송하는 서비스다. OTT라는 용어가 스포츠 업계 같은 곳에서 널리 사용되고 있기는 하지만, 사실 기존 방송사도 인터넷을 통해 콘텐츠를 전송하는 일종의 OTT 서비스를 제공하고 있기 때문에 사실상 큰 차이는 없다. 굳이 차이점을 들자면, 오랫동안 이 분야를 독식해왔던 케이블 TV 회사는 정해진 시간에만 콘텐츠를 볼 수 있는 선형적 서비스 방식으로 방송을 송출해왔다는 점이다. 가장 두드러지는 변화를 살펴보면, 최근 빠른 속도로 성장한 플랫폼들은 하나같이 주문형On-demand 콘텐츠를 제공하고 있으며 IP 권리 보유자가 콘텐츠를 최종 사용자에게 직접 제공하는 방식을 택하고 있다. 이러한 변화와 더불어 TV뿐만 아니라 모바일 기기에서도 콘텐츠 이용이 가능해지면서 원하는 콘텐츠를 선택할 수 있는 소비자의 힘이 커졌다. 하지만 선택해야 하는 구독 상품이 지나치게 많아짐에 따라 소비자에게 구독 피로감을 유발하기도 한다.

OTT 서비스 중 소비자 직접 전송Direct to Consumer, DTC 방식은 콘텐츠 소유자가 케이블 사업자나 다른 중개업체를 거치지 않고 자신의 콘텐츠를 스트리밍 또는 전달하기 때문에 붙은 명칭이다. 바꿔 말해 콘텐츠가 스포츠팬이나 소비자에게 직접 전달되는 방식이다. OTT 스트리밍 서비스라고 하면 사람들은 대부분 DTC 방식으로 콘텐츠를 전달하는 넷플릭스를 떠올린다. TV 네트워크와 같은 기존 방송사는 최종 소비자를 파악해야 할 이유가 딱히 없고, 콘텐츠 소유자와 정보를 공유해야 할 필요도 별로 없다. 하지만 OTT 의 경우에는 콘텐츠 소유자가 소비자에 대한 데이터를 직접 확보할 수 있다. 콘텐츠 제작자는 실시간으로 데이터를 추적할 수 있으며, 이러한 정보 덕분에 수익을 높일 수 있는 매우 귀중하고도 막대한 기회를 포착할 수 있다.

2020년에 프리미어 리그 CEO 리처드 마스터스Richard Masters는 프리미어 리그가 세계에서 가장 많은 시청자를 거느린 스포츠 리그로서 넷플릭스와 비슷한 스트리밍 서비스를 출시하는 것은 거스를 수 없는 시대적 흐름이라며, 이를 통해 팬들의 구독 비용은 낮추고 구단의 수익은 높일 수 있을 거라고 말한 바 있다.[400]

현재 프리미어 리그는 보통 일정 기간 연간 방송료를 받는 계약을 통해 스카이 채널이나 NBC 같은 기존 방송사 및 아마존프라임이나 DAZN 같은 스트리밍 서비스 회사에 중계권을 판매하고 있다. 2019년부터 2022년까지 TV 중계권료는 연간 약 31억 파운드(약 5조 7970억 원)이었는데, 이 가운데 14억 파운드가 해외 판매로 얻은 수익이었다.

프리미어 리그의 국내 TV 중계권료는 예나 지금이나 크게 달라지지 않았다. 그런데 전 세계 2억 명의 팬들이 프리미어 리그 중계를 실시간으로 시청하려고 기꺼이 돈을 지불하고 있으며, 그 수는 계속해서 증가하고 있다. 한편 주문형 비디오 스트리밍 분야의 성장세도 두드러진다. 그래서 프리미어 리그는 기존 방송사와 스트리밍 서비스라는 '중개인'을 배제하고 '셋톱박스와 케이블의 연결 없이 인터넷만 있으면 수신할 수 있는 OTT' 자체 서비스를 통해 DTC 서비스를 제공함으로써 더 많은 이익을 거둘 방법을 모색 중이다.

스마트폰이나 태블릿, 스마트 TV, 컴퓨터는 스포츠 프랜차이즈가 기존 방송 플랫폼을 통해서는 제공할 수 없었던 OTT 스트리밍 서비스 전용 독점 동영상 콘텐츠를 시청하기에 최적화된 기기다. 이러한 독점 콘텐츠에 대한 수요는 NFL게임패스NFL Game Pass, NBA리그패스NBA League Pass, MLB TV, UFC파이트패스UFC Fight Pass, WWE네트워크WWE Network 같은 스트리밍 업체가 서비스를 확대하고 있는 미국에서 특히 눈에 띄게 증가하고 있다.

1982년에 미국의 NFL이 잉글랜드 빅5의 리그 TV 중계권 가치에 대한 시각을 바꿔 놓았듯이, 이번에는 NBA가 그 역할을 하고 있다. NBA는 구글과 협력하여 농구 팬들이 휴대폰으로 즐길 수 있는 추가적인 디지털 콘텐츠를 제공한다. 이는 '픽셀 아레나Pixel Arena'라고 불리는데, 이 서비스를 통해 팬들은 자신만의 아바타를 만들고, 디지털 처리된 리플레이 영상을 시청하며, 알아보기 쉽게 정리된 통계를 이용하고, 퀴즈에도 참여할 수 있다. NBA의 리그 패스 스트리밍 서비스 구독료는 영국의 경우 한 달에 10파운드 정도다. 프리미어 리그가 스카이스포츠와 BT스포츠BT Sport의 번들 상품 구독료보다 훨씬 저렴하면서도 리그 패스와 비슷한 가격의 구독료를 책정한다면, 이론적으로 2억 명의 가입자로부터 현재 수입의 8배인 240억 파운드(약 44조 8800억 원)를 매년 벌어들일 수 있다.[401] 이 금액이면 프리미어 리그는 라리가는 물론이고 그 어떤 리그도 따라오기 힘들 만큼 격차를 벌릴 수 있다.

하지만 영국에서 스카이스포츠가 약 600만 명, BT스포츠가 200만 명에 가까운 구독자를 보유하고 있는 상황에서 독자적인 '프리미어 리그 채널'이 출범하기에는 위험이 따른다. 예를 들어 일반 시청자들은 프리미어 리그의 자체 OTT 서비스를 보고 별로 볼 것이 없다고 생각할지도 모른다. 시청자들이 스트리밍 플랫폼에 제대로 즐길만한 콘텐츠가 없다고 느낀다면 기존 유료 TV 구독 취소를 유보할 것이다. 이 말은 콘텐츠 소유자가 경기 외에 선형적 방송에서 보여주던 것과 차별화된 콘텐츠를 추가로 제공하거나 경기를 독점 중계하지 않으면 구독자를 확보할 수 없다는 뜻이다.

프리미어 리그가 중개업체인 방송사를 거치지 않고 자체적으로 DTC 방식의 인터넷 광대역 서비스를 시작하는 것에 대해 지나치게 겁먹고 있다는 의견도 있다. 사실 기존 모델은 단순하다. 가장 높은 가격을 부르는 입찰자에게 중계권을 판매하면 향후 5년에서 10년간의 손익을 예측할 수 있다. 또한 방송사가 이미 배급망을 구축해놓았기 때문에 배급에 대해서도 걱정할 필요가 없다. 그런데 DTC 방식을 도입하면 배급망뿐만 아니라 사용자 기반까지 자체적으로 구축해야 한다. (심지어 요금 수납부서도 설치해야 한다.) 스트리밍 콘텐츠로의 대전환이 일어나고 있음에도 불구하고 여전히 많은 시청자들이, 아마도 전체 시청자 중 절반이 넘는 수가 TV와 기존 네트워크를 통해 콘텐츠를 소비하고 있다. 물론 자체 서비스 도입은 단기적으로는 손실을 불러올 수 있다. 그러나 장기적으로 봤을 때는 훨씬 큰 수익을 가져올 것이다. 이러한 분위기에 편승해 CPP나 PIF 같은 대규모 펀드가 장기적인 성장을 기대하고 권리를 인수해 이익을 챙기리라 예측하는 목소리도 있다. 순수 DTC 서비스가 모든 팬을 끌어들이는 데는 5년에서 10년가량 걸릴 테지만, 일단 그렇게만 된다면 그 숫자는 엄청날 것이다.

이에 대해 프리미어 리그 CEO 리처드 마스터스는 일부 국가에서는 기존 방송사 및 스트리밍 서비스업체가 경기를 중계하고, 다른 나라에서는 프리미어 리그가 DTC 스트리밍 서비스를 통해 방송하는 식으로 이원화된 시스템을 제안했다. 프리미어 리그는 몇몇 시장을 선정해 자체 OTT 서비스를 시작할 것으로 보인다. 일례로 싱가포르에서는 현재 40만 명이 넘는 축구 팬이 싱텔Singtel의 스포츠 서비스를 구독하고 있다. 싱텔은 프리미어 리그에 시즌당 7000만 파운드(약 1309억 원)를 지불하는 한편, 약 35파운드(약 6만 5450원)

의 월 구독료를 내고 실황 중계를 시청하는 구독자들로부터 매년 1억 7500만 파운드(약 3272억 원)의 수익을 올리고 있다. 프리미어 리그가 OTT 채널을 출시하면 싱가포르에서만 1억 파운드의 추가 수익을 창출할 수 있다.[402] 또한 자체 OTT 서비스를 출시하기 전까지, 출시하겠다는 위협만으로도 기존 방송사와의 협상에서 유리한 위치를 차지할 수 있다.[403]

먼저 한 가지 모델을 살펴보자. 비디오 대여점으로 시작한 넷플릭스는 이후 다른 제작사의 영화와 TV 프로그램을 스트리밍하는 사업에 뛰어들었다. 시간이 지나면서 넷플릭스는 DTC 모델에 대한 전문성을 쌓았고, 차츰 자체 콘텐츠를 제작하기 시작했다. 넷플릭스의 성공을 지켜본 스포츠 리그들은 DTC 모델을 도입하면 소비자와 훨씬 가치 있는 관계를 맺을 수 있을 것으로 생각했다. 소비자를 더 깊이 알 수 있게 되고 더 많은 상품을 판매할 수도 있겠다고 생각했다. 하지만 넷플릭스와 스포츠는 서로 다른 모델이다. 넷플릭스는 자체 콘텐츠 제작과 콘텐츠 라이선스 확보에 매년 수십억 달러를 투자하는 기업이다. 반면 스포츠는 구독료는 더 낮되 수익성은 높은 모델이어야 한다. 따라서 단순히 경기를 방송하는 것만으로는 부족하다. DTC 채널에서 제공하는 추가 기능으로 소비자의 마음을 뒤흔들 정도의 경험을 선사해야 한다.

일각에서는 유럽 축구 리그가 자체 OTT 서비스를 통해 경기를 중계하기보다는 기존 유료 TV 플랫폼에 중계권을 판매하는 게 수익성이 더 높을 거라는 의견을 제시한다. 이들이 근거로 삼은 것은 축구 하나만 보고 유료 TV 서비스를 구독하는 팬들도 많기 때문에, 기존 플랫폼들이 높은 가격에도 리그에 중계료를 지불한다는 점이다. 많은 플랫폼이 중계권료 지급으로 손실을 입고 있지만, 이 손실은 다른 콘텐츠 및 서비스 판매를 통해 얻는 이익으로 상쇄할 수 있다. (유선전화, 광대역 인터넷 서비스, 이동통신 서비스 및 다른 콘텐츠 구독을 포함해 TV 방송 상품 서너 개를 묶은 결합상품에 축구를 포함하는 경우가 일반적이다.) 그 결과 스포츠만을 스트리밍 하는 서비스인 DAZN 같은 독립 OTT 서비스의 경우 재정적 손실이 누적되고 있는 실정이다. 또 그런 탓에 미국의 ESPN 같은 스포츠 관련 독립 채널은 유럽 내 주요 시장에 서비스를 제공하지 않는다. 또 팬들 가운데는 여러 스포츠 및 엔터테인먼트 콘텐츠가 포함된 상품을 구독한 김에 축구 경기도 시청하는 사람도 많다. 이런 사람들은 프리미어 리그 같은 단일 리그의 경기만 볼 수 있는 서비스에 굳이 손이 가지 않을 수도 있다.(거꾸로 생각하면 콘텐츠 통합은 종종 구독자 수 증가에 일조한다는 점을 알 수 있다.)

NBA는 리그패스와 연동된 자체 앱의 '모멘트Moments' 기능을 통해 실시간으로 생성된 경기 하이라이트 장면을 제공한다. 팬들은 이렇게 통합된 리그패스를 이용해 하이라이트 장면을 보다가도 자연스럽게 실제 경기로 넘어가 시청을 이어갈 수 있다. 이는 스포츠 리그가 젊은 팬들의 구미에 맞는 온라인 콘텐츠를 제공하는 좋은 사례이며, 이용자 수를 보면 충분히 제 역할을 하고 있음을 알 수 있다. 일부에서는 NBA 앱이 10억 회 이상 이용자에게 노출되었을 것으로 보고 있는데, 이는 전례를 찾아보기 힘든 수치다. 실제로 SNS에서 이 앱이 거론된 횟수도 이와 거의 비슷한데, 앱 사용자들이 즐겨 찾는 SNS에서 흔히 볼 수 있는 친숙한 요소를 많이 차용한 디자인 덕도 크다.

NBA뿐만 아니라 NFL, MLB, PGA, 포뮬러 1 모터 레이싱도 DTC OTT 서비스를 운영하고 있다. UEFA도 자체 스트리밍 서비스를 출시했다. 포뮬러 1이 운영하는 F1 TV의 경우, 인터페이스는 단순해도 드라이버 한 명을 정해 함께 코스를 달릴 수 있고, 팀 라디오에서 무슨 말이 오가는지 들을 수도 있으며, 트랙을 도는 차량 위치 같은 실시간 데이터를 볼 수 있는 기능도 제공한다. (이 기능을 쓰면 생각보다 재미있다. 기존 방송에서는 차량 간 거리를 파악하기가 매우 어려웠다.) 골프 팬이라면 PGA 투어 방송을 보며 골퍼 한 명을 정해 따라다닐 수도 있고, AR 오버레이 기능을 통해 샷 데이터가 화면에 표시되는 것도 볼 수 있다.

마드리디스타 충성도 프로그램과 콘텐츠 채널의 진화

RMTV는 레알 마드리드에서 운영하는 24시간 디지털 라이브 TV 채널이다. 스페인에서는 디지털 지상파 신호를 통해 무료로 시청할 수 있고, 다른 나라에서는 나라별로 파트너를 두어 디지털 방송의 형태로 배포한다. 제공 언어는 영어와 스페인어 두 가지다. 레알 마드리드 커뮤니티에 가입하여 클럽에 대해 더 알고 싶은 팬이라면 'realmadrid.com' 또는 'madridistas.com'에서 마드리디스타 회원으로 등록한 뒤 무료로 RMTV를 시청할 수 있다. 마드리디스타 회원에게는 모든 레알 마드리드 관련 콘텐츠에 접근할 수 있는 통합 로그인 계정이 부여된다. 마드리디스타 회원이 누리는 주요 혜택으로는 레알 마드리드의 OTT 플랫폼인 RM플레이의 모든 콘텐츠를 시청할 수 있다는 점을 들 수 있다. 회원은 RM플레이를 통해 RMTV를 실시간으로 시청할 수 있을 뿐만 아니라 섹션별로 정리된 레알 마드리드 관련 동영상 콘텐츠 전부를 주문형 비디오 형태로 이용할 수 있다.[404]

RM플레이는 레알 마드리드 커뮤니티 모두가 즐길 수 있도록 추가 서비스로 만들어진 플랫폼이다. 모바일 기기, 태블릿, 스마트 TV(애플 TV, 안드로이드 TV, 삼성 TV, LG TV 및 아마존파이어 TV)에서 이용할 수 있다. 마드리디스타 회원은 RM플레이를 통해 클럽 관련 뉴스, 하이라이트 장면, 기자회견, 인터뷰, 특집 기사를 모두 볼 수 있으며, 지난 15년간 벌어진 1군 경기 하이라이트 장면을 포함해 섹션별로 분류된 클럽의 역사 관련 자료, 레알 마드리드 오리지널 시리즈의 예고편과 첫 번째 에피소드, 스페인어 버전 및 영어 버전으로 제공되는 RMTV 실황 중계, 그리고 최근 15일 치 분량의 주문형 뉴스를 볼 수 있다. 또 프리미엄 등급을 가진 마드리디스타 회원이라면 충성도가 높은 열성 팬과 회원을 위해 특별 제작된 클럽 관련 프리미엄 다큐멘터리와 영화를 즐길 수 있다.

레알 마드리드는 디지털 콘텐츠 분야에서 최신 트렌드를 반영하고 스토리텔링 혁신의 힘을 최대한 끌어내기 위해 SNS 플랫폼에 적합한 의사소통 방식을 사용한다는 규칙을 고수한다. 사용자가 제작한 콘텐츠를 공식 SNS 채널에 게재하는 것은 클럽 커뮤니티를 존중한다는 의미다. 최고의 콘텐츠는 레알 마드리드 팬으로부터 나오는 법이라고 생각하기 때문이다. (마드리디스타 인스타그램이 그 좋은 예다.) 아울러 레알 마드리드는 애플 TV를 통해 다큐멘터리 〈끝까지! 바모스 레알 마드리드!〉를 배급한다거나 RM 플레이에서 〈유니버스 레알 마드리드Universe Real Madrid〉 시리즈를 공개하는 식으로 배급사를 통한 장편 콘텐츠 보급이라는 수익 모델을 실험하며 레알 마드리드라는 브랜드의 위상을 전 세계로 확대하고 있다.

팬이 가입하면 레알 마드리드는 그 팬의 기본 정보를 확보하고 나서 그 팬이 무엇을 중요하게 생각하고 무엇을 좋아하는지, 그리고 어떻게 참여도를 높일 수 있는지를 파악할 수 있다. DTC 채널과 스폰서십 비즈니스를 운영하는 클럽에게 이러한 데이터의 가치는 엄청나다. 일반 팬을 열성 팬으로 전향시키는 것은 매출 성장의 핵심이다. 이를 위해 디지털 및 OTT 플랫폼은 디지털 TV 채널을 흡수하여 하나로 통합했다.

예를 하나 들어보자. 현재 레알 마드리드는 경기장을 둘러싼 형태로 설치된 LED 광고판에 경기 중 스폰서 광고를 띄우고 있다. 레알 마드리드는 이 LED 광고판을 10개 구역으로 나눈 뒤, 각 구역에 배정된 스폰서에 따라 구역별로 서로 다른 광고를 AR 기술을 활용해 디지털 방식으로 덧씌워 송출한다. 그러면 경기가 진행되는 동안 보는 위치에 따라 10가지 버전의 광고가 각각 송출된다. 이 아이디어는 이미 실제로 활용 중인데, 흥미로운 사실은 사용자가 자신의 기기로 직접 데이터를 수신받는 DTC 스트리밍 플랫폼을 통해 경기를 시청할 경우 클럽이 개별 IP 주소를 각각 타깃팅할 수 있다는 점이다. 이는 레알 마드리드가 해당 IP 주소에 연동된 개별 사용자 데이터 맞춤형 광고를 수백만 명의 사용자마다 각기 다르게 전송할 수 있다는 의미다. 여기에서 팬들의 디지털 신원을 하나하나 확인해 직접 식별할 수 있도록 하는 마드리디스타 프로그램의 위력을 다시 한번 확인할 수 있다. 이용자인 팬이 접근을 허용한 경우, 마드리디스타 프로그램은 온라인 광고업체가 하는 것과 동일한 방식으로 팬 데이터를 활용해 수준별 맞춤형 광고를 제작한다. 이러한 광고는 기존 유료 미디어 옵션과 마찬가지로 입찰 절차를 거쳐 판매할 수도 있다.

레알 마드리드는 프리미엄 멤버십/구독 모델도 운영 중이다. 연간 35유로 (약 5만 6400원)를 지불하고 프리미엄 구독을 신청하면 마드리디스타 회원에게 무료로 제공되는 콘텐츠는 물론이고, 현재 진행 중이거나 지나간 경기를 비롯해 모든 경기를 시청할 수 있으며 독점 콘텐츠도 이용할 수 있다. (14세 미만 아동을 위한 주니어 구독의 경우 연간 20유로다.) 그리고 〈비하인드 더 챔피언스Behind the Champions〉, 〈하얀 전설 레알 마드리드La Leyenda Blanca〉, 〈레알 마드리드 유니버스Universo Real Madrid〉, 〈필드 위의 스타들Campo de Estrellas〉 및 베르나베우 관련 다큐멘터리 같은 레알 마드리드 관련 영화와 오리지널 시리즈의 모든 에피소드를 관람할 수 있다.

레알 마드리드는 아마존프라임 모델을 참고해 프리미엄 멤버십 모델을 선보였다. 새로운 앱과 상품, 서비스를 출시할 때마다 프리미엄 구독 서비스에 계속 추가하는 방식이다. 이러한 전략의 목표는 일단 구독을 시작하면 기본 무료 멤버십으로 돌아갈 엄두가 나지 않을 정도로 프리미엄 구독 서비스의 가치를 높이는 것이다.

레알 마드리드는 2024년 10월을 기준으로 SNS 팔로어 수가 5억 5000만 명이 넘고, 7억 명에 이르는 세계 최대 규모의 팬층을 거느린 스포츠 팀이라는 점에서 다른 클럽보다 유리한 위치에 있다. 레알 마드리드가 가장 먼저 해야 할 일은 이 수많은 팬들을 일단 무료 멤버십에 가입시키는 것이다. 하지만 팬들로서는 멤버십에 가입해 개인정보를 제출하기보다는 '팔로우' 버튼을 누르는 것이 더 쉬운 일이다. 따라서 레알 마드리드는 이런 팔로어들에게 프리미엄 구독 서비스로 갈아탈 마음이 생길 정도로 흥미진진한 콘텐츠를 제공해야 한다. 아무리 열성 팬이라 한들 무료 서비스 이용자를 프리미엄 서비스로 업그레이드하도록 만들기는 쉽지 않다. 사실 이건 어떤 플랫폼에서든 쉽지 않은 일이다. X의 경우만 봐도 비용을 지불하고 프리미엄 서비스를 이용하는 가입자는 0.2퍼센트가 채 되지 않는다. 사람들은 가처분소득을 사용하는 방식에 대해 복잡한 우선순위 결정 메커니즘을 가지고 있다. 말하자면 스타벅스에 앉아 5유로짜리 라떼를 마시면서, 어떤 앱이건 다운로드는 무료여야 한다는 생각에 0.5유로짜리 앱을 다운로드할 생각은 하지 않는 셈이다. 하지만 레알 마드리드의 가치가 상승하면 가격 탄력성도 따라서 커진다. 레알 마드리드가 전 세계 팬들에게 가치를 충분히 제공할 수 있다면 팬들의 충성심은 지렛대처럼 가격 탄력성을 한껏 끌어올릴 것이다.

물론 레알 마드리드가 실제로 성공했을 때 얘기긴 하지만, 계산해보면 놀라운 결과가 나온다. 전 세계 레알 마드리드 SNS 팔로어 5억 명 가운데 대략 1퍼센트에 해당하는 500만 명이 연간 35유로의 구독료를 낸다면 전체 연간 구독료는 1억 7500만 유로(약 2822억 원)에 이르며, 이는 코로나19 발생 이전 2018~19시즌의 경기장 수입을 웃도는 금액이다. 이게 말처럼 쉽지는 않겠지만, 아무튼 이런 노력이 성공을 거둬 클럽의 가치가 상승하면 해외 팬의 중요성도 덩달아 커진다. 현재 레알 마드리드 같은 글로벌 브랜드는 중개업체를 거치지 않고 최종 사용자에게 콘텐츠를 직접 제공할 수 있는 기술을 보유하고 있으며, 이에 따라 팬들의 취향에 맞는 맞춤형 콘텐츠를 제공하는 능력 또한 향상되었다. 그렇지만 이는 소비자의 가처분소득을 놓고 HBO, 디즈니플러스Disney+, 애플티비플러스, 넷플릭스, 훌루 등 구독 기반 서비스가 각축을 벌이고 있는 시장에 레알 마드리드도 점유율을 차지하기 위해 뛰어들어야 한다는 말이다.

스포츠의 대격변을 가져온 데이터 수집과 분석 및 관리

데이터와 데이터 분석은 스포츠를 근본적으로 변화시키고 있다.[405] 클럽, 리그, 방송사, 경기장 운영자, 선수들은 더 나은 의사결정을 내리기 위해 더 많은 데이터 수집과 분석에 나서고 있다. 현재 빅 클럽 대부분이 데이터 분석가를 고용해 계량적으로 분석한 데이터를 코치진이 활용할 수 있도록 제공한다. 속도는 빠르지 않지만 이들 분석가의 작업은 한층 정교해지고 있으며, 이를 활용하는 클럽 입장에서도 그 중요성이 커지고 있다.

경기력 향상을 위해 분석이 필요한 데이터는 고속 촬영 영상 및 '스포츠 브라(GPS 추적 조끼)'나 신발의 특수 밑창 같은 웨어러블 기기를 통해 수집된다. 컴퓨터 성능, 클라우드 기술, 머신러닝 알고리즘의 발달로 데이터 분석 능력의 양과 질이 모두 향상되고 있다. 데이터 분석은 우수 선수 선발에서부터 훈련 방법, 경기 진행 방식에 이르기까지 모든 것을 변화시켰다. 레알 마드리드는 물론 빅 클럽 모두가 선수들의 행동, 전술, 신체 상태에 대한 수치를 신속히 처리하기 위해 데이터 분석 전문가를 스태프로 고용하고 있다.

데이터 분석은 팀의 전술에도 변화를 가져온다. 농구에서 NBA 팀들은 데이터 분석 (및 스테판 커리Stephen Curry의 성공)에 고무되어 3점 슛 시도 횟수를 대폭 늘렸다. 한편 축구에서는 장거리 슛 성공률이 극히 저조하다는 데이터를 참고해 감독들이 장거리 슛 시도를 줄이는 쪽으로 전술을 짜고 있다. 10년 전에는 선수들이 훨씬 먼 거리에서도 슛을 날리곤 했지만, 데이터 분석 결과 위험 대비 보상 비율이 매력적이지 않다는 사실이 드러났기 때문이다.

레알 마드리드는 움직임 데이터와 생체 데이터라는 두 가지 주요 데이터 유형을 집중적으로 체크한다. 움직임 데이터는 선수의 위치, 순발력, 측면 이동, 이동 거리, 속도 등을 포함하며, 생체 데이터는 선수의 맥박수, 산소 수치, 땀 배출량, 수면 리듬 같은 정보를 말한다.

현재 생체 데이터 수집과 분석은 통상 훈련 중이나 경기 후에 이루어진다. 리그가 명시적으로 승인하지 않는 한, 경기 중 생체 데이터 수집과 사용은 금지되어 있다.

클럽이나 선수 모두 선수의 신체 컨디션이 나빠져 부상 위험이 높아지는 때가 언제인지 예측할 수 있기를 바란다. 클럽 입장에서 보면 부상 선수가 적을수록 경기에서 이길 확률은 물론 수익도 따라서 높아지며, 선수 입장에서는 경기에 계속 출전해 선수 생활을 연장하고 잠재적인 미래 소득을 높이는 데 유용한 정보를 확보할 수 있기 때문이다. 부상 예측을 위해서는 적정 회복 시간 및 수면에 대한 정보와 더불어 운동량과 스트레스 간 균형을 맞춰주는 효과적인 처방이 필요한데, 이는 선수마다 다를 수밖에 없다.

데이터 수집과 분석은 경기 중 실력 향상은 물론이고 훈련 중 실력 향상에도 유용하게 쓰인다. 이 둘은 밀접한 관계가 있다. 스타 선수들이 훈련의 효율을 높이면 높일수록, 최적의 컨디션을 유지하면 할수록 경기에 출전해 최고의 기량을 발휘할 기회도 늘어난다. 이렇게 클럽이 승리할 가능성이 커지면 경기장을 찾는 관중도 많아지고, 스폰서십 계약 체결 기회도 늘어나며, 방송 시청률도 올라간다.

웨어러블 기기 및 게임 중 활용할 수 있는 기술을 사용하면 방송의 질을 높이고 차별화된 팬 경험을 제공하여 수익을 창출할 수 있을 것이다. 물론 선수와 클럽 및 리그 역시 데이터를 수집하고 분석해 새로운 수익 창출 방법을 찾고 있다. 비디오 게임 개발사, 베팅 회사, 건강 피트니스 회사와 선수 데이터 사용 라이선스 계약을 맺어 수익을 올리는 방식이 시도될 수 있다. 또 방송사가 경기 중 선수의 심박수, 전력 질주 시 최고 속도, 경기 내내 뛴 거리, 볼 터치 횟수, 점프 헤딩 높이 등의 데이터를 활용한 해설을 시청자에게 제공함으로써 팬의 집중도를 높이는 것도 수익 창출 방법 가운데 하나다. 최근 시작된 아마겟돈Armageddon이라는 체스 리그에서는 심박수 모니터를 사용해 경기 중 선수의 스트레스 수준이 얼마나 급격히 변화하는지를 관중에게 보여준다. 이스라엘의 마인드플라이MindFly라는 회사는 가슴 장착형 카메라를 개발해 선수들에게 부착시켜 실제 경기 현장을 촬영하는 데 사용한다.

스포츠 팬들은 경기 진행과 결과, 경기를 둘러싼 전후 상황 및 경기장 주변 행사 등 모든 정보를 상세히 알고 싶어 한다. 현재 목표는 팬들이 선수들의 기량과 기술을 잘 파악할 수 있도록 하는 것이다. 이는 실제 경험과 디지털 경험 사이의 경계를 흐릿하게 만들며, 현실 세계에서의 경험은 점점 더 비디오 게임과 비슷해지고 있다. 현실에서 비디오 게임 그리고 게임의 요소를 적용하는 '게임화Gamification'가 함께 화두로 떠오른 이유는 젊은이들이 빅 클럽에서 스타 선수에 이르기까지 스포츠를 관람하고, 상호 작용하며, 소비하는 방식에 비디오 게임이 커다란 영향을 미쳤기 때문이다. 데이터와 데이터 분석의 사용이 증가하면서 e-스포츠, 가상 스포츠, 게임, 방송, 구단 경영 게임, 베팅, 실제 경기장 경험 등 스포츠의 여러 이질적인 영역 간의 경계가 모호해지기 시작했다. 사회와 스포츠는 점점 데이터화하고 있다. 시청자에게 운동선수는 인간이라기보다는 일련의 데이터 포인트가 되어가고 있다.

선수 데이터를 활용한 새로운 수익 창출은 공평한 수익 분배, 선수 보호 정책, 데이터 소유권 정책 같은 문제를 야기한다. 이 문제는 결국 누가 데이터를 소유하고 어떻게 사용할 것인가 하는 물음으로 귀결된다. 말하자면 선수의 경우 데이터의 소유 주체가 누구인지, 데이터 사용이 자신에게 유리한지 불리한지 등이 문제가 된다. 어떤 선수는 자신의 생체 데이터가 타인의 손에 들어가는 것을 탐탁지 않아 한다. 생체 데이터 수집이 계약 협상에서 잘못된 인상을 줄 것을 걱정하기 때문이다. 또 몇몇 선수는 데이터 수집이 경기와 훈련이라는 자신들의 '일터'를 넘어 가족 활동, 수면, 휴가 등 업무 외의 사생활 영역까지 침범할까 봐 걱정하기도 한다.

　선수 데이터를 베팅에 사용하는 사례도 이슈로 떠오르고 있다. 프리미어 리그, 잉글리시 풋볼 리그, 내셔널 리그National League, 스코티시 프리미어 리그Scottish Premier League 등에 속하거나 속했던 850명 이상의 전·현직 선수들이 자신들의 경기 데이터가 불법적으로 수집되고 사용됐다며 게임 회사 및 베팅 업체, 데이터 처리 기업을 상대로 소송을 제기한 '레드카드 프로젝트Project Red Card'가 대표적인 예다. 원고 측은 영국과 유럽연합의 정보보호법에 따라 선수의 경기 데이터가 건강에 관한 '개인 데이터'에 해당한다고 주장한다. 아울러 제3자가 선수의 경기 데이터를 동의나 보상 없이 사용하는 행위는 선수의 프라이버시를 침해하는 불법행위라고도 주장한다. 또 베팅 회사와 비디오 게임 개발사가 동의 없이 수집해 가공한 건강 데이터를 기반으로 선수 프로필을 생성한 탓에, 특히 SNS 같은 곳에서 특정 선수에 대한 논란과 혐오가 횡행하고 있다는 사실도 소장에 적시했다. 소송에서 승리하면 선수들은 지난 6년간 받지 못했던 수백만 파운드에 이르는 돈을 받게 될 것이다. 레드카드 프로젝트는 커다란 전환점이 될 소송이다. 선수들이 여기서 승리하면 국내뿐만 아니라 전 세계 수많은 스포츠 및 리그에 엄청난 영향을 미칠 것이며, 선수들의 경기 데이터 소유권 문제가 일대 전환을 맞이할 것이다.

　팬 데이터베이스는 클럽의 고객 관계 관리CRM 시스템이 관리하는 팬의 수라는 양적 요소와, 팀이 팬에 관해 알고 있는 정보의 깊이라는 질적 요소가 결합되어 이루어진다. 이 데이터베이스는 클럽에게 귀중한 자산이 된다. 클럽은 팬 데이터베이스를 활용해 세 가지 측면에서 이해를 높이고 있다. 첫째는 데이터의 가치이고, 둘째는 데이터를 이용하기 위해 기꺼이 비용을 지불하려는 상대가 누구인지이며, 셋째는 팬의 개별 세부 집단을 포섭하기 위해 데이터를 어떻게 활용할 것인지다. (물론 개인정보보호 규정을 준수하는 한에서다.) 이처럼 클럽은 팬 데이터를 통로로 삼아 팬이라는 수익원에 조금씩 다가가고 있다. 축구 클럽은 팬으로부터 데이터를 수집할 기회가 많다.[406] 규제당국은 명시적으로 동의한 목적으로만 팬 데이터를 수집, 보유, 처리, 활용할 수 있도록 관련 법규를 정비하고 있다. 클럽은 고객 데이터를 활용해 팬들에게 보다 나은 맞춤형 혜택을 제공하고, 접근성을 높이며, 콘텐츠와 경험의 질을 상승시키고, 인식을 재고하기 위해 노력하고 있다.

데이터는 경험, 콘텐츠, 제품 측면에서 팬이 어디에 돈을 쓰는지에 대한 통찰을 제공한다. 이러한 통찰을 심화하면 깊이 있고 의미 있는 팬 참여를 끌어낼 수 있다. 참여도가 높은 팬은 돈을 쓰게 마련이다. 티켓 구매, 경기 관람. 공식 행사, 매장, 멤버십/원정 클럽, 로열티 프로그램, SNS, 웹 참여 등 팀과 팬이 만나는 모든 접점에서 데이터를 수집할 수 있는 기회가 생긴다.

리노베이션을 마친 산티아고 베르나베우 경기장에서 디지털 기술은 의미 있는 맞춤형 팬 참여와 경험을 제공하기 위한 데이터 축적에 핵심적인 역할을 하리라 기대되고 있다. 와이파이 접속, 경기장 앱, 현금이 필요 없는 (또는 모바일) 결제 시스템, SNS 활동 추적 등을 통해 얻는 정보를 활용하면 매우 효과적으로 사용자의 연락처, 참여 정도 및 행동 데이터를 수집할 수 있을 것이다. 이 모든 것들이 모여 경기 당일의 현장 체험을 크게 변화시키리라는 점도 중요하다. 리노베이션된 경기장은 팬들의 참여 유도뿐만 아니라 더 많은 수익 기회 창출에도 그 목적이 있다.[407]

레알마드리드넥스트

레알 마드리드는 스포츠 업계의 선두주자 및 사회·경제적 리더로서의 위상을 공고히 하기 위해 2020년에 레알마드리드넥스트Real Madrid Next, RMNext를 출범했다. RMNext는 레알 마드리드의 혁신을 위한 새로운 브랜드로, 스타트업 및 기업과의 협업을 통해 레알 마드리드라는 클럽이 팬들에게 마땅히 제공해야 할 혜택을 극대화할 뿐만 아니라, 레알 마드리드만의 특징을 부각하고 스포츠 및 경제적 강점을 향상시킬 방법을 모색한다.

RMNext는 e-헬스, 경기력, 팬 참여, 시청각 서비스, 사이버 보안 및 기술, 사회 활동 등 6가지 핵심 분야에 주안점을 둔다. RMNext는 이들 분야에서 구현할 수 있는 범위 내 최고의 기술 발전과 탁월함을 추구하며, 이를 레알 마드리드만의 독창적인 도구 개발에 활용하고자 한다. 레알 마드리드는 진정으로 모든 영역에서 더 나은 결과가 도출되길 바라고 있다. 그중에서도 특히 스포츠 영역과 디지털 전환 영역, 그리고 조직 전체의 세계화 영역에서 괄목할 만한 개선을 기대하고 있다.

예를 들어 e-헬스 분야에서 RMNext는 스페인 기업 포도악티바Podoactiva와의 협업을 통해 선수가 하루 동안 움직인 발자국을 분석하여 잠재적인 부상을 예방하고 감지할 수 있는 스마트 깔창을 개발 중이다. 비슷한 방식으로 적외선 근육 카메라를 활용해 의사결정을 개선하기 위한 다양한 테스트도 진행하고 있다. 훈련에서의 신체적 부하와 경기력을 서로 연관지어 평가 및 비교 지수를 개발하는 프로젝트도 이미 시작했다. 이러한 시도는 단지 신체적 차원에서만 이루어지지 않는다. RMNext는 선수들의 경기 중 의사결정을 개선하기 위한 인지적 차원의 연구도 진행 중이다. 약 500명에 달하는 선수가 레알 마드리드의 훈련 센터인 '라 시우다드 데포르티바 레알 마드리드'에 상주하며, 선수단과 관련 스태프 및 코치진과 함께 새로운 개발 사항을 실제 현장에 적용하는 계획을 추진하고 있다.

RMNext는 직접 추진 중인 개발 프로젝트 외에도 파트너사와의 협력을 통해 e-헬스 분야에 중점을 둔 혁신 연구소를 애보트연구소Abbott Laboratories 와 함께 설립했다. 이 연구소에서는 레알 마드리드의 의료 서비스진과 애보트연구소의 과학자들이 협력하여 혁신적인 아이디어를 창출하고 스포츠 영양학 및 생리학의 미래를 탐구한다. 이 센터는 레알 마드리드 1군 선수단 시설에 자리하며 선수들의 경기력 향상을 도모하고 있다.

하나 더 사이버 보안과 관련한 예를 들자면, RMNext는 잠재적인 NRBC(핵, 방사능, 생물학 및 화학) 위협에 효과적인 대응책을 마련하고자 '세이프 스타디움 프로젝트'라는 유럽의 선구적인 프로그램에 참여하고 있다. 3년간 진행되는 이 프로젝트에서 폴란드, 독일, 슬로바키아, 이탈리아, 스페인 등 유럽 각지의 전문가들이 레알 마드리드와 전용 경기장인 산티아고 베르나베우 경기장을 주요 시범 대상으로 삼아 연구를 진행할 계획이다. 스페인의 국립항공우주기술연구소Instituto Nacional de Tecnica Aeroespacial, INTA 연구자들이 포함된 이들 유럽의 전문가들은 대규모 축구 경기장의 보안 운영 관리와 관련 보안 규정을 평가하고 분석한다.

RMNext는 다양한 프로그램을 발전시키고 새로운 프로젝트에 대한 협력 계약을 맺어 브랜드의 지속성 유지를 도모하고 있다. 여기에는 레알 마드리드 생태계로 영입할 스타트업 회사들을 선발하기 위한 공모전 출범 계획도 포함되어 있다. 공모전을 통과한 스타트업 회사들은 레알 마드리드 내부 팀과 협력하여 파일럿 프로젝트를 수행할 기회를 얻게 된다. 이들 스타트업이 빠르게 성장하도록 지원하고, RMNext가 사업을 전개하는 모든 분야에서 얻은 최첨단 혁신의 결과를 레알 마드리드가 누리게끔 하는 것이 이 프로젝트

의 목표다. 지난 4년 동안 RMNext는 800여 개에 달하는 스타트업 회사를 심

사했으며, 그중 45개 회사가 레알 마드리드 생태계에 합류했다.

실제로 경기장을 찾는 팬은 단 1퍼센트뿐이다

1퍼센트. 실제로 경기장을 찾는 스포츠 팬의 수다. 나머지 대다수 팬은 집에서 경기를 시청한다. 이러한 양상은 예나 지금이나 크게 달라지지 않았다. 하지만 이제 클럽과 리그는 소파에 편안히 앉아 경기를 관람하는 99퍼센트의 팬을 디지털을 통해 참여시키기 위해 애쓰고 있다.[408]

웹은 일종의 콘텐츠 민주화, 즉 콘텐츠 창작과 소비를 더 많은 이들이 참여하고 누릴 수 있는 기회를 제공했다. 이제 콘텐츠 크리에이터들은 팬과 소비자에게 직접 다가갈 수 있다. 이 모든 과정이 진행되는 속도는 점점 빨라지고 범위도 계속 확장되어 예전에는 상상할 수 없었던 새로운 영역으로까지 나아가고 있다. 디지털 스토리텔링과 콘텐츠 제작에 열중하는 Z세대 주도의 '크리에이터 경제Creator Economy'가 등장했으며, 여기에는 팬들의 변화하는 참여 양상과 경험이 고스란히 담겨 있다.

레알 마드리드는 X, 유튜브, 인스타그램, 틱톡, 페이스북 같은 다양한 채널과 플랫폼을 매우 섬세하게 활용한다. 많은 클럽이 SNS 채널을 관리하고 온라인 콘텐츠 제작을 담당하는 SNS 에디터를 두고 있다. 또 호감도가 높은 '소식통' 계정주와 유명인을 통해 젊은 팬들과 소통의 깊이를 더할 뿐만 아니라, 새로운 젊은 팬들의 흥미를 끌 만한 관점과 경험을 이들 세대가 공감할 수 있는 언어와 친숙한 플랫폼을 통해 제공한다.

그런데 이제는 팬이 곧 콘텐츠 제작자가 되는 시대가 도래했다. SNS는 경기 하이라이트 영상 제작 및 배포 방식을 바꾸어놓았다. 이제 팬들은 경기장 관람석에 앉아서, 다 같이 봤으면 좋겠다 싶은 장면을 하이라이트 영상으로 만들어 SNS에 직접 업로드한다.

설문조사 기관인 모닝컨설트Morning Consult에 따르면 Z세대의 45퍼센트가 인플루언서나 유명인이 광고하는 의류를 구매한 적이 있다고 답했다. 경기 티켓 구매나 스포츠 채널 구독도 조만간 이런 추세를 따르리라 예상된다.

스포츠와 엔터테인먼트에서는 그 어느 때보다 활발한 쌍방향 소통이 일어나고 있다. 틱톡은 처음에 음악 콘텐츠의 립싱크를 하는 앱이었다가, 나중에는 레알 마드리드 같은 클럽마저도 전문가를 고용해 관리할 정도의 SNS로 성장했다. 이러한 여정은 SNS, 스트리밍, 엔터테인먼트, 콘텐츠 그리고 스포츠 간 융합의 서사를 그대로 보여준다. 스냅챗Snapchat의 확연한 인기 상승은 '스토리Stories'라는 획기적인 서비스 덕분이라 해도 과언이 아니다. 이제는 이 기능을 흉내 내지 않는 앱이 없을 정도다. 저스틴TVJustin.tv가 e-스포츠 중심의 트위치Twitch로 변신한 사례는 틈새시장에서나 먹힐 만한 아이디어가 시간이 지나 독자적인 커뮤니티를 구축할 정도로 강력한 쌍방향 플랫폼으로 탈바꿈할 수 있음을 증명하는 사례다.

엔터테인먼트와 스포츠 밖에서도 우리는 '게임화' 현상을 어렵지 않게 목격할 수 있다. 사실상 주변의 거의 모든 것이 게임화되고 있다. 애플헬스Apple Health, 핏빗Fitbit, 펠로톤Peloton, 스트라바Strava 등은 모두 게임에서 차용한 요소를 활용해 신체 활동을 장려한다.

다시 엔터테인먼트와 스포츠 소비의 세계로 돌아와보자. 요즘 시청자의 주의 집중 시간이 현저히 짧아졌다는 사실은 이미 널리 알려져 있다. 그러나 이들은 일단 흥미가 동하면 끝도 없이 FIFA 비디오 게임을 하거나, 틱톡에서 레알 마드리드의 짧은 클립을 전부 몰아서 보기도 한다. 일부 스포츠의 경우 젊은 팬이 급격히 줄어드는 양상을 보이는데, 이에 자극받은 기존 방송사 및 스트리밍 회사들은 자사의 핵심 스트리밍 제품의 본질이 무엇인지 다시금 고민하고 있다.

여러 전문가들이 팬들의 스포츠 및 엔터테인먼트 참여를 견인할 차세대 스트리밍 서비스에 인터랙티브 요소들이 일부 포함될 것이라고 예측한다. 기술 기업 몬테로사Monterosa의 CEO 톰 맥도널Tom McDonnell은 열성 팬들에게 인터랙티브 경험을 제공할 네 가지 쌍방향 항목에 주목하고 있다. 이 네 가지 항목은 참여, 커뮤니티와의 유대감, 게임화 및 보상, 그리고 실시간 데이터 시각화다.[409] 이들 항목은 특정 기술의 도입이나 화면 구성, UI 채택보다 먼저 고려해야 할 대상이라는 것이다.

참여는 가시적이고 의미 있는 결과 도출을 위한 상호작용 촉진을 목표로 한다. 경기 MVP 투표나 선수 기여도 평가 등을 그 예로 들 수 있다. 심지어 골이나 심판 판정에 대해 느끼는 감정을 참여형 상호작용의 토대로 삼기도 한다. 시청자가 투표하고 나면 집계 결과를 확인할 수 있다. 시청자가 마음을 정하기 전에 비디오 클립이나 통계를 보여줌으로써 상호작용을 강화할 수도 있다. 여기서 더 나아가 선수 선발이나 경기 진행에까지 참여를 유도하는 경우도 있다. 축구 팬들에게 선발 라인업이나 포메이션 결정에 투표할 수 있는 기회를 주되, 투표하려면 가상 화폐의 일종인 '팬 토큰Fan Token'을 사용해야 한다는 식으로 수익 모델을 짠다고 상상해보라. 이런 경우 클럽은 e-스포츠와 현실의 하이브리드가 될 것이다.

커뮤니티와의 유대감을 X나 레딧Reddit, 유튜브에 다는 댓글처럼 서로 대화를 나누는 경험으로 볼 수도 있겠지만, 이런 식의 참여는 이제 함께 이벤트를 시청하는 '워치 파티Watch Party'로 변화했다. 친구나 가족 또는 팬들끼리 모여 경기를 시청하면서 직접 스트리밍까지 할 수 있다! 커뮤니티와 유대감을 나누는 모습을 보여주기 위해 현재 시청자 수와 참여자 수를 실시간으로 집계하여 보여주기도 한다. 또한 참여 항목과 결합하여 워치 파티 동안 진행된 여러 투표와 게임에 참여한 사람 수도 확인할 수 있다.

게임화 및 보상이란 포인트 시스템, 진행 상황 및 순위표를 도입해 시청자에게 성취감을 준다는 개념이다. 이번 시즌 레알 마드리드의 모든 경기를 시청했다고 인정받으면 기분이 어떻겠는가? 팬들의 참여도를 게임 형태로 만들 수 있는데, 예컨대 팬들은 상호작용 빈도와 투표 횟수에 따라 특별한 배지나 포인트를 획득할 수 있다. 그리고 팬들은 이러한 시스템을 통해 더 가치 있는 무언가를 느낄 수 있다.

실시간 데이터 시각화는 광학식 트래킹 기술과 컴퓨터 비전을 이용해 정교한 데이터 시각화 도구를 활용하는 것을 의미한다. 이 기법을 통해 시청자는 선수들이 어떻게 삼각 패스를 하고 후방 수비 라인과는 어떻게 연결되어 있는지 볼 수 있다. 실시간 데이터 시각화 항목과 참여 항목을 결합할 수도 있다. 예를 들어 페널티킥을 차려는 선수가 있다고 하자. 이 선수가 전에 어느 방향으로 공을 찼고 성공 확률은 어땠는지가 화면에 표시되면, 보고 있던 시청자들은 실제로 슛을 하기 전에 예상 결과를 투표할 수 있다. 이러한 기능을 실시간 베팅으로까지 확장한다고 상상해보라.

스포츠와 엔터테인먼트 소비 방식에서 이러한 쌍방향 참여가 차지하는 비중은 점차 늘어날 것이다. 이러한 흐름에 발맞춰 사용자 경험을 차별화하고 경제적 수익으로 환산할 수 있는 가치를 더하기 위해 개인 맞춤형 인터랙티브 콘텐츠 확산에 주력하는 스타트업들이 속속 등장하고 있다.

업계의 거물들은 팬들의 관심과 참여, 커뮤니티와의 유대감, 게임화 및 보상을 결합하고 있다. 예를 들어 팬 토큰을 만든 소시오스닷컴Socios.com은 아스널, 아틀레티코 마드리드, 바르셀로나, 유벤투스, 맨시티, PSG 등 여러 유럽 축구 클럽은 물론 UEFA와도 협력하고 있다. 팬 토큰은 블록체인 기술을 활용해 생성된 디지털 자산으로, 토큰 소유자는 클럽이 팬과 관련된 결정을 내릴 때 실시하는 구단 공식 투표에 토큰을 써서 참가할 수 있다. 또 특전, 독점 프로모션, 보상, VIP 경험 등의 혜택을 받을 수 있으며 레알 마드리드를 응원하는 팬 커뮤니티에 가입할 자격이 주어진다. 일반적으로 팬 토큰은 한 번만 구매하면 되고 따로 구독이나 갱신할 필요는 없다. 일단 수중에 들어온 토큰은 원하는 암호화폐 거래소에서 사고팔 수도 있다.

스포츠 세계에 디지털 화폐 파트너십이 도입되면서 서포터들에게 자기 의견을 클럽에 전달할 수 있다는 장점만 부각한 나머지 위험성에 대한 설명은 부족하다는 비판이 제기되고 있다. 예를 들어 팬 토큰은 가치의 변동성이 들쭉날쭉하다 보니 토큰에 투자한 사람들은 큰 손실을 볼 수 있다. 또 막상 구매하고 보니 팬 토큰을 가지고 할 수 있는 일이 별로 없다는 사실을 깨닫는 경우도 많다. 마지막으로 클럽에 대한 서포터들의 열정을 클럽이 어디까지 이용할 수 있는가에 대한 심각한 윤리적 문제도 대두되고 있다.

레알 마드리드는 토큰 응용 기술과 블록체인 기술 및 디지털 소유권을 팬 참여와 커뮤니티 구축을 위한 신규 모델에 적용하는 방안을 진지하게 검토하고 있지만, 1세대 팬 토큰이 초래할 수 있는 잠재적이고 중대한 재정적 위험을 고려해 관련 기술이 더 성숙해지기 전까지는 추진하지 않기로 결정했다.

Z세대는 더 이상 TV를 보지 않는다

스포츠 시청과 경험에 대한 기대치가 급격히 변화하고 있다. 이러한 현상은 특히 젊은 세대에서 뚜렷이 나타난다. 밀레니얼 세대는 보통 1978년에서 1981년 사이에 태어난 세대로 정의된다. 비슷한 방식으로 밀레니얼 세대 이후 등장한 Z세대는 대략 1997년을 전후하여 출생한 세대로 정의할 수 있다. Z세대가 10살 정도 되었을 때 심각한 경기 침체가 오랫동안 전 세계를 휩쓸었다. 전 세계적으로 코로나19가 창궐하던 2020년 무렵은 Z세대가 고등학교를 마치고 상급 학교에 진학하거나 직업 전선에 뛰어들던 시기였다. 밀레니얼 세대가 1990년대 평화와 번영을 구가하던 시대의 아이들이라면, Z세대는 2000년대의 전쟁, 불확실성, 경기 침체, 팬데믹이 점철된 시대의 아이들인 셈이다.

Z세대는 무선 인터넷, 기술 통합, 무한한 콘텐츠, 즉각성으로 정의되는 환경에서 성장한 최초의 진정한 디지털 원주민Digital Native이다. "SNS, 검색 엔진, 인스턴트 메신저 등 뭐가 됐든 모두가 온라인에 접속하고 있을 뿐만 아니라, 무슨 질문을 던지건 대답이 화면에 끝도 없이 펼쳐지는 시대를 살아가는 세대"다.[410] 동시에 빠르게 발전하는 기술과 끝이 보이지 않는 불안감이 몰고 온 심원한 변화라는 시대적 분위기가 낙인처럼 찍혀 있는 세대이기도 하다. 처리 속도 가속화, 무한한 정보, 원격 근무 내지 유연 근무, 영구적인 자원 제한이라는 개념은 Z세대의 '뉴 노멀New Noraml'로 자리 잡았다. 또 경제 활동 중인 젊은 세대에게 부업으로 추가 소득을 버는 일은 더 이상 낯설지 않다. 온라인 기업 렌딩트리LendingTree의 설문조사에 따르면 18세에서 25세 사이의 Z세대 중 65퍼센트가량의 응답자가 본업 외에 부업을 병행한다고 답했

다.[411] 이들은 쓸 수 있는 돈은 많은데, 쓸 시간이 없다. 그래서 스포츠 용어를 빌리자면, '블록버스터급 경기'나 '분수령이 되는 경기'처럼 볼 만하다고 여기는 프리미엄 엔터테인먼트에 주로 집중한다.

Z세대는 이전 세대에 비해 스포츠에 대한 관심도가 전반적으로 현저히 떨어진다. 경기장을 찾는 일도 드물고 스포츠 경기의 TV 시청률도 낮다.[412] 레알 마드리드 경영진은 이러한 추세에 어떻게 대응할지 고심하고 있다. 축구의 미래는 팬들에게 달려 있기 때문에, 팬들의 관람 행태가 변화함에 따라 축구계도 대응책을 마련하고 혁신해야 한다. 모닝컨설트가 13세에서 25세 사이 미국 Z세대 약 1000명을 대상으로 실시한 설문조사 결과를 보면, 경기 실황 중계를 시청하지 않는다고 답한 비율이 미국 성인층에서 24퍼센트이고 밀레니얼 세대에서 22퍼센트인데 비해 Z세대는 33퍼센트에 달했다.[413]

또 이 설문조사에서 지난 4개월 동안 TV에서 프로 스포츠 경기를 본 적이 있다고 답한 Z세대 응답자는 3퍼센트가량이었으며, 2022년 한 해 동안 적어도 한 번은 시청해 봤다는 Z세대 응답자는 53퍼센트였다. 한편 밀레니얼 세대 응답자의 25퍼센트가 2022년에 경기장에서 가서 경기를 관람한 적이 있다고 답한 것과 비교해, Z세대는 약 18퍼센트 정도만 경기장을 찾은 것으로 드러났다.

세대별로 스포츠와 엔터테인먼트를 소비하는 양상도 확연히 달라지고 있다. 경기 라이브 방송을 보는 Z세대는 주로 디지털 플랫폼을 이용한다. 모닝컨설트의 설문조사 응답자 중 약 32퍼센트가 스트리밍 서비스를 통해 경기를 본다고 답했는데, 기존 방송국이나 케이블 TV를 통해 시청한다고 답한 응답자는 28퍼센트에 그쳤다. 2020년만 해도 여전히 기존 방송국이나 케이블 TV가 경기 시청의 주요 통로였으나 이제 그 양상이 바뀌고 있다는 뜻이다. 또 Z세대는 기존 TV 방송을 통해 경기를 시청하기보다 스트리밍을 더 많이 이용한다고 답한 유일한 세대였다.

모닝컨설트에 따르면 밀레니얼 세대와 전체 성인층의 거의 절반에 해당하는 응답자가 매주 라이브 스포츠 경기를 시청한다고 답했는데, Z세대의 경우 4분의 1 정도에 불과했다.[414] 젊은 세대가 스포츠에 대해 상대적으로 관심을 두지 않는 현상은 설사 좋아하는 팀이 있더라도 경기를 자주 보지 않는다는 사실에서도 잘 드러난다. 다시 한번 말하지만 이건 정말 큰 변화다. 모닝컨설트 설문조사에서 Z세대의 약 40퍼센트가 좋아하는 팀이 있어도 딱히 응원하지는 않는다고 답했는데, 이는 전체 성인층 대답과 비교해 13퍼센트 포인트 낮은 수치다. 한편 성인층 응답자 가운데 40퍼센트가 한 시즌 동안 좋아하는 스포츠팀의 경기를 '전부' 또는 '대부분' 시청한다고 답한 반면, 같은 대답을 한 Z세대는 약 4분의 1에 그쳤다.

앞서 이야기한 데이터가 말해주는 것과 달리, 사실 Z세대는 하루 24시간씩 일주일 내내 스포츠에 푹 빠져 산다. 스포츠는 Z세대에게 빠질 수 없는 생활의 일부이며, 단지 스포츠와 상호작용하는 방식이 크게 달라졌을 뿐이다. 스포츠는 조회수 면에서 SNS 플랫폼의 선두에 위치한다. Z세대는 스포츠의 디지털 스토리텔링에 열광하고 관련 콘텐츠 제작에 몰두한다. 선수들은 세계에서 가장 영향력 있는 유명 인사다. 하지만 인스타그램에서의 관심이 바로 티켓 판매로 이어지지는 않는다. 단적으로 말해 Z세대 응답자의 절반가량이 실제로 경기장에 가본 적도 없다고 대답했다. 젊은 세대의 스포츠 참여를 끌어내기 어려운 이유로 흔히 꼽히는 것은 손쉽게 접근할 수 있는 다른 엔터테인먼트 콘텐츠가 너무나도 많다는 점, 경기장에 가지 않고도 커뮤니티에서 경기를 즐길 수 있다는 점, 이미 자리 잡은 SNS 플랫폼은 물론이거니와 후속 플랫폼이 새롭게 등장해 관심을 빼앗아가고 있다는 점, 스포츠 미디어 판권의 파편화로 권리 소유주가 각기 다르다는 업계 내부의 특성 등이다. 이

외에도 경기에 대한 접근성과 티켓 가격의 적정성도 자주 거론된다.

하지만 모닝컨설트의 설문조사에 따르면 최근 수년 내에 TV로 스포츠 경기를 본 적이 없다고 답한 Z세대 응답자 중 약 60퍼센트가 그 '주된 원인'을 스포츠에 관심이 없어서라고 답했고, 다음으로 많은 20퍼센트는 경기 시간이 너무 길어서라고 답했다. 이는 곧 선수나 팀, 리그에 대한 Z세대 팬덤이 존재한다면, 그들은 SNS 플랫폼상에 존재한다는 뜻이다. 그리고 Z세대가 스포츠 뉴스를 보는 상위 3개 미디어 플랫폼은 유튜브, 인스타그램, 틱톡 순으로 나타났다. 반면 성인층 응답자 대부분은 ESPN이나 스카이 채널 같은 전통적인 매체를 선호한다고 답했다. 성인 계층이 스포츠 정보를 가장 많이 얻는 SNS 플랫폼은 페이스북과 유튜브였다. 앞으로 경기에 대한 참여는 틱톡이나 다른 SNS 플랫폼에서 활동하는 것과 비슷한 소통 및 정보 공유 활동으로 여겨질 것이다. 클럽들이 명심해야 할 점은 SNS 플랫폼과 전통적인 매체 모두 클럽이 참여를 끌어내고자 하는 팬들을 보유하고 있다는 사실이다.

X세대는 베이비붐 세대와 밀레니얼 세대 사이에 태어난 인구통계학적 집단이다. 일반적으로 학계에서는 X세대를 1965년에서 1980년 사이에 태어난 세대로 정의한다. 많은 X세대가 자신들을 축구 팬이라 여기지만, 실제로는 특정 선수의 팬일 가능성이 크다. 그리고 이들은 그저 그 선수가 좋아서 지켜보는 팬일 뿐, 특별히 돈을 쓰는 팬은 아닐 수 있다. 따라서 클럽은 X세대 축구 팬을 열정적이고 소비하는 팬으로 변화시켜야 한다. 더욱이 리그와 클럽은 2025년에 15살이 된, 새롭게 등장한 알파 세대를 기대와 걱정 속에 맞이하고 있다. 향후 10년간 알파 세대는 여러 세대가 섞여 있게 마련인 가정 내 의사결정에 영향을 미치기 시작할 것이다. 그 영향력의 범위에는 TV, 오디오, SNS, 게임 등이 포함되어 있으며, 축구라고 예외일 리는 없다.

멀티 스크린 동시 사용

최근 몇 년 동안 주요 스포츠 경기의 TV 생방송 시청 패턴에 변화가 일어나고 있다. 가장 큰 변화 중 하나는 '미디어 멀티태스킹Media Multitasking'이라고도 하는, 경기 시청 중 '세컨드 스크린'의 사용이다. 닐슨의 조사에 따르면 스마트폰 사용자 중 약 46퍼센트, 그리고 태블릿 사용자 중 43퍼센트가 TV를 보는 동안 모바일 기기를 세컨드 스크린으로 사용한다고 답했다.[415] TV를 시청하면서 그 내용을 소셜 미디어 상에서 다른 사람과 의견을 나누고 정보를 공유하는 것을 '소셜 텔레비전Social Television'이라고 하는데, 시청자는 이를 위해 '동반 기기'라고 할 수 있는 세컨드 스크린을 주로 사용한다.

세컨드 스크린 사용은 다른 시청자와 접촉할 수 있는 추가적인 접점이 생긴다는 의미이며, 클럽 입장에서는 직접 결제와 데이터 수집, 그리고 상호작용 및 데이터 공유를 위한 새로운 기회가 열린다는 뜻이다. 연구에 따르면 시청자 대부분은 중요한 축구 경기를 다른 사람들과 함께 보는 걸 선호하는데, 이때 '함께 본다'라는 것이 반드시 물리적으로 가까이 있는 상태에서 경기를 본다는 의미는 아니다. 시청자들은 원격 연결 기술을 사용해 멀리 떨어져 있어도 TV 콘텐츠를 함께 공유하는 경험을 즐길 수 있다.[416] 연구 결과 시청자의 경기 참여도와 방송 시청의 즐거움 사이에는 상관관계가 있는 것으로 드러났다. 또 스마트폰이나 태블릿을 세컨드 스크린으로 사용하며 SNS나 대화 서비스 기능도 함께 이용할 때 이러한 상관성이 더욱 두드러지게 나타난다는 사실도 밝혀졌다.

연구에 따르면 텔레비전에서 스포츠 프로그램이 방송될 때 시청자 간 소통이 가장 활발히 이루어지는 것으로 나타났다. 닐슨이 특정한 달을 선정해 TV 프로그램을 조사한 결과에서 스포츠 경기 중계 비율은 2~3퍼센트 정도밖에 되지 않았지만, 경기가 있는 날 X에 올라오는 게시물 가운데 해당 경기에 관해 이야기하는 글이 절반이나 차지했다. 연구에 따르면 팬들 대다수는 좋아하는 팀과 선수를 더 잘 알고 싶어 경기를 시청하고, 알게 된 내용에 관해 친구나 동료 팬들과 서로 의견을 주고받는다.[417] 팬들은 모바일 앱이나 SNS, 웹사이트에 모여 TV 중계 해설이 제공하지 못하는 정보의 공백을 메우고, 상호작용의 갈증을 해소한다.

많은 TV 중계권 전문가들은 페이스북, 아마존, 애플, 넷플릭스, 구글 같은 기업들이 방송 미디어 분야에서 더욱 중요한 위치를 점하리라 예측한다. 해당 기업들이 세컨드 스크린 기기와 경기 중계를 통합하는 방식 등으로 기존 방송사가 제공할 수 없는 시청의 유연성을 고객에게 제공할 수 있는 전문성을 갖추고 있기 때문이다. 스포츠 생중계는 디지털 수신기기를 통해서도 판매가 가능할 것으로 보인다. (TV와 스마트폰의 대결 구도를 생각해보라.) SNS 플랫폼이 스포츠 중계권을 더 많이 확보할수록, 그들은 점점 더 작은 화면에서 보는 시청 경험의 품질을 개선하기 위해 온 역량을 집중할 것이다. 현재로서는 SNS가 TV를 보완하는 역할을 하고 있지만, 상황은 바뀔 수 있다.

스니펫 비디오 소비

유행하는 틱톡 동영상부터 인스타그램 릴스 및 스토리 그리고 유튜브 숏츠에 이르기까지, 스포츠와 엔터테인먼트 업계는 숏폼 동영상 콘텐츠를 시청하고 공유하는 스니펫 비디오Snippet Video 소비에 전력으로 매달리고 있다. 사람들의 집중력 지속 시간이 줄어들면서 동영상은 정보를 소비하는 즐겁고도 수동적인 방식으로 거듭났다. 동영상은 전체 인터넷 트래픽의 약 60퍼센트를 차지하며, SNS에서 다른 유형의 콘텐츠보다 48퍼센트나 더 많은 조회 수를 기록한다.

'바이럴 영상Viral Video'이라는 개념은 소비와 공유가 손쉽게 이루어지는 숏폼 영상의 특징 때문에 등장했다. 사람들은 동영상을 여기저기로 퍼 나르는 경향이 있으며, 그래서 동영상은 다른 유형의 콘텐츠에 비해 가장 먼저 퍼진다.

스포츠 엔터테인먼트는 TV 방송으로 볼 수 있는 프로 경기나 시합 그 이상의 것을 제공한다. 진기명기를 전통적인 스포츠라고 하기는 힘들다. 별도의 리그나 챔피언십도 따로 없다. 하지만 레알 마드리드에서 가장 인기 있는 동영상 중 하나는 선수들이 훈련 중에 묘기를 선보이는 장면이다. 레알 마드리드 팬들은 이러한 엔터테인먼트를 즐기며, 이런 영상에는 팬들이 레알 마드리드를 응원하는 이유, 즉 최고의 선수들이 깜짝 놀랄 만큼 멋진 몸놀림을 보여주는 모습이 담겨 있다. 또 영상을 통해 라커룸을 들여다보며 팬들은 생생한 현장감을 느낄 수 있고, 선수와 감독 및 코치들에게 인간적으로 한 걸음 더 가까이 다가갔다고 여긴다. 콘텐츠나 플랫폼의 성격이 무엇이든, 레알 마드리드는 시청자와 교감을 나누며 팬과의 진정한 관계를 구축하는 이야기를 전달하고 있다.

얼마 전까지만 해도 팬들은 스포츠 경기를 대부분 생방송으로 시청했다. 하지만 온라인 동영상 서비스가 등장하면서 이제는 자신만의 방식으로 스포츠를 관람한다. 가장 인기를 끄는 영상은 단연코 하이라이트 영상이다. 사람들의 집중 시간이 짧아지고 엔터테인먼트 콘텐츠에 대한 선택지가 많아진 탓으로 보인다. 팬들은 경기를 다 보지 않아도 중요한 순간을 함께 하는 느낌을 재현하는 콘텐츠에 목말라 있는 듯하다. 말하자면 온라인 동영상 서비스는 스포츠 팬들에게 원하는 타이밍에 맞춰 원하는 장면을 볼 수 있는 선택권을 주는 셈이다. 그러나 방송사나 리그, 클럽은 이러한 서비스가 수익에 지장을 줄까 봐 근심하고 있다. 따라서 자신들도 나름의 인터랙티브 기능을 제공하여 경기 중 팬의 참여도를 끌어올리려는 대응책을 마련 중이다. 이를 위해 경기 전후로 풍부한 데이터 분석과 통찰을 제공하고, 전략적 세부 사항을 강조해서 보여주기 위해 여러 기술을 동원하여 제작한 리플레이 영상을 내보내고, 경기장과 라커룸 상황을 자세히 보여주며, 선수나 감독 인터뷰를 늘리는 등 엔터테인먼트 요소를 가미하면서 경기를 전후반 90분 이상의 이벤트로 만들기 위해 고심하고 있다.

지금 소비자들이 축구에 기대하는 것

모든 면에서 기술이 빠르게 변화하고 있고, 이에 따라 소비자들의 기대치도 높아지고 있다.[418] 소비자가 넷플릭스에서 수십억 달러의 개발 비용을 들인 작품을 경험했다면, 그 소비자의 마음속에는 그 작품이 고품질 프리미엄 경험의 표준이 된다. 스포츠도 마찬가지다. 이전에는 사용할 수 없었던 새로운 카메라 각도를 활용해 경기 장면을 보여주고 나면 그것이 다른 리그와 스포츠의 기본으로 자리하게 된다. 그리고 소비자들은 언제 어디서나 모든 기기에서 새로운 기준을 사용할 수 있기를 기대한다. 이런 현상은 축구에도 영향을 미친다. 글로벌 팬들이 세계 최고의 클럽에서 뛰는 세계 최고의 선수들을 보고 나면 항상 그 수준을 기대하게 되기 때문이다. 팬들은 심지어 FIFA 비디오 게임을 하고 나서 TV에 나오는 선수들도 그런 수준의 플레이를 펼치기를 기대한다. 반대로 실제 경기에서 뛰는 선수들만큼 비디오 게임에서도 현실적인 플레이가 펼쳐지기를 기대하기도 한다. 클럽이나 팀이 제품을 시각적으로 매력적이게끔 만들수록 축구를 보거나 축구를 하는 사람이 많아지고, 그러면 시청자를 더 많이 끌어들이고 유지할 수 있게 된다. 그러면 리그와 클럽은 광고주에게 더 많은 광고료를 받고 수익을 늘릴 수 있다.

하지만 모든 선택에는 비용이 따른다. 소비자가 모든 걸 다 구독할 수는 없다. 그만한 가치가 있다고 생각할 때만 구독료를 지불한다. 여기서 축구의 문제가 시작된다. 여러 옵션이 늘어나면서 소비자들은 선택의 어려움을 겪게되고 모든 리그와 대회를 구독할 수는 없다는 것을 알게 된다. 소비자들은 최고의 선수들이 뛰는, 볼 가치가 있는 경기를 찾게 될 것이다. 과연 프리미어리그나 챔피언스 리그를 시청하기 위해 구독료를 지불할 것인지 고민할 수밖에 없다. 콘텐츠를 제공하는 입장에서는 매 경기마다 그만한 가치를 증명해야 한다. 소비자에게 콘텐츠에 대한 비용을 지불할 가치가 있다는 것을 보여줘야 한다.

참여를 이끄는 핵심이 바로 이것이다. 구독자가 계속해서 구독에 참여하면서 그만한 가치가 있다고 인정하게 만들어야 한다. 이를 위해 구독자에게 다가가는 방식이 점점 더 개별화되고 있다. 기본적으로 사람은 이런 질문을 던진다. "내가 선택한 기기에서 당신의 콘텐츠를 소비하게 되면 당신은 내가 기대하는 것을 내게 줄 수 있는가?" 그러려면 소비자 행동 데이터를 활용해 개인별 욕구에 맞춰 제공할 수 있는 양질의 콘텐츠가 필요하다. 팬이 어떤 사람인지 파악해서 직접 마케팅하는 것이 핵심 중 하나다. 다중 클럽 소유 모델은 경기 티켓 구매자에 대한 데이터를 수집하고 있다. OTT 제공업체는 집에서 시청하는 사람이 어떤 사람들인지 알아내기 위해 데이터를 수집한다.

앞서도 설명했지만, 레알 마드리드는 집에서 편하게 앉아 사운드 시스템을 갖추고 고화질 대형 스크린 TV를 시청하는 것과 비교해서 더 낫다고 판단할 수 있는 경기장 관전 경험을 제공해야만 한다. 아무 때나 먹고 마시면서도 경기를 시청할 수 있는 집처럼, 경기장에서도 언제 어디서 무엇을 하든 팬들이 편하게 경기를 관람할 수 있어야 한다. 그리고 집에서 멋진 TV를 시청할 때와 마찬가지로, 경기장에서도 관람 중에 언제든 와이파이를 통해 다른 기기 또는 화면으로 선수의 기록을 검색할 수 있게 해주고, 소셜 미디어에서도 다른 사람들과 소통할 수 있게끔 해서 관람 경험을 향상시켜야 한다.

리모델링한 산티아고 베르나베우 경기장은 빠른 와이파이, 안정적인 모바일 주문 시스템, 친구들과 함께 모일 수 있는 커뮤니티 공간 등을 갖추고 있다. 팬들은 인스타그램, 스냅챗 및 여러 소셜 미디어 계정을 통해 이러한 순간을 공유하고 싶어 한다. Z세대는 이러한 경험을 콘텐츠로 제작해 SNS에

퍼뜨리는데, 목표는 자기 또래들에게 다음과 같은 말이 나오게끔 만드는 것이다. "와, 이것 좀 봐. 나도 산티아고 베르나베우 경기장에서 열리는 레알 마드리드 경기를 보러 가야겠어."

하지만 레알 마드리드는 팬들이 집에서 누리는 편안함과 편리함을 벗어나 경기장까지 오게 만들려면 그 정도로는 충분하지 않다고 생각한다. 새 경기장에는 경기장 상단을 감싸는 거대한 스크린을 설치해서 멋진 장면들을 자세히 보여주고 팬들이 경기에 더욱 가까이 다가설 수 있도록 할 것이다. 단순히 현재 점수 상황만이 아니라 다양한 스포츠 데이터를 제공해 관중에게 독특한 경험을 선사할 것이다. 예를 들어 팬들은 경기의 흐름을 보여주는 경기 관련 및 선수 통계를 보면서 새로운 방식으로 경기에 참여할 수 있게 될 것이다. 경기가 지지부진한 경우에도 경기장은 스마트폰으로 데이터 기반 소통형 퀴즈, 콘테스트, 팬 챌린지를 제공하면서 팬들의 관심을 끌어낼 것이다. 레알 마드리드는 축구 팬들이 집에서 TV나 기기로는 시청할 수 없는 풍부한 데이터와 더불어 개별화된 경기장 경험을 제공할 것이다.

리모델링된 경기장의 역할은 팬들의 참여 유도에서 머물지 않는다.[419] 경기장은 더 많은 수익 기회를 만드는 중요한 역할을 한다. 수집한 데이터는 브랜드와 스폰서로부터 추가 광고 수익을 창출하는 데 사용할 수 있다. 경기장 스크린에 제공되는 추가 스폰서십 공간은 브랜드 홍보에도 쓰일 수 있으며, 현장에서 상업 파트너가 팬과 연결될 수 있는 새롭고도 개선된 기회를 제공한다. 경기장은 전자 광고판, 홀 복도 스크린, 외부 간판을 활용해 더 많은 팬들에게 노출되기를 원하는 신규 및 기존 상업 파트너를 유치할 예정이다.

전 세계에서 가장 큰 스포츠 베팅 시장, 축구

스포츠 베팅 산업은 2020년 말 기준으로 그 규모가 약 668억 달러(약 91조 7832억 원)에 달하며, 2025년에는 1062억 5000만 달러로 증가할 것이 예상된다.[420] 축구는 유럽 및 전 세계에서 가장 큰 스포츠 베팅 시장이다. 몇몇 유럽 국가들은 도박 수익이 가장 많이 발생하는 나라로 꼽힌다. 유럽의 스포츠 베팅 시장은 2021년에 거의 8퍼센트나 성장했다.

중동 국가와 기업들은 투자와 후원을 통해 유럽 축구 성장에 기여해왔는데, 이는 스포츠 베팅 회사들 역시 마찬가지였다. KPMG풋볼벤치마크에 따르면 2020년에 상위 5개 리그에서는 스포츠 베팅 업체가 20개의 유니폼 스폰서를 하고 있었다.[421] 그다음으로 은행 및 금융 부문이 11개였다. 2021년에는 프리미어 리그의 9개 클럽이 스포츠 베팅 회사를 유니폼 전면 스폰서로 받아들이고 연간 약 5400만 파운드(약 1010억 원)의 수익을 올렸다. EFL에서는 베팅 회사 스폰서십으로 연간 4000만 파운드 이상의 클럽 수익을 창출하고 있다. 15개 클럽이 베팅 회사를 유니폼 전면 스폰서로 유치했으며, 절반 이상의 클럽이 베팅 분야의 브랜드와 상업적 파트너십을 맺고 있다. (중동의 항공 스폰서십은 대형 클럽과의 연관성 때문에 가치 면에서 자동차에 이어 두 번째를 차지한다.)

프리미어 리그와 EFL에서 영국도박위원회U.K. Gambling Commission로부터 직접 라이선스를 얻은 일부 베팅 회사(윌리엄힐William Hill과 베트365Bet365)는 영국 관중에게도 친숙한 이름이다. 하지만 점점 더 많은 아시아 회사들이 도박 광고를 금지 또는 크게 제한하는 아시아 시장에서 브랜드 노출을 늘리기 위해 스폰서십을 이용하고 있다. 이들은 종종 프리미어 리그와 EFL을 광고

판으로 삼아 중국의 도박꾼들에게 다가가는 방식으로 중국의 규제를 회피한다. 그런데도 잉글랜드의 클럽들과 규제 당국은 그런 아시아 기업에 대해, 베팅 회사의 소유권과 자금에 대해, 일부 회사가 범죄 활동과 관련이 있다는 주장에 대해 사실관계를 거의 알지 못하는 경우가 많다.

중동 그리고 유니폼 스폰서

중동의 스폰서들은 유럽의 여러 빅 클럽에게 상업적 성장을 안겨주는 핵심적인 역할을 한다. KPMG풋볼벤치마크에 따르면 상위 5대 리그의 가장 큰 스폰서이자 투자자가 중동 브랜드들인 것으로 나타났다.[422]

유럽의 빅 클럽 중 일부는 중동의 3개 항공사의 후원을 받고 있다.

1. 에미레이트항공: 레알 마드리드, AC 밀란, 아스널, 벤피카

2. 에티하드항공: 맨시티

3. 카타르항공Qatar Airway:[423] PSG, 바이에른 뮌헨,[424] 로마

축구 클럽 브랜드 가치 순위 보고서인 「브랜드 파이낸스 풋볼 50Brand Finance Football 50」을 보면 중동 브랜드가 유니폼 스폰서십 가치의 30퍼센트 이상을 차지하고 있고, 에미레이트항공이 가장 많은 클럽을 후원하고 있다.[425]

흥미롭게도 분데스리가 클럽들은 통상적으로 독일 소유 브랜드의 후원을 받는다. 20개의 분데스리가 클럽 유니폼 스폰서십 중 14개가 독일에 본사를 둔 회사에서 비롯됐다.

KPMG에 따르면 아디다스와 나이키가 상위 5대 리그의 유니폼 및 장비 스

폰서십을 주도하고 있으며, 29개 클럽에 투자하는 스폰서십 액수는 연간 총 6억 7900만 유로(약 1조 952억 원)로 전체 유니폼 및 장비 지출의 68퍼센트를 차지한다. 푸마PUMA와 뉴발란스new balance는 16개 클럽에 연간 1억 9400만 유로를 지출한다.

베팅 덕분에 사람들이 축구 경기에 더 많은 관심을 갖게 된 것은 일정 부분 사실이다. 스포츠 베팅은 축구의 성장에 기여해왔다. 팬들은 특정 경기에 베팅하면서 베팅하지 않을 때와는 다른 독특한 경기 경험을 하게 된다. 경기에 베팅하면 경기에 대한 관심이 높아지고 경기 전체를 시청하는 경우가 늘어난다.

다른 스포츠들과 마찬가지로 축구의 매력은 팬 참여, 상호작용, 논의, 분석 그리고 끝없는 토론을 통해 배가된다. 그 결과 축구 베팅 플랫폼은 고객 참여를 촉진하기 위해 라이브 채팅 세션 같은 소셜 요소를 결합하기 시작했다. 전 세계 팬들은 채팅 공간을 통해 자기 경험을 공유하고 게임에 대해 토론을 벌이며 베팅을 할 수 있다. 또 온라인 스포츠 베팅은 축구 팔로어들이 업장을 방문하지 않고도 기기에서 실시간 정보를 접하며 게임에 베팅할 수 있도록 해준다. 일부 스포츠 베팅 사이트에서는 스트리밍 서비스 제공을 통해 고객이 경기 실황 중계를 보면서 가장 먼저 득점한 팀/선수, 전반전 득점 수, 프리킥 전환율 등 다양한 부분에서 베팅할 수 있도록 한다. 스포츠 베팅은 참여, 커뮤니티 및 공동체 의식, 게임화 및 보상, 실시간 데이터 시각화 등 팬 참여의 여러 핵심 측면을 결합한다.

일반적으로 스포츠 베팅을 하는 사람은 돈을 걸기 전에 조사를 진행함으로써 팀과 선수에 대한 지식과 기대치를 높인다. 이는 (경기장 안팎으로) 데이터 수집, 분석 및 관리의 확장으로 연결되고, 선수 데이터를 소유한 주체로까지 이어진다. 팀과 선수의 활약 정도, 연승과 연패, 맞대결 성적 그리고 경기 결과에 영향을 미칠 수 있는 여러 중요한 요인들을 아는 것이 관건이다. 그러려면 이적 소식과 부상 내역 그리고 클럽 관리 및 기타 중요 정보를 최신 소식으로 계속 접할 필요가 있다. 이런 상황은 축구 미디어가 즉각적인 뉴스가 되는 데 도움을 주며, 이적 소식에 관심을 보이고 유튜브, 인스타그램, 틱톡을 통해 스포츠 뉴스를 접하는 사람들이 많아지는 상황과도 맞물린다. 그 결과 축구에 베팅하는 사람들은 여러 부분에서 축구에 많은 투자를 하게 되고, 이는 팬 참여의 증가로 이어진다. 이는 긍정적인 선순환에 해당한다.

이탈리아 정부는 2019년에 새로운 규정 시행을 통해 이탈리아 내 스포츠 단체의 모든 스포츠 베팅 관련 스폰서십과 광고 파트너십을 전면 금지했다. 하지만 이탈리아축구연맹Federazione Italiana Giuoco Calcio, FIGC은 전 세계적인 팬데믹 기간 동안 클럽들이 겪은 재정난에서 회복할 수 있도록 금지 조치의 중단을 원했다. 스페인 정부는 2021~22 라리가 시즌을 앞두고 금지 조치를 시행했다. 시행 이전인 2020~21 시즌에는 라리가 20개 클럽 중 7곳의 유니폼 메인 스폰서가 베팅 회사였다. 2020~21 시즌 베팅 스폰서십 계약의 총 추정 가치는 약 1650만 유로(약 266억 원)였다.[426]

레알 마드리드도 베팅 파트너십을 맺고 있긴 하지만, 베팅 광고가 합법적인 시장만을 대상으로 한다. 예를 들어 레알 마드리드가 다국적 베팅 회사 코데레Codere와 맺은 계약은 이제 스페인을 벗어나 라틴 아메리카를 대상을 한다. 현재 모든 베팅 회사와의 계약은 특정 지역을 대상으로 하는 지역적인 성격을 띠고 있다.

영국에서는 2005년에 도박법Gambling Act을 제정해 규제를 이어가고 있고, 이에 따라 축구 클럽들은 곧 스폰서에서 스포츠 베팅 업체를 퇴출시켜야만 할 수도 있다. 현재 조사가 진행 중인 건으로, 영국 라이선스가 없는 해외 베팅 브랜드가 종종 맨 섬Isle of Man이나 몰타Malta 같은 지역에 본사를 둔 '화이트 레이블White Label'[427] 회사와 제휴를 맺어 라이선스를 '임대'하고, 이러한 허점과 잉글랜드 축구의 글로벌 인기를 이용하여 베팅 서비스 홍보가 불법인 시장의 소비자에게 홍보를 진행하는 사례가 있었다.

보통 축구에 베팅하는 부류는 자신이 축구에 대한 전문 지식이 있고 축구 경기 내기에 특별한 기술을 가지고 있다고 믿는, 젊은 고소득 남성 팬이다. 이들은 베팅을 통해 경기에 대한 관심을 더욱 높이고 친구와 더욱 활발한 대화를 나누고자 한다. 이들에게 베팅은 축구 및 기술을 향한 관심과 이해에 대한 투자로 보상을 획득하는 방법일 뿐만 아니라 일종의 오락이기도 하다. 도박 및 중독 전문가들은 스포츠 베팅 업계, 국회의원, 심지어 프로 스포츠 리그가 베팅을 더 쉽고 더 빠르며 더 매력적으로 만들어 사람들을 끌어들인다고 생각한다. 그리고 이런 상황이 도박 탐닉과 중독 그리고 문제를 일으킬 가능성이 있다고 본다.

OTT/DTC와 관련해서 여담을 말하자면, 베팅 플랫폼 라이브스코어LiveScore가 아일랜드의 EPL 판권을 인수한 후, 현재 아일랜드에서 유일하게 DTC 플랫폼을 통해 경기를 무료로 제공하고 있다. 그러면서 사용자들에게 더 많은 베팅 상품을 판매한다. 라이브스코어가 경기를 무료로 제공하면서 아일랜드에서는 프리미어 리그 전체 시청률이 약 10배 증가한 것으로 알려졌다.

끝으로, 경기장 내에서 팬 경험의 다음 단계는 정부와 리그가 경기장에서 스포츠 베팅의 유용성을 얼마나 용인하느냐에 따라 결정될 수도 있다. 이는 일반적으로 스포츠 베팅을 제한하는 스페인이나 대부분의 유럽에서는 별 영향이 없을 수 있지만, 스포츠 베팅에 전반적으로 개방적인 미국에서는 큰 변화가 일어날 가능성이 있다.

성장하는 여성 스포츠의 인기와 가치

최근에 팬들은 역사상 가장 많은 관중 그리고 가장 많은 시청자를 끌어들인 여자 월드컵을 목격할 수 있었다. 여성 스포츠에서는 축구가 선두를 달리고 있고 다른 스포츠들이 빠르게 뒤를 따르는 중이다. 2019년 대회 시청자의 거의 두 배에 달하는 약 20억 명이 FIFA 2023 여자 월드컵을 시청한 것으로 추정된다. 스위스의 스타 플레이어 알리샤 레만Alisha Lehmann의 인스타그램 팔로어는 1400만 명을 넘어섰다. 닐슨스포츠Nielsen Sports에 따르면 레만의 인스타그램 게시물 하나가 스폰서에게는 30만 달러(약 4억 1220만 원) 이상의 가치가 있다고 한다. 2022 전미여자농구협회Women's National Basketball Association, WNBA 플레이오프 시청률은 2021년 대비 22퍼센트 증가했으며, 2023년 전미대학체육협회National Collegiate Athletic Association, NCAA 여자 4강전은 2022년 대비 32퍼센트 증가한 평균 450만 명의 텔레비전 시청자 수를 기록했다.

2020년 9월, 미국 여자 축구 국가대표팀U.S. Women's National Team, USWNT의 토빈 히스Tobin Heath와 크리스텐 프레스Christen Press가 잉글랜드 여자 축구 프로 리그인 FA 여자 슈퍼리그FA Women's Super League의 맨유와 계약을 맺었다. 역사적인 계약이 이루어진 이후 사흘 동안 두 선수의 유니폼은 폴 포그바, 브루노 페르난데스Bruno Fernandes, 마커스 래시퍼드Marcus Rashford를 포함해 그 어떤 남자 선수의 유니폼보다 많이 팔려나갔다.

2021년에 ESPN 채널에서 MLS 정규 시즌을 시청한 사람의 수는 평균 27만 6000명이었다. 이는 2020년 평균 시청자 수인 23만 3000명보다 상승한 수치다. 2020년에 내셔널 위민스 사커 리그National Women's Soccer League,

NWSL는 단 9경기만 방송되었고, 평균 시청자 수는 43만 4000명이었다. 2022년 4월까지 방송된 NWSL 경기는 45만 명 이상의 시청자를 끌어모았다. 반면에 MLS 경기는 경기당 평균 28만 3000명의 시청자를 기록했다. NWSL보다 시청자가 많았던 MLS 경기는 단 한 경기뿐이었다. 이에 따라 일부 전문가들은 현재 연간 150만 달러(약 20억 6100만 원)에 달하는 NWSL의 미디어 판권 계약이 저평가되어 있다고 생각한다.[428]

엔젤 시티 FCAngel City FC 구단주 그룹은 2020년에 200만 달러(약 27억 4800만 원)의 가입금을 지불하고 NWSL의 회원이 되었다. 2023년에는 사모펀드 식스스스트리트가 이끄는 그룹이 샌프란시스코에 여자 축구 클럽 창설을 위한 5300만 달러(약 728억 2200만 원)의 확장 수수료를 지불하기로 약속했다. 2023년에는 WNBA의 시애틀 스톰Seattle Storm이 팀의 지분 14퍼센트를 1억 5100만 달러에 매각했는데, 이는 이전 WNBA 팀 매각 기록의 10배가 넘는 금액이었다. 인도에서는 최근 다섯 개의 신생 여자 크리켓 프랜차이즈가 경매에서 총 5억 7240만 달러(약 7864억 원)에 낙찰되었다. 2023년에는 사모펀드 회사 CVC가 여자 테니스 선수와 대회의 이름을 알리는 프로그램을 제작하는 등 마케팅을 확대하고 상금을 늘리겠다는 명목으로 세계여자테니스협회WTA에 1억 5000만 달러를 투자해 상업 자회사의 지분 20퍼센트를 인수했다.

2022년 여성 프로 스포츠 스폰서십은 전년 대비 20퍼센트 성장했다.[429] 2023년, 미국 디지털 금융서비스 기업 앨라이파이낸셜Ally Financial은 ESPN 자산 전반에 걸쳐 수백만 달러 규모의 광고 공간을 인수했고, 수익의 90퍼센트를 여성 스포츠에 투자할 예정이다. 미국의 대표적인 비즈니스 및 기술 혁신 미디어 기업 패스트컴퍼니Fast Company는 앨라이파이낸셜에 '세상을 바꾸는 아이디어 상World Changing Ideas Award'을 수여했고, 이에 대해 앨라이의 스포츠 및 엔터테인먼트 사업부 홍보 디렉터 저스틴 니콜렛Justin Nicolette은 이렇게 말했다. "사람들은 여성 스포츠를 후원하는 브랜드를 매우 적극적으로 지지합니다."

지난 몇 년 동안 여성 스포츠의 인기, 가치, 영향력의 상승이 가속화되기 시작했다. 젊은 세대의 스포츠 팬들은 여성 스포츠와 함께 따라오는 사회적 실천 활동을 받아들이고 있다. 여성 스포츠는 본질적으로 성평등 같은 문제를 대변한다. 미국에서 여성 축구가 인기 있는 이유는 USWNT 선수들이 멋지게 평등을 옹호하고 평등을 위해 싸우기 때문이다. 또 스트리밍, 온라인상의 하이라이트 장면들, 소셜 미디어의 성장 덕분에 여성 스포츠를 그 어느 때보다 쉽게 접할 수 있게 되었고, 이런 현상이 성장을 이끌고 있다. 성 소수자 또는 동등한 임금을 옹호하는 선수를 팔로우하는 소셜 미디어 사용자라면 의도적으로 그 여자 선수의 경기를 찾아볼 수도 있다. FIFA 비디오 게임은 여자 국가대표팀 위주에서 이제는 여자 클럽 축구까지 포함하는 게임으로 발전했다. FIFA 23에서는 남녀가 대결을 펼칠 수도 있다. 호주의 첼시 FC 위민 소속 선수인 샘 커Sam Kerr는 여성 축구 선수로는 처음으로 FIFA 비디오 게임 글로벌 버전의 표지 모델이 됐다. (여자 선수가 지역 표지에 등장한 적은 있었다.) 비디오 게임을 통해 스포츠 팬들은 여성 선수에 대해 더 많은 것을 알게 되었다.

여성 운동선수들은 남성 운동선수들보다 더 많은, 더욱 의미 있는 소셜 미디어 참여를 유도하기 때문에 광고주들에게 많은 관심을 불러일으킬 수 있다. 여성 스포츠 및 여성 운동선수들은 기술 발전의 혜택 그리고 소비자에게 직접 호소할 수 있는 기회가 제공하는 혜택을 계속 누리게 될 것이다.

여성 스포츠의 극적인 성장은 팬들, 스포츠, 그리고 선수들 자신은 물론이고 스포츠 베팅 시장의 발전에도 긍정적으로 작용한다. 여성 스포츠의 성장은 스포츠 베팅에 숨겨진 매우 중요한 기회를 열어주고 있다. 극적인 성장을 거두는 여성 스포츠와 함께 여성 스포츠에 대한 베팅 시장도 유사한 성장을 이뤄왔다. 여성 스포츠에서 돈을 걸고 내기에 나서는 사람이 가장 많은 종목은 바로 축구인데, 2020년 이후 매년 약 20퍼센트의 시장 성장률을 보이고 있다.[430] 그 뒤를 이어 테니스, 농구, 크리켓이 2017~2022년 동안 10퍼센트 이상의 성장률을 기록했다.

2021년 3월에 퍼듀 대학교Purdue University에서 실시한 연구에 따르면 여성 스포츠에 대한 미디어 보도는 1980년대 이후로 거의 변하지 않았다.[431] 2019년에 여성 스포츠 관련 보도는 전체 방송 시간의 5.4퍼센트에 불과했으며, 1989년의 5퍼센트, 1993년의 5.1퍼센트에 비해 상승이라고 말하기도 힘들 정도로 변화가 미미했다. 게다가 2019년의 5.4퍼센트에서 여자 월드컵을 제외하면 비율이 3.5퍼센트로 떨어질 정도로 여자 월드컵의 비중이 컸다. 이 사실은 전 세계 팬들이 가장 긴장감 넘치고 가장 흥미진진한 경기를 보고 싶어 한다는 점을 다시 한번 보여준다. 시청자는 흥미가 넘쳐나는 볼거리를 원한다. 팬들에게는 최강의 팀들이 최고의 선수들로 경쟁하는 최고 수준의 경기를 제공해야 한다.

그 연구는 보도 시간의 제약이 없는 디지털 미디어 보도에서도 기존 미디어 보도와 동일한 격차가 있다는 사실을 발견했다. 미디어에서 남녀 스포츠를 동등하게 보도한다면 과연 여성 스포츠에 대한 관심이 그대로일지, 아니면 남성 스포츠에 가까울 정도로 관심이 높아질지 단정하기는 힘들다. 그렇지만 추세를 보면 동등한 보도가 관심을 높이는 데 분명히 도움이 될 것이라 말할 수는 있다. 사람들이 여성 스포츠를 시청하지 않는 가장 일반적인 이유는 보도의 부족 때문이었다. 그리고 앞서 설명했듯이, 여타 스포츠 및 엔터테인먼트 옵션은 물론이거니와 축구만 따져도 경기 수가 아주 많다. 국제 남자

축구로 이미 일정이 빡빡하게 짜인 환경은 여성 축구의 기회 및 보도를 앗아
간다.

누구나 알다시피 남녀 스포츠 사이에는 여전히 큰 수입 격차가 존재한다.
4개 그랜드슬램 테니스 대회에서는 남녀 상금이 동일하지만, 개별적으로 열
리는 여러 남녀 테니스 대회의 상금 격차는 최근 몇 년 동안 더 벌어졌다. 메
이저 대회를 제외하면 2022년에는 남성이 여성보다 평균 약 70퍼센트 더 많
은 상금을 벌어들이면서 격차가 20년 만에 최고치를 기록했다.

2023 여자 월드컵에 걸린 상금은 1억 5000만 달러(약 2061억 원)로, 이는
2019년보다 300퍼센트 증가한 액수다. 32개 팀이 본선에 진출하는 대회의
상금 1억 5000만 달러는 2019년 24개 팀이 참가한 대회의 상금 3000만 달
러에 비해 상승 폭이 엄청나고, 2015년에 비하면 10배에 달하는 액수다. 하지
만 2022년 카타르 월드컵에서 32개 남자 팀에게 수여한 총상금 4억 4000만
달러에 비하면 여전히 상당히 낮은 수준이다. FIFA는 2027년까지 월드컵에
서 남녀에게 동등한 상금을 지급을 목표로 하고 있다고 밝혔다.

레알 마드리드 페메니노

레알 마드리드는 여성부를 발족시키면서 2020~21 시즌에 레알 마드리드
브랜드로 여자 축구단을 만들어 경쟁에 뛰어들었다. 여자 축구는 1군인 레알
마드리드 페메니노Real Madrid Femenino, 2군이자 레알 마드리드 페메니노 B로
알려진 카스티아Real Madrid Castilla, 19세 이하 유소년 팀인 후베닐Real Madrid
Juveni, 15세 미만의 카데테Real Madrid Cadete가 있다.

레알 마드리드는 스페인 여자 축구의 활성화를 목표 중 하나로 삼고 있다.
레알 마드리드 페메니노 소속 선수 중 8명이 스페인의 2023 여자 월드컵 우
승의 주역이었으며, 그 선수들 중에는 결승골을 넣은 영웅이자 팀의 주장인 올

가 카르모나Olga Carmona가 포함돼 있다. 레알 마드리드의 주니어 선수 중 5명은 2022년 U-17 월드컵 우승에 기여했다. 2023년 7월 기준, FIFA/코카콜라 세계 랭킹에서 스페인 여자 대표팀은 6위, 스페인 남자 대표팀은 10위에 올랐다.

레알 마드리드 페메니노는 5900석 규모의 알프레도 디 스테파노 경기장을 홈구장으로 사용한다. 경기당 평균 관중 수는 약 2000명이다. 여자 팀도 천연 잔디 훈련 및 운동장, 체육관, 물리치료실, 라커룸, 의료실, 기술실 등 남자 팀과 거의 동일한 시설을 갖추고 있다.

레알 마드리드 페메니노의 팬은 남성 약 59퍼센트, 여성 약 41퍼센트로 이루어져 있다. (남자 팀은 남성 팬이 약 68퍼센트다.) 페메니노 팬은 대부분 34세 미만이다. (남자 팀과 동일하다.) 레알 마드리드가 페메니노의 전용 콘텐츠 제작 및 공유 자료와 기기에 투자하면서 팬층은 18개월 만에 두 배로 증가했다. 레알 마드리드 페메니노의 인스타그램 팔로어 수는 약 620만 명이다. (남자 팀은 1억 5000만 명이다.) 레알 마드리드 페메니노는 레알 마드리드, 바르셀로나, 아틀레티코 마드리드 남자 팀을 제외하고는 라리가의 어떤 남자 팀보다도 많은 인스타그램 팔로어를 보유하고 있다.

여자 팀은 마드리디스타 그리고 공식 레알 마드리드 스트리밍 플랫폼인 RM플레이를 통해 팬들과 접촉한다. 남자 팀의 스폰서 중 많은 기업이 여자 팀의 스폰서이기도 하다. 유니폼은 남자 유니폼과 비슷하게 생겼으며, 에미레이트항공이 유니폼 로고 그리고 아디다스가 유니폼 제작 스폰서를 맡고 있다.

여자 축구 부문은 수익 면에서 약간의 손실을 기록하고 있다. 수익(특히 스폰서십 부문)이 증가하고 있긴 하지만 방송, 티켓팅, 대회 수입 등 다른 부분에서 상대적으로 수입이 적기 때문이다. 대체로 여자 축구에서 가장 큰 비용을 차지하는 부분은 약 450만 유로(약 72억 원)의 급여와 약 100만 유로의 원정 경비다.

마지막 장에서는 레알 마드리드가 챔피언스 리그에서 프리미어 리그 팀들과 맞서는 방법을 포함해서 경기장에서 거두는 성공에 대해 알아보겠다. 레알 마드리드가 경기장에서 자신의 문화를 지원하고 격려하는 방법 그리고 스타 선수들에 관한 몇 가지 독특한 특징에 대해 설명해보려 한다.

레알 마드리드가 경기장에서 거둔 성공: 문화, 전략, 데이터

챔피언스 리그 우승의 비결, '레알 마드리드의 문화'

레알 마드리드는 지난 11년 동안 챔피언스 리그에서 여섯 번이나 우승을 거뒀다. 레알 마드리드는 현행 시스템에서도 충분히 많은 우승컵을 차지하고 있는데, 어째서 축구계에 변화의 바람을 일으키려 하는 것인지 궁금해하는 전문가와 팬들이 있다. 아이러니하게도 레알 마드리드가 거둔 성공 때문에 지금 축구계에서 일어나고 있는 중대한 제도적 변화가 잘 드러나 보이지 않는 측면이 있다. 레알 마드리드는 지금의 축구가 충분히 혁신적이지 않다고 또는 변화의 속도가 충분히 빠르지 않다고 여기며, 그 결과로 축구가 글로벌 스포츠의 리더 자리를 놓치게 될 것을 우려하고 있다. 이는 축구를 위해서도 좋지 않거니와 축구계의 맹주인 레알 마드리드에게도 바람직한 일은 아니다. 팬들에게 최고의 선수들이 경쟁하는 최고 수준의 경기를 연중 내내 제공하려면 유럽 대회가 이전과 달라져야 할 필요가 있다는 것이 레알 마드리드의 생각이다. 아울러 전문적이고 현대적이며 투명한 거버넌스 없이는 축구라는 스포츠가 번성할 수 없으며 세계에서 가장 보편적인 스포츠라는 지위를 유지할 수도 없다고 여긴다. 무엇이 축구에, 그리고 레알 마드리드에 좋은 것인가라는 질문에 대한 대답은 생각보다 복잡하게 뒤얽혀 있다.

레알 마드리드가 챔피언스 리그에서 성공할 수 있었던 이유는 여러 가지가 있다. 플로렌티노 페레스 회장은 그중에서도 경기장 안팎을 막론하고 성공을 위해 가장 중요한 요소는 '문화'라고 믿는다. 실제로 '레알 마드리드의 DNA'에 대해 언급하는 사람들은 날이 갈수록 늘어나고 있다. 그런데도 미디어와 전문가들은 레알 마드리드 성공의 원인을 문화로 지목하기를 주저한다. 문화란 분석, 측정, 비교는 물론이고 정의하기도 어려우며, 그보다는 이적료와 총급여 또는 성과 데이터와 통계를 참조하고 비교하는 편이 성공을 설명하기에 훨씬 수월하기 때문이다.

어쩌면 우리는 게임 등 가상현실 속의 스포츠에 빠져든 나머지, 현실 세계에 존재하는 팀이란 구성원들 간의 협력과 희생을 통해 작동한다는 중요한 사실을 잊고 있는지도 모른다. 예를 들어 축구는 농구에 비해 플레이 도중 발생하는 변수가 훨씬 많은 팀 중심의 스포츠다. 11명의 선수가 한 팀을 이루어 경기장으로 나가 서로 합을 맞추어 유동적이면서도 빠르게 경기를 펼쳐나간다. 축구에서는 패스 성공률이 높을수록 득점 확률도 높아진다. 농구와 달리 공격 제한 시간인 24초 룰이 없기 때문에 축구에서는 원하는 만큼 공을 소유하면서 상대 팀의 득점 기회를 봉쇄할 수 있다. 하지만 축구 역시 시간제한의 압박을 피할 수는 없다. NBA에서 스타들이 경기 내용을 좌우하듯이, 축구에서도 크리스티아누 호날두나 리오넬 메시 같은 스타 선수가 경기에 큰 영향을 미칠 수 있다. 하지만 스타 선수라 하더라도 팀 동료가 정확한 타이밍과 위치에 패스해주지 않으면 골을 만들어내기 어렵다. 따라서 스타 선수가 득점을 만들어내기 위해서는 팀을 위해 기꺼이 자신을 희생하고 패스를 이어주는 동료들이 필요하다. 팀에 문화와 유대감이 필요한 이유가 이것이다.

호날두와 메시의 경기 중 볼 점유 시간은 단 60초!

레알 마드리드 시절의 호날두와 바르셀로나 시절의 메시가 볼을 소유한 시간은 평균적으로 경기당 20회, 매회 3초씩으로 90분 경기에서 도합 60초에 불과했다. 제대로 읽은 게 맞다! 호날두와 메시의 볼 터치 시간은 경기당 약 60초인데, 이는 경기 시간의 약 1퍼센트에 불과하다. 두 스타 모두 경기당 서너 번 정도는 파울을 당하기 때문에 20회의 볼 터치가 실제로는 16~17회로 줄어들므로, 슛을 성공시키기 위해서는 두 선수 모두 부단히 움직여야 한다. 축구에서 얻는 득점은 다른 스포츠에서의 득점과 의미 자체가 다르다. 축구에서는 좋은 슈팅 기회가 쉽게 오지 않기 때문에 기회를 최대한 활용하는 것이 매우 중요하다. 호날두와 메시의 경우를 보면 파울을 당하지 않고 잡아낸 16~17회의 볼 터치 기회를 이용해 경기당 4~6회 슛을 시도하는 게 보통이다.

호날두와 메시가 날리는 4~6개의 슈팅 중 40에서 50퍼센트 정도만 골문을 향해 날아가고, 골문을 향한 슛 중 40에서 50퍼센트(전체 슈팅의 약 25퍼센트)만이 실제 골로 연결된다. 이 비율은 다른 축구 선수들에 비하면 말도 안 되게 높은 수치다. 어시스트를 포함해 팀 전체 슈팅의 약 50에서 60퍼센트는 호날두와 메시의 발끝에서 시작한다.

스타 선수라고 해서 무조건 공을 잡을 수 있고 슛을 넣을 기회가 주어지는 것이 아니다. 축구는 상호 의존적인 스포츠다. 모든 팀 구성원에게는 주저 없이 서로 신뢰하고 희생하는 문화와 유대감이 요구된다.

내가 생생히 기억하는 경기 하이라이트 장면이 있다. 2017년 9월에 PSG가 올림피크 리옹Olympique Lyonnais을 상대로 승리를 거둔 경기였다. 아직도 잊히지 않는 그 장면은 놀랍게도 득점 순간이 아니라, 누가 페널티킥을 찰 것인지를 두고 네이마르와 에딘손 카바니Edinson Cavani가 서로 다투던 장면이었다. 2016~17시즌에 페널티킥 전담 키커는 카바니였다. 하지만 2억 2200만 유로(약 3580억 원)에 PSG로 이적한 네이마르는 이제 자신이 그 자리를 차지해야 한다고 생각했던 듯하다. 공 앞으로 간 두 선수는 불편한 기색으로 대화를 나누는 것처럼 보였다. 결국 페널티킥을 찬 사람은 카바니였다. 경기가 끝

난 뒤 우나이 에메리Unai Emery 감독은 기자회견에서 이렇게 말했다. "나는 카바니와 네이마르에게 둘이서 그 문제를 해결하라고 했습니다. 두 사람이 알아서 의견의 일치를 볼 수 있기를 바랍니다. 그게 안 되면 제가 나서야죠. 저는 이 문제가 팀 내 갈등으로 번지는 사태를 원치 않습니다." 나에게 에메리 감독의 답변은 무언가 생략되어 있다고 느껴졌다.

이후 2017~18시즌 후반, 레알 마드리드는 챔피언스 리그 16강전에서 PSG와 맞붙었다. 전문가들은 PSG 선수들의 능력과 리그 1에서의 뛰어난 경기력, 그리고 카바니, 음바페, 네이마르의 득점에 관해서 이야기를 쏟아냈다. (2017~18시즌에 PSG는 승점 13점 차이로 리그 1을 1위로 마무리하고, 쿠프 드 프랑스, 쿠프 드 라 리그Coupe de la Ligue, 트로페 데 샹피옹Trophée des Champions에서 우승했다.) 하지만 레알 마드리드는 종합 전적에서 PSG를 5:2로 꺾었다. (네이마르가 홈에서 열린 2차전에는 부상으로 출전하지 못했는데, PSG는 1차전 패배로 인해 이미 1:3으로 뒤지고 있는 상황이었다.) 레알 마드리드는 8강에서 유벤투스를, 준결승에서 바이에른 뮌헨을 그리고 결승에서는 리버풀을 꺾고 우승했다.

서류 상으로 최고의 팀이라도 챔피언스 리그에서 우승하기란 쉬운 일이 아니다. 수많은 요소와 요인이 결과에 영향을 미친다. 그중에서도 나는 레알 마드리드의 팀 문화야말로 승리에 기여했다고 생각하지 않을 수 없다.

팀에 스타가 많으면 경기에서 유리할까?

연구를 진행하던 중 나는 한 가지 궁금증이 생겼다. '팀에 뛰어난 선수가 지나치게 많으면 오히려 경기력이 저하될 수도 있지 않을까?' 2014년 6월, 컬럼비아 경영대학원에서 나와 함께 근무했던 애덤 갤린스키Adam Galinsky는 인시아드 경영대학원INSEAD Business School의 로더릭 스왑Roderick Swaab과 마이클 셰러Michael Schaerer, 암스테르담 자유대학교VU University Amsterdam의 리처드 로네이Richard Ronay, 컬럼비아 경영대학원 박사과정의 에릭 애니치 Eric Anicich와 함께 이러한 효과를 다룬 논문을 학술지 『심리과학Psychological Science』에 발표했다. 연구진은 2002년부터 2012년까지 NBA 정규 시즌의 개인 데이터와 팀 데이터를 연구의 기초자료로 활용했다. 그들은 특히 추정 승수 추가Estimated Wins Added, EWA 지표를 분석했다. EWA란 어느 팀이 한 시즌에 특정 선수 덕분에 올린 추가 승리의 수를 측정한 것으로, 교체 선수와의 성과 비교를 통해 산정한다. 그들은 팀 조직력을 정량화하기 위해 총 어시스트와 수비 리바운드 같은 경기별 지표도 활용했다. 전체 팀 성과는 모든 시즌 경기 중 승리한 경기의 비율만 계산해 반영했다. 연구 결과 경영대학원 연구진은 우수 선수를 많이 영입하면 일정 시점까지만 팀 성적이 향상되고, 그 이후에는 팀 조직력이 약화하여 오히려 해가 된다는 사실을 발견했다. 이를 고려하면 농구에서 너무 많은 스타를 보유하는 것은 그리 좋은 생각이 아닌 것으로 보인다.

갤린스키와 스왑은 FIFA의 데이터를 바탕으로 축구에 대해서도 비슷한 연구를 진행했다. 결론은 다르지 않았다. 축구팀이 스타 선수를 대거 영입한다고 해서 시즌 우승이 보장되지는 않았다. 어느 순간 스타 과잉 효과가 나타나 서로 자기가 페널티킥을 차겠다고 나서는 사태가 벌어지기 때문이다. (이건 재미있자고 해본 얘기다.) 축구에서 득점이 발생하기 위해서는 공을 적절한 타이밍에 적절한 장소에 있는 적절한 선수에게 전달해야 하고, 그러려면 선수들이 시간적 압박 속에서 복잡한 움직임을 수도 없이 빠른 속도로 수행해야한다. 통상 호날두의 경기당 볼 터치 횟수가 몇 번 되지 않으며, 그때조차 단지 몇 초 동안만 볼을 소유한다는 점을 떠올려보라.

갤린스키는 "선수가 너무 많고 모두가 스타가 되려고 한다면 조직력은 떨어지게 마련"이라고 말한다.[432] 안타깝게도 어떤 팀이 언제 스타 과잉 효과가 가시화되는 임계점을 넘어서는지 예측할 방법은 없다. 예를 들어 농구팀에는 스타 슈터 외에도 리바운드와 수비에 뛰어난 선수가 필요하듯, 팀이라면 모름지기 다양한 플레이가 가능하도록 각기 다른 기술을 가진 선수들이 필요하다. 갤린스키는 이렇게 덧붙인다. "각기 다른 능력을 지닌 폭넓은 선수단을 꾸리는 것이 중요합니다. … 서로 의존하며 경기를 풀어나가야 하므로 역할 분담이 필요하죠."

팀이 균형이 깨지는 순간에 가까워지고 있다는 경고 신호가 있다. 하나의 임무를 처리하는데 너무 많은 팀원이 달라붙어 서로 경쟁하는 한편, 주목받지 못하는 임무는 누구도 거들떠보지 않는 현상이 나타나면 빨간 불이 들어온 셈이다. 스타 과잉 효과를 직접 눈으로 본 감독과 팀원이 적지 않다. 갤린스키는 묻는다. "여러 팀원이 서로 믿지 못하고 각자 따로따로 행동하는 상황을 본 적이 있습니까?" 갤린스키는 농구팀에 빗대 이렇게 답한다. "모든 선수가 공을 갖고 싶어 하면서 수비에는 아무도 참여하지 않는 올스타팀을 모델로 삼아 농구팀을 만들려 한다면, 누가 봐도 좋은 아이디어는 아닐 겁니다."

갤린스키와 스왑은 연구를 통해 스타 과잉 효과의 존재를 확인하고 그런 현상이 발생하는 이유를 설명해냈다. 하지만 이들이 마지막에 행한 연구에서 볼 수 있듯이, 사람들은 직감적으로 자신이 좋아하는 팀에 우수한 선수가 늘어날수록 더 좋은 팀이 될 거라고 믿는 경향이 있다. 투수나 타자의 개인 능력에 따라 최종 점수가 크게 영향을 받는 야구에서는 이 생각이 옳다. 야구팀이 우수한 선수를 가능한 한 많이 영입하기 위해 투자를 늘린다면 농구팀이나 축구팀보다 긍정적인 결과를 얻을 수 있다. 하지만 바로 이러한 이유 때문에, 마이클 루이스가 자신의 저서 『머니볼』에서 야구팀에 관해 제시한 일부 가르침들은 선수들 간 상호 의존성이 필요한 조직에 적용하지 못할 수도 있다.

나중에 갤린스키와 애니치를 직접 만나 레알 마드리드에 대한 이야기를 나눴는데, 클럽 문화가 튼튼하고 서로 공유하는 가치가 있으면 스타 과잉 효과의 문제를 최소한으로 억누르거나 심지어 그런 문제가 아예 발생하지 않을 수도 있다는 얘기가 나왔다. 문화와 가치관을 공유하면 선수들이 지위 갈등에서 눈을 돌려 함께 더 중요한 조직 목표로 시선을 향할 수 있다. 갤린스키와 애니치는 조직의 목표가 뚜렷하고 지위 갈등이 최소화될 때, 스타는 자신의 조직 내 지위(그리고 스스로 그 지위를 의식함에 따라 개인적 영광을 추구하려는 욕구)에 그다지 큰 비중을 두지 않게 되므로 화합이 더 쉬워진다고 주장한다. 또 해당 집단의 미래를 위한 공동의 목적과 비전에 조직의 의무와 상호 공유하는 가치를 정렬시키고, 그 실현에 집중하는 것이 안정과 성공의 가능성을 높인다고 믿는다.

레알 마드리드의 경기 문화를 지탱하는 여섯 가지 기둥

『머니볼』을 읽고 동명의 영화를 본 뒤, 나는 한 가지 질문의 답을 찾고 싶어졌다. '성공적인 스포츠 팀을 만드는 비결은 무엇일까?' 내가 레알 마드리드 경영진을 인터뷰하면서 예기치 못했던, 그리고 깜짝 놀랐던 점은 그들이 '문화를 지탱한다.'라는 말을 무척이나 자주 언급했다는 사실이다. 건물이나 구조물을 수직으로 지탱하는 역할을 하는 뼈대가 기둥이므로, 문화를 지지하는 것도 '기둥'이라 이름 붙일 수 있겠다. 레알 마드리드 경영진은 문화를 지탱하는 기둥이 없으면 경기장에서 클럽이 거둔 성공은 빠르게 빛이 바래고, 특히 클럽 문화에서 핵심적 역할을 하던 임원이나 감독, 선수가 팀을 떠나면 상황은 빠르게 악화될 것이라 우려한다.

나는 레알 마드리드의 경기에서 다음과 같은 기둥들이 문화를 지탱한다는 것을 깨달을 수 있었다.

'성문화된' 미션과 가치 선언문

플로렌티노 페레스가 레알 마드리드 회장에 취임한 뒤 가장 먼저 한 일은 팬들이 염원하던 미션과 가치 선언문을 작성하여 레알 마드리드의 진정한 문화를 '성문화'한 것이다. 이 선언문은 놀라울 정도로 명확해서 북극성이나 GPS처럼 클럽의 길잡이 역할을 한다. 미션과 가치 선언문이 문서로 작성되었다는 사실은 이 문서를 사람들에게 보여주고 전수할 수 있다는 뜻이기도 하다.

미션과 가치 선언문은 일단 선수 선발에 도움을 준다. 예를 들어 어떤 선수가 과거에 인종 차별적 발언을 한 적이 있다면, 그 선수가 아무리 재능이 뛰어나고 데이터 분석 결과 우수한 선수로 판명되더라도 레알 마드리드의 미션 선언문과 배치되기에 계약이 성사되기 어렵다. 그 내용은 이러하다.

스포츠의 정정당당한 성공을 통해 그리고 경기장 안팎에서 우수성 추구를 바탕으로 회원들과 지지자들의 기대에 부응하는 가치 전파를 통해 전 세계에서 인정과 존경을 받는 다문화 클럽이 된다.

레알 마드리드는 존경받을 만하며 올바른 가치관이 확립된 다문화 클럽을 지향한다. 위에서 예로 든 인종 차별적 발언을 한 선수는 레알 마드리드에 어울리는 선수가 아니다.

주장

스포츠 팀의 주장은 일반적으로 감독이나 코치가 임명하거나 선수들이 선출한다. 아무래도 스타 선수가 주장을 맡는 경우가 많다. 그런데 레알 마드리드에서는 코치가 주장을 임명하거나 선수들이 선출하는 게 아니라, 팀에서 최고참인 선수 두 명이 자동으로 주장이 된다. 여기에는 몇 가지 이유가 있다. 우선 최고참 선수들은 오랫동안 클럽에서 뛰었기 때문에 레알 마드리드의 역사와 전통 그리고 가치를 잘 이해하고 있다. 주장 자리는 최고참에 대한 예우이자 충성도에 대한 보상으로 시간의 누적 속에서 얻어내는 것이다. 이 절차 속에는 스타 선수라면 으레 주장이나 리더가 되는 것이 아니라 모든 선수가 평등하다는 생각, 그리고 주장 자리는 스스로 노력해서 얻는 자리라는 생각이 바탕에 깔려있다. 레알 마드리드의 주장은 팀 내에서 특별한 존경을 받는다. 팀에서 오랫동안 현역으로 뛰는 것이 얼마나 어려운 일인지 다른 선수들도 알기 때문이다. 대단한 열정과 헌신에 더해 출중한 기량 없이는 레알 마드리드에서 오랫동안 현역으로 활동할 수 없다.

자체 아카데미 졸업생

레알 마드리드가 운영하는 유소년 아카데미는 통계상으로 유럽에서 가장 성공적인 아카데미다. 상위 5개 리그에서 뛰고 있는 선수 가운데 레알 마드리드 아카데미 졸업생 수는 그 어떤 아카데미보다도 많다.[433]

2000년 이후 레알 마드리드 1군 선수 22~25명 중 약 5~8명(약 25퍼센트)이 자체 유소년 아카데미 졸업생이다. 참고로 베르나베우가 레알 마드리드 회장이던 1955년부터 1960년 사이에 클럽 선수 중 아카데미 졸업생 비율은 10~15퍼센트 정도였다.

레알 마드리드 경영진이 1군에서 뛰는 아카데미 졸업생을 높이 평가하는 이유는 이 선수들이 레알 마드리드의 역사와 전통 그리고 가치를 경험하며 성장했기 때문이다. 플로렌티노 회장은 인터뷰에서 이렇게 말했다. "레알 마드리드는 선수들에게 클럽의 가치관을 심어주기 위해 끊임없이 노력하고 있습니다. 우리는 유소년 클럽에 필요한 관심과 자원을 투입하여 선수들의 축구 기량을 발전시키는 데 그치지 않고 사회, 윤리, 시민 교육도 진행하고 있습니다."

아카데미 졸업생들에게 1군에 합류하는 것은 아무래도 평생의 꿈이기 마련이다. 1군에 입성한 여러 아카데미 졸업생들은 이러한 애정과 열정, 열의를 팀에 불어넣는다. 이 선수들은 클럽의 문화와 가치를 더욱 튼튼하게 만드는 '문화 전달자'가 된다. 이 선수들의 존재는 해외에서 온 스타 선수들과 더불어 매우 긍정적인 결과를 생산해낸다. 플로렌티노 회장은 "세계적인 선수들을 영입하면서 세계 축구계에서 레알 마드리드의 위상이 높아졌지만, 이에 그치지 않고 이 선수들과 레알 마드리드 아카데미 출신 선수들의 결합으로 폭발적인 시너지를 만들어낼 것"이라고 이야기한다.[434] 레알 마드리드의 의미를 체득하고 몸소 보여주는 경험 많은 주장들처럼, 아카데미 출신 선수들은 클럽을 하나로 묶는 가치관을 전파하고, 모범을 보이며, 클럽의 목표와 사명을 달성하는 데 필요한 분위기를 조성한다. 이들은 레알 마드리드를 최고의 클럽으로 만드는 데 꼭 필요한 작은 일들을 도맡아 한다. 이런 것은 통계표에 잡히지 않는다.

또 회원들과 서포터스는 아카데미 출신 선수들이 1군에서, 특히 선발로 출전해 뛰는 모습을 아주 좋아한다. 이런 경우 팬들은 열정이 끓어오르고 자부심을 느끼게 된다. 1980년대에 홈팬들이 전설적인 '다섯 마리 독수리'에게 열광하고 아카데미 졸업생이자 주장인 라울과 카시야스에게 특별히 사랑을 주었던 이유가 이 때문이기도 하다.

'동급 최고'

레알 마드리드 경영진은 팀에서 최고('동급 최고')의 선수란 훈련이 됐든 경기가 됐든 어느 때나 가장 열심히 노력하고 가장 헌신적인 선수여야 한다고 여긴다. 이 동급 최고인 선수는 나머지 다른 선수들의 모범이 되고 팀 문화를 지탱한다.

2014년과 2015년 사이에 나는 레알 마드리드를 다룬 첫 번째 책인『레알 마드리드 웨이』의 집필을 위해 훈련장을 방문했다. 이때 안첼로티 감독이 진행하던 팀 러닝 훈련을 참관했다. 호루라기가 울리자 크리스티아누 호날두가 제일 먼저 앞으로 뛰어나가 전력 질주하기 시작했다. 물론 다른 선수들도 뒤따라 달려 나가며 호날두를 따라잡으려 했다. 안첼로티 감독은 선수들에게 더 열심히 뛰라고 소리 지를 필요가 없었다. 호날두만 있어도 훈련 분위기가 조성됐다. 트레이너들을 인터뷰하면서 나는 성과를 만들어내기 위해 매진하는 호날두의 노력에 관한 놀라운 이야기를 들을 수 있었다. 호날두는 밤

늦게 유흥을 즐기러 나가지 않았다. 언제나 식단 관리에 철저했다. 전 세계가 호날두의 헌신과 노력을 똑똑히 봤다. 레알 마드리드의 동료들도 마찬가지였다.

마이클 조던Michael Jordan이나 코비 브라이언트Kobe Bryant처럼 엄청나게 뛰어난 기량을 지녔던 챔피언들과 마찬가지로, 호날두에게는 열심히 하라고 독려하는 코치가 따로 필요하지 않았다. 그는 실제 경기를 치르는 마음가짐으로 준비를 마치고 훈련과 연습에 임했다. 호날두는 강한 추진력으로 자신에게 동기를 부여하면서, 어떤 일이 됐건 뒤처지거나 패배하지 않겠다며 경쟁심을 불태웠다. 이러한 호날두의 치열함과 직업정신은 코치진과는 다른 방식으로 다른 스타 선수들에게 귀감이 됐다. 젊은 선수들도 호날두의 좋은 습관을 모범으로 삼았다.

동급 최고, 주장, 자체 아카데미 졸업생 모두가 리더로서 함께 팀을 이끌어나간다. 모두가 코치진과 일심동체가 되어야 한다.

감독의 자질

레알 마드리드 경영진은 성공적으로 팀을 이끌어 챔피언스 리그 우승컵을 차지한 감독들에게는 공통적인 특성이 있다고 본다. 레알 마드리드는 매우 특별한 팀이기에 레알 마드리드의 감독이 된다는 것도 매우 특별한 일이다. 레알 마드리드에는 뛰어난 기량을 가진 세계 최고의 선수들이 가득하다. 그들 모두가 경기에서 뛰고 싶어 하고 팀 승리에 기여할 수 있다고 믿는다. 선수마다 개성도 다르고 선수 경력도 다르다. 감독은 이런 선수들을 통솔하면서 수많은 미디어와 접촉해야 하고, 일거수일투족을 주목하는 대중의 시선을 감내해야 하며, 끊임없는 소문에도 대응해나가야 한다.

최근 레알 마드리드 감독들의 특징으로 볼 때, 안첼로티나 지단처럼 은퇴

한 엘리트 선수 출신이 가장 적합한 듯 보인다. 안첼로티는 1989년과 1990년에 유러피언 컵 2연속 우승의 위업을 달성했던 AC 밀란의 핵심 멤버였다. 레알 마드리드 감독으로 부임하기 전에도 안첼로티는 AC 밀란의 감독으로서 챔피언스 리그 우승컵을 두 번이나 들어 올렸다. 선수 시절 지단은 FIFA 올해의 선수로 여러 차례 선정된 바 있으며 1998년에는 발롱도르를 수상하기도 했다. 2002년 챔피언스 리그 결승전에서 대회 역사상 가장 위대한 골 중 하나로 손꼽히는 왼발 발리슛으로 레알 마드리드에 우승컵을 선사했던 선수가 지단이다. 이후 지단은 2군 팀인 레알 마드리드 카스티야 감독을 거쳐 1군 팀 감독으로 자리를 옮겼다. 지단이 1군 팀을 맡은 뒤 (나중에 여덟 번 패하기는 했지만) 클럽은 8개의 트로피를 차지했다. 지단은 레알 마드리드 선수일 때와 감독일 때 모두 팀의 유러피언 컵/챔피언스 리그 우승을 이끈 역사상 두 번째 인물이다. (첫 번째는 미겔 무뇨스Miguel Muñoz였다.)

무뇨스는 현역 선수 시절 유러피언 컵에서 두 차례(1956년과 1957년) 우승이라는 업적을 달성하고 은퇴했다. 그 뒤 레알 마드리드 리저브 팀의 코치로 잠시 경험을 쌓은 후 레알 마드리드 감독으로 취임하여 클럽의 유러피언 컵 2회 우승(1960년과 1966년)을 견인했다. 지단은 챔피언스 리그 3회 연속 우승(2016년, 2017년, 2018년)을 달성한 유일한 감독으로, 그 이전인 2014년에도 수석 코치직을 수행하며 안첼로티 감독을 도와 한 차례 우승한 바 있다. 비센테 델 보스케Vicente del Bosque는 레알 마드리드를 지휘해 라리가 우승 다섯 번, 코파 델 레이 우승 네 번이라는 금자탑을 세웠다. 선수 시절에는 비록 리버풀에 패하긴 했지만 1981년 유러피언 컵 결승전에서 선발로 출전하는 등 활약상을 보여주었다. 은퇴 후 레알 마드리드 카스티야에서 지도자의 길을 걷기 시작했으며, 1군 팀의 감독이 경질되었을 때 두 차례 임시 감독을 맡기도 했다. 그는 레알 마드리드 감독으로 챔피언스 리그에서 두 번이나 우승했으며(2000년, 2002년), 유로 2008과 유로 2012 우승은 물론 2010년에는 스페인 대표팀의 월드컵 우승을 이끌었다.

감독이 엘리트 선수 출신이면 스타 선수들과 특별한 관계를 형성하는 데 도움이 된다. 감독은 스타 선수가 겪는 고충을 잘 이해하고, 선수는 선수대로 감독이 현역 시절 거둔 성공에 존경심을 품고 있기 때문이다. 안첼로티나 지단이 스타 선수들에게 무언가 지시를 내릴 때면 그 무게감이 다를 수밖에 없다. 이는 로테이션과 선수 교체 결정에 있어서 특히 중요하다.

성공적으로 클럽을 지휘하는 감독들이 지닌 또 한 가지 특징은 점잖은 태도다. 기강이 해이해지거나 안일함과 편안함에 젖어 있는 선수들을 다잡고 선수와 팀의 기량을 최대한 끌어내기 위해 에너지 넘치고 추진력 있는 감독이 필요한 클럽도 있다. 그렇지만 레알 마드리드는 많은 시선, 스트레스, 압박이 늘 존재하는 팀이고 기복도 심한 편이다. 이때 감독이 차분한 태도를 유지하면 팀의 분위기 안정에 도움이 되는 경우가 많다. 안첼로티, 델 보스케, 지단은 침착함을 유지했을 뿐 아니라 인내심과 겸손함, 진중한 모습을 보여주었다.

마지막으로, 클럽의 문화에 대한 감독의 이해 역시 성공의 큰 요인이 된다. 레알 마드리드 유소년 아카데미를 졸업한 비센테 델 보스케가 그 완벽한 예다. 지단도 레알 마드리드에서 선수로 뛰었다. 물론 레알 마드리드 선수 출신이라고 해서 모두 다 그런 것만은 아니다.

라모스의 93분, 호드리구의 90분과 91분 그리고 벨링엄의 90분

엘 클라시코나 챔피언스 리그에서 경기 후반에 영웅적인 활약상을 선보인 선수들의 모습을 떠올려보자. 그리고 이러한 순간들이 레알 마드리드의 역사와 전통 그리고 공동체가 공유하는 경험에 얼마나 중요할지도 생각해보자. 위의 제목에 나오는 이름과 숫자를 보면 머릿속에 저절로 떠오르는 게 있을 것이다. 레알 마드리드 커뮤니티에 속한 사람에게는 더 이상 설명이 필요치 않다.

레알 마드리드는 심판이 종료 휘슬을 불 때까지 절대 포기하지 않는 것으로 유명하다. 이는 클럽의 핵심 가치이자 레알 마드리드 커뮤니티가 팀에 거는 기대이기도 하다. 특히 시즌 막바지에 클럽의 가치를 유지하면서 선수들을 지원하기 위해서는 대규모의 수준 높은 의료진과, 로테이션 및 동기 부여 등 감독의 제대로 된 운영이 필요하다.

공정하고 평등한 대우

공정하고 평등한 대우는 레알 마드리드의 리더십과 성공을 뒷받침하는 팀 문화의 핵심 요소다. 레알 마드리드의 철학은 개인의 이익보다 전체의 이익을 강조하며, 이는 클럽의 미션과 가치 선언문에 반영돼 있다. 모두를 평등하게 대우하는 것은 베르나베우 시절부터 이어져 온 지도 원칙이다. 레알 마드리드의 플로렌티노 회장과 경영진은 이 원칙을 확실히 이해하고 있었고, 커뮤니티 전체를 위한 행동이라고 판단하면 어렵거나 환영받지 못할 결정이라도 과감히 내리곤 했다.

레알 마드리드는 선수들을 최대한 평등하고 일관되게 대우하기 위해 모든 노력을 기울이고 있다. 특히 슈퍼스타가 속해 있는 팀일수록 모든 선수가 자신도 중요한 구성원이라고 느낄 수 있어야 하며, 선수들이 이런 느낌을 받게 하려면 모두를 똑같은 방식으로 대우하는 게 가장 좋다. 예를 들어 레알 마드리드의 라커룸을 보자. 레알 마드리드는 모든 선수에게 똑같은 라커를 제공한다. 위치는 철저히 번호순으로 배치되어 있으며, 크기는 라커 앞에 놓인 나무 의자에 선수들이 동시에 앉으면 서로 어깨가 닿을 정도다. 반면 미국에서는 스타 선수에게 특별한 대형 라커와 푹신한 의자를 제공한다. 스타 선수가 따로 좋아하는 위치가 있다면 그 자리를 배정하는 것이 일반적이다. 원정 경기가 있을 때 레알 마드리드는 스타 선수에게 별도의 숙소나 다른 선수보다 더 좋은 숙소를 제공하지 않는다. 한편 미국에서는 스타 선수에게 더 넓은 호텔 객실과 여러 편의를 제공하곤 한다. 또 레알 마드리드는 선수 가족들에게 경기장 특별석을 제공하지 않는다. 가족을 특별석이나 박스석에 앉히고 싶은 선수는 따로 차액을 내야 한다. 하지만 미국에서는 스타 선수의 가족에게 VIP 좌석을 제공한다는 조항이 계약서에 마련되어 있는 경우가 많다. 레알 마드리드의 선수 계약서는 표준화되어 있으며, 여기에 실린 조항과 선수 행동 수칙은 모두 같다.[435] 계약서 간 유일한 차이는 유로화로 표시된 금액뿐이다. 레알 마드리드 경영진은 이 정책을 고수하면 협상 시간과 대립을 줄일 수 있고, 선수가 공정치 않은 대우나 불이익을 받을 가능성도 미연에 방지할 수 있다는 사실을 깨달았다. 경영진은 얼마든지 이렇게 말할 수 있다. "보시는 바와 같습니다."[436]

물론 수요, 기술력, 성적에 따라 보상이 달라진다는 것을 모르는 선수는 없다. 하지만 그 외에는 모든 선수를 동일하게 대우해야 한다는 것이 레알 마드리드의 정책이다. 레알 마드리드 경영진은 예외를 두면 팀워크와 공동체 정신에 부정적인 영향을 미치고 화합을 깨뜨릴 수 있으며 향후 문제가 발생할 수도 있다고 여긴다. 시간이 지남에 따라 경영진은 조금씩 늘어나는 예외를 당연한 것으로 용인하지 않으려면 많은 노력이 필요하다는 사실을 알게 되었다. 이러한 레알 마드리드의 전략은 공동체의 목표와 핵심 가치에 타협을 용인하지 않으려는 경영진 때문에 유능한 구성원이 조직을 떠날 위험도 내

포하고 있다. 경제적 책임이나 공정성을 포함한 팀의 철학에 반하여 개인적 또는 직업적 열망을 우선시하는 선수는 계약 요구 사항이 충족되지 않으면 팀을 떠날 수도 있다. 경영진이 실제로는 공동체의 가치와 기대에 부합하는 행동을 하고 있는데도, 선수들이 떠나도록 내버려 두었다는 이유로 언론과 팬들로부터 비난받기도 한다. 어떤 선수를 영입하고 누구와 재계약할지, 또 누구를 방출할지, 심지어 선수마다 얼마를 지급할지 결정하는 것은 예술의 영역이자 과학의 영역이다. 재정적 요소와 문화적 요소 사이에서 그리고 우승하기 위해 필요한 우수 선수 영입과 경제적 부담 사이에서 균형을 잡아야 하며, 이 모든 것이 양측에 공정해야 할 뿐 아니라 클럽의 핵심 가치에도 부합해야 한다. 사랑받는 선수와 감독에 대해 쉽지 않은 결정을 내려야 할 때가 레알 마드리드 경영진에게 가장 힘든 순간일 것이다.

프리미어 리그 클럽을 능가하는 레알 마드리드의 활약

감독과 선수들은 챔피언스 리그 우승이 국내 리그 우승과는 비교할 수 없다고 입을 모아 말한다. 치열함과 압박감의 차원이 다르다는 것이다. 패배가 곧 탈락인 본선 녹아웃 방식에서는 조그마한 실수가 걷잡을 수 없는 결과를 낳는다. 홈과 원정에서 치르는 경기 방식과 승자 진출 패자 탈락인 녹아웃 방식은 전략에도 영향을 미친다. 녹아웃 라운드는 선수들이 정신적으로나 육체적으로 지치고 부상 관리에 더 신경 써야 하는 시즌 막바지에 실시된다. 챔피언스 리그를 뛰어 본 선수들과 코치진은 자신의 경험을 이점으로 살려 침착하게 경기에 임할 수 있다. 클럽의 역사란 영감과 믿음을 주기도 하지만, 반대로 두려움과 의구심을 불러일으키기도 한다.

레알 마드리드는 평등을 추구하고 아카데미 선수에게도 출전 기회를 주는 등 클럽의 문화를 강화하고 유지하는 요소에 역점을 두고 있다. 그렇지만 카지노 매니저가 카지노에서 무작위성과 운이 가져오는 결과를 통제할 수 없듯이, 클럽이 경기장에서의 결과까지 통제할 수는 없는 법이다.

행운의 영향

맨시티의 CEO 페란 소리아노는 2021~22시즌에 레알 마드리드가 챔피언스 리그에서 우승할 수 있었던 이유는 무엇보다 운이 좋았기 때문이라고 평했다. "사람들이 지금 레알 마드리드의 챔피언스 리그 우승에 대해 말들을 하는데, 운이 좀 좋았을 뿐이라고 해도 크게 틀린 말은 아닙니다. PSG나 첼시, 맨체스터 시티, 리버풀이 우승했다 해도 딱히 이상한 일은 아니었던 거죠. … 1980년대 말에 에밀리오 부트라게뇨 같은 선수가 포진해 있던 레알 마드리드는 역사상 최고의 팀으로 꼽히던 환상적인 팀이었습니다. 하지만 이런 팀마저도 챔피언스 리그 우승을 달성하지 못했다는 사실을 기억하는 사람은 별로 없습니다."[437]

일단 행운이 실제로 축구 경기의 진행과 결과에 얼마나 큰 영향을 미치는지 알고 나면 소름이 돋을 것이다. 축구에서 들어가는 골의 50퍼센트 정도는 행운의 결과라 할 수 있다. (운 좋게 공이 굴절되기도 하고, 불규칙 바운드가 생기거나, 수비수가 쳐낸 공이 공격수의 몸에 맞고 골로 연결되기도 한다.) 득점 상황은 재현하기도 쉽지 않거니와 설사 정확히 똑같은 상황이라 하더라도 똑같은 선수가 똑같은 골을 넣는다는 보장은 없다. (전혀 주목받지 못하던 선수가 요행으로 100분의 1 확률을 뚫고 슛을 성공시키거나 결정적인 순간에 수비수가 미끄러지기도 한다.) 심판의 실수나 판정이 경기의 흐름을 바꿔 놓을 때도 있다. (심판이 손에 공이 맞는 걸 보고 반칙이라고 선언하거나, 페널티 박스 안에서 반칙이 있었다고 판정하는 경우, 그리고 반칙 정도가 심해 옐로카드나 레드카드를 주는 경우 등이 있다.) 심판도 사람인지라 일종의 '홈 어드밴티지'로 작용하는 관중의 반응과 소음에 영향을 받을 수 있다. 선수는 다치거나 레드카드를 받아 출전하지 못할 수도 있고 옐로카드 누적으로 경기에 결장할 수도 있으며, 정신적으로나 육체적으로 피로가 쌓여 최상의 경기력을 발휘하지 못할 수 있다.

축구의 경기당 총 평균 득점은 약 2.7골에 불과하다. 그래서 앞서 말한 작은 요인들 하나하나가 모여 결과를 완전히 뒤바꿔놓을 수 있다. 약팀은 골대 앞에서 '버스 세우기Park the Bus' 전술을 구사하며 강팀의 득점 기회를 원천 봉쇄하곤 한다. 그러다가 상대 팀이 보인 단 한 번의 실수를 놓치지 않고 골을 집어넣어 약팀이 승리하기도 한다. 농구에서는 득점과 수비 기회를 많이 보장하기 위해 공격 제한 시간을 두고 있다. 야구에서는 최소 타격 기회가 보장돼 있다. 그래서 야구에서는 도박사들이 선호하는 팀이 승리할 확률이 5분의 3이고, 농구에서는 3분의 2나 된다. 그러나 축구에서는 이러한 팀이 승리할 확률이 2분의 1에 그친다.

챔피언스 리그에서 클럽은 유리한 조에 속할 수도 있고 불리한 조에 속할 수도 있으며, 정규 시간 무승부로 연장전까지 뛰어야 할 때도 있다. 국내 리그를 포함해 여러 대회의 성적이 다음 해 출전 자격에 영향을 미치므로 클럽은 언제 선수의 휴식과 회복에 더 집중해야 할지 결정해야 한다. 따라서 경기를 치르는 시점은 클럽에게 매우 중요하다.

스포츠의 세계에서는 투지와 기술, 노력에 대한 보상이 주어져야 한다. 행운의 존재를 받아들이고 인정하면 실력과 노력의 가치가 훼손된다. 행운은 자격이 없는 사람에게도 보상을 제공하기 때문이다. 하지만 역설적이게도, 행운은 추한 경기의 진실이자 경기의 미학에 필수적인 부분이다.

경기에 행운이 영향을 미치긴 하지만, 그 외에 문화, 역사, 경험, 전통, 자금, 선수 등 여러 요소 또한 중요하다.

최근에 레알 마드리드가 챔피언스 리그에서 거둔 성공 탓에 프리미어 리그 클럽들의 활약이 무색해졌다. [표 7-1]을 보자. 레알 마드리드, 아틀레티코 마드리드, 바르셀로나가 속한 라리가는 2011~12시즌부터 2016~17시즌까지 여섯 시즌 동안 결승 진출팀(5개 클럽)과 우승팀(4개 클럽)을 가장 많이 배출했다. 프리미어 리그 클럽 중에서는 유일하게 첼시만 결승에 진출해 우승했다. 라리가의 17개 클럽 및 분데스리가의 10개 클럽과 비교해 프리미어 리그에서 8강에 진출한 팀은 5개 클럽에 불과했다.

2017~18시즌부터 시작된 여섯 시즌 동안에는 프리미어 리그가 결승 진

[표 7-1] 2011~12시즌 이후 챔피언스 리그 8강전에 오른 여러 리그 소속 클럽들

	2022~23	2021~22	2020~21	2019~20	2018~19	2017~18	합계	우승팀	결승 진출 팀
프리미어 리그	2	3	3	1	4	2	15	3	7
라리가	1	3	1	2	1	3	11	2	2
분데스리가	1	1	2	2		1	7	1	1
세리에 A	3			1	1	2	7		1
리그 1		1	2				3		1
기타	1	1	1		2		5		
합계							48	6	12
결승전	맨시티	레알 마드리드	첼시	바이에른	리버풀	레알 마드리드			
	인터 밀란	리버풀	맨시티	PSG	토트넘	리버풀			

	2016~17	2015~16	2014~15	2013~14	2012~13	2011~12	합계	우승팀	결승 진출 팀
프리미어 리그	1	1		2		1	5	1	1
라리가	3	3	3	3	3	2	17	4	5
분데스리가	2	2	1	2	2	1	10	1	3
세리에 A	1		1		1	1	4		1
리그 1	1	1	2	1	1	1	7		
기타		1	1		1	2	5		
합계	8	8	8	8	8	8	48	6	10
결승전	레알 마드리드	레알 마드리드	바르셀로나	레알 마드리드	바이에른	첼시			
	유베투스	아틀레티코	유베투스	아틀레티코	도르트문트	바이에른			

출팀(7개 클럽)과 우승팀(3개 클럽)을 가장 많이 배출했다. 라리가에서는 레알 마드리드가 두 번 진출했다. 분데스리가에서는 바이에른이 유일하다. 라리가의 11개 클럽과 분데스리가의 7개 클럽이 8강에 진출한 데 비해 프리미어 리그에서는 15개 클럽이 8강에 진출했다. 더 자세히 들여다보면, 바르셀로나와 아틀레티코 마드리드는 2016~17시즌 이후 각각 한 번씩 준결승에

진출한 반면, 레알 마드리드는 그 이후 네 번 우승까지 했다. 한편 프리미어 리그에서는 첼시, 리버풀, 맨시티, 토트넘의 4개 클럽이 결승에 진출했다.

2017~18시즌부터 2022~23시즌까지 지난 여섯 시즌 동안, 레알 마드리드가 없었다면 프리미어 리그의 독주가 더욱 돋보였을 것이다. 최근 일곱 시즌 동안 레알 마드리드는 챔피언스 리그 본선에서 프리미어 리그 클럽과 열한 번 맞붙어 8승 3패를 기록했다. (3패 가운데 두 번은 맨시티에게 패했다.)

『머니볼』의 데이터 분석이 축구에서도 통할까?

첫 번째 책 『레알 마드리드 웨이』를 쓰면서 레알 마드리드 경영진을 인터뷰했다. 당시 대화가 끝난 후 경영진은 『머니볼』에서 적용한 빌리 빈의 야구 데이터 분석 기법을 다른 스포츠에 적용해보면, 책에서 간과했거나 놓친 부분을 찾아낼 수도 있다는 의견을 내놨다.

빌리 빈은 세계에서 가장 존경받는 스포츠 경영자 중 한 명이고 그럴 만한 충분한 이유가 있는 사람이다. 그와 개인적 친분이 없던 나는 빌리 빈의 사무실에 '무작정 전화를 걸어' 레알 마드리드에 관한 책을 쓰고 있다고 운을 떼고는, 집필 연구차 분석하다가 『머니볼』에서 몇 가지 놓치고 있는 부분이 있을 수도 있다는 내 생각을 설명했다. 그리고 책이 출판되기 전에 초고를 보내 그의 의견을 듣고 싶다는 말도 예의상 덧붙였다. 놀랍게도 빌리 빈은 그가 왜 세계에서 가장 존경받는 스포츠 경영자인지 증명이라도 하듯, 내가 보낸 『레알 마드리드 웨이』의 초고를 읽은 뒤 전화를 걸어 의견을 제시하고 추천사까지 써주었다.

함께 이야기를 나누면서 나는 그가 혁신에 몰두해 있다는 사실을 깨달을 수 있었다. 그가 거주하는 실리콘 밸리 인근의 환경과 문화가 일정 부분 작용했을 것 같다. 그는 아무런 방어적인 태도 없이 오히려 두 팔 벌려 도전을 환영했다. (그 모습을 보니 몇몇 레알 마드리드 경영진이 떠올랐다.) 하지만 무엇보다 놀라웠던 점은, 그가 오클랜드 애슬레틱스Oakland Athletics(현 애슬레틱스)의 성공에 '문화'가 아주 중요한 역할을 했다고 여긴다는 점이었다. 오클랜드 애슬레틱스의 이야기에서 데이터 분석 부분만 건성으로 보면 빌리 빈이 거둔 성공 속에 배어 있는 세세한 뉘앙스까지 포착할 수 없다.

나는 『레알 마드리드 웨이』의 부록에 10월의 사나이Mr. October, 그러니까 10월 플레이오프 경기 때면 홈런을 날리기로 유명한 레지 잭슨Reggie Jackson 처럼 정규 시즌보다 플레이오프에서 타율이 높은 야구 선수들이 있음을 보여주는 데이터 및 분석을 실었다. 그 책이 나오기 전까지만 해도 야구 데이터 분석 전문가들은 하나같이 이런 선수들의 플레이오프 타석 횟수가 통계 자료로 활용할 만큼 충분하지 않으며, 만약 충분한 자료가 쌓인다면 결국 통산 타율과 비슷한 수준으로 돌아갈 것이라고 했다. 하지만 부록에 실린 데이터를 보면, 레지 잭슨 같은 유형의 타자는 정규 시즌에서 상대 팀의 최고 투수 2명을 상대로는 타율이 높았고, 하위 투수 3명을 상대로는 타율이 낮았다는 사실을 알 수 있다. 나는 최고 투수 2명은 일반적으로 팀의 하위 투수 3명보다 빠른 구속의 공을 던지며 특정 타자는 빠른 공에 더 강하다는 가설을 세웠다. 더욱이 플레이오프에서 마운드에 오르는 투수는 그 팀의 최고 투수이기 마련이다. 언론에서는 레지 잭슨을 득점권 상황이나 주요 상황에서 안타를 터뜨리는 '클러치 히터'라고 불렀다. 하지만 레지 잭슨은 정규 시즌에서 하던 대로 했을 뿐이다. 단지 플레이오프에서는 하위급 3명의 투수가 등판하지 않았기에 사람들이 그 상황을 설명하지 못했을 뿐이다.

라리가와 챔피언스 리그에서 활약한 레알 마드리드 선수 중 몇 명을 뽑아 데이터를 살펴보다가, 불현듯 이 야구 분석을 활용해봐야겠다는 생각이 떠올랐다. 먼저 레알 마드리드 선수 중 유러피언 컵/챔피언스 리그에서 최소 50경기 이상 출전한 선수를 선정했다. 이 선수들이 레알 마드리드에서 뛰기 전이나 후의 데이터는 참조하지 않았는데, 그때는 환경도 다르고 함께 경기를 치렀던 선수들의 수준도 달랐을 것이기 때문이다. 출전 자격을 갖춰야만 올라갈 수 있는 챔피언스 리그에서는 일반적으로 라리가 때보다 강팀을 상대했을 것이다. [표 7-2]를 보자. 분석 결과, 디 스테파노, 헨토, 피구, 라울, 벤제마는 라리가보다 챔피언스 리그에 출전했을 때 경기당 평균 골을 더 많이 기록했다. 에밀리오 부트라게뇨는 라리가에서 통산 341경기를 뛰면서 경기당 평균 0.36골을 기록했다. 그는 분석 기준으로 삼은 유러피언 컵에 50경기 이상 출전하지는 않았지만, 29경기에 출전해서 17골(경기당 0.58골)을 넣었다. 이들은 모두 레지 잭슨 같은 유형의 선수다. 뛰어난 상대와 맞붙었을 때 성적이 더 좋았다.

[표 7-2] 라리가와 챔피언스 리그의 게임당 득점

게임당 득점[438]			
선수	라리가	챔피언스 리그	% 변화
디 스테파노	0.76	0.84	+10%
헨토	0.30	0.35	+19%
피구	0.23	0.27	+15%
라울	0.41	0.50	+21%
벤제마	0.53	0.60	+13%

크리스티아누 호날두와 메시가 스페인에서 활약하던 시절을 살펴보자. 두 선수 모두 경기당 평균 1골이라는 놀라운 성적으로 라리가를 지배했다. [표 7-3]의 호날두와 메시의 경기당 득점을 [표 7-2]에 등장하는 레알 마드리드의 전설적인 선수들과 비교해보면 두 선수의 평균 득점 기록이 얼마나 놀라운지 알 수 있다. 특히 1950년대와 1960년대에는 경기당 평균 득점이 약 3.5골이었다가 지금은 2.5골을 조금 넘는 수준으로 감소했다는 점을 고려하면 더욱 그렇다. 챔피언스 리그에서 호날두와 메시가 기록한 경기당 득점은 라리가 때 기록보다는 낮지만, 원래 라리가에서 득점이 말도 안 되게 높았던 것뿐이지 챔피언스 리그에서의 득점도 대단히 높은 수준이라 볼 수 있다.

[표 7-3] 라리가와 챔피언스 리그에서 호날두와 메시의 게임당 득점

게임당 득점[439]			
선수	라리가	챔피언스 리그	% 변화
호날두	1.06	1.03	− 3%
메시	0.91	0.80	− 12%

챔피언스 리그 본선 역사상 득점 상위 50명의 중간값을 살펴보니 예상과 다르지 않았다. [표 7-4]를 보면 선수들 대부분, 그리고 최고의 선수들마저도 챔피언스 리그에서는 성적이 평소보다 조금 부진했다. 상대 팀의 실력이 뛰어났거나 보수적으로 경기를 운영했기 때문일 수도 있고, 아니면 둘 모두가 이유일 수도 있다. 호날두와 메시의 챔피언스 리그 경기당 득점은 상위 50명 평균의 두 배에 달해 두 선수가 얼마나 대단한지 알 수 있다. 그리고 최상급 선수들조차도 챔피언스 리그에 가면 경기당 득점이 5퍼센트 하락하는데, 역대 레알 마드리드의 전설적인 선수들은 오히려 10에서 20퍼센트 정도 더 올라간다.

[표 7-4] 챔피언스 리그 역사상 경기당 득점 상위 50명의 중간값

정규시즌	챔피언스	% 변화
0.48	0.46	− 5%

레알 마드리드는 국내 리그 우승에 그치지 않고 챔피언스 리그 우승에서도 도움을 줄, 레지 잭슨 같은 특별한 선수를 찾고자 한다. 팀의 챔피언스 리그 진출이나 국내 리그 우승을 견인했던 선수가 정작 챔피언스 리그에 나가서는 좋은 활약을 보여주지 못하는 경우가 종종 있다. 선수들의 이야기를 들어보면 챔피언스 리그와 국내 리그는 형식, 부담감, 분위기, 경쟁 수준, 치열

함, 접근 방식 등 모든 면에서 차원이 다르다고 증언한다.

야구 얘기로 돌아가서, 내가 책에 실었던 분석이 공개된 후 몇몇 MLB 데이터 분석팀은 고등학교 야구팀 경기 중 금요일 밤 원정 경기에서의 타율 통계에 지대한 관심을 보이기 시작했다. 홈팀은 주말 경기장에 운집한 관중 앞에서 최고의 투수를 선발로 기용하는 게 일반적이기 때문이다.

최근 레알 마드리드가 우승했던 챔피언스 리그를 돌아보았을 때, 이 책에 담긴 정보와 맥락을 바탕으로 경기장 안팎에서 레알 마드리드와 축구에 중요한 요소가 무엇인지 독자들이 더 깊이 이해할 수 있게 되길 바란다.

레알 마드리드가 챔피언스 리그에서 성공할 수 있었던 데에는 여러 가지 이유가 있다. 그렇지만 플로렌티노 페레스 회장은 문화야말로 경기장 안뿐만 아니라 밖에서도 승리를 가져오는 가장 중요한 요인이라고 이야기한다. 실제로 이 책『레알 마드리드 레볼루션』은 레알 마드리드의 문화가 어떻게 이어져 왔고, 앞으로 어떻게 이어져 나갈지에 관한 이야기다.

[사진 7-1] 산티아고 베르나베우 경기장에서 열린 2022 챔피언스 리그 준결승전에서 맨체스터 시티를 상대로 추가 시간 동점을 만드는 헤딩골을 날리는 호드리구.

종료 휘슬: 축구를 위해 좋은 것,
레알 마드리드를 위해 좋은 것

레알 마드리드의 혁명은 멈추지 않는다

레알 마드리드는 역사상 가장 큰 성공을 거둔 축구 클럽이다. 그들은 지금까지 유로피언 컵/챔피언스 리그에서 열다섯 번의 우승을 거두었다. 2013~14시즌 이후로는 챔피언스 리그에서 여섯 번의 우승을 차지했다. 1999~2000 챔피언스 리그 이후로 유럽 최상위 리그에서 국가별 4개 클럽까지 참가가 확대되는 등 리그 개편이 단행됐는데, 당시부터 지금까지 열린 24번의 대회에 레알 마드리드는 모두 빠짐없이 출전했고 여덟 번 정상에 올랐다. (2000, '02, '14, '16, '17, '18, '22, '24)

레알 마드리드는 언제나 소시오들이 소유해왔다. 소시오는 4년마다 회장 선출을 비롯해 예산 등 중요 안건에 투표권을 행사하는 회원들이다. 레알 마드리드는 팬들이 클럽의 역사, 기풍, 법적 조직 구조에 깊이 뿌리내리고 있기 때문에 팬들이 클럽을 소유하고 있다고 말한다. 이는 틀림없는 사실이다.

레알 마드리드는 국제축구연맹 그리고 유러피언 컵 창설에 기여했고 스포츠 발전에 필요한 여러 개혁을 추진했다. 모두 클럽을 위해 그리고 축구계를 위해 유익한 일이었다.

아이러니하게도, 레알 마드리드가 거둔 성공 때문에 오히려 축구의 시스템에서 일어나고 있는 심각한 변화가 눈에 띄지 않고 있다. 2023년 9월에 「뉴욕타임스」의 로리 스미스는 이렇게 썼다. "아마도, 그렇다면, 이번 시즌에 가장 흥미로운 대륙별 축구 대회가 UEFA 챔피언스 리그가 아니라는 사실을 인정해야 할 때일 터다. 심지어 대륙별 스포츠 대회 가운데 가장 흥미로운 대회가 아니라는 사실도." 레알 마드리드는 축구에서 해결해야 할 문제점을 인식하고 있으며 이를 해결하는 데 앞장설 것이다.

정확한 정보도 모르는 소위 전문가들이 레알 마드리드가 재정적 어려움에 처해 있어서 또는 부채가 너무 많아서 유러피언 슈퍼리그를 필요로 한다고 말한다. 이는 어불성설이다. 레알 마드리드는 팬데믹 기간 동안 상위 5대 리그에서 매년 순수익을 기록한 유일한 클럽이다. 레알 마드리드는 경기장 리모델링 프로젝트를 위한 자금 조달을 제외하면 부채보다 현금이 더 많은 마이너스 순부채를 유지하고 있다. 레알 마드리드는 지속 가능한 경제―스포츠 모델을 활용한다. 억만장자도, 정부 유관 기관도, 사모펀드도, 다중 클럽 소유 모델도 아닌 소시오가 클럽을 소유하고 있기에 그렇게 할 수밖에 없다.

유럽 축구 산업에서 지속 가능한 경제―스포츠 모델은 사실상 무너졌다. 지난 20년간 유럽 축구 산업의 연간 매출성장률이 약 8퍼센트인 것에 비해 비용(특히 선수 연봉과 이적료)은 훨씬 더 빠르게 증가했으며, 방송 수익 성장률은 이미 정점에 달했을 수 있다. 따라서 매출은 성장했지만 재정적으로는 별 도움을 주지 못하고 있다. 레알 마드리드와 달리, 많은 클럽들은 코로나19가 확산되기 전에도 손실을 겪었다. 손실을 메우려면 자본 투입이 필요한 법이다.

정부 유관 기관, 사모펀드, 다중 클럽 소유 모델은 클럽 및 축구 산업에 막대한 자금을 쏟아부으며 성장을 가속화하고 있지만, 동시에 이는 전체 시스템에 스트레스를 가한다. 많은 팬들은 이런 현상에 무관심하며 오히려 더 많은 돈을 써서 더 좋은 선수를 영입하라고 클럽 소유주를 압박한다. 하지만 레알 마드리드는 회원들이 클럽의 소유주이기 때문에 재정적 변화에 관심을 갖는다. 그 결과로 레알 마드리드는 더욱 지속 가능한 축구계를 만들기 위해 변화를 추진하고 있다. 이는 레알 마드리드에도 좋은 일이고, 축구에도 좋은 일이다.

레알 마드리드는 축구계에 혁신이 부족하다고 또는 혁신의 속도가 더디다고 생각하며, 축구가 글로벌 스포츠로서의 리더 자격을 잃을까 우려한다. 이는 축구에도, 축구계의 맹주인 레알 마드리드에게도 좋은 일이 아니다. 그렇기 때문에 레알 마드리드는 유럽 대회가 변화해야 하고, 최고의 선수들이 경쟁하고 최강의 팀이 맞붙는 최고 수준의 경기를 연중 내내 팬들에게 제공해야 한다고 믿고 있다. 젊은 사람들의 축구에 대한 관심이 점점 줄어들고 있다는 확실한 데이터가 존재하는 상황에서, 레알 마드리드는 너무 늦기 전에 축구가 변화해야 한다고 생각한다. 젊은이들은 온라인 플랫폼, 비디오 게임, 소셜 네트워크에 관심이 많다. 그들은 현재 대부분의 대회 및 경기장에서 축구가 제공하지 못하는 고품질의 콘텐츠를 요구한다. 현재와 같은 대회 형식에서는 결승전이 아니면 전 세계 시청자의 관심을 끌지 못한다. NFL과 NBA의 새로운 TV 중계권료를 합치면 총수익이 약 500억 유로(약 80조 원)에 이를 것으로 예상되는 반면, 유럽 축구는 전 세계적으로 훨씬 더 많은 팬층을 보유하고 있음에도 전체 수익을 모두 합쳐 300억 유로에 불과하다는 것이 그 증거다. 실제로 유럽 축구 리그 TV 중계권료의 국내 수익은 대부분 정체되어 있다. 이를 상쇄하기 위해 많은 업체들이 구독료를 인상하고 있으며, 이는 장기적으로 팬 감소로 이어질 수 있다.

인터넷, 소셜 미디어, 비디오 게임, 심지어 도박도 팬과 축구의 교류 방식에 확실한 영향을 미치고 있다. 언제부터 전 세계 시청자들이 전체 경기를 시청하는 것을 따분하고 불편하게 받아들이면서 차라리 X를 비롯한 소셜 미디어 채널에서 하이라이트를 보고 싶어 하게 된 걸까? 고개만 돌리면 보이는 축구, 별 의미도 없고 중요하지도 않은 수많은 경기들이 결국 축구의 성장 동력이었던 흥분과 감동을 갉아먹기 시작한 것이 아닐까? 날이 갈수록 팬들은 TV로는 최고의 선수들이 뛰는 최고의 경기만을 '시청 예약'해 놓고 막상 옆에는 다른 기기를 들여다보고 있을 가능성이 크다.[440]

424

더 많은 대회와 더욱 빡빡해지는 경기 일정은 무엇보다 선수들의 더 많은 부상을 뜻한다. 경기 수 및 경기 강도가 부상과 상관관계에 있기 때문이다. 또 국제적으로도 일정이 빡빡한 남자 축구는 여자 축구의 보도 기회를 앗아간다. 많은 이해 관계자들은 축구연맹의 경기 일정 추가 결정에 우려를 표하고 있다. 레알 마드리드는 팬들에게 더욱 의미 있고 재미있는 경기를 선사할 수 있는 대회를 구상하고 있다.

2018년, 축구 산업의 리더들이 모여 축구 산업의 미래를 논의하는 세계축구서밋World Football Summit, WFS에서 안드레아 아녤리는 축구계의 논쟁 중 하나에 대해 이런 식으로 설명했다. "위험을 감수하고 있는 주체는 클럽뿐입니다. 예전에는 사람들이 축구를 단지 게임일 뿐이라고 했었고, 그때는 그 말이 사실이었습니다. 하지만 이제는 축구가 비즈니스라는 사실을 고려해야 합니다. … 축구 이해관계 주체들을 보십시오. 리그, 연맹, 선수들이 있지만 이들은 위험을 감수하지 않습니다. 반면에 경기장, 훈련 센터, 젊은 선수 개발에 투자하는 주체는 바로 우리 구단들입니다."

UEFA는 챔피언스 리그를 개최하면서 필수적으로 빅 클럽의 글로벌 브랜드와 스타 플레이어를 마케팅하고 활용한다. 하지만 글로벌 빅 클럽은 미온적인 태도를 보이고 있으며 이들에 대한 감독과 규제는 제한적이다. 대회 주최 측이 상업 기관과 규제 기관의 역할을 동시에 하는 한 이해 충돌이 발생할 수 있다. 또 흥미롭지 않은 다수의 경기와 축구의 엔터테인먼트화 추세로 축구는 일부 글로벌 관중과 차세대 팬을 잃게 될 위험이 있다.

레알 마드리드는 전문적이고 현대적이며 투명한 거버넌스 없이는 축구라는 스포츠가 번영할 수 없으며 세계에서 가장 보편적인 스포츠로 남을 수 없다고 믿는다. 축구의 규제 시스템은 관할권에 따라 다르고, 일관성이 없으며, 법정에서 시비를 가려야 하는 규칙들로 뒤섞여 있다. UEFA는 대회 조직과 관련해 규칙을 만들고 집행하지만, 동시에 명확한 사업적 이익을 목표로 삼는다. 이러한 역할을 서로 분리한다면 축구는 더욱 투명해질 것이다. 적어도 의사결정 과정만이라도 완전한 투명성과 일관성을 유지한다면 UEFA의 규정은 더욱 정당성과 설득력을 강화할 수 있을 것이다. 정부 유관 기관 소유주들은 계속해서 지출을 이어 나갈 의향이 있을지도 모르지만, 축구계에 발을 들이는 신규 기관 투자자들은 클럽의 지속적인 손실을 굳이 받아들이려 하지 않을 것이다. UEFA가 재정 규정을 위반하는 클럽 처벌에 일관된 모습을 보이지 않는다면, 자리에서 물러나든지 아니면 구조조정에 나서라는 압박에 처하게 될 것이다.

유럽 축구 자금은 1995년 보스만 판결 이후 유럽 내의 경제 대국들로 이동했다. 상위 5대 경제국이자 상위 5대 리그에 속한, 글로벌 브랜드가 된 소수의 강팀들은, 주로 리그 중계 수익에 의존하는 자국 클럽들 그리고 챔피언스 리그에 출전하는 다른 대부분의 클럽들과 재정 및 성과 면에서 더욱 격차를 벌렸다.[441] 하지만 프리미어 리그가 '축구의 NBA'화 되고 있다는 점이 위협으로 다가오고 있다. 빅6(그리고 뉴캐슬)를 포함해 많은 글로벌 클럽들은 사실상 이미 분리된 자신들만의 '슈퍼리그'에 속해 있다. 각 리그는 모두 주말에 경기를 하기 때문에 미디어 시장에서 중계권료를 놓고 경쟁하는데, 이 가운데 프리미어 리그가 최고의 TV 중계권료를 차지한다. 프리미어 리그에서 펼쳐지는 '매 주말의 블록버스터 경기'와 경쟁하기 위해 유럽을 비롯해 다른 리그 및 클럽들은 이미 해외 중계권 공동 판매 등 전략적 대안을 논의하기 시작했으며, 이는 다국적 리그로 가는 첫걸음이 될 수도 있다.

현재와 같은 상황이 이어진다면, 축구 스타 플레이어들은 대부분 프리미어 리그(MCO 모델의 페어런트 클럽)에서 뛰게 될 것이다. 그리고 다른 리그들은 피더 클럽들로 이루어진 선수 육성 리그가 되고 말 것이다.

2023년 여름 이적 시장에서 프리미어 리그 클럽들은 유럽의 다른 4대 메이저 축구 리그를 합친 것보다 더 많은 돈을 지출했다. 이적료를 준 금액에서 받은 금액을 제외한 순지출을 따져보면 10억 파운드(약 1조 8700억 원)가 넘는 손실을 보았다. 그에 비해 분데스리가, 세리에 A, 라리가, 리그 1 팀들은 이적 시장에서 5억 3100만 파운드의 수익을 올렸다. 2023년 여름 이적 시장에서 프리미어 리그의 본머스는 여타 리그들과 비교할 때, PSG를 제외하고는 그 어떤 팀보다 많은 순지출을 기록했다. 프리미어 리그와 나머지 모든 팀 간의 지출 격차는 점점 더 벌어질 것이다.

심지어 UEFA 챔피언스 리그도 프리미어 리그의 기세에 눌릴 정도다. 프리미어 리그는 더 다양하고 더 나은 경기 일정 및 시간대를 활용하고 있다. 예를 들어 프리미어 리그는 주말 오후 12시 30분 경기를 아시아(도쿄 오후 9시 30분, 베이징 오후 8시 30분)로, 주말 오후 및 저녁 경기를 미국으로 판매할 수 있다. (뉴욕은 런던보다 6시간 느리다.) 주중 야간 경기를 진행하는 UEFA는 할 수 없는 일이다. 주중 야간 경기라는 시간대 때문에, 전 세계의 많은 팬들이 레알 마드리드가 챔피언스 리그에서 PSG, 첼시, 맨체스터 시티를 상대로 짜릿한 승리를 거두는 경기의 실황 중계를 놓치곤 했다.

MCO 모델이 확산되면서, 최고의 선수를 보유한 여러 대형 클럽이 정부나 사모펀드와 밀접한 관련이 있는 소수의 사람들에 의해 (아마도 서류상 또는 공식적으로는 아니겠지만) 사실상의 지배를 받을 가능성이 있다.

선수들은 정신적으로나 신체적으로 그 많은 경기를 모두 소화할 수 없다. 그리고 프로 선수 경력은 상대적으로 짧다. 한 시즌에 그리고 선수 경력 동안 뛸 수 있는 경기 수가 제한된 상황이라면 경기당 수익을 극대화하기 위해 가능한 한 많은 양질의 글로벌 '이벤트'가 필요하다는 점을 깨닫는 선수들이 많아질 것이다. 일반적으로 수익이 높은 경기는 클럽을 위한 경기다. 따라서 엘리트 선수들은 클럽 경기 또한 더 의미 있는 경기가 되어야 한다는 사실을 더욱 인식하게 될 것이다.

역사와 전통을 자랑하는 골프라는 스포츠와 PGA 투어는 변화에 저항했다. LIV 투어는 막대한 자본 그리고 새로운 엔터테인먼트 및 선수 친화적인 접근 방식으로 골프계를 뒤흔들었다. 토너먼트 출전 선수의 인원을 줄이고 대회 수를 줄였으며 경기 일수도 줄였다. 이는 축구와는 정반대의 현상이었다. PGA를 떠나 LIV 투어에 합류한 스타 선수들이 충분히 많아지면서 골프계는 변화할 수밖에 없었다. 새로운 리그나 기존 리그가 축구계의 변화를 만들낼 수 있을 만큼 충분한 수의 선수들을 끌어들여 축구계를 뒤흔드는 일이 가능할까? 새로운 대회가 현재의 팬들을 열광시키고 새로운 세대의 팬들을 끌어들일 수 있을까?

새로운 FIFA 클럽 월드컵은 유럽이나 어떤 한 대륙의 챔피언뿐만 아니라 전 세계 리그의 클럽과 선수들이 세계 챔피언이 되기 위해 경쟁할 수 있는 더 많은 기회를 제공할 수 있다. 따라서 전 세계적으로 더 많은 관심을 받을 수 있다. 이 대회가 UEFA 챔피언스 리그만큼, 아니면 그 이상의 인기와 권위를 지닌 대회로 성장할 수 있을까? 글로벌 팬, 스폰서, 방송사들이 이 대회를 너무 좋아해서 (4년이 아니라) 2년마다 개최해야 한다고 생각할 정도가 될 수 있을까? FIFA 월드컵을 2년마다 개최하자는 의견은 대회의 역사와 전통 때문에 충분한 지지를 받지 못했을 수도 있지만, FIFA 클럽 월드컵에 대한 시각은 다를 수도 있다. 현재 레알 마드리드는 FIFA 클럽 월드컵에서 5회 우승으로 가장 많은 타이틀을 보유하고 있다. (바르셀로나가 3회로 두 번째다.)

이 책의 서두에서 내가 프리미어 리그와 리버풀의 창설에 대해 언급한 내용을 떠올려보길 바란다. 모든 빅 풋볼 리그들 그리고 클럽의 역사와 전통은 돈과 권력을 포함한 많은 동기 위에 구축되었다.

애플티비플러스에서 방영한 걸작 다큐멘터리 〈슈퍼리그: 축구 전쟁Super League: The War for Football〉은 기존의 축구 다큐멘터리와 다른 면을 보여준다. 팬들의 반발이나 승리만을 다루는 것이 아니라 모든 측면의 주장을 경청하고 제시한다. 감독 제프 짐발리스트Jeff Zimbalist는 이렇게 말했다. "이 (유러피언 슈퍼 리그) 제안의 원인이 된 업계의 근본적인 문제는 아직 해결되지 않았습니다. … 다큐멘터리에 출연한 30명이 넘는 전문가들이 한결같이 동의하는 점은 축구가 또 다른 위기에 직면해 있다는 것입니다. … 어떤 식으로든 축구계는 직면한 도전 과제를 해결해야만 할 것입니다."

축구는 본능적으로 변화에 대한 반감을 지니고 있다. 하지만 미래를 생각해야 한다. 축구, 특히 유럽 축구에 개혁이 필요하다는 점은 자명한 사실이다. 지금의 유럽 축구는 지속 가능한 산업이 아니다. 이미 사라진 것을 보호하려는 또는 자신을 보호하려는 사람들이 있다. 그렇지만 축구가 노동자 계층과 현지 팬들의 것이라는 주장은 근거가 많이 희박해졌다. 옳고 그름을 떠나 자본주의는 이미 축구를 손에 넣어 엔터테인먼트로 만들었고, 이제는 축구를 놓아주지 않을 것이다. 틱톡 하이라이트, 이적 업데이트 소식, 동영상 게임 출시, 프리미엄 구독, 신기술을 갖춘 경기장, DTC 다큐 시리즈가 등장할 때마다 축구는 엔터테인먼트에 점점 더 가까워지고 있다. 축구라는 스포츠가 현재의 위상을 유지하려면 전 세계 팬들을 위해 더 재미있어지고, 경쟁력을 갖춰야 하며, 매력적이어야 한다. 진화는 불가피하다.

슈퍼리그 논쟁은 현대 축구의 위선을 드러냈다. 맨체스터 대학교Manchester University의 폴 위돕Paul Widdop 교수는 2021년 「요크셔포스트Yorkshire Post」와의 인터뷰를 통해 미국 투자자들이 일부 잉글랜드 팀을 장악한 상황에서 축구는 NBA나 NFL과 유사한 재정 모델을 모색하는 것이 합리적이라고 설명했다. 투자에는 안정성이 필요하고, 따라서 "슈퍼리그는 거대한 규모가 될 것이고, 결국 NBA, NFL과 경쟁 구도를 형성할 것이 분명하다. 지금 우리는 매우 분노하고 있지만, 당신과 나를 비롯해 스카이스포츠를 시청하고 유니폼을 구매하는 팬들 모두가 현재의 흐름을 주도하는 공모자인 셈이다."[442]

모든 이해관계자가 함께 모여 노력해야 하고, 대의를 위한 결정을 내려야 하기 때문에 모두에게 행복한 결말을 기대하기는 어렵다. 모두가 인정하는 타협점을 도출해야 하는데 현재로서는 그럴 가능성이 보이지 않는다.[443] 안타깝지만, 진정한 변화를 바라는 절박함이 결여되어 있다는 점은 앞으로 축구의 가장 큰 후회로 남을 수 있다. 그렇다면 어떤 결과를 맞이하게 될까? 야구가 한때는 미국의 국기國技였다는 사실을 기억하길 바란다.

레알 마드리드는 축구가 세계에서 가장 인기 있는 스포츠라는 현재의 위상을 당연한 것으로 받아들이지 않으며, 미래를 위해 혁신을 추구하고자 한다. 그들은 엔터테인먼트 산업의 경쟁이 치열하다는 사실 그리고 산업의 양상에 변화가 일어나고 있다는 사실을 인지하고 있다. 흔히 생각하는 바과 달리 팬들은 변화에 그다지 크게 저항하지 않는다. 새로운 세대는 알고 있는 정보도 많고 기대치도 높다. 또 세계화되어 있고 기술을 갖추었으며 새로운 사고방식을 지니고 있다. 글로벌 팬들은 최고 수준의 경기를 더 자주 볼 권리가 있다. 이를 위해서는 최고의 선수들이 최고 수준의 경기력을 발휘할 수 있도록 충분한 회복 시간과 휴식이 제공되어야 한다.

창단 이래로 그래왔듯이, 레알 마드리드는 지금도 축구와 클럽을 지키기 위해 리더십을 발휘하고 혁신을 거듭하고 있다. 축구를 위해 좋은 것, 그리고 레알 마드리드를 위해 좋은 것은 생각보다 밀접하게 연결되어 있다.

감사의 글

벤벨라출판사BenBella Books와 편집자 및 직원 여러분께 감사의 말을 전하고 싶다. 이 책의 중요성을 믿고 전폭적인 신뢰를 보여준 데 대해 감사드린다. 책을 쓰는 내내 응원해준 가족, 그리고 책을 검토하고 피드백을 준 친구들인 사이먼 암셀렘Simon Amselem, 보르하 아르테가Borja Arteaga, 팀 케이힐Tim Cahill, 토마스 롬바르디Thomas Lombardi, 피터 맥과이어Peter Maguire, 페데리코 마리Federico Mari, 스테판 지만스키에게도 감사의 말을 전한다.

2023년과 2024년 여름에 연구를 진행한 분석가들, 브루노 아르테아가 바레이로스Bruno Arteaga Barreiros(마드리드 글로벌 칼리지The Global College, Madrid), 미겔 바에즈 에레라Miguel Báez Herrera(마드리드 러니미드 칼리지Runnymede College, Madrid), 토마소 드 도나토Tommaso de Donato(보스턴 칼리지Boston College), 토마스 개리티Thomas Garity(하버드 대학교Harvard University), 찰리 플리너Charlie Pliner(브라운 대학교Brown University), 아라벨라 티틀리Arabella Titley(잉글랜드 세

인트 메리스 칼른St. Mary's Calne, England), 프란츠 바카Franz Vacca (보코니 대학교 Bocconi University), 제이미 웨이머스Jamie Weymouth(예일 대학교)에게도 감사의 말을 전한다.

프리미어 리그의 역사에 대한 정보를 얻기 위해, 조슈아 로빈슨과 조너선 클레그의 저작, 특히『축구의 제국, 프리미어 리그』에서 큰 도움을 받았다.

마지막으로 마드리드의 엘 란도 레스토랑El Landò Restaurant, 돈 조반니 레스토랑Don Giovanni Restaurant, 새몬 구루 바Salmon Guru Bar, 마타도르 클럽 Matador Club, 만다린 오리엔탈 리츠Mandarin Oriental Ritz, 그리고 뉴욕의 아브라 레스토랑Avra Restaurant, 라오스 레스토랑Rao's Restaurant 직원들에게도 감사의 말을 전한다. 이 특별한 장소에서 책을 쓰면서 영감과 도움을 받았으며 집필을 끝마칠 힘을 얻었다.

스티븐 G. 맨디스Steven G. Mandis는 컬럼비아 대학교 경영대학원의 금융·경제 부문 겸임 부교수로 재직했으며 같은 대학의 스포츠 매니지먼트 석사 프로그램Columbia's Masters of Sports Management Program에서도 강의했다. 연구자로서는 처음으로 허가를 받아 지금까지 베일에 싸여있던 레알 마드리드라는 세계적인 클럽의 뒤편을 취재하고 경기장과 비즈니스 현장에서 무슨 일이 벌어지고 있는지 분석한 끝에, 도서상 수상작『레알 마드리드 웨이: 가치를 통해 지구상에서 가장 성공적인 팀을 만들어내는 방법』(2016)을 집필했다. 그전에는 골드만삭스에서 투자은행, 사모펀드, 프롭 트레이딩 부문에서 근무했던 경력을 살려, 골드만삭스 문화에 변화를 발생시킨 조건과 이유, 그리고 변화 양상을 철저하게 분석한『골드만삭스에 무슨 일이 일어났나: 내부자가 들려주는 조직의 표류와 그 의도치 않은 결과에 대한 이야기What Happened to Goldman Sachs: An Insider's Story of Organizational Drift and Its Unintended

Consequences』(2013)를 출판해 역시 도서상을 수상했다. 골드만삭스 퇴사 후에는 골드만삭스의 트레이딩 및 투자은행의 고객사인, 수십억 달러 규모의 글로벌 대체 자산 관리 회사를 공동 설립했다. 한편 금융 위기 동안에는 맥킨지앤컴퍼니의 선임 고문을 거쳐 씨티그룹Citigroup의 사장 겸 최고운영책임자의 비서실장을 역임하며 회사의 관리, 경영 및 위기관리위원회에서 활동했다.

맨디스는 투자 회사인 칼라마타홀딩스Kalamata Holdings의 회장 겸 수석 파트너이기도 하다. 시카고 대학교The University of Chicago 학부를 졸업한 뒤 컬럼비아 대학교에서 인문학 석사학위 및 철학 석사학위와 박사학위를 받았다. 맨디스는 대학 시절 두 개 종목에서 대표팀 선수로 활약했고, 현재도 하와이 카일루아-코나에서 열리는 아이언맨 월드 챔피언십IRONMAN World

[사진 8-1] 레알 마드리드의 신사이자 챔피언이며 전설인 에밀리오 부트라게뇨와 라울과 함께한 저자 (가운데).

Championships, 오스트리아 첼암제-카프룬에서 열리는 아이언맨 70.3 월드 챔피언십IRONMAN 70.3 World Championships, 캘리포니아 샌프란시스코에서 열리는 알카트라즈 탈출Escape from Alcatraz 철인 3종 경기, 모로코 사하라 사막에서 열리는 사하라 사막 마라톤 대회Marathon des Sables 등 트라이애슬론과 울트라 마라톤 대회에 참가하고 있다. 또한 지역 사회 봉사에 헌신하며 모범적인 삶을 보여준 이민자 자녀에게 수여하는 엘리스 아일랜드 명예 메달Ellis Island Medal of Honor을 수상한 바 있다.

주석

1 바르셀로나, 리버풀, 바이에른 뮌헨, 첼시, 맨시티가 각각 1회다.

2 https://theathletic.com/4240951/2023/03/08/premier-league-tv-rights-how-work-cost/#?access_token=12484233&redirected=1

3 https://www.sportingindex.com/spread-betting-blog/premier-league-viewing-figures. 스카이스포츠는 이 경기를 무료로 중계했다. 경기 결과는 0:0으로 끝났다. 이전 최다 시청자 기록은 2012년 4월 열린 맨체스터 더비Manchester derby로, 맨시티가 맨유를 상대로 1:0으로 승리하는 경기를 400만 명이 시청했다.

4 https://theathletic.com/1588394/2020/02/08/premier-league-tv-streaming-netflix-rights/

5 https://www.digicelpacific.com/mobile/ws/en/news/2022/may/6th/premier-league-partnership.html

6 https://classicfootballshirtscollection.com/what-percentage-liverpool-fans-from-liverpool/

7 2023년 9월, 에버턴은 다중 클럽 소유 모델 방식으로 유럽에서 다수의 클럽을 보유하고 있는 미국계 사모펀드 회사에 지분을 매각한다고 발표했다.

8 2만 6687명(45퍼센트)이 마드리드 우편번호 주소지로 등록되어 있다.

9 https://rokerreport.sbnation.com/2022/6/20/23175012/on-this-day-20-june-1991-sunderland-chairman-has-concerns-over-plans-for-new-super-league

10 https://www.theguardian.com/football/2004/nov/14/sport.comment

11 잉글랜드 프리미어 리그의 창설 배경에는 잉글랜드 국가대표팀을 돕고 TV 중계권 수입을 늘리기 위한 목적 외에도 훌리건, 낡은 경기장, 브래드포드 화재 참사, 힐스버러 참사, 비전 결여, 관료주의 등 여러 이유가 결부되어 있다.

12 https://scroll.in/field/992716/in-photos-stolen-by-the-rich-how-fans-are-reacting-to-european-super-league-announcement

13 『The Man Who Created Merseyside Football: John Houlding, Founding Father of Liverpool and Everton』(David Kennedy, Rowman & Littlefield, 2020.)

14 에버턴은 구디슨 파크로 옮겨 갔고, 그 이후로 계속 그곳을 홈구장으로 사용하고 있다.

15 https://www.thisisanfield.com/2020/10/the-forgotten-legacy-of-john-houlding-the-man-who-created-merseyside-football/

16 https://footballpink.net/in-the-beginning-the-rise-of-fan-ownership-in-english-football/

17 아스널, 리버풀 그리고 맨유는 미국 프로 스포츠 클럽들을 소유한 미국인이 운영하고 있다. 2023년 9월, 에버턴은 다중 클럽 소유 모델을 운영하는 미국 사모펀드에 클럽을 매각한다고 발표했

다. 토트넘은 클럽의 지분을 일부 매각할 의향이 있다고 발표했다. 토트넘 홋스퍼 스타디움은 처음부터 미국 외 지역에서 NFL 경기를 목적으로 지어졌으며 연간 최소 두 번 NFL 경기를 개최한다.

18 2022년 12월 22일, 하원은 법 '39/2022'를 승인하는 동시에 그때까지 스페인 스포츠를 관할하던 법 '10/1990'을 폐지했다. 새로운 법은 각 회원 클럽이 기업 정관에 등록해야 하는 보증금의 비율이나 금액을 결정할 수 있는 권한을 갖도록 개정되었다. 레알 마드리드는 예전 조항을 유지하면서 클럽의 기업 정관을 변경하지 않기로 결정했으며, 특히 클럽의 장기적인 안정성 제공을 위해 클럽 연간 예산의 15퍼센트는 그대로 유지하기로 결정했다.

19 이 규칙에는 몇 가지 예외가 있다. 개인 또는 기업이 20년 동안 클럽에 실질적으로 자금을 지원한 경우, 그 사람이나 기업은 클럽의 지배 지분을 소유할 수 있다. 바이어 04 레버쿠젠Bayer 04 Leverkusen(제약 회사 바이엘 소유)과 VfL 볼프스부르크VfL Wolfsburg(자동차 제조업체 폭스바겐 Volkswagen 소유)가 이 예외 조항 적용의 대표적인 사례다. 왜냐하면 이 팀들은 분데스리가 창설 이전부터 모회사가 소유하고 있었으며, 몇 년 전에는 SAP의 공동 창립자로 호펜하임 유소년 팀에서 뛰었던 디트마르 호프Dietmar Hopp가 1899 호펜하임TSG 1899 Hoffenheim 클럽을 장악할 수 있도록 허용해주었기 때문이다. 2023년, 호프는 자신의 의결권 절반 이상을 포기하고 보상 없이 협회에 다시 양도할 계획이라고 발표했다. RB 라이프치히 또는 레드불 라이프치히로 더 잘 알려진 라젠발스포르트 라이프치히RasenBallsport Leipzig e.V.는 허점을 찾아내 50+1 규정을 교묘히 이용했다. '레드불'이라는 기업명이 허용되지 않는 라젠발스포르트 라이프치히는 2009년에 창단했다. 그해, 2009년 당시 5부 리그 소속 SSV 마르크란슈테트SSV Markranstädt 구단을 인수해 5부 리그부터 시작한 것이다. 호프가 호펜하임에 그랬던 것처럼, 에너지드링크 회사 레드불도 수백만 달러를 팀에 투자했다. 차이점이라면 레드불은 회원 수를 21명으로 제한하여 클럽을 통제한다는 점이며, 그 결과 RB 라이프치히는 분데스리가에서 가장 작은 클럽이 되었다. 일부 RB 라이프치히 회원의 신분은 아직 알려지지 않았지만, 회사와 연관이 있는 인물일 것이라고 여기는 이들이 많다. 이론적으로 레드불이 대리인을 내세워 클럽을 통제할 수 있다는 뜻이다.

20 독일의 글로벌 화학회사 에보닉Evonik Industries(도르트문트의 주요 광고 파트너이기도 함)이 약 8퍼센트, 베른트 게스케Bernd Geske(게스케 린 커뮤니케이션Geske Lean Communication의 창립자이자 광고 대행사 BBDO 그룹의 전 마케팅 매니저)가 약 8퍼센트, 독일 스포츠웨어 제조업체 푸마가 약 5퍼센트의 지분을 소유하고 있다.

https://aktie.bvb.de/eng/BVB-Share/Shareholder-Structure

21 바이에른과 보루시아 도르트문트는 글로벌 브랜드를 보유하고 있다. RB 라이프치히(레드불), VfL 볼프스부르크(폭스바겐), 바이어 레버쿠젠(바이엘)은 강력한 기업 지원을 받고 있다. TSG 호펜하임(디트마르 호프), FC 아우크스부르크FC Augsburg(데이비드 블리처David Blitzer), 헤르타 BSC(777 파트너스)는 주식 거래가 가능하다.

22 https://keepup.com.au/news/hoeness-claims-bayern-want-germanys-501-ownership-rule-scrapped/

23 잉글랜드 프리미어 리그, 스페인 라리가, 독일 분데스리가, 이탈리아 세리에 A, 프랑스 리그 1. 편집자 주.

24 에버턴은 미켈 아르테타Mikel Arteta, 팀 케이힐, 던컨 퍼거슨Duncan Ferguson, 필 네빌Phil Neville, 데이비드 위어David Weir가 경기를 뛰었다. 비야레알이 합계 점수 4:2로 승리했다. 비야레알은 16강에서 레인저스, 8강에서 인터 밀란을 꺾고 준결승에 올랐으나 아스널에게 합계 점수 0:1로 패하고 말았다. 아스널의 골키퍼 옌스 레만Jens Lehmann이 2차전 막판 후안 로만 리켈메Juan Román Riquelme의 페널티킥을 막아내며 비야레알의 홈 응원단 앞에서 경기를 연장전까지 끌고 갔다.

25 나는 축구를 말할 때 '사커Soccer'가 아니라 '풋볼Football'이란 용어를 사용하며 그 외에도 글로벌 축구 용어를 사용한다. (미국에서는 축구를 미식축구와 구분하기 위해 'Soccer'라 부른다. 편집자 주.) 이 책은 전 세계의 독자를 위해 썼기 때문이다. 미국 독자들에게 불편함이나 혼란을 초래했다면 미리 진심으로 사과드린다. 또한 도시와 구별하기 위해 클럽을 복수형으로(그들) 부른다.

26 레알 마드리드에 관한 첫 번째 책을 출간했을 때, 나는 에밀리오 부트라게뇨나 라울 곤살레스 같은 이름을 들어본 적도 없을 정도로 축구에 문외한이었다. 마드리드에 있는 친구 보르하 아르테가에게 이 사실을 말했더니, 그는 나중에 더 큰 창피 당하기 전에 책 집필을 중단하는 것이 좋겠다고 정중하게 제안하기도 했다! 다행히도 이후에 보르하를 비롯해 많은 사람들(레알 마드리드의 커뮤니티 겸 뉴미디어인 〈매니징 마드리드〉를 포함해)이 큰 도움을 주었다.

27 레알 마드리드는 UEFA 챔피언스 리그에서 열다섯 번 우승했다. AC 밀란은 일곱 번 우승했다. 리버풀과 바이에른 뮌헨은 여섯 번 우승했다. 바르셀로나는 다섯 번 우승했다.

28 책 전반에 걸쳐 설명을 돕기 위해, 괄호 안에 보기를 선택해서 제공했다. 보기에는 빠진 명단도 있다. 연구 시작 이후로 벤제마가 팀을 떠났고, 벨링엄은 2023년 여름에 합류했다.

29 스페인의 레알 마드리드, 바르셀로나, 아틀레틱 빌바오, 오사수나 등 회원 소유 클럽은 세금을 납부하긴 하지만, 비영리 단체이며 회원에게 수익을 배분하지 않는다. 수익이 발생하면 회원의 이익을 위해 재투자하거나 조직의 유지와 성장을 위한 내부 자금 마련에 사용한다. 스페인에서 비영리 단체에 부과하는 세금은 30퍼센트에서 25퍼센트로 줄었으나, 세전 수익에서 재투자 부분에 대해 법인이 12퍼센트를 공제받는 반면에 비영리 단체는 7퍼센트만 공제받는다. 결과적으로 레알 마드리드는 법인일 때보다 더 많은 세금을 낸다.

30 레알 마드리드가 채무를 갚기 위해 연습장을 토지거래했을 때 지가 과대평가를 통해 국가로부터 1840만 유로(약 270억 원)의 부당한 지원을 받았다고 믿는 사람들이 있다. 하지만 2019년 유럽연합일반법원은 레알 마드리드가 그러한 지원을 받지 않았다고 판결했다. 또한, 2019년 유럽사법재판소는 레알 마드리드를 비롯해 스페인의 3개 회원 소유 클럽이 세금과 관련해서 국가 원조를 받지 않았다고 판결했다.

https://www.reuters.com/article/uk-soccer-spain-rma-idUKKCN1SS1T5

31 경기장 리노베이션 프로젝트 대출금 8억 유로(약 1조 2000억 원)는 제외했다.

https://www.realmadrid.com/en-US/news/club/latest-news/real-madrid-close-the-2021-22-

financial-year-with-a-13-million-profit-

32 https://sportsbrief.com/facts/top-listicles/20934-real-madrid-claims-top-spot-10-football-clubs-social-media-revealed/

33 이 책에서 맨시티가 1위인지 아닌지, 특정 소유권 방식이 좋은 건지 나쁜 건지, 또는 최고냐 최악이냐를 따지려는 건 아니다. 그러한 변화가 있었다는 사실과 변화가 왜, 어떻게 일어났는지 그리고 레알 마드리드는 변화에 왜, 어떻게 적응했는지를 설명하고 있을 뿐이다.

34 아부다비유나이티드그룹은 아부다비 정부와 분리되어 있다고 공개적으로 밝혔다.

35 https://twitter.com/post_liberal/status/1483512776849080328

36 QIA는 완전히 다른 별개의 회사로, 수천억 달러의 가치를 지니고 있으며 여러 부문에 걸쳐 투자하고 있다. QSI는 PSG의 지분 100퍼센트, 브라가의 지분 21.67퍼센트, 프리미어 파델Premier Padel만을 소유하고 있다. QIS는 국부펀드가 아닌 민간 투자 회사다.

37 당연히 '톱 5' 리그는 유럽에서 가장 경제적으로 강력하고 인구가 많은 국가에서 개최된다. 해당 국가의 클럽은 넓은 팬층을 보유하고 있으며 리그 중계권을 다른 유럽 국가보다 훨씬 높은 금액에 판매할 수 있다. 이러한 경제적 상황은 해당 리그에서 가장 유명한 클럽이 상대적으로 더 높은 수익을 창출할 수 있는 기회를 얻게 하며, 따라서 최고의 선수에게 투자하고 계약을 성사시킬 수 있도록 한다. 더 나은 선수를 영입함으로써 상위 클럽은 경기력을 향상시키고 UEFA 국가 계수, 즉 획득 점수를 높여 큰 대회에 참가할 수 있는 좋은 위치를 유지한다. 어찌 보면 악순환이 지속되는 셈이다.

38 https://www2.deloitte.com/uk/en/pages/sports-business-group/articles/deloitte-football-money-league.html

라리가는 2016~17년 이후 국내 방송 수익이 13억 9000만 유로(약 2조 2420억 원)에서 15퍼센트 증가했으며, 이는 같은 기간 방송권 수익이 24억 유로에서 25억 유로로 5퍼센트 증가한 프리미어리그보다 빠른 성장세라고 밝히며 이렇게 말했다. "영국의 OTT 플랫폼 가입자 수(3600만 명)는 스페인(1400만 명)보다 2배 이상 많으며, 인구, 가구 수, 1인당 소득 수준도 스페인보다 높습니다."
https://www.laliga.com/es-GB/noticias/nota-informativa-reparto-derechos

39 영국의 방송통신 규제기관 오프콤Ofcom의 연구에 따르면, 영국 성인의 70퍼센트가 아이플레이어iPlayer 또는 올4All4 같은 방송프로그램 다시보기 무료 서비스를 시청하는 것으로 나타났으며, 이는 프랑스와 스페인의 52퍼센트보다 높다.
https://www.theguardian.com/media/2015/dec/10/uk-most-advanced-tv-watching-country-in-world-says-media-regulator

40 https://www.worlddata.info/average-income.php

41 영국에서는 스카이가 EPL 중계권의 약 80퍼센트를 보유하고 있는 반면에 스페인에서는 모비스타와 DAZN이 라리가 중계권을 50대 50 보유하고 있다. (TNT Sport가 주 1경기, 아마존프라임은 경기가 열리는 이틀) 또한 스카이는 영국에서 국제 축구, 크리켓, 럭비 등 매우 인기 있는 스포츠

중계권도 많이 보유하고 있다. 스페인에서는 농구와 포뮬러 1(둘 다 DAZN)을 제외한 다른 스포츠의 시청률이 매우 낮다.

42 https://www.footballbenchmark.com/library/broadcasting_revenue_landscape_big_money_in_the_big_five_leagues

43 https://brandequity.economictimes.indiatimes.com/news/media/tv-revenue-epl-earns-more-from-overseas-rights-for-1st-time/89504991

44 "LaLiga Goes Abroad to Try to Keep Pace with Premier League." USA Today. http://www.usatoday.com/story/sports/soccer/2015/11/01/la-liga-goes-abroad-to-try-to-keep-pace-with-premierleague/75018236/

45 https://offthepitch.com/a/new-salary-database-premier-league-players-now-earn-twice-much-laliga-players?wv_email=sgmandis%40me.com&wv_id=0b33e863-2b87-44e3-82bb-a46dd11bfd0d&wv_name=&check logged_in=1

46 https://offthepitch.com/a/new-salary-database-premier-league-players-now-earn-twice-much-laliga-players?wv_email=sgmandis%40me.com&wv_id=0b33e863-2b87-44e3-82bb-a46dd11bfd0d&wv_name=&check logged_in=1.

47 이 격차 때문에, 다른 나라의 클럽들은 프리미어 리그를 따라잡기 위해 일반적으로 수익 대비 더 높은 비율의 돈을 쓴다. 「오프더피치」에 따르면, 라리가에서는 클럽이 지출하는 총급여(모든 직원)의 약 85퍼센트가 선수들(주전 선수부터 유소년 아카데미까지 모든 단계)을 위해 사용되며, 총 선수 급여의 대부분은 주전급을 위해 쓰인다. 반면에 프리미어 리그에서는 이 비율이 75퍼센트 정도다.

48 https://www.express.co.uk/sport/football/1733436/Tottenham-Man-City-Pep-Guardiola-Daniel-Levy-Premier-League-news

49 공정성 면에서, 많은 클럽이 시장을 왜곡하고 FFP를 회피했다는 비난을 받아왔다. 일례로 바르셀로나와 레알 마드리드는 미래 수익원을 매각한 혐의로 면밀한 조사를 받고 있다. UEFA는 FFP 규정에 따라 이제 특정 거래를 수익이 아닌 부채로 신고해야 한다고 판단했다. 또 다른 예로, UEFA는 첼시가 매년 구단에 가해질 수 있는 재정적 부담을 덜기 위해 선수와 초장기간 계약을 맺고 오랜 기간에 걸쳐 비용을 분할해 지급하는 회계 방식으로 FFP 규정을 피해갔다고 보고 규정의 허점 차단에 나섰다. 그리고 일부 클럽은 FFP 규정을 준수하기 위해 공유 소유 클럽 간 선수(뉴캐슬과 PIF 소유 클럽 간 이적 포함)의 이적료를 부풀릴 수 있다는 우려를 표명했다. 또한 2021년에 하비에르 테바스 라리가 회장은 스페인왕립축구연맹이 스페인 슈퍼컵 수페르코파 데 에스파냐의 사우디아라비아 개최를 합의해주었다고 비판했다. 그러다 2023년, 테바스와 라리가는 사우디아라비아관광청 비짓사우디Visit Saudi와 글로벌 파트너십에 합의했다. 스페인 언론 「2플레이북2Playbook」은 이 계약이 연간 2000만 달러(약 275억 원) 이상의 가치가 있다고 전했다.

50 https://www.dailymail.co.uk/sport/sportsnews/article-10069899/Party-time-Newcastlefans-celebrate-takeover-wildly-outside-St-James-Park.html

51 https://offthepitch.com/a/manchester-city-have-climbed-top-highest-revenue-generating-football-club-world?wv_email=sgmandis%40me.com&wv_id=0b33e863-2b87-44e3-82bb-a46dd11bfd0d&wv_name=

52 '빅6'는 런던을 연고지로 하는 클럽인 아스널, 첼시, 토트넘 그리고 맨체스터의 맨시티과 맨유 그리고 리버풀이다. 2000년 이후, 유러피언 챔피언스 리그에 진출한 프리미어 리그 클럽의 대부분이 빅6에서 나왔다.

53 아스널 대 맨체스터 시티 경기는 원래 2022년 10월 19일 수요일에 열릴 예정이었지만, 경기 일정이 겹치면서 중요한 경기를 주중에 배치하는 일정에 맞춰야만 했다. UEFA는 일반적으로 챔피언스 리그와 프리미어 리그의 같은 날 경기 개최를 반대한다. 하지만 이번 시즌 초 프리미어 리그가 유로파 리그의 아스널 대 PSV 경기 일정을 위해 프리미어 리그의 아스널 대 맨시티 경기를 연기하는 호의를 베풀었기 때문에 유럽축구연맹이 이번엔 예외를 두기로 했다. 2022~23 시즌에는 경기 일정이 빡빡했기 때문에 2022 월드컵 이후로 그 속에서 빈 날을 찾아 일정을 잡기가 점점 힘들어졌다. 레알 마드리드는 스페인 리그 21라운드에서 열릴 예정이었던 엘체와의 경기가 레알 마드리드의 FIFA 클럽 월드컵 참가로 인해 연기되었다고 발표했다.

54 러시아의 기업가이자 석유 재벌로, 2003년에 첼시를 인수했다. 편집자 주.

55 https://www.buyoutsinsider.com/theyre-in-the-big-leagues-now/

56 소련 붕괴 이후 러시아와 동유럽의 경제를 장악한 신흥 특권계층을 이르는 말이다. 편집자 주.

57 하지만 진정한 차이는 UEFA의 상금과 수당에서 갈린다. 리버풀은 2022~23 시즌 챔피언스 리그 16강에서 레알 마드리드에게 패하며 탈락했지만 그럼에도 총 6770만 유로(약 1092억 원)를 벌어들였다. 유로파 리그는 금액이 훨씬 낮다. 한 예로, 맨유는 대회 8강에 진출해 세비야에게 패했는데 1500만 유로를 받았다. 유로파 리그 경기 수당은 360만 유로에 불과하다. 조별리그에서 승리하면 36만 유로를 받으며, 16강 진출 자격을 가르는 경기에서 50만 유로부터 받기 시작한다.

58 어떤 면에서 정부 유관 기관들은 과거에 자신의 명성과 정치적 목적을 위해 지역 클럽을 인수했던 지역의 부유층 열성팬과 비슷하다고 할 수 있다. 구단주 개인의 재정 상태에 따라 다르겠지만, 어쨌든 재정적으로는 너무 많은 손실을 보지 않는 것이 그들의 목표였다. 차이점이라면 정부 관련 기관들은 무한한 자원을 가지고 있는 반면에 지역의 부유층 열성팬들은 보통 더 이상 손실을 감당할 수 없는 지경에 이르렀다는 점이다. 심지어 이탈리아의 억만장자였던 베를루스코니도 AC 밀란을 두고 매각을 고민했다. 사모펀드 운용사들은 미국인 소유주들과 더 비슷하다. 투자는 기업 이름으로 하지만 부유한 개인 투자자들로부터 많은 돈을 모은다.

59 https://www.ft.com/content/268989a1-5299-473e-adc4-ed02d247cd3c

60 보도에 따르면 아크토스파트너스는 5에서 15퍼센트의 지분을 매입할 계획이며, PSG에게는 또 다른 미국 입찰자와 아시아 입찰자도 있다. 모두들 PSG의 가치를 42억 5000만 유로(약 6조 8552억 원) 이상으로 보고 있으며, 이는 2011년의 7000만 유로에 비해 크게 상승한 금액이다. QSI

가 2011년 이후로 15억 유로를 투자한 점을 고려하더라도 엄청난 성장과 자본 수익률이다.

61 크리스티아누 호날두의 에이전트다.

62 맨시티 감독 펩 과르디올라의 동생이다.

63 PSG는 브라가 클럽의 21.67퍼센트를 제외하면 다중 클럽 모델을 활발히 따르고 있지는 않다. 왕성한 활동을 펼치는 여러 MCO 클럽들과 달리 PSG/QSI는 다른 움직임을 거의 보이지 않고 있다. 그럼에도 '오일 머니'에 인수된 클럽이기에 종종 맨시티와 같은 부류로 묘사되고 분류되며 조사의 대상이 된다.

64 설명을 돕기 위해 하나의 예시를 들었을 뿐이다. 사모펀드 회사를 포함해서, 이렇게 될 가능성은 크다. 미국 사모펀드는 중동의 사람/국가/기관보다 유럽 축구 클럽 소유권에 훨씬 더 널리 관여하고 있다.

65 글로벌 신용평가 회사인 피치레이팅스Fitch Ratings는 사모펀드 소유주가 수익 개선 방안에 비용 통제 및 지출 규율 강화를 혼합하는 방식을 통해 긍정적인 영향을 미칠 것으로 믿고 있다.

66 데이비드 데인은 자신의 저서 『Calling the Shots』에서 이렇게 썼다. "1989년에 영국 축구가 얼마나 후진적이었는지 그리고 변화에 얼마나 극렬하게 저항했는지 이해해야만 한다. 그보다 3년 전, 내가 풋볼리그관리위원회에 합류하고 얼마 지나지 않아 있었던 일이다. 나는 교체 선수를 한 명이 아니라 두 명으로 하자고 제안했다. 그러자 위원장이 손을 들고 말했다. '그렇게는 안 됩니다.' '왜 안 돼요?' '그건 추가로 호텔 방 하나를 더 잡아주고 추가 식사, 추가 참가비를 제공하는 것이니까요.' 다른 사람들은 고개를 끄덕였고, 내 제안은 거절당했다. 집에 돌아온 나는 전자레인지에 머리를 처박고 싶은 심정이었다. '우리가 얼마나 낙후되어 있다는 건가?'라고 혼잣말을 했다. … 어떤 회의에서 미국에서처럼 유니폼 상의 뒷면에 이름을 붙이자고 제안했던 기억이 난다. 그러면 경기장을 찾은 팬들이 게임을 더 쉽게 볼 수 있고 전 세계 시청자들도 시청하기가 편하기 때문이었다. … 어떤 빅 클럽의 구단주가 말했다. '난 반대표를 던지겠습니다.' '왜죠?' '세탁실 공간이 충분하지 않아요.' 나는 그런 문제들과 씨름을 벌여야 했다." 데인은 팬 친화적인 분위기와 상업성을 높이기 위해 하프타임을 10분에서 15분으로 연장하는 데도 어려움을 겪었다. (FIFA는 1995년에 이 규정을 바꿨다.)

67 '피더 클럽'의 팬이라고 해서 모두가 불운하다고 느끼는 건 아니다. 한 예로, 지로나(시티풋볼클럽)는 뛰어난 성적을 거두었다. 벨기에의 앤트워프Royal Antwerp FC는 첼시로부터 선수들을 임대받고 유럽 대회에 진출했고, 네덜란드의 피테서 아른헴SBV Vitesse도 마찬가지다. RB 잘츠부르크는 라이프치히의 피더 클럽이 되어 이득을 보았다.

68 2018년, 리버풀 CEO 피터 무어는 "우리의 맥박은 세계를 향해 뛰고, 우리의 심장은 지역을 향해 뛴다."라고 말한 바 있다.

https://leadersinsport.com/sport-business/videos/liverpool-fc-local-heart-global-pulse/

69 블록체인 기술을 활용하여 특정 스포츠 팀이나 선수 등과 연결된 디지털 자산. 옮긴이 주.

70 1937년 갤럽 여론조사에 참여한 사람들 중 34퍼센트가 야구를 가장 좋아하는 스포츠라고 답했

고, 23퍼센트는 (미식)축구, 8퍼센트는 농구를 꼽았다. 2017년에는 이 수치가 각각 9퍼센트, 37퍼센트, 11퍼센트였다.

https://news.gallup.com/poll/224864/football-americans-favorite-sport-watch.aspx

71 https://morningconsult.com/2022/12/13/gen-z-interest-in-watching-sports/

72 같은 날, 독일 축구 협회는 전보를 보내 가입 의사를 밝혔다. 잉글랜드, 스코틀랜드, 웨일스, 아일랜드는 독자적인 협회 운영을 원했지만, 1905년에 (잉글랜드)축구협회가 그중 가장 먼저 FIFA에 가입했다.

73 잉글랜드는 1950년 월드컵에 처음으로 참가했다.

74 파드로스는 스페인 챔피언십Spanish Championship(현 코파 델 레이) 창설에도 기여했다.

75 스페인('붉은 군단', '붉은 분노' 별칭)이 2010년 월드컵에서 우승할 당시 비센테 델 보스케가 감독(전 레알 마드리드 감독, 전 레알 마드리드 선수, 레알 마드리드 아카데미 졸업생), 이케르 카시야스가 주장(레알 마드리드 주장, 레알 마드리드 아카데미 졸업생)을 맡았다. 선수단 23명 중 7명은 바르셀로나에서 뛰었고(바르셀로나 아카데미에 다녔던 선수는 2명 더), 5명은 레알 마드리드에서 뛰었다. '스페인의 분노(또는 스페인의 공포 또는 광기)'란, 네덜란드 항쟁(1568~1648) 중에 주로 합스부르크 군대가 자행한 많은 폭력적 약탈 사건을 말한다. 스페인의 광기 중 가장 악명 높은 사건은 1576년 앤트워프 약탈이었다.

76 유러피언 컵 1회부터 5회까지는 유럽을 대표하는 명망 있는 팀이라는 기준을 근거로 「레키프」가 선정했다.

77 16개 팀은 다음과 같다. AGF 오르후스AGF Aarhus(덴마크), RSC 안데를레흐트RSC Anderlecht(벨기에), 유르고르덴 IFDjurgårdens IF(스웨덴), SC 로트바이스 에센SC Rot-Weiss Essen(독일), 그바르디아 바르샤바Gwardia Warszawa(폴란드), 히버니언Hibernian FC(스코틀랜드), AC 밀란(이탈리아), MTK 부다페스트MTK Budapest(헝가리), FK 파르티잔FK Partizan(유고슬라비아), PSV 에인트호번(네덜란드), SK 라피트 빈SK Rapid Wien(오스트리아), 레알 마드리드(스페인), 스타드 드 랭스(프랑스), 1. FC 자르브뤼켄1. FC Saarbrücken(자를란트Saarland), 세르베트Servette FC(스위스), 스포르팅 CPSporting CP(포르투갈).

잉글랜드는 첫해에 출전하지 않았다. (잉글랜드)축구협회가 국내 경기에 집중하는 데 방해가 된다고 믿었기 때문이다. 잉글랜드에서는 맨유가 처음으로 1956~57 대회에 참가했다.

https://www.uefa.com/MultimediaFiles/Download/uefaorg/General/02/59/07/69/2590769_DOWNLOAD.pdf https://nutmegassist.com/why-the-esl-owners-were-wrong-a-brief-history-of-european-football/

78 구스타프 셰베시Gusztáv Sebes(헝가리 스포츠부 차관이자 헝가리 축구 대표팀 감독)와 에르네스트 베드리냥Ernest Bedrignans(프랑스 축구 클럽 협회 부회장)도 위원회에 참여했다.

79 1950년대에 스페인과 이탈리아는 외국인 선수의 클럽 소속 출전을 허용했다. 레알 마드리드에는 유난히 외국인 선수가 많았다. 다른 유럽 지역에서는 외국인 선수에 대해 엄격한 제한이 있었

다. 하지만 1960년대 초가 되자 스페인과 이탈리아도 외국인 선수 수입에 제한을 두었다. 1966년, 레알 마드리드는 스페인 선수로만 구성된 팀으로 유러피언 컵에서 우승했다.

80 라운드 로빈 토너먼트는 그룹 내의 모든 팀이 서로 경기를 펼치는 방식을 이른다. 싱글 라운드 로빈은 모든 팀이 한 번씩 붙어 승점을 매기고, 더블 라운드 로빈은 모든 팀이 두 번씩 붙어 승점을 매긴다. 예를 들어 8팀이 싱글 라운드 로빈 토너먼트를 진행하면 56경기, 더블 라운드 로빈 토너먼트를 진행하면 112경기를 치르게 된다. 편집자 주.

81 G—14는 2008년에 해체되어 유럽클럽협회가 되었다.

82 UEFA 회장 알렉산데르 체페린은 인터뷰에서 이 프로젝트에 대해 첼시와 맨시티가 가장 미온적인 태도를 보이고 있으며, 그중 한 클럽은 자신에게 연락을 취했다고 했다. 두 클럽은 프리미어 리그에 속해 있으며, 두 클럽의 구단주에게는 투자 수익 회수 외에도 정치적 및/또는 다른 목적이 있을지도 모른다.

https://www.football-espana.net/2023/03/16/uefa-president-reveals-two--clubs-leaked-superleague-plans-to-them

83 2023년 7월, 유벤투스는 유러피언 슈퍼리그 프로젝트에서 철수하기 위한 논의와 절차를 시작했다고 밝혔다. 유벤투스는 레알 마드리드와 바르셀로나의 승인을 받아야만 철수가 완료되며 효력을 발휘한다고 말했다. UEFA는 유벤투스에게 철수 절차를 시작하지 않으면 징계 절차를 시작할 수 있다며 압박했다고 한다. 유벤투스와 UEFA는 이를 부인하고 있다. 2023년 6월, 「포브스」와 「마르카Marca」는 바르셀로나가 전 심판 기술위원회 부회장에게 거액을 건넸다는 혐의 때문에 UEFA의 챔피언스 리그로부터 출전 정지 제재를 받을 가능성이 있는데 이를 피하기 위한 호의의 표시로 슈퍼리그 프로젝트를 포기하겠다는 의사를 전했다고 보도했다. 바르셀로나와 UEFA는 이 보도를 부인했다. 바르셀로나는 라리가와 CVC와의 계약이 불법이라며 레알 마드리드, 아틀레틱 빌바오와 함께 제기했던 소송도 취하했다.

84 https://www.thetimes.co.uk/article/football-super-league-is-not-dead-just-resting-gbrp00dpv

85 바디아Jordi Badia Perea는 이렇게 기억했다. "대형 미디어 그룹들이 유럽 클럽들에게 자국 리그를 떠나 유러피언 슈퍼리그에 집중하라고 가하는 압박이 그 어느 때보다 현실화되고 목적은 점점 뚜렷해지고 있었다. 이는 그러한 슈퍼리그 모델이 참가자와 구단주들에게 그들의 일반 수입(방송, 마케팅, 경기 당일)을 증가시킬 수 있는 상당한 협상 능력을 제공할 것이라는 생각에서 비롯됐다."

Badia J. 「La superlliga europea. Pressions mediàtiques, necessitats econòmiques i esportives」RUTA Comun (2013) 5:1–25. (https://www.raco.cat/index.php/Ruta/article/view/275933 에서 확인할 수 있다. 2021년 5월 14일 접속함.)

86 Hoehn, T. & Szymanski, S. (1999). 「The Americanization of European Football」Economic Policy, 14(28), 204–240.

지만스키는 실력 또는 성적에 따라 경쟁에 참여하도록 하는 상태를 유지하는 것이 유럽 축구 모델에 매우 중요하며, 재정 불안정의 원인이 되기는 하지만 클럽들의 지속 가능성에 영향을 미치지 않는다고 믿는다.

Szymanski, S. (2017). 「Entry into Exit: Insolvency in English Professional Football」. Scottish Journal of Political Economy, 64(4), 419-444.

87 https://www.forbes.com/sites/mikeozanian/2022/09/08/the-worlds-50-most-valuable-sports-teams-2022/?sh=5f0e2f63385c

88 많은 사람 및 조직이 공식적으로 기소된 적은 전혀 없다는 점 또는 최종적으로 무죄 판결을 받았다는 점에 유의해야 한다.

89 https://en.as.com/nfl/super-bowl-vs-champions-league-final-which-is-the-most-watched-sporting-event-n/.https://www.goal.com/en-us/news/super-bowl-vs-world-cup-champions-league-viewing-figures-soccer-nfl-compare/blte47db8809dbd0a6d

90 https://franchisesports.co.uk/super-bowl-versus-champions-league-final-which-event-is-bigger/

91 에미레이트항공은 아랍에미리트의 국적 항공사 두 곳 중 하나이다. (다른 하나는 맨체스터 시티의 스폰서인 에티하드항공이다.) 두바이 가후드에 본사를 둔 이 항공사는 두바이투자청Investment Corporation of Dubai이 소유한 에미레이트그룹The Emirates Group의 자회사다. 에미레이트항공은 AC 밀란, 아스널, 아시아축구연맹, 올림피아코스Olympiacos FC, 올림피크 리옹, 레알 마드리드, 벤피카, 에미레이트 FA 컵Emirates FA CUP의 스폰서다.

92 빌 샹클리Bill Shankly 감독 시절인 1964년, 리버풀은 빨간색 상의, 하얀색 하의에서 상하의 모두 빨간색으로 홈 유니폼을 바꿨다.

93 맨시티와의 연장전에서, 팀의 부주장이자 가장 많은 득점을 기록하던 벤제마가 페널티킥 기회를 얻자 호드리구에게 찰 의향이 있는지 물었다. 해트 트릭 달성 기회를 얻은 팀 동료의 의견을 따르겠다는 매너를 발휘한 것이다. 하지만 보통 페널티킥 상황에서 벤제마가 키커로 나서기로 되어 있었기 때문에 호드리구는 제안을 거절했다. 자신보다 매너를 존중하는 벤제마의 행동은, 베테랑은 솔선수범으로 이끈다는 레알 마드리드의 문화를 잘 보여준 사례다.

94 https://www.dailymail.co.uk/sport/sportsnews/article-10860487/Champions-League-final-tickets-soar-9-000-eve-Liverpools-showdown-Real-Madrid.html

95 주최 측인 UEFA 그리고 여러 프랑스 정치인은 리버풀 팬들이 위조 티켓으로 경기장 출입을 시도하는 등 무질서한 행동이 원인이었다며 경찰이 취한 조치를 옹호했다. 이후 UEFA는 사과문을 발표했다. 2022년 5월 30일, UEFA는 사고에 대해 별도의 기관에게 보고서 의뢰를 할 것이며 완료 시 내용을 공개하겠다고 발표했다. 1989년에 발생했던 힐스버러 경기장 참사 관련 보고서를 담당했던 필 스크래튼Phil Scraton 교수가 이끄는 독립 연구 조직은 행사 조직과 관리에서 '비참한 실패'가 있었다고 결론 내렸다. 프랑스 조사에서는 혼란이 행정적 실수 때문에 발생했으며 관련 기관이 리버풀 팬들을 부당하게 비난했다는 점을 발견했다.

96 https://www.totalsportal.com/list/football-clubs-with-highest-social-media-followers/

97 농구 스타 르브론 제임스LeBron James는 2011년부터 리버풀의 공동 소유주가 되었다. 그는 470만 파운드(약 88억 원)를 들여 약 2%의 지분을 보유했다. 이후 지분 교환을 통해 현재 FSG의 약 1퍼센트를 보유하고 있으며, 이는 4000만 파운드 상당의 가치가 있는 것으로 추정된다.

98 2023년 9월, 다이너스티에쿼티Dynasty Equity는 펜웨이스포츠그룹의 소수 지분을 매입했다. 2023년 11월, 블룸버그는 레드버드가 툴루즈의 매각 가능성을 고려 중이라고 보도했다.

99 이론적으로는 서로 같아야 하지만, 수익과 소셜 미디어 팔로어 사이에는 명확한 선형 관계가 존재하지 않는다.

100 https://www.realmadrid.com/en-US/news/club/latest-news/real-madrid-close-the-2021-22-financial-year-with-a-13-million-profit

101 코로나19 유행으로 인해, 리버풀이 프리미어 리그에서 우승한 기간에도 이러한 재정적 결과가 발생했다. 코로나 바이러스는 2020~21시즌에 큰 영향을 끼쳤고, 이때 경기는 대부분 비공개로 진행됐다. 이는 경기 당일 수익에 큰 영향을 미쳐서 거의 95%나 수익이 감소했다.
https://www.liverpoolfc.com/news/lfc-announces-financial-results-year-may-31-2021

102 선수 적정 가치 평가의 많은 모델에서, 계약이 다음 이적 기간(또는 2022년 7월 1일) 이전에 만료 예정인 선수에게는 0점의 가치가 부여된다.(루카 모드리치) 또한 계약 기간이 얼마 남지 않은 선수에게도 낮은 가치가 주어질 수 있다.

103 연봉만으로는 오해의 소지가 있다. 결승전 선수 명단에서 가장 높은 연봉을 받은 선수는 가레스 베일이었다. 그리고 그다음이 팀 동료 에덴 아자르였다. 리버풀의 선발 출전 선수 11명의 연봉은 약 9500만 달러(약 1305억 원)로 레알 마드리드의 1억 4800만 달러와 비교되며, 카림 벤제마는 연봉 2500만 달러 그리고 모하메드 살라는 1300만 달러를 받은 것으로 추정된다.
https://www.sportscasting.com/who-is-the-highest-paid-player-in-the-2022-uefa-champions-league-final-between-liverpool-and-real-madrid/

104 https://www.insideworldfootball.com/2022/05/10/liverpool-vs-real-madrid-e998m-vs-e816m-e276m-defense-vs-e242m-attack/

105 https://offthepitch.com/a/valuation-analysis-fc-porto-boast-highest-valued-squad-outside-big-five-still-worth-less-90?wv_email=sgmandis%40me.com&wv_id=0b33e863-2b87-44e3-82bb-a46dd11bfd0d&wv_name=

106 촉박하게 잡힌 일정 속에서도, 리버풀은 2021~22시즌 내내 참가 자격이 있는 모든 경기에 출전했다.

107 https://www.besoccer.com/new/madrid-s-double-has-a-prize-1-3-million-for-each-player-1146153

108 https://finance.yahoo.com/news/social-media-winners-champions-league-070000680.html

109 https://www.insider.com/cristiano-ronaldo-net-worth-how-soccer-star-makes-spends-money-2022-8#the-other-55-million-was-earned-off-the-field-2

110 https://gameofthepeople.com/2022/04/24/real-madrids-dna-makes-them-so-lethal-in-europe/

111 메시는 4시즌 동안 최대 5억 5523만 7619유로(약 8955억 원)를 받게 되며, 이에는 재계약 수락 시 1억 1522만 5000유로의 계약 보너스 그리고 7792만 9955유로의 '로열티' 보너스도 포함되어 있다.

112 https://www.transfermarkt.com/cristiano-ronaldo/transfers/spieler/8198;
https://www.espn.com/soccer/barcelona/story/4302791/lionel-messis-leaked-barcelona-contract-the-biggest-in-sports-history-report

113 https://www.goal.com/en-us/news/what-is-the-secret-behind-real-madrids-champions-league-winning-machine/1e6nvllklypat10pyxupxp2v3m

114 발베르데가 찬 공이 슈팅이었는지 아니면 패스였는지에 대해서 팬과 전문가들 사이에서 논란이 많았다. 하지만 발베르데 본인이 어시스트할 의도로 찬 게 아니라고 사실 확인을 해주면서 논란은 종결됐다. 이렇게 시인하는 모습은 매우 겸손하고 솔직한 태도라 할 수 있다.

115 https://www.nytimes.com/live/2022/05/28/sports/champions-league-final

116 레알 마드리드는 1955~56시즌에 라리가에서 우승하지 못했다. 그러나 자르 보호령이 서독에 통합되면서 자국 리그 출전팀 자리 하나가 비었고, 이전 시즌에 우승을 차지한 레알 마드리드에게 그 자리가 주어졌다.

117 글래스고 시의 햄든 파크는 1903년에 개장했다. 개장 당시 셀틱 파크, 아이브록스와 함께 세계에서 가장 큰 3대 경기장이 되었다. 개장부터 얻었던 세계에서 가장 큰 경기장이라는 타이틀은 1950년 리우데자네이루의 마라카낭 경기장이 개장하면서 사라졌다.

118 원정 다득점 원칙은 1965~66 컵 위너스 컵_{Cup Winners' Cup}과 1967~68 유러피언 컵에서 처음으로 도입됐다. (하지만 대회 1라운드에서만 적용되었으며, 연장전 골은 규칙에 포함되어 있지 않았다.)

119 챔피언스 리그에서는 원정 다득점 규정이 더 이상 적용되지 않으며 합계 점수가 같은 경우에도 영향을 주지 않는다.

120 1954년 월드컵의 우승은 서독, 준우승은 헝가리, 3위는 오스트리아, 4위는 우루과이가 차지했다.

121 방송 중계 경기는 많은 시청자의 마음을 사로잡았다. UEFA는 1955년 3월 비엔나에서 열린 첫 번째 총회에서 대중의 분명한 기대와는 달리 국가의 연맹이 축구 경기 중계에 대해 절대적인 재량권을 지니며, 특정 경기의 중계 승인 여부에 대해 사실상의 통제권을 가지고 있다고 주장했다. 유럽 정부는 이 논란의 여지가 있는 결정에 이의를 제기하지 않았다. 축구연맹이 경기의 생중계를 거부한 사례는 종종 있다. 연맹 또는 프로 축구 리그 입장에서 아마추어 클럽의 티켓 판매를 보호

하기 위해서는 생중계를 거부하는 것이 정당하다는 이유에서였다. 사람들은 당연히 이를 이해하지 못했고, 특히 국가 전체를 대표하는 국가대표팀의 경기를 중계하지 않을 때 대중은 분개했다. 한 예로 1955년 12월 18일에 열린 이탈리아-독일 경기는 유로비전Eurovision에서 '올해의 경기'로 뽑을 정도였는데, 독일 연맹은 "크리스마스 일주일 전에 경기하는 흔치 않은 아마추어들을 보호한다."라는 명목으로 경기 생중계를 거부했다. 독일의 대중은 분노했다. 게다가 라디오텔레비시오네 이탈리아나Radiotelevisione Italiana, RIA가 임금 인상을 요구하는 파업에 들어가면서 유럽 축구를 '인질'로 삼는 일이 발생했다. 파업은 경기 하프타임까지 지속됐고, 텔레비전이나 라디오 생중계를 하지 않으면서 전반전을 볼 수 없었다.
https://ehne.fr/en/encyclopedia/themes/material-civilization/european-sports-circulations/televised-football-a-european-mass-spectacle-1950~1960

122 대부분의 세리에 A 클럽(AC 밀란, 인터 밀란, 나폴리, 로마)은 자체 경기장을 소유하고 있지 않고, 따라서 일반적으로 세리에 A 클럽은 방송 수익에 더 의존한다.

123 https://sportfive.com/beyond-the-match/insights/sports-fans-as-consumers-loyal-vocal-and-priceless

124 1990년까지 NFL 경쟁에 뛰어들기 또는 「월스티리트저널」을 인수하기 전에, 머독의 지주회사 뉴스코퍼레이션은 영국의 뉴스오브더월드News of the World, 더선The Sun, 더타임스를 인수했고, 유럽의 미디어 그룹 BSkyB 탄생에 일조했으며, 미국에서는 하퍼콜린스HarperCollins, 20세기폭스20th Century Fox를 인수했다.

125 https://hbr.org/2019/04/rupert-murdoch-the-nfl-and-the-negotiation-that-remade-tv

126 https://www.nytimes.com/interactive/2019/04/03/magazine/rupert-murdoch-fox-news-trump.html

127 https://www.nytimes.com/2022/07/24/technology/sports-streaming-rights.html?

128 2023년 10월 「파이낸셜타임스」에 따르면, 프리미어 리그는 영국 내 TV 중계권 판매에 상당한 변화를 주기로 했다. 그중 하나는 계약 기간을 늘리고, 일부 경기 중계를 맡겼던 아마존과의 계약을 종료한다는 것이다. 이는 중계에 더 많은 시간 투자를 원하는 방송사들에게 위험을 줄여주는 계기가 될 것이다.

129 맨유는 경기장 증축 자금 1000만 파운드를 조달하기 위해 원래 1991년 6월에 상장했다. 하지만 런던 증권거래소에서 유통 주식이 120만 주에 불과해 실망감을 안겼다. 거래할 수 있는 주식의 절반 이상이 매각되지 않았기 때문이었다. 공모가가 약 8.33파운드였던 맨유의 주가는 1990년대 후반에 이르러 2파운드 아래로 떨어졌다.

130 잉글랜드는 1994년 월드컵 본선 진출에 실패했고, 1966년 이후 월드컵 결승에 진출한 적이 없으며, 유럽 축구 선수권 대회에서 우승한 적도 없다.

131 이는 영국 정치인들이 유러피언 슈퍼리그를 중단하기 위한 법안을 발의하겠다고 위협한 것과는 극명한 대조를 이룬다. 영국 축구 팬들에게 국익을 호소하는 주장은 전혀 없었다. 처음부터

‘유럽’의 리그라는 아이디어는 이해시키기 힘든 싸움이었다. 어쨌든 2016년에 영국은 유권자의 51.9퍼센트가 ‘브렉시트Brexit’에 찬성하면서 유럽연합을 탈퇴했다.

132 헤이젤 참사는 1985년 5월 29일, 1985년 유러피언 컵 결승전을 앞두고 벨기에 브뤼셀의 헤이젤 스타디움에서 유벤투스 팬들이 자신들을 향해 돌진하는 리버풀 지지자들을 피해 탈출하다가 무너진 벽에 깔리며 발생한 군중 압사 사고였다. 이 사고로 39명-대부분이 이탈리아인과 유벤투스 팬-이 사망하고 600명이 부상당했다.

133 https://www.theguardian.com/commentisfree/2016/jun/18/england-eu-referendum-brexit

134 https://www.fourfourtwo.com/features/worst-five-months-english-football-thatcher-fighting-and-fatalities-1985

135 https://punditarena.com/football/daniel-hussey/bryan-robson-united-hooligans/

136 상동.

137 https://www.ncbi.nlm.nih.gov/pmc/articles/PMC9596683/
https://www.nature.com/articles/s41599-022-01082-y

138 이는 2022 카타르 월드컵에서 유럽 7개국 팀 주장이 다양성과 포용의 의미로 ‘원 러브One Love’가 적힌 완장을 차고 경기를 치르겠다고 했으나 FIFA의 출장정지 제재를 두려워한 나머지 완장 착용을 포기한 것과 대조적이다. 잉글랜드 선수들은 아무것도 하지 않았다. 독일 선수들은 경기 전 단체 사진 촬영에서 항의의 표시로 입을 가리는 포즈를 취했고, 선수단은 몸을 풀 때 소매에 무지개색이 들어간 상의를 입었다.

139 UEFA는 이후 리버풀 팬들에게 사과하고 ‘팬들을 위한 특별 환불 제도’를 약속했다. 하지만 레알 마드리드는 결승전을 관람한 팬들을 위한 UEFA의 티켓 환불 제도를 받아들이지 않았고, UEFA를 상대로 손해배상 소송을 제기하려는 팬들에게 법적 도움을 제공했다.

140 2023년 9월 7일, 영국문화미디어스포츠부Department for Culture, Media & Sport에서 정책 보고서 「지속 가능한 미래—클럽 축구 거버넌스 개혁하기: 협의 반응」을 발표했다. 영국 정부는 ‘가능한 한 빨리’ 잉글랜드 축구에 독립적인 규제기관을 도입하겠다는 새로운 약속을 내걸었다. 몇 가지 세부 사항이 아직 결정되지 않았다.

141 첼시 회장 베이즈Kenneth William “Ken” Bates와 크리스탈 팰리스 회장 노아데스Ronald Geoffrey Noades도 빅5가 가장 많은 TV 시청자를 확보하고 있다는 사실을 깨닫고 결국 빅5와 동맹을 유지해야 한다는 점을 받아들였다. 예전 1부 리그에 속했던 팀들은 투표를 통해 누구도 제외 없이 프리미어 리그에 합류하기로 했다.

142 아스널, 첼시, 에버턴, 리버풀, 맨유, 토트넘은 프리미어 리그가 출범한 이래로 한 번도 강등된 적이 없다. 이 팀들의 프리미어 리그 이전 강등 기록은 아스널(1913년), 에버턴(1951년), 리버풀(1954년), 맨유(1974년), 토트넘(1977년), 첼시(1988년)이었다. 맨체스터 시티는 2001년에 프리미어 리그에서 강등된 적이 있다. 하지만 2008년에 새로운 구단주가 오면서 강등 가능성은 거의 없어졌다. 잉글랜드의 승격과 강등의 기록을 살펴보면 핵심적인 몇몇 클럽이 프리미어 리그에

서 지배력을 행사하고 있다는 걸 알 수 있는데, 이는 빅6 이전에도 있었던 현상이다. 1888~89에서 2000~2001 시즌까지, 8개-리버풀(18회), 맨유(14회), 아스널(11회), 에버턴(9회), 애스턴 빌라(7회), 선덜랜드(6회), 뉴캐슬 유나이티드(4회), 셰필드 웬즈데이Sheffield Wednesday FC(4회)-팀이 최상위 디비전 우승의 70퍼센트를 차지했다.

143 사실 여부에 대해서는 학술적 논란이 있다.

144 2018년 맨체스터 시티와 리버풀이 앞장서고 맨체스터 유나이티드, 아스널, 첼시, 토트넘이 따르는 가운데 여섯 팀은 자신들이 글로벌 시청자들의 주요 시청 대상이자 국제 방송사가 돈을 지불하는 주요 이유라고 하면서 더 많은 돈을 받아야 한다는 주장을 성공적으로 펼쳤다. 이제 TV 계약이 끝나가는 첫 시즌인 2019~20시즌부터, 현재 해외 TV 중계권 판매 수익인 33억 파운드(약 6조 1710억 원)는 20개 구단 모두에게 균등하게 분배될 예정이다. 그리고 그 외의 증가분이 있다면 팀의 리그 순위에 따라 배분된다. 따라서 당분간 높은 순위에서 매 시즌을 마무리할 자신이 있는 여섯 팀은 처음으로 그 기준에 따라 해외 TV 판권 수익에서 더 많은 금액을 받게 된다.

145 https://norwichcity.myfootballwriter.com/2020/05/20/a-league-motivated-by-greed-no-doubt-but-not-the-sole-fault-of-one-mr-murdoch/

146 피닉스 리그Phoenix League라는 명칭도 후보에 올랐다.

147 토트넘의 앨런 슈거Alan Sugar는 자신의 위성접시 사업에 도움이 된다는 이유로 스카이가 중계권을 따내기를 바랐다.

148 https://www.theroar.com.au/2020/03/10/who-really-won-the-super-league-war/

149 https://talksport.com/football/561292/the-big-six-destroying-premier-league-new-study/

150 https://thesefootballtimes.co/2019/08/19/the-devils-odyssey-how-silvio-berlusconi-turned-ac-milan-into-a-superpower/

151 1982년 스페인 월드컵, 이탈리아는 지코의 브라질(종종 '브라질 축구가 사망한 경기'라고도 함.) 그리고 마라도나의 아르헨티나를 차례로 물리쳤고 마드리드의 산티아고 베르나베우 경기장에서 열린 결승전에서 서독을 누르고 우승을 차지했다. 1982년 서독과 프랑스의 4강전은 종종 '세비야의 밤'이라고 한다.

152 카테나치오Catenaccio는 축구에서 수비에 중점을 둔 전술 시스템이다. 이탈리아어로 '문빗장'이라는 뜻으로, 상대의 공격을 무력화하고 득점 기회 차단에 중점을 둔 고도로 조직적이고 효과적인 백라인 수비를 의미한다.

153 그다음 단계는 무엇일까? 바로 정치다. 베를루스코니는 AC 밀란 팬들이 사용하는 구호를 사용해 '포르자 이탈리아Forza Italia(전진 이탈리아)'라는 자신의 정당을 창당하고, 1994년에 이탈리아 총리로 선출되었다. 베를루스코니의 갑작스럽고 화려한 정치적 부상은 최고의 팀 AC 밀란이 세리에 A 우승을 향해 행진하는 순간과 함께 이루어졌다. 베를루스코니가 이탈리아 총리로 취임한 그 달, 그의 AC 밀란은 아테네 올림픽 스타디움에서 열린 챔피언스 리그 결승전에서 요한 크루

이프Johan Cruyff 감독이 이끄는 바르셀로나를 4:0으로 꺾으며 압도적인 승리를 거두었다. AC 밀란의 성공과 베를루스코니의 정치적 권력 상승은 불가분의 관계라 할 수 있다. AC 밀란에서의 성공은 유권자들에게 그가 성취자이자 혁신가라는 점을 증명해보였고, 그는 우승 트로피를 들어 올리며 이탈리아에 자부심을 안겨주었다. 베를루스코니는 자주 축구 클럽을 이용해서 매력적인 정치 이미지를 만들거나 바꾸기도 했다.

154 https://www.theguardian.com/football/blog/2017/feb/14/real-madrid-napoli-champions-league-diego-maradona

155 https://www.independent.co.uk/sport/football/european/champions-league-real-madrid-vs-napoli-1987-silvio-berlusconi-a7577996.html

156 https://www.thescore.com/uefa/news/1280677

157 http://inbedwithmaradona.com/retro/2013/7/1/forget-the-world-cup-the-future-according-to-silvio-berlusconi

158 당시 잉글랜드의 빅 클럽들은 리그의 분리를 생각하면서 잉글랜드 프리미어 리그를 기대하고 있었다.

159 http://jimmysirrelslovechild.co.uk/classic-games/manchester-united-v-ac-milan

160 1995년에 유럽사법재판소가 벨기에 축구 선수 장 마르크 보스만Jean-Marc Bosman에게 유리하도록 판결하면서 선수들의 연봉이 증가했다. 보스만 판결 이전 유럽 일부 지역(스페인은 제외)에서는 프로 클럽이 계약이 만료된 선수라도 다른 나라의 클럽으로 이적하는 것을 막을 수 있었다. 보스만 판결로 인해 선수는 계약이 끝나면 기존 클럽에게 이적료를 지급하지 않고도 새로운 클럽으로 이적할 수 있게 되었다. 이제 기존 계약의 만료가 6개월 이내로 남은 선수는 다른 클럽과 자유로운 이적을 위한 사전 계약에 합의할 수 있다. 또한 보스만 판결은 EU 회원국 그리고 UEFA에 속한 국가의 축구 리그에서 EU 회원국의 국적을 지닌 선수를 외국인 선수 쿼터제에 포함시켜 출전을 제약하는 것은 차별 행위라며 금지시켰다. 이외에도 개인적인 손실을 감당할 수 있는 억만장자들이 축구 클럽에 개인 재산을 투자하는 상황이 늘어나는 것도 연봉 상승의 이유로 꼽힌다.

161 https://www.dw.com/en/italy-silvio-berlusconi-returns-to-serie-a-with-ac-monza/a-61989172

162 1970년, 테드 터너Ted Turner는 좀 더 좋은 콘텐츠를 추가하면 되살릴 수 있을 것이라는 믿음으로 네트워크에 가입되지 않은 소규모 방송국인 애틀랜타TVAtlanta TV를 인수했다. 1974년, 그는 애틀랜타에 본사를 둔 거대 미디어 기업 콕스엔터프라이즈Cox Enterprises를 비롯해 이름난 네트워크 계열사들로부터 MLB의 애틀랜타 브레이브스Atlanta Braves 중계권을 인수했다. 그는 TV 중계권료와 방송 경기 수를 세 배로 늘리겠다는 조건을 내놓았고, 덕분에 터너 방송국의 약한 전파 때문에 애틀랜타 일부에서 TV 시청이 불가능했는데도 그의 제안은 받아들여졌다. 1976년, 37세의 터너는 애틀랜타 브레이브스를 1000만 달러(약 137억 원)에 인수했는데, 100만 달러는 선금으로 지불하고 나머지 900만 달러는 일정 기간에 걸쳐 분할 지급하도록 했다. 마침내 시골 지역에서 고군분

투하던 터너의 방송사는 케이블을 통해 경기를 내보내면서 애틀랜타 브레이브스를 '미국의 야구 팀America's Baseball Team'으로 마케팅했고, 시청자와 광고가 늘어났다. 1977년, 그는 NBA의 애틀랜타 호크스Atlanta Hawks를 인수했다. 1996년, 타임워너Time Warner는 테드 터너가 운영하는 TBSTurner Broadcasting System를 인수한 후에 스포츠 팀들을 매각했다.

163 나세르 알 켈라이피는 비인미디어그룹의 회장이다. 비인미디어그룹은 카타르 소유 방송사로 UEFA 챔피언스 리그 축구를 중계한다. 나세르는 카타르국부펀드가 소유한 PSG의 회장이기도 하다. 그는 또한 유럽 클럽들을 대표하는 유럽클럽협회의 회장을 맡고 있으며, ECA의 대표로서 UEFA 집행위원회 위원도 맡고 있다.

164 https://www.theguardian.com/media/2003/feb/25/broadcasting3
규제 당국은 지분을 10퍼센트 미만으로 제한했다.

165 https://www.manchestereveningnews.co.uk/news/greater-manchester-news/colonel-gaddafi-a-whisker-away-14214468

166 2002년, 리비아의 수도 트리폴리에서 이탈리아 수퍼컵Supercoppa Italiana이 열렸다.

167 https://thesetpieces.com/latest-posts/football-gaddafi-family/

168 https://www.latimes.com/archives/la-xpm-1986-09-24-fi-8787-story.html

169 https://www.nytimes.com/1986/09/24/business/libya-s-fiat-stake-sold-for-3-billion.html

170 https://www.wsj.com/articles/SB101518824472491640

171 https://www.reuters.com/article/uk-libya-italy-idUKLU1618820080830

172 https://www.theguardian.com/world/2011/feb/21/libya-oil-money-major-world-shareholder

173 펜웨이스포츠그룹은 프리미어 리그의 리버풀, MLB의 보스턴 레드 삭스Boston Red Sox, NHL의 피츠버그 펭귄스 등 각 리그의 대표적인 클럽을 소유한 글로벌 스포츠, 마케팅, 미디어, 엔터테인먼트, 부동산 회사다. 이들은 또한 NASCAR의 러시 펜웨이 레이싱Roush Fenway Racing을 소유하고 있으며, 뉴잉글랜드스포츠네트워크New England Sports Network, NESN의 지분 80퍼센트를 소유하고 있다. NESN은 뉴잉글랜드 지역에서 야구의 보스턴 레드 삭스, 아이스하키의 보스턴 브루인스Boston Bruins, 미식축구의 뉴잉글랜드 패트리어츠New England Patriots, 농구의 보스턴 셀틱스Boston Celtics를 포함해 주요 스포츠 프로그램을 제공하는 지역 스포츠 케이블 방송 네트워크다. 레드버드는 AC 밀란과 툴루주의 소유주이기도 하다.

174 맨시티의 모기업 시티풋볼그룹은 아랍 에미리트 연합에 본거지를 둔 사모펀드가 소유하고 있다. 시티풋볼그룹은 뉴욕 양키스와 함께 뉴욕 시티 FCNew York City FC도 소유하고 있다.

175 https://www.independent.co.uk/sport/football-the-man-behind-the-plan-to-change-football-forever-1174196.html;
https://ebin.pub/the-european-ritual-football-in-the-new-europe-0754636526-2003045350-9780754636526.html

176 https://showsport.me/football/business-uefa-tv-ucl-114171014

177 상동.

178 유고슬라비아와 더불어 소련과 체코슬로바키아의 해체는 각국의 스포츠 수준에 큰 영향을 미쳤고, 유럽 대회에 참가하는 클럽의 수도 크게 증가했다. 상위 5대 리그의 팀들과 이 팀들의 경기는 일반적으로 유럽 팬들과 언론으로부터 별 흥미를 불러일으키지 못했다.

179 https://www.nytimes.com/1998/08/05/sports/IHT-super-league-would-ruin-competitive-spirit-european-hijackers-have.html

180 세리에 A에서 AC 밀란은 1995~96시즌 1위, 1996~97시즌 11위, 1997~98시즌 10위를 차지했다. 레알 마드리드는 1995~96시즌 6위, 1996~97시즌 1위, 1997~98시즌에 4위를 차지했다. 1997~98시즌 이후로 레알 마드리드는 챔피언스 리그에 빠지지 않고 진출하고 있다.

181 https://www.nytimes.com/1998/08/05/sports/IHT-super-league-would-ruin-competitive-spirit-european-hijackers-have.html

182 https://www.bbc.com/sport/football/63456291

183 2002년, 4개 클럽(아스널, 바이어 레버쿠젠, 리옹, 발렌시아)이 추가로 G—14에 가입했다.

184 http://news.bbc.co.uk/2/hi/sport/football/199930.stm

185 상동.

186 https://www.theguardian.com/football/2003/jul/31/sport.comment; http://news.bbc.co.uk/2/hi/business/325977.stm; https://en.wikipedia.org/wiki/1999_UEFA_Champions_League_final#cite_note-111

187 ECA는 G—14와 유럽클럽포럼European Club Forum이 합병하여 만들어졌다. 오늘날 ECA는 232개 클럽을 대표하고 있다. 현재 레알 마드리드, 바르셀로나, 유벤투스는 ECA의 회원국이 아니다.

188 https://www.si.com/soccer/2021/03/31/champions-league-future-format-expansion-swiss-system-criticism

189 '파이널4'는 매년 열리는 NCAA 전미대학농구대회에 준결승에 오른 4개 팀을 말한다. 64개 팀이 4개 지구로 나뉘어 경기를 펼치는데, 각 지구의 우승팀이 파이널4에 오른다. 서로 다른 지구에서 라운드를 거쳐 올라온 지구 우승팀들은 파이널4에서는 동일한 경기장에서 마지막까지 승부를 겨룬다. 파이널4는 대회 마지막 주말에 열리며, 일반적으로 4강전은 토요일, 결승전은 월요일 저녁에 열린다.

190 레알 마드리드는 축구 클럽만 있는 것이 아니라 농구팀도 소유하고 있다. 농구팀은 1931년에 설립되었다. 레알 마드리드 농구단은 국내에서는 리가 ACB 그리고 국제무대에서는 유럽 대항전에서 활동하고 있다. 레알 마드리드 축구 클럽과 마찬가지로 농구팀 역시 스페인과 유럽에서 가장 성공적인 팀으로 꼽힌다. 레알 마드리드는 같은 시즌에 축구와 농구에서 모두 유럽 챔피언에 오른, 유럽의 유일한 스포츠클럽이다. 레알 마드리드 농구단은 7연속 우승과 10연속 우승을 포함해 스페인 리그에서 36회의 기록적인 우승을 차지했다. 또 스페인 컵 대회에서 28회, 유로리그 챔피

언십UEFA European Football Championship에서 11회, 사포르타 컵Saporta Cup에서 4회, 인터콘티넨탈 컵 Intercontinental Cup에서 5회의 우승을 차지했다. 레알 마드리드는 또한 한 시즌에 국내 리그, 컵, 콘티 넨탈 리그 등 세 대회에서 모두 우승을 차지하는 트리플 크라운을 세 번이나 달성했다.

191 레알 마드리드 여자 축구는 원래 2014년에 클럽 데포르티보 타콘Club Deportivo TACÓN이라는 별 도의 팀으로 창단되었으나, 2019년에 레알 마드리드와 합병 및 인수 과정을 거치면서 2020년에 공식적으로 레알 마드리드 여자 축구팀으로 이름이 바뀌었다.

192 https://twitter.com/themadridzone/status/1537217071360376832

193 https://www.youtube.com/watch?v=qrcf2DCA6Bo

194 이번 장의 많은 부분은 『레알 마드리드 웨이』(2016)에 있는 내용을 직간접적으로 활용한 것 이다.

195 Susan Fournier and Lara Lee, 'Getting Brand Communities Right.' 「Harvard Business Review」.

https://hbr.org/2009/04/getting-brand-communities-right

196 상동.

197 알버트 M 무니즈 주니어Albert M Muniz Jr.와 토마스 C. 오구인Thomas C. O'Guinn은 2001년 「컨슈 머리서치저널Journal of Consumer Research」에 「브랜드 커뮤니티Brand Community」라는 제목의 논문을 발표했다. 그들은 이렇게 적었다. "브랜드 커뮤니티는 브랜드를 사랑하는 사람들 간의 구조화된 사 회적 관계를 기반으로 하는 특수화된, 지리적으로 구속되지 않는 커뮤니티다. … 브랜드 커뮤니티 는 공유된 생각, 의식 및 전통, 도덕적 책임감이라는 커뮤니티의 세 가지 전통적인 특성을 보여준 다. … 브랜드 커뮤니티는 브랜드의 더 큰 사회적 구성에 참여하는 주체이며 브랜드의 궁극적 유산 에 중요한 역할을 한다."

198 노스웨스턴 대학교 켈로그 경영대학원Northwestern University's Kellogg School of Management의 마케 팅 교수 알렉산더 체르네프Alexander Chernev는 레알 마드리드를 할리데이비슨, 페라리, 아이언맨(철 인) 같은 '개성적 브랜드Personality Brand'로 분류한다. 체르네프에 따르면 "개성적 브랜드는 소비자 의 개인적 가치와 선호도를 표현한다. 개성적 브랜드는 개인의 지위, 부, 권력의 주장이 아니라 개 인의 독특한 신념, 선호도, 가치를 반영한다. 사람들 대다수가 경제적으로 다가갈 수 없는 가격대 의 지위 브랜드Status Brands와 달리, 퍼스널 브랜드는 가격으로 차별화시키지 않기 때문에 더 많은 사람들이 다가갈 수 있다."

199 예를 들어 아틀레틱 빌바오는 바스크인Basque으로 인정되는 기준을 통과한 선수들만 영입해 선수단을 꾸린다는 정책이 있다.

200 Oier Fano Dadebat, "LaLiga: Shabby Barcelona Are Miles Away from Real Madrid in Class and Dignity." International Business Times.

http://www.ibtimes.co.uk/la-liga-shabby-barcelona-are-milesaway-real-madrid-class-dignity-1496194

201 Sir Alex Ferguson, 『Alex Ferguson: My Autobiography』 London: Hodder & Stoughton, 2013.

202 Ben Gladwell, 'Roma Striker Francesco Totti Overwhelmed by Bernabeu Ovation.' 「ESPN FC」.

http://www.espnfc.com/as-roma/story/2825492/roma-striker-francesco-totti-overwhelmed-bybernabeu-ovation

203 뮌헨 비행기 참사는 1958년 2월, 영국 유러피언항공 609편이 눈이 녹으면서 진창이 된 뮌헨 공항의 활주로에서 세 번째 이륙 시도를 하다 충돌 사고를 일으킨 사건이다. 이 항공기에는 '버스비의 아이들Busby Babes'이라고 불렸던 맨유 팀과 서포터들, 기자들이 탑승하고 있었다. 탑승자 44명 중 20명이 현장에서 사망했다. 그리고 얼마 지나지 않아 병원에서 또 다른 3명이 사망했다. 맨유 팀은 유고슬라비아 베오그라드(현 세르비아)에서 열린 유러피언 컵 경기에서 레드 스타 베오그라드 Red Star Belgrade를 꺾고 AC 밀란과의 준결승 대결을 확정지은 후 복귀하던 중이었다.

204 출간하지는 않았지만, 프란시스코Francisco Perez-Cutino는 2008년 논문에서 수익과 성적의 상관관계에 대해 다음과 같이 썼다. "우리 주장의 요점은, 다른 요인들이 모두 동일한 상황에서, 돈을 벌어서 선수들에게 투자하는 것이야말로 클럽이 경기에서 승리하고, 더 많은 팬을 유치하고, 더 많은 TV 시청자를 확보하며, 더 많은 상품을 판매하고, 더 많은 수익을 창출하여, 선수들에게 재투자하는 선순환 구조를 이룰 수 있는 최선의 방법이라는 것이다."

205 레알 마드리드는 흔히 '레알'이라고 불리지만, 마드리드 시민들은 종종 이 클럽을 '엘 마드리드El Madrid'라고 부른다. 이는 레알 마드리드가 비록 글로벌 팬층을 가진 글로벌 클럽이지만, 클럽과 도시 그리고 그들의 가치는 동의어라는 것을 보여준다. 클럽과 도시 둘 다 다문화적이고, 세상에 개방돼 있으며, 따뜻하고, 세계적인 오락을 제공한다. 스페인 국적이 아닌 많은 레알 마드리드 선수들이 마드리드에서의 생활을 사랑한다고 밝혔고, 은퇴 후에도 계속해서 마드리드에 거주하고 있다.

206 훌리오 이글레시아스는 레알 마드리드 아카데미에서 골키퍼로 활약하다가 스무 살에 교통사고로 중상을 입었다. 그러다가 회복 과정에서 자신의 음악적 재능을 발견했다.

207 2012년 9월, 13세였던 돈치치는 레알 마드리드 농구단과 5년 계약을 체결했다. 2015년 4월, 돈치치는 레알 마드리드에서 프로로 데뷔했다. 2018년 6월, 돈치치는 애틀랜타 호크스의 전체 3순위 지명을 받았고 이후 트레이 영Trae Young과 2019년 1라운드 드래프트 지명권을 내준 댈러스 매버릭스Dallas Mavericks로 트레이드되었다.

208 2022년 6월 이후 그 수가 급격히 증가했다.

209 자세한 내용은 https://madridistas.com/en-US/madridistas/landing에서 확인하면 된다. 공식 마드리디스타스 서포터스는 투표 권한이 없지만, 레알 마드리드 경영진은 이들과 레알 마드리드 팬클럽 회원 모두 글로벌 커뮤니티와 가치에 중요한 역할을 하는 능동적인 기여자로 본다.

210 소시오는 어떻게 시즌 티켓을 소지할까? 시즌 티켓의 수는 제한되어 있으며, 지난 10년 동안 시즌 티켓이 남은 적은 없다. 2013년, 클럽은 모든 소시오에게 5000장의 시즌 티켓 패키지를 제공

했으며, 소시오 근속 연한, 전자 티켓 소지 연수(소시오로서), 직전 시즌 경기장 참관 횟수 등의 기준을 적용했다. 이 패키지는 몇 주 만에 매진되었고, 다시는 제공되지 않았다.

211 레알 마드리드와 아디다스 모두 자세한 계약 내용을 밝히지 않고 있다. https://www.goal.com/en/news/real-madrid-sign-reported-11-billion-new-adidas-deal/9y1sooxrnzy714kdrf8spqc39.

212 https://www.sportspromedia.com/news/real-madrid-emirates-shirt-sponsor-2026-laliga-worth/

213 2015년, 스페인에서 처음으로 TV 중계권 협상의 주체가 리그 전체로 바뀌었다. 이전에는 구단별로 중계권 계약을 맺었다. 라리가에 따르면 TV 수익이 가장 많은 팀과 적은 팀의 격차가 12:1이었다. 2018~19시즌 이후 규제가 변경되면서 이 비율은 3.5:1로 떨어졌다.

214 UEFA가 공식적으로 인정하는 유일한 협회인 유럽클럽협회는 민주적인 대표성을 통해 유럽 축구팀들의 건전성을 강화한다.

215 북미 리그의 매출 대비 급여 비율은 약 50퍼센트이지만, 이는 팀마다 다르다. 다양한 리그의 선수 노조 단체 협약에서 일반적으로 이 주제를 다룬다.

216 https://drive.google.com/file/d/1Tznz8M2qudll6fRO0rzHMeMhn0BnHLb_/view

217 https://offthepitch.com/a/if-you-dont-spend-you-wont-stay-transfer-spending-dictates-fate-newly-promoted-premier-league?wv_email=sgmandis%40me.com&wv_id=0b33e863-2b87-44e3-82bb-a46dd11bfd0d&wv_name=

218 https://inews.co.uk/sport/football/championship-finances-football-premier-league-gamble-444133

219 https://www.skysports.com/football/news/11661/10725849/premier-league-has-highest-percentage-of-foreign-players-uefa-report

220 https://salarysport.com/football/sky-bet-championship/highest-paid/

221 https://www.spotrac.com/epl/rankings/

222 https://www.managingmadrid.com/2022/10/19/23412976/real-madrid-rank-first-in-youngest-average-age-of-player-recruitment-over-last-decade

223 2022년 12월, 레알 마드리드는 16세의 브라질 출신 포워드 엔드릭Endrick Felipe Moreira de Sousa을 파우메이라스SE Palmeiras에서 영입하는 계약서에 사인했다. 엔드릭은 파우메이라스에서 활동하다가 18세가 된 2024년 7월에 레알 마드리드에 합류했다.

224 https://aktie.bvb.de/IR-News/Ad-Hoc-News/Jude-Bellingham-vor-Wechsel-zu-Real-Madrid

225 https://football-observatory.com/IMG/sites/mr/mr78/en/

226 이자, 세금, 감가상각비, 할부 상환을 차감하기 전의 이익을 말한다.

227 2008년, 영국 정부는 로열뱅크오브스코틀랜드Royal Bank of Scotland와 로이즈티에스비Lloyds TSB

를 포함해 금융 부문을 지원해야 했고, 바클레이은행Barclays은 중동 투자자들로부터 자금을 유치했다. 이 편지는 2017년에 작성되었다. 2010년, 스페인 산탄데르은행Banco Santander S.A.의 영국 지사 PLC는 로열뱅크오브스코틀랜드그룹의 일부 은행 사업 인수 합의에 도달했으며, 업무는 잉글랜드와 웨일스의 RBS 지점들 그리고 스코틀랜드에 있는 냇웨스트NatWest 지점들을 통해 이루어진다. 2015년, TSB는 로이즈뱅킹그룹Lloyds Banking Group의 소유권 50퍼센트 매각을 통해 주식 시장에 복귀한 지 채 1년도 되지 않아 스페인의 은행 그룹 사바델Sabadell의 17억 파운드(약 3조 1790억 원) 규모의 인수 제안을 확정지었다.

228 레알 마드리드는 비영리 클럽이며 배당금 지급도 없다는 점을 잊지 말아야 한다. 수익은 클럽에 남는다.

229 https://www.forbes.com/sites/mikeozanian/2024/05/23/the-worlds-most-valuable-soccer-teams-2024/#

230 경기장 자금 조달은 가능한 한 용이하게, 소시오와 레알 마드리드 커뮤니티에 가능한 한 쉽게 설명할 수 있도록 이루어졌다. 건설 기간 동안 원금에 대한 유예 기간을 거친 후, 일시상환대출이나 재융자처럼 미래에 잠재적 위험이 있는 방법이 아니라 고정된 상환금을 지급하는 모기지 스타일의 자금 조달 방식으로 구성되었다.

231 나는 선임 고문으로서 그리고 고객으로서 맥킨지앤컴퍼니와 함께 일한 경험이 있다.

232 팬들 대부분도 이런 정도로 생각한다. 어떤 구단주는 손익분기점 달성이나 돈 벌기를 미션으로 사용하기도 한다.

233 https://www.sportspromedia.com/news/real-madrid-sell-sponsorship-income-providence-dave-hopkinson-mlse-la-liga/

234 홉킨슨은 매디슨스퀘어가든스포츠의 사장 겸 최고운영책임자 자리를 위해 레알 마드리드를 떠났다.

235 https://futballnews.com/florentino-perezs-plans-of-moving-santiago-bernabeu-stadium-to-realmadridland-crumbled/

236 2008년에 설립된 프리미엄 라이브 이벤트 기업. 스포츠, 엔터테인먼트, 관광 명소, 컨벤션, 레저 산업 분야에서 세계적으로 유명한 브랜드의 행사와 관련하여 운영, 수익 창출 등의 업무를 수행한다. 편집자 주.

237 2022년, 식스스스트리트는 바르셀로나로부터 향후 25년 간 라리가 TV 미디어권의 25퍼센트를 사들이는 계약도 발표했다.

238 2007년경, 두바이인터내셔널캐피털투자그룹Dubai International Capital Investment Group이 리버풀 매입을 고려 중이라는 보도가 나왔다. 그러나 리버풀은 2007년 미국인 조지 질렛George Gillett과 톰 힉스 시니어Tom Hicks Sr.의 손으로 넘어갔다. 이 두 사람은 유럽 축구계의 일반적 소유 모델인 다중 클럽 소유 모델을 선구적으로 도입한 인물이다. (솔직히 말하자면, 나는 톰 힉스 시니어의 아들 맥 힉스Mack Hicks와 함께 일한 적이 있고, 또 친구이기도 하다.) 맬컴 글레이저가 맨유의 지분을 처음

매입했을 때가 2003년 즈음이었고, 완전히 인수한 때는 2005년이었다.

239 간단히 UAE 또는 에미리트라고도 불리는 아랍에미리트는 아라비아반도의 동쪽 끝에 위치하며, 오만과 사우디아라비아와는 육상에서, 카타르와 이란과는 해상에서 국경을 맞대고 있다. 19세기와 20세기 초, 이 지역에서는 진주 채취 산업이 융성했다. 하지만 제2차 세계대전 이후 진주 채취 산업이 쇠퇴하고 현대적인 양식 진주 산업이 발달하면서 극심한 경제적 어려움이 찾아왔다. 1953년 영국과 프랑스 석유 회사의 자회사가 아부다비의 통치자로부터 석유 시추 권한을 획득한 뒤, 1958년에 아부다비 해역에서 석유를 발견했다. 1971년에 UAE는 영국과 맺은 조약에서 벗어나 독립을 획득한 뒤 UN에 가입했다. 아부다비는 아랍에미리트의 수도이며, 인구가 가장 많은 도시인 두바이는 국제적인 허브다. 오늘날 UAE는 세계에서 여섯 번째로 큰 석유 매장량을 가진 나라다.

240 2022년 12월, 전 CNN 및 NBC유니버설NBCUniversal의 수장인 제프 주커Jeff Zucker, 사모펀드 레드버드캐피털파트너스, 아부다비에 본사를 둔 인터내셔널미디어인베스트먼트International Media Investments는 10억 달러(약 1조 3740억 원)의 자금을 동원하여 '대규모' 미디어 및 스포츠 투자 기회 포착을 목표로 하는 합작 투자 회사 레드버드IMIRedBird IMI 계획을 공식 발표했다.

241 다른 나라의 복잡한 문화를 자국의 문화적 규범이나 가치 또는 신념이라는 기준에 맞춰 평가하거나 판단(혹은 수용)하는 것은 여러 가지 이유, 예를 들어 역사적 관점이나 이해의 부재, 자국의 문화적 편견, 오해 또는 고정관념, 또는 시간의 흐름 등으로 인해 무척 어렵고도 복잡한 일이다. 또 시대의 불일치와 시간의 경과에 따른 변화의 속도, 각국의 문화적 규범, 가치 또는 신념에서 비롯된 제약(자신의 문화뿐만 아니라 다른 나라의 문화도 포함)을 고려해야 할 수도 있다. 이는 어떤 행위나 정책 또는 문화적 규범이나 가치, 신념을 무분별하게 정당화하거나 옹호하기 위한 것이 아니라, 다른 나라(가능하다면 자국의 경우도 포함해서)의 복잡한 문화(또는 윤리)를 객관적으로 평가하거나 판단하기 전에 맥락을 신중히 고려해야 한다는 점을 짚고 넘어가자는 것이다. 게다가 관광이나 문화 교류, 소통은 상호 이익을 위해 막강한 힘을 발휘할 수 있다. 중동 국가들은 사람들이 자국을 방문해 두루 살펴보기를 권하고 있으나, 이들 국가를 방문하기는커녕 잘 알지도 못하는 사람들이 태반이다. 스포츠와 엔터테인먼트 덕분에 많은 이들이 이 나라들을 방문하여 과연 어떤 곳인지 둘러보고, 현지 사람들을 만나고, 국민의 미래를 위해 국가가 어떤 정책을 펴고 있는지 살펴볼 수 있다. 스포츠는 장래 변화를 돕는 긍정적인 도구가 될 수 있다.

242 https://www.si.com/olympics/2022/12/29/sportswashing-olympics-world-cup-daily-cover

로젠버그는 또 이렇게 말했다. "러시아가 우크라이나를 침공한 후, 국제올림픽위원회와 FIFA는 러시아와 그 동맹국인 벨라루스의 대회 참가를 금지하기로 했습니다. 이러한 조치가 우크라이나에서 러시아가 벌인 잔혹 행위에 대한 벌칙으로는 부족하게 보일 수 있지만, 대회 참가 금지를 처벌로 생각하면 안 됩니다. 무기를 빼앗는 것 정도로 간주해야 합니다."

243 레알 마드리드의 스폰서인 에미레이트항공은 에티하드항공과 함께 아랍에미리트 국적을 가진 항공사 두 곳 중 하나다. 에미레이트항공은 두바이에 본사를 두고 있으며 두바이투자청이 소유

한다. 에티하드항공은 아부다비에 본사를 두고 있으며 아부다비국영국부펀드인 ADQ가 소유하고 있다.

244 프리미어 리그는 이해당사자가 영국에서 클럽을 소유할 자격이 있는지 여부를 확인하는 절차를 규정하고 있다. 소유주 이사진 테스트에는 개인이 클럽의 소유주나 이사가 되는 것을 금지하는 요건이 명시되어 있다. 여기에는 광의의 범죄에 대한 형사상 유죄 판결, 스포츠 또는 전문 기구에 의한 금지, 또는 승부 조작과 같은 특정 주요 축구 규정 위반이 포함된다. 이 테스트는 소유주와 이사 후보들을 대상으로 하며, 이후 매 시즌마다 정기적인 검토가 진행된다. 2022~23년 영국 정부의 검토 이후, 프리미어 리그는 테스트가 더 필요하고 투명성이 더 요구되는지, 그리고 그러한 결정이 독립 기관에 의해 승인되어야 하는지 여부를 검토하고 있다. 또 프리미어 리그는 국제앰네스티Amnesty International와 인권에 대해 의견을 교환하였다. FA와 EFL은 어떤 테스트가 행해져야 하는지, 어떻게 실시되어야 하는지, 그리고 팬들의 의견을 어떻게 반영하여야 하는지에 관해 합의해야 한다. 영국 정부 검토에서 제기된 한 가지 조건은 후보자가 흠결이 없는 인물인지 평가하는 것으로, '물망에 오른 소유주가 지역 사회에서 중요한 자산의 수탁자로 용인될 수 있을 만큼 선한 인물인지' 여부를 평가하는 것이다. 국제앰네스티Amnesty International 영국지부의 CEO 사차 데슈무크Sacha Deshmukh는 "스포츠를 이용해 부정적인 이미지를 세탁하려는 스포츠워싱Sportswashing의 시대와 우크라이나에서 현재 벌어지고 있는 끔찍한 상황 속에서, 중대한 인권 침해에 가담한 자들을 위한 홍보 수단으로 사용되는 것을 막기 위해 프리미어 리그는 소유권 규정을 변경해야 할 분명한 도덕적 책임이 있다."라고 말했다.

https://www.theguardian.com/football/2022/mar/03/premier-league-considers-adding-human-rights-to-new-owners-test

245 2002년 커먼웰스 게임Commonwealth Games을 위해 정부 발행 복권 기금에서 7800만 파운드(약 1458억 원), 맨체스터 시의회로부터 4900만 파운드를 지원받아 신규 건설된 4만 8000석 규모의 경기장이 전용 경기장으로 전환되었는데, 맨시티는 이처럼 막대한 공적 자금이 들어간 선물을 받고도 불운한 처지에서 빠져나오지 못했다.

https://www.theguardian.com/football/2012/may/18/fall-and-rise-manchester-city

246 2년 뒤, 셰이크 만수르는 에티하드 스타디움에서 처음이자 유일하게 맨시티 경기를 직접 관람했다. 클럽 관계자는 이렇게 말했다. "'구단주는 자신만의 방식으로 클럽을 사랑하는 사람'으로 모든 경기를 챙겨봅니다."

247 당시 아스널, 첼시, 맨유가 프리미어 리그 우승을 독식하고 있었다.

248 1997년, 지만스키는 (내 생각에는 최초로) 급여와 성과 간의 연관성을 입증한 학술 논문을 공동 저술했다., S., & Smith, R. (1997). 「The English Football Industry: Profit, Performance and Industrial Structure」. International Review of Applied Economics, 11(1), 135 – 153.

249 https://www.theguardian.com/football/2013/feb/04/manchester-city-financial-fair-play

250 현재는 FSRFinancial Sustainability Regulations로 바뀐 FFP가 오늘날 한 가지 중요한 측면에서 더

효과적이라고 믿는 사람들이 많다. 바로 재정적 제재뿐만 아니라 경기와 관련된 제재가 있다는 점이다. 규정을 위반한 클럽들은 대회 출전이 금지되며, 이는 클럽이 FFP를 대하는 자세에 영향을 미쳤다. FFP 규정과 UCL 출전 금지 여부가 클럽들이 중요한 재정적 결정을 내릴 때마다 결정적인 요인으로 작용한다.

251 https://www.brabners.com/blogs/manchester-city-football-club-v-uefa-closer-look

252 맨시티는 UEFA가 유출의 배후이며 조사가 중단되어야 한다는 입장을 취했다. 맨시티는 또한 독일 주간지 「데어슈피겔」이 해킹된 이메일을 공개한 직후인 2018년, 르테름이 「스포츠&스트레티지Sport & Strategy」와 인터뷰한 내용을 인용 보도했다. 르테름은 이렇게 말했다. "기사 내용이 사실이라면 심각한 문제가 될 수 있습니다. UEFA 대회 출전 금지라는 가장 무거운 처벌이 내려질 수도 있습니다."

https://m.allfootballapp.com/news/EPL/UEFA-chief-slams-Manchester-Citys-unacceptable-claims-of-a-leak/2234059

253 https://www.spiegel.de/international/europe/sponsorship-money-paid-for-by-the-state-a-2ad5b586-1d82-4a21-8065-f3c081cd91a4

254 https://www.eurosport.com/football/premier-league/2021-2022/liverpool-v-manchester-city-greatest-rivalry-in-english-football-history-jamie-carragher_sto8876406/story.shtml

255 https://theathletic.com/2528722/2021/04/19/european-super-league-manchester-city-have-swapped-sides-they-are-betraying-their-fans/

256 다른 클럽에 대한 이해관계는 다음과 같은 세 가지 주요 사항으로 정의된다. 1. 두 개 이상의 클럽에서 과반수 의결권 보유, 2. 두 개 이상의 클럽에서 이사회 구성원 및 권한 있는 인물(예컨대 감독 또는 스포팅 디렉터)의 임명 또는 해임 권한 보유, 3. 같은 대회에서 경쟁하는 두 개 이상의 클럽의 지분 소유.

257 레드불 가나는 2008년에 창단되어 2014년에 해체되었다.

258 https://jobsinfootball.com/blog/red-bull-soccer-teams/

259 다중 클럽 소유 모델 중 맨시티와 레드불이 가장 유명하지만, 이 모델을 선구적으로 도입한 인물은 이탈리아의 사업가 잠파올로 포초Giampaolo Pozzo다. 포초는 현재 이탈리아 1부 리그 세리에 A의 우디네세와 잉글랜드 클럽 왓포드를 소유하고 있다. 스페인 1부 리그 라리가의 지로나 역시 2009년부터 2016년까지 포초 회장 산하에 있었다. 포초는 MCO를 통해 우디네세가 가진 노하우를 확장하고 클럽 발전에 필요한 요소를 경기장 안팎으로 적재적소에 배치할 수 있다고 믿었다. 우디네세와 왓포드의 사례처럼 그는 이 모델이 현재도 효과적임을 보여주고 있다.

260 https://www.playthegame.org/news/multi-club-ownership-in-football-challenges-governance-at-many-levels/

261 미국인 사업가 존 텍스터의 MCO 모델은 이와 조금 다르다. 맨시티가 재능 있는 선수를 자체 조달하는 피라미드식 공급망의 일부로 비교적 규모가 작은 클럽을 인수하는 방식이라면, 텍스터

는 규모가 비슷한 클럽의 지분을 사들이는 방식을 취하고 있다. 올림피크 리옹(프랑스), 보타포구 Botafogo FR(브라질), RWD 몰렌베이크RWD Molenbeek(벨기에)의 소유주인 텍스터는 프리미어 리그의 크리스탈 팰리스 지분 40퍼센트도 소유하고 있다. 또한 자신의 MCO 모델은 시너지 효과 창출을 목표로 하며, 이를 통해 효율성을 높이고 비용을 절감하며 공동 스폰서 계약을 체결할 수 있으리라 보고 있다. 즉 규모가 비슷한 클럽 간의 긴밀한 협업이 경쟁에서 우위를 차지할 수 있게 한다고 여긴다.

262 통상 FIFPRO로 불리는 국제축구선수협회는 약 6만 5000명의 프로 축구 선수를 대변하는 세계적인 조직이다. 네덜란드 호프도르프에 글로벌 본부를 두고 있으며 66개 국가 선수협회를 산하에 두고 있다.

263 https://theathletic.com/4432985/2023/04/20/newcastle-united-kv-oostende/

264 2016년, 실버레이크는 종합격투기 단체 UFC에 투자했다. 2021년에는 호주 프로 축구의 지분 33.3퍼센트를 매입했다. 2022년에는 뉴질랜드의 럭비팀 올블랙스All Blacks의 지분 5.7퍼센트를 인수했다.

265 볼리가 컨소시엄의 '얼굴'이지만, 실질적인 자금 조달은 캘리포니아 주 산타모니카에 본사를 둔 사모펀드 회사 클리어레이크캐피털이 대부분 맡고 있다. 이 회사는 베다드 에그발리Behdad Eghbali와 호세 E. 펠리치아노Jose E. Feliciano가 소유하고 있다. 대주주로는 클리어레이크캐피탈을 지목할 수 있겠지만, 그 밖에도 스위스 억만장자 한스요르그 위스Hansjörg Wyss, 구겐하임파트너스 Guggenheim Partners의 최고경영자로 LA 다저스와 LA 레이커스 지분을 소유하고 있는 마크 월터Mark Walter, 런던에 본사를 둔 부동산 개발업체 대표 조나단 골드스타인Jonathan Goldstein, 데이비드 캐머런David William Donald Cameron 전 영국 총리의 고문 역할을 했던 대니 핀켈스타인Danny Finkelstein 등 유명 인사들도 컨소시엄에 포함되어 있다.

266 https://www.espn.com/soccer/english-premier-league/story/4745442/chelseas-todd-boehly-eyes-us-style-all-star-game-for-premier-league; https://www.dailymail.co.uk/sport/football/article-11210789/Todd-Boehly-held-talks-purchasing-Portuguese-club-summer.html

267 https://www.reuters.com/sports/soccer/uefa-relax-multi-club-ownership-rules-allow-milan-villa-compete-europe-2023-07-07/

268 777파트너스의 에버턴 인수 계획은 여러 어려움을 겪으며 길고 지루한 과정에 돌입했다.

269 카타르는 아라비아 반도의 북동쪽 해안에 위치하고 있으며, 육상에서는 사우디아라비아만이 유일하게 카타르 남쪽에서 국경을 접하고 있고 나머지 영토는 페르시아만으로 둘러싸여 있다. 수도는 도하다. 오스만 제국 지배하에 있던 카타르는 1916년 영국의 보호국이 되었다가 1971년 독립한 뒤 유엔에 가입했다. 1939년에 처음으로 유전이 발견되었지만 제2차 세계대전으로 인해 개발이 늦어지다가 1949년이 되어서야 석유를 수출하기 시작했다. 1990년대에 접어들며 천연가스 개발이 활기를 띠었고 동시에 카타르 경제도 빠르게 성장했다. 석유와 가스를 발견하기 전까지 카

타르는 세계 최빈국 중 하나였다. 당시 카타르의 주요 생계 수단은 진주 채취, 어업, 무역이었다.

270 보도에 따르면 플라티니가 던진 표가 카타르 월드컵 유치에 결정적인 역할을 했다고 한다. (원래 플라티니는 미국 유치에 찬성하는 쪽이라고 알려져 있었다) 2015년에 플라티니는 이렇게 말했다. "사르코지 대통령이 카타르에 투표해 달라고 부탁한 적은 없지만, 저는 어떤 선택이 더 좋은 결과를 가져올지 알고 있었습니다." 그는 오찬 전에 카타르 쪽에 투표하기로 마음을 먹었으며, 사르코지에게 자신이 어떤 결정을 내렸는지 알리기 위해 오찬을 요청했다고 밝혔다.
https://www.ft.com/content/d45b1e6e-91df-11e9-b7ea-60e35ef678d2
사르코지는 플라티니가 카타르에 투표하도록 영향력을 행사했다는 사실을 부인했다.

271 다시 한번 강조하지만 다른 나라의 복잡한 문화를 평가하거나 판단하기란 복잡하고도 어려운 일이다. 각주 241을 참조하라.

272 바르셀로나의 파란색과 빨간색 줄무늬 유니폼에 처음 이름을 올린 단체는 유니세프UNICEF였다. 바르셀로나는 2004년에 체결한 계약에 따라 기존 스폰서십 계약과 달리 유니세프가 진행하는 에이즈 프로젝트에 매년 150만 유로(약 24억 원)를 기부하고 유니폼에 유니세프 로고를 새겼다.

273 당시 바르셀로나의 감독이었던 펩 과르디올라는 카타르의 2022년 월드컵 유치 홍보대사였다. 과르디올라 감독은 선수 생활을 정리할 즈음 알 아흘리에서 뛰며 카타르와 인연을 맺은 적이 있다. 과르디올라는 카타르에서 열리는 2022년 월드컵에 참관 초청을 받았으나 이를 거절하고 월드컵에 참가하지 않는 맨시티 선수들을 아부다비로 데리고 가서 일주일간 전지훈련을 진행했다.

274 이 계약에는 처음 두 시즌이 지난 후 스폰서를 변경할 수 있다는 조항이 포함되어 있었고, 이에 따라 2013년부터 주요 스폰서가 카타르항공으로 바뀌었다.

275 https://www.dailymail.co.uk/sport/football/article-1360043/Qatari-royal-family-1-5bn-bid-buy-Manchester-United-Glazers.html

276 카타르는 2009년에 2022년 월드컵 유치를 신청했다.

277 2014년, UEFA는 계약 금액을 2억 유로(약 3226억 원)에서 1억 유로로 절반 줄여 평가했다. UEFA의 평가가 달라지면서 2013~14시즌에 PSG의 손실액은 1억 1700만 유로에 이르렀는데, 이는 당시 FFP 규정에 따라 직전 2년 동안의 손실액을 4500만 유로로 제한했던 FFP 규정에서 허용된 금액의 두 배가 넘었다. 2014년 5월 UEFA는 최종적으로 FFP 규정 위반을 이유로 PSG에 벌금을 부과했다. 2016년 8월, 최초 체결한 4년 계약 만료 시점인 2016년 8월에 이르러 PSG와 QTA는 2019년 6월을 기한으로 파트너십 계약을 갱신했다.

278 2023년 1월 이적 시장에서 첼시는 월드컵 우승팀에서 뛰었던 엔소Enzo Fernández를 벤피카로부터 영입하기 위해 1억 2000만 유로(약 1935억 원)를 지급하는 등 신규 영입에 6억 유로가 넘는 돈을 썼다. 기자회견에서 과르디올라 감독은 첼시가 쓴 돈에 대해 질문을 받고 이렇게 답했다. "그런 데에 신경 쓰고 싶지 않습니다. 국가 예산을 쓰는 것도 아니고, 놀랍긴 합니다만 … 규정이 있잖습니까. 저는 8~9개 팀이 프리미어 리그에 편지를 보내 우리를 출전 금지시키려 했다는 걸 똑똑히 기억하고 있습니다."

https://www.espn.com/soccer/liverpool-engliverpool/story/4867959/kloppguardiola-question-chelseas-transfer-spending

279 카타르와 벨기에는 1970년대에 외교 관계를 수립했다. 2004년 이후 양국 관계는 여러 개발·협력 분야에서 괄목할 만한 진전을 보였다. 2007년에 양국 간 경제적 유대가 강화되어, 같은 해 3월 카타르의 액화 천연가스를 벨기에에 공급하는 계약을 체결했다.

https://brussels.embassy.qa/en/belgium/qatar-belgium-relations

2007년 12월 21일, 이브 르테름은 벨기에 부총리 겸 예산, 교통, 제도 개혁 및 북해부 장관에 취임했다.

280 이에 더해 UEFA는 2019년 6월 이후로는 QTA와 맺은 계약을 고려 대상에 포함하지 않을 것이라고 PSG에 경고했다. 이에 따라 PSG는 UEFA가 FFP 규정 준수를 위해 요구한 바와 같이, 2018년 6월이 끝나기 전에 5000만 유로(약 806억 원), 2019년 6월이 지나기 전에 6000만 유로 규모의 계약을 맺어 선수 매각을 마쳤다.

https://www.nytimes.com/2019/07/24/sports/psg-uefa-ffp.html

281 테바스는 리그 1을 비롯해 여러 축구 리그를 대표하는 유러피언 리그의 회장이다. 테바스가 계속해서 불만을 표시해온 재정적 지속 가능성 규정은 2022년 5월 10일 본인이 직접 UEFA 집행위원회에서 만들고 승인하는 데 참여했던 바로 그 규칙이다.

282 https://www.nytimes.com/2019/07/24/sports/psg-uefa-ffp.html

283 https://bleacherreport.com/articles/2752348-why-cristiano-ronaldos-contract-is-again-becoming-an-issue-for-real-madrid

284 PSG 회장, ECA 회장, UEFA 집행위원회 위원의 역할은 완전히 같은 선상에 있으며, 정의상 각 역할은 전자의 지위를 가져야만 후자가 가능한 구조다. 앞서 유벤투스의 안드레아 아넬리, 바이에른 뮌헨의 카를하인츠 루메니게Karl-Heinz Rummenigge와 마찬가지로, 나세르가 UEFA 집행위원회에서 맡은 역할은 ECA 대표인데, 이는 ECA를 대표해 UEFA에 있는 것이지 UEFA를 대표하는 것이 아니다. ECA는 UEFA에 책임을 묻는 역할을 한다. 나세르는 비인미디어그룹의 운영 총괄 CEO가 아니라 회장이다. 나세르와 관련 있는 모든 회사가 자체적인 법적 분쟁 절차를 가지고 있다. 실제 충돌이 발생하지 않았더라도, 충돌 발생 위험이 있거나 심지어 충돌이 발생할 조짐만 보여도 나세르는 회의에서 결정권을 행사하지 못한다. 아이러니하게도 일부 이해관계자가 오히려 나세르에게 도움을 요청할 때(예컨대 프랑스 국내 TV 방송사가 파산하거나 슈퍼리그가 출범하여 ECA에 새로운 수장이 필요한 경우), 이들 이해관계자는 어떤 것이 충돌 상황에 해당하는지 안이하게 판단해 공정성 측면에서 나세르를 곤란한 상황에 몰아넣기도 했다. 나세르 알 켈라이피(1973년생)는 2002년 12월 세계 랭킹 995위까지 올랐던 프로 테니스 선수였다. 그는 젊은 시절 테니스를 통해 셰이크 타밈 빈 하마드 알 사니를 만났다. (셰이크 타밈은 2013년 6월에 카타르의 제8대 국왕으로 즉위했다.)

285 https://eu.usatoday.com/story/sports/soccer/2019/02/07/the-latest-uefa-president-ceferin-wont-be-a-yes-man/39020441/

286 https://offthepitch.com/a/psg-have-lost-more-eu600-million-2019-and-made-no-penalty-deal-uefa-how-can-happen

287 UEFA가 FFP의 규율을 받는 약 30개 클럽(8개 이상의 클럽이 제재를 받고 있으며 대략 20개 클럽이 요주의 목록에 올라 모니터링되고 있음)의 명단을 발표한 후, PSG가 다른 7개 클럽과 함께 코로나의 영향을 받은 세 시즌 동안 새로 도입된 재정 지속가능성 규정을 준수하기 위해 클럽 재정 관리위원회CFCB와 합의에 들어갔다는 사실은 주목할 만하다. 30개 이상의 클럽이 이번 발표에 포함되었고 최소 2개 클럽이 경기와 관련된 제재를 받았지만, PSG는 여기에 포함되지 않았다. 코로나 발생 이전 두 시즌, 즉 2017~2018시즌과 2018~2019시즌에 PSG는 상당한 수익을 올렸다. 다른 리그에 속한 클럽들과 달리 프랑스 클럽은 코로나가 발생한 세 시즌 동안 리그가 취소되고 국내 방송사가 파산하는 등 유난히 곤란한 재정 상황에 직면했었다.

288 https://offthepitch.com/a/interview-uefa-has-opened-pandoras-box-and-other-non-compliant-clubs-will-invoke-case-if-they-do?wv_email=sgmandis%40me.com&wv_id=0b33e863-2b87-44e3-82bb-a46dd11bfd0d&wv_name=

289 https://twitter.com/elchiringuitotv/status/1528050162739949569; https://www.dailymail.co.uk/sport/football/article-10842211/Kylian-Mbappes-devastating-text-message-Real-Madrid-president-Florentino-Perez.html

290 https://bleacherreport.com/articles/2861901-jurgen-klopp-says-liverpool-have-absolutely-no-chance-of-signing-kylian-mbappe

291 https://www.goal.com/en-us/news/live/live-erling-haaland-transfer-news-and-rumours/bltcc2eac741dc861e1

292 https://www.eurosport.com/football/transfers-1/2021-2022/erling-haaland-passes-manchester-city-medical-as-liverpool-boss-jurgen-klopp-says-massive-deal-will-_sto8918227/story.shtml

293 https://www.france24.com/en/live-news/20220615-la-liga-confirms-complaints-to-uefa-against-city-and-psg

294 https://offthepitch.com/a/psg-have-lost-more-eu600-million-2019-and-made-no-penalty-deal-uefa-how-can-happen

295 토트넘은 회동이 있었다는 사실을 부인했다. QSI 관련자는 레비 회장과 두 차례 '탐색적' 만남이 있었을 뿐이라며 리버풀 및 맨유와 회담이 있었다는 추측은 사실이 아니라고 말했다.

296 https://www.sportico.com/business/finance/2023/arctos-buys-into-paris-saint-germain-1234754448/

297 UEFA 챔피언스 리그에서 PSG와 경쟁하는 클럽들은 대부분 자체 경기장을 소유하고 있으며, 수익 창출 기회를 늘리기 위해 경기장을 현대화해왔다. 또한 경기장 수용 인원도 훨씬 더 많다. 파리

시 소유의 파르크 데 프랑스 경기장은 수용 인원이 4만 8000명에 불과하다. 레알 마드리드는 약 8만 명, 바르셀로나는 9만 9000명 이상, 그리고 바이에른 뮌헨과 맨유의 경기장은 대략 7만 5000명을 수용할 수 있다. 보도에 따르면 파리 시가 이 경기장을 팔려는 의사가 없든지 아니면 너무 많은 돈을 요구하고 있는 탓에, PSG는 8만 명을 수용할 수 있는 국립 경기장 스타드 드 프랑스를 정부로부터 매입하거나 미확인된 신규 부지로 이전하는 방안을 고려하고 있다고 한다. 자체 경기장을 소유하지 않은 클럽으로는 맨시티, 첼시, 뉴캐슬, 노팅엄 포레스트, 헤르타 BSC, 웨스트햄, PSG, 클뤼프 브뤼허Club Brugge KV, AS 로마, 라치오, AC 밀란, 인터 밀란 등이 있다.

298 https://www.reuters.com/lifestyle/sports/napoli-owner-says-serie-should-keep-hold-media-business-2023-03-06/

299 5월 초에 스포츠 잡지 「키커Kicker」에서 5만 6000명 이상의 팬을 설문조사한 결과, 응답자의 67.65퍼센트가 리그 투자자에 반대한다고 답했으며 찬성 의견은 24.47퍼센트에 불과했다. 레드불이 후원하는 RB 라이프치히에서만 과반수의 팬(53.42퍼센트)이 찬성했다.

300 https://www.dw.com/en/bundesliga-investor-plan-rejected-after-intense-fan-protests/a-65725420

301 2023년 11월, 리그의 디지털화와 국제화를 한층 진전시키기 위해 외부 투자를 유치하자는 새로운 계획에 대해 분데스리가와 독일 클럽들이 긍정적인 논의를 진행했다는 보도가 나왔다.

302 그 뒤 2022년에 바르셀로나는 미국 투자 회사 식스스스트리트와 25년간의 자체 TV 중계권 계약을 체결했다.

303 https://www.ft.com/content/86ce59dc-8625-4000-a52f-603046354d19

304 https://news.bloomberglaw.com/private-equity/carlyle-sees-more-chances-to-exploit-footballs-growth-potential

305 프랑스 축구는 2020~21 시즌부터 2023~24시즌까지 매년 인상을 거듭한 끝에 11억 5300만 유로(약 1조 8598억 원)에 이른 중계권료를 내기로 했던 미디어프로가 파산하면서 여태껏 회복하지 못하고 있으며 돈도 받지 못했다. 재협상을 거쳐 결정된 계약 금액은 연간 총 6억 2400만 유로다. 국내 중계권의 경우, 현재 카날플뤼스가 한 라운드당 두 경기에 대해 3억 3200만 유로를 지불하고 나머지 여덟 경기에 대해서는 아마존프라임이 2억 5000만 유로를 지불하는 한편, 통신회사 프리Free는 매주 펼쳐지는 10개의 리그 1 경기에 대한 중계권료로 4200만 유로를 유예 지불하고 있다. 해외 중계권의 경우, 비인미디어그룹은 리그 1의 해외 중계권 판매에 대한 대가로 연간 7000만 유로를 지불하고 있다. 정해진 금액을 초과하는 수입은 LFPLigue de Football Professionnel와 비인그룹이 나눠 갖는다.

306 https://publications.fifa.com/en/annual-report-2020/the-global-game/the-vision-2020-2023/

307 https://www.uefa.com/newsfiles/374875.pdf

308 https://www.espn.com/soccer/story/_/id/37638269/champions-league-matches-uspossible-uefa-president-ceferin

309 유럽 클럽이 비유럽권 선수를 영입할 때 전 세계에 돈이 재분배된다. 그러나 여러 리그에서 스쿼드에 포함할 수 있는 외국인 선수 수에 제한을 두고 있다.

310 https://www.nytimes.com/2021/05/20/sports/soccer/super-league-fifa-infantino.html

311 https://offthepitch.com/a/uefa-cant-be-both-regulator-and-competition-organizer-its-actually-massive-problem

312 맨시티는 입장문에서 이렇게 말했다. "우리 맨시티의 입장을 뒷받침하는 확고부동한 증거를 종합적으로 공정하게 검토할 수 있도록, 독립 위원회의 사건 조사를 기꺼이 수용하겠습니다. 이에 따라 우리는 이 문제가 최종적으로 해결되어 의혹이 해소되리라 기대합니다." 맨시티는 UEFA와의 소송에서 시효가 적용된 제재를 받았던 혐의뿐만 아니라 이 사건에서도 승소할 것이라며 자신감을 내비치고 있다. 이미 해당 혐의의 의혹 해소와 관련된 증거를 프리미어 리그에 제출했다는 입장이다.

313 https://www.skysports.com/football/news/11661/12804623/man-city-premier-league-charges-explained-what-are-they-what-could-punishment-be-whats-the-timescale

314 이 기구는 2022~23시즌 리그 우승을 두고 맨시티와 아슬아슬한 경쟁을 펼쳤던 아스널의 시민 주주로 알려진 변호사가 이끌고 있다.

315 https://www.dailymail.co.uk/sport/football/article-12449237/Manchester-City-Newcastle-fear-new-probes-European-Commission-official-complaints-owner-state-subsidies-MONEY.html

316 https://offthepitch.com/a/football-industry-was-about-destroy-itself-even-covid-19-spread-change-perspective-will-make

317 https://www.expressandstar.com/sport/football/aston-villa/2022/07/14/premier-league-clubs-rack-up-record-losses-of-more-than-1bn/

318 https://sportskhabri.com/leicester-city-the-correct-model-of-ownership/

319 https://theathletic.com/3431533/2022/07/19/leicester-transfers-rodgers-premier-league/

320 리즈 유나이티드는 2022~23시즌이 끝나고 나서 챔피언십 리그로 강등되었다. 이 요크셔 클럽은 2년간 1부 리그에 머물다가 챔피언십 리그로 떨어졌다.

321 https://offthepitch.com/a/valuation-analysis-fc-porto-boast-highest-valued-squad-outside-big-five-still-worth-less-90?wv_email=sgmandis%40me.com&wv_id=0b33e863-2b87-44e3-82bb-a46dd11bfd0d&wv_name=

322 나폴리는 2022~23시즌 세리에 A에서 우승컵을 들어 올렸다. 라치오, 인터 밀란, AC 밀란이 각각 2위, 3위, 4위를 차지했다. 유벤투스는 이적 거래에서 허위로 회계를 작성해 벌점 10점을 받아 상위 4위권에서 밀려났다.

323 https://www.goal.com/en-us/lists/afraid-game-going-to-die-premier-league-killingeuropean-football/bltc12ec88eed0c74e9#cs5c9d8c83e6551a22

324 성적이 불안한 골퍼들이 사우디아라비아국부펀드가 후원하는 LIV 골프 투어와 계약하는 이유도 같은 맥락이다. 한마디로 더 많은 돈을 보장하기 때문이다. 2017년 세계 랭킹 16위, 마스터스 최고 순위 18위, 2008년과 2018년 US 오픈 최고 순위 36위를 기록했던 팻 페레스Pat Perez 같은 선수를 예로 들어보자. 페레스는 PGA 투어에서 21년간 활동하며 2900만 달러(약 398억 원)를 벌었는데, LIV 투어에서는 8개 대회 출전만으로 800만 달러를 벌었다.

325 https://football-italia.net/ceferin-italian-fans-didnt-fight-help-super-league-fight/

326 https://sportsfinding.com/a-survey-endorsed-the-split-plans-of-the-super-league/92967/

327 https://www.youtube.com/watch?v=2YXExMuiZOw

328 https://www.statista.com/statistics/1087429/global-sports-market-share-by-country/

329 유러피언 슈퍼리그 발표 후, 에버턴은 서포터들에게 설문지를 발송하여 거의 만 건에 달하는 응답을 받았다. 압도적인 다수가 ESL을 원하지 않는다고 답했다.
https://www.evertonfc.com/news/2263658/everton-releases-findings-from-future-of-football-survey

330 https://www.sportbible.com/football/news-reactions-everton-fans-argument-for-european-super-league-being-a-good-thing-20210420

331 https://www.frontiersin.org/articles/10.3389/fspor.2023.1148624/full#B8

332 https://www.archysport.com/2022/10/florentino-perez-attacks-al-khelaifi-for-comments-on-real-madrid-this-is-how-he-defended-it-football-curiosities/

333 https://www.isspf.com/fixture-congestion-in-football/

334 https://www.goalzz.com/?n=977691&o=ns0

335 정상급 수준이 아닌 선수들은 뛸 수 있는 기회가 부족하다는 데 동의한다. 위에 언급한 모든 경기에서 플레이하는 선수는 최고의 선수들뿐이다. 실질적으로 나머지 선수들에게 더 많은 기회가 필요하다는 주장이 있다.

336 https://worldsoccertalk.com/2022/09/29/premier-league-clubs-hit-hardest-by-injuries/

337 리버풀에는 3900분 이상 출전한 선수가 6명 있었다. 앨리슨Alisson Becker, 알렉산더아놀드, 마네, 로버트슨Andy Robertson, 살라, 그리고 반 다이크Virgil van Dijk다.

338 Barnes, C., Archer, DT, Hogg, B., Bush, M., Bradley, PS. "The Evolution of Physical and Technical Performance Parameters in the English Premier League." Int J Sports Med. 2014.

339 https://sciencenordic.com/denmark-football-society--culture/scientists-football-has-changed-dramatically/1440511

340 https://fifpro.org/en/supporting-players/health-and-performance/player-workload/rise-in-excessive-back-to-back-matches-in-men-s-football-fifpro-research-shows

341 https://www.nippon.com/en/news/reu20211007KBN2GW1UQ/

342 FIFPRO는 6만 5000여 명의 프로 축구 선수들을 대표하는 세계적인 단체다. FIFPRO는 네덜란드 후프도르프에 본사를 두고 있으며, 66개국의 선수협회를 회원으로 두고 있다.

343 공식 경기의 차출 기간은 4일이고, 이는 선수들이 국가대표팀 임무 수행을 위해 최대 나흘 동안 클럽을 떠나 있을 수 있다는 뜻이다. 선수가 소속 클럽이 속한 대륙이 아닌 다른 대륙에서 공식 경기에 참가한다면 차출 기간은 5일이다. 친선 경기는 중요성이 떨어진다고 간주해 차출 기간이 48시간이다. FIFA는 공식 경기와 친선 경기가 국내 리그 경기보다 우선해야 한다고 주장한다. 하지만 지정된 날짜 외에 열리는 국제 친선 경기는 그렇지 않다고 명시하고 있다.

344 8월부터 이듬해 5월까지 열리는 유럽의 리그에게 7월은 중요한 시점이겠지만, 다른 리그들은 2월부터 11월까지 열린다.

345 https://www.offtheball.com/soccer/it-increases-quantity-over-quality-thomas-tuchel-on-international-breaks-1273604

346 https://bleacherreport.com/articles/2859480-jorge-mendes-how-ronaldos-super-agent-has-built-a-football-empire

347 https://www.theguardian.com/football/2022/sep/05/another-profitable-window-for-jorge-mendes-the-gatekeeper-of-portugal

348 베르나르두 실바(벤피카에서 출전 기회가 제한적이었던 그는 멘데스에 의해 모나코로 갔다가 현재는 맨시티 소속이다.), 주앙 칸셀루João Cancelo(거의 같은 상황이다.), 디오구 조타Diogo Jota(리버풀에서 활발히 활동하고 있다.), 하파엘 레앙Rafael Leão(AC 밀란 소속이다.) 등을 예로 들 수 있다.

349 https://www.dailymail.co.uk/sport/football/article-10268109/Jorge-Mendes-one-footballs-influential-elusive-super-agents.html

350 누노는 1996년에 멘데스와 우연히 만난 후 멘데스의 첫 번째 고객이 되었다. 멘데스는 포르투갈 세미프로 축구 선수 경력을 마친 후 DJ, 비디오 가게를 거쳐 나이트클럽을 운영했다. 누노의 요청을 받은 멘데스는 누노가 데포르티보Deportivo La Coruña로 이적하는 과정에서 협상에 도움을 주었고, 나머지는 모두가 알고 있는 그대로다.

351 https://www.theguardian.com/football/2018/apr/25/jorge-mendes-wolves-efl-comply

352 https://www.dailymail.co.uk/sport/football/article-10268109/Jorge-Mendes-one-footballs-influential-elusive-super-agents.html

353 https://www.theguardian.com/football/2022/nov/06/better-late-than-never-lopeteguis-winding-route-back-into-wolves-arms

354 https://www.reuters.com/investigates/special-report/soccer-files-fosun/

355 2015년에 풋볼리크스 웹사이트를 만든 루이 핀토Rui Pinto는 불법 해킹, 이메일 무단 접근, 갈취 미수 등 90건의 혐의를 받고 있다. 그의 재판은 2020년 9월에 시작되었다. 핀토는 문서 공개를

인정하면서도 자신은 공익을 위해 활동한 내부 고발자라 주장하고 있다.

356 https://www.reuters.com/investigates/special-report/soccer-files-fosun/

357 https://www.nytimes.com/2017/09/09/sports/soccer/belgian-clubs-and-foreign-money-a-modern-soccer-mix.html

358 https://www.dhnet.be/sports/football/2017/08/04/pini-zahavi-lhomme-de-lombre-qui-a-rendu-possible-le-transfert-de-neymar-au-psg-TQQVDVAIN5ABVMVOIYTJDNROIQ/

359 벨기에 리그는 에이전트가 클럽의 궁극적인 수혜자가 되지 않도록 규정을 수정했다. 하지만 소유권을 숨기기로 결심한 사람들을 상대하기란 절대 쉬운 일이 아니다.

360 https://www.lesoir.be/147822/article/2018-03-27/rachat-de-lexcel-contrat-de-5-ans-pour-le-nouveau-patron

361 https://www.sudouest.fr/sport/blanchiment-dans-le-football-la-justice-belge-place-mouscron-sous-administration-provisoire-2808561.php

362 https://www.theguardian.com/football/2021/oct/01/football-agent-pini-zahavi-indicted-in-belgium-as-part-of-mouscron-inquiry

363 https://www.reuters.com/investigates/special-report/soccer-files-fosun/

364 https://www.theguardian.com/football/2017/aug/29/girona-manchester-city-pep-guardiola-brother-questions

365 https://www.theguardian.com/football/2017/aug/29/girona-manchester-city-pep-guardiola-brother-questions

366 프리미어 리그 클럽들이 공명정대한 경쟁 보호를 위해 MCO 팀들 간의 임대 금지에 대해 투표할 것이라는 추측이 있다.

367 하지만 스포츠중재재판소의 판결이 여러 나라의 에이전트가 제기한 국가 차원의 소송 그리고 브뤼셀에 있는 유럽연합 집행위원회에 제기된 고소 사건에 어떤 영향을 미칠지는 불분명했다.

368 그리고 이는 심각한 재정적 영향을 미칠 수 있다. 예를 들어 크리스티아누 호날두는 유로 2020 기자회견에서 탁자에 놓인 코카콜라 두 병을 화면 밖으로 밀어냈다. 때마침 미국 음료 업계 거인의 시장 가치가 40억 달러(약 5조 4960억 원) 하락했다. 코카콜라는 다양한 종류의 물을 포함해 전 세계에 약 200개의 브랜드를 보유하고 있다. 코카콜라 같은 브랜드의 후원 없이 선수와 팬들을 위해 성공적인 대회를 개최하기 힘들다. 축구의 모든 단계에서 투자가 줄어들 수 있다.

369 https://www.theguardian.com/football/2021/mar/26/thierry-henry-quits-social-media-until-companies-act-on-racism-and-bullying

370 https://www.itv.com/news/wales/2021-04-15/what-impact-has-swansea-citys-social-media-boycott-had-and-what-can-actually-be-done-to-tackle-online-abuse

371 https://www.bbc.com/sport/football/55887106

372 https://www.skysports.com/football/news/11661/12383739/racism-in-football-mostfans-worried-about-witnessing-players-receive-abuse-according-to-yougov-survey-for-sky-sports-news

373 "레알 마드리드 C.F.는 어제 우리 선수 비니시우스 주니오르에게 일어난 사건들을 강력히 규탄합니다. 이러한 사건들은 법치주의에 기반한 우리 국가의 사회적, 민주적 공존 모델에 대한 직접적인 공격입니다. 레알 마드리드는 이러한 공격도 증오 범죄에 해당한다고 믿으며, 따라서 사실관계를 조사하고 당사자들에게 책임을 묻기 위해 법무부 산하 검찰청에 증오 및 차별 범죄에 해당하는 고소장을 제출했습니다. 스페인 헌법 제124조는 합법성과 시민의 권리 및 공익을 수호하기 위해 정의를 추구하는 것이 검찰청의 역할이라고 규정하고 있습니다. 사건의 심각성을 고려하여, 앞으로 진행될 절차에서, 소추 주체의 민간 여부와 관계없이, 레알 마드리드는 법무장관실에 진정했습니다."

374 https://www.90min.com/in/posts/5-players-who-have-more-followers-on-instagram-than-the-club-they-represent-01emzmhap89s

375 https://www.ics-digital.com/blog/which-football-player-has-the-most-valuable-brand

376 https://www.nssmag.com/en/sports/27358/calciomercato-social-ronaldo-messi

377 https://www.express.co.uk/sport/football/1741932/Cristiano-Ronaldo-Lionel-Messi-Instagram-followers-Everton-PSG-Premier-League-Neymar

378 https://medium.com/@melikdemirel/real-izing-the-social-media-goals-with-arda-g%C3%BCler-fad693392189

379 2022년 5월, EA와 FIFA는 2023년 7월을 마지막으로 30년간 이어온 파트너십이 종료될 것이라고 발표했다. (FIFA 23은 FIFA 이름으로 출시된 마지막 게임 프랜차이즈다.) 이 시리즈는 EA 스포츠FC 또는 EAFC로 제목이 변경될 예정이다. FIFA는 'FIFA라는 이름을 가진 실제 게임'을 제작하기 위해 새로운 개발자와 파트너십을 맺을 계획이었다.

380 https://web.archive.org/web/20180828102658/https://www.theguardian.com/games/2018/aug/28/six-best-football-video-games-fifa-pro-evolution-soccer

381 https://www.theguardian.com/technology/2016/dec/21/fifa-video-game-changed-football

382 https://www.skygroup.sky/article/new-sky-sports-report-reveals-how-football-fandom-is-changing-across-the-uk_

383 Future Leaders Fellowships, FLF. 대학, 기업 및 기타 연구 및 혁신 환경에서 재능 있는 사람들을 선정하고 자금을 지원하는 켄트 대학교의 프로젝트다.

384 https://www.sportbible.com/football/news-pub-talk-reactions-study-shows-46-of-16-24-year-olds-support-more-than-one-club-20210110

385 https://www.nytimes.com/2022/01/24/sports/soccer/fabrizio-romano-transfer-rumors.html

386 2023년, 아시아축구연맹은 사우디아라비아국부펀드가 소유한 세 개 클럽(알 힐랄, 알 나스르

Al-Nassr FC, 알 이티하드)이 동일한 지역에서 아시아 챔피언스 리그에 참가할 수 있는지 허용 여부를 판단해야 하는 문제에 직면해 있었다. 시티풋볼그룹은 뭄바이 시티와 멜버른 시티를 산하에 두고 있지만 이 두 클럽은 서로 다른 지역에서 경쟁하며 아시아 챔피언스 리그에서 만날 기회도 있다.

387 https://www.ft.com/content/629669b6-e011-49b7-a762-0fa5761d39e9

388 https://www.espn.co.uk/football/story/_/id/37872437/misspent-saudi-money-no-threat-european-clubs-uefa-chief

389 https://www.newarab.com/news/mls-commissioner-not-worried-about-emergence-saudi-league

390 https://offthepitch.com/a/beyond-big-names-unpacking-saudi-pro-leagues-eu800-million-transfer-window?wv_email=sgmandis%40me.com&wv_id=0b33e863-2b87-44e3-82bb-a46dd11bfd0d&wv_name=

391 https://www.nytimes.com/2023/06/07/sports/golf/pga-liv-golf-merger.html

392 https://www.corrieredellosport.it/news/calcio/calcio-estero/saudi-league/2023/08/15-111686909/clamoroso_gli_arabi_vogliono_giocare_la_champions_league

393 https://www.bloomberg.com/news/articles/2023-08-27/saudi-arabia-signals-interest-in-champions-league-football-entry

394 UEFA는 유럽 그리고 튀르키예, 아제르바이잔, 조지아, 카자흐스탄의 대륙 횡단 국가들은 물론이고 이스라엘, 키프로스, 아르메니아 같은 일부 아시아 국가들에서도 축구, 풋살, 비치 풋볼을 관리하고 있다.

395 https://www.marca.com/en/football/champions-league/2023/08/31/64f06644ca4741c65f8b45e1.html

396 https://www.espn.co.uk/football/story/_/id/38303972/liverpool-klopp-warns-saudi-threat-deadline-closes

397 https://football-italia.net/serie-a-president-urges-fifa-and-uefa-to-take-action-against-saudi-market-dominance/

398 2018년, 리버풀 CEO 피터 무어는 "우리의 맥박은 세계를 향해 뛰고, 우리의 심장은 지역을 향해 뛴다"라고 말한 바 있다.
https://leadersinsport.com/sport-business/videos/liverpool-fc-local-heart-global-pulse/

399 https://www.forbes.com/sites/stevemccaskill/2021/07/31/sports-fans-are-ready-to-cut-the-cord-if-streaming-service-can-step-up/?sh=60ab731b3eef

400 https://theathletic.com/1588394/2020/02/08/premier-league-tv-streaming-netflix-rights/

401 https://theathletic.com/1588394/2020/02/08/premier-league-tv-streaming-netflix-rights/

402 https://www.theguardian.com/football/2020/feb/08/premier-league-netflix-tv-sports-rights

403 라리가가 국내 농구 리그, 풋살, 핸드볼과 같은 몇몇 특새 종목을 선정해 구독자들에게 스트리밍한 지 2년이 지났다. 현재 구독자 수는 60만 명에 이른다.

404 2023년 4월, 바르셀로나는 비용 절감 조치의 일환으로 바르사TV Barça TV를 폐쇄하고 온라인 스트리밍 플랫폼인 바르사TV+ Barça TV+에 집중할 것이라고 발표했다. 스포츠 전문 채널 스포츠 Sport에 따르면 바르셀로나는 이 채널의 연간 수익이 200만 유로(약 32억 원)에 불과한데, 비용은 1400만 유로에 달해 운영을 지속할 수 없다고 밝혔다. 디지털 TV 채널을 운영하는 데는 비용이 많이 들지만, 레알 마드리드는 RMTV를 팬들에게 제공하는 통합 디지털 서비스의 일부로 본다.
https://www.sport.es/es/noticias/barca/barca-tv-funde-negro-89294713

405 https://www2.deloitte.com/xe/en/insights/industry/technology/technology-media-and-telecom-predictions/2021/athlete-data-analytics.html

406 https://www.linkedin.com/pulse/collecting-fan-data-opportunities-sports-clubs-bodies-karl-mulligan/

407 https://www.statsperform.com/resource/how-data-can-transform-the-fan-experience-in-sports-stadiums/

408 https://www.techtarget.com/searchbusinessanalytics/news/252489982/Pandemic-speeds-up-digital-transformation-in-sports

409 https://tommcdonnell.medium.com/how-interactive-fan-engagement-will-transform-the-next-generation-of-streaming-service-2547c83c5818

410 https://www.forbes.com/sites/brucetulgan/2023/02/23/what-makes-gen-z-different-and-not-so-different-from-older-employees/?sh=325bd15524bc

411 https://www.gobankingrates.com/money/jobs/8-best-side-hustles-for-gen-z/

412 https://morningconsult.com/2022/12/13/gen-z-interest-in-watching-sports/

413 상동.

414 https://www.immersiv.io/blog/gen-z-sports-media-innovation/

415 https://core.ac.uk/download/pdf/76357116.pdf

416 https://journals.sagepub.com/doi/10.1177/2167479518821913

417 https://core.ac.uk/download/pdf/76357116.pdf

418 https://cxmtoday.com/leadership/sports-viewership-is-changing-in-todays-consumer-landscape/

419 https://www.statsperform.com/resource/how-data-can-transform-the-fan-experience-in-sports-stadiums/

420 https://breakingthelines.com/opinion/how-sports-betting-is-contributing-to-thegrowth-of-soccer-across-europe-and-beyond/

421 https://www.footballbenchmark.com/library/the_changing_face_of_football_sponsorship_key_players

422 상동.

423 카타르항공은 이전부터 FIFA의 주요 파트너였다. 카타르항공은 유로 2020 그리고 2021년 CONCACAF 골드컵의 주요 스폰서 중 하나였다.

424 팬들의 항의 끝에 바이에른 뮌헨은 2023년 6월에 카타르항공과의 스폰서십을 갱신하지 않았다. 2023년 8월, 바이에른 뮌헨과 비짓르완다Visit Rwanda는 5년간의 '플래티넘' 계약을 체결했다.

425 https://acornstrategy.com/a-renewed-middle-eastern-interest-in-football-sponsorships/

426 https://www.tifosy.com/en/insights/what-would-a-ban-on-sports-betting-sponsorship-mean-3521

427 일반 상품이나 서비스를 생산한 후, 이를 다른 회사가 자사 브랜드로 리브랜딩하여 판매할 수 있게 해주는 기업을 이른다. 편집자 주.

428 https://askwonder.com/research/comparison-women-s-men-s-professional-sports-tv-viewership-rating-ng0c0h7p7

429 https://www.cnbc.com/2023/03/04/for-womens-sports-the-media-buys-are-becoming-a-big-deal.html

430 https://www.entaingroup.com/news-insights/latest-news/2023/groundbreaking-study-into-growth-in-women-s-sports/

431 https://journals.sagepub.com/doi/full/10.1177/21674795211003524?_ga=2.239005058.326479783.1678094105-2093098057.1678094105

432 Adam Galinsky, "Is Your Team Too Talented?" Columbia Ideas at Work. http://www8.gsb.columbia.edu/ideas-at-work/publication/1700/is-your-team-too-talented.

433 https://onefootball.com/en/news/real-madrids-youth-academy-contributes-the-most-players-to-the-five-big-leagues-38454643

434 "Perez Works a Quiet Revolution at Real Madrid." Rediff. http://www.rediff.com/sports/2001/oct/17foot1.htm

435 선수는 행동 수칙에 따라 스폰서, 광고주, 사회적 활동 등과 관련하여 클럽을 지지하고 클럽과 맺은 약속을 이행하는 한편, 클럽은 행동 수칙에 근거하여 선수가 적절하고 타당한 이미지를 구축할 수 있어야 한다. 선수는 클럽의 모든 공개 행사에서 축구라는 스포츠와 클럽이 추구하는 가치에 따라 스폰서와의 계약을 존중하는 태도를 보여야 하는 한편 레알 마드리드의 이미지를 대표하고 있음을 유념해야 한다. 선수는 언어적 또는 비언어적 커뮤니케이션을 통해 자신이 대표하는 단체에 대한 존중을 보여야 하며, 특히 복장과 행동에 유의하여야 한다.

436 조직 문화 전문회사인 베가팩터Vega Factor가 수행한 연구 및 닐 도쉬Neel Doshi와 린지 맥그리거

Lindsay McGregor가 쓴 책『무엇이 성과를 이끄는가Primed to Perform』에 실린 내용을 보면, 활동에 참여하는 이유가 무엇인가에 따라 업무 성과가 결정된다고 한다. 정서적 압력(예컨대 명성 추구)이나 경제적 압박(예컨대 보상을 받거나 처벌을 피하려는 욕구)에 의해 참여를 결정하면 성과는 하락한다. 레알 마드리드의 정책은 선수가 진정한 실력을 발휘할 수 있게끔 한다고 판명된 동기, 즉 플레이(게임에 대한 애정), 목표, 가능성에 집중할 수 있도록 한다. 이 세 가지 동기를 따르는 선수는 투지는 높되 번아웃을 겪을 위험은 낮은 것으로 밝혀졌다.

437 https://psgtalk.com/2022/06/deserved-to-lose-exec-says-one-factor-helped-real-madrid-win-the-ucl-this-season/

438 부트라게뇨, 푸슈카시, 지단은 레알 마드리드 시절 유러피언 컵/챔피언스 리그 출전 횟수가 50경기가 채 되지 않았다.

439 호날두가 레알 마드리드 합류 이후 기준이다. 옵타스포츠데이터Opta Sports Data 자료를 참고했다.

440 https://www.theguardian.com/football/2016/oct/24/sky-sports-bt-sport-people-switching-football-off

441 조르디 바디아 페레아는 1996년과 1997년 사이부터 2020~21 시즌까지의 결과를 종단분석해 다음과 같은 결과를 얻었다. 1995년 보스만 판결 이후 그리고 1994년과 1995년 사이의 위성 텔레비전(유료 TV) 부상 이후 클럽 간의 경제적 불평등은 꾸준히 진행 중이며 멈출 수 없는 추세다. 따라서 경제적 불평등은 클럽 간 스포츠 성과의 차이를 확대시킨다. "이러한 스포츠 성과의 차이가 국내 리그의 경쟁력에 영향을 미친다. 그렇게 경쟁력이 상실되는 현상은 관중의 관심사에 영향을 미치고, 결과적으로 국내 리그와 클럽의 상업적 가치가 감소하는 것은 시간문제일 뿐이다." Badia J. "Cap a una superlliga europea? La desigualtat econòmica i mediàtica i el desequilibri competitiu en l'era del futbol global," PhD thesis. Bellaterra, Cerdanyola del Vallès: Autonomous University of Barcelona (2022).

442 Westby N. (2021). "European Super League Idea Arose Because Global Fans Not Interested in Tradition." Yorkshire Post, April 27. Available at: https://www.yorkshirepost.co.uk/sport/football/european-super-league-idea-arose-because-global-fans-not-interested-in-tradition-3212637. (Accessed April 27, 2021.)

443 유럽의 경우, 이해관계자에는 국내 리그(월드리그포럼World Leagues Forum, 유럽의 리그들), 국가 협회/운영 및 관리 기구(FIFA, UEFA), 클럽(ECA), 선수(FIFPRO), 에이전트(풋볼포럼The Football Forum, EFAA), 서포터스(축구서포터스유럽Football Supporters Europe) 그리고 EU/정부(유럽위원회)가 포함된다.

색인

[인명]

가르시아, 세르히오Garcia, Sergio 332

가르시아, 세르히오(골프 선수)Garcia, Sergio 153

가버, 돈Garber, Don 331

가우치, 루치아노Gaucci, Luciano 127

갈리아니, 아드리아노Galliani, Adriano 116, 124, 134

개리티, 토마스Garity, Thomas 431

개스코인, 폴Gascoigne, Paul 104

갤린스키, 애덤Galinsky, Adam 395, 396, 397, 398

게랑, 클로드Guéant, Claude 229

고이스, 호드리구Goes, Rodrygo 38, 71, 87, 170, 405, 419, 445

곤살레스, 라울González, Raúl 289, 402, 415, 416, 434, 438

곤살레스, 미첼González, Míchel 118, 119

골드스타인, 조나단Goldstein, Jonathan 461

과르디올라, 페레Guardiola, Pere 51, 306, 307, 308

과르디올라, 펩Guardiola, Pep 203, 222, 306, 307, 442, 462

굴리트, 루드Gullit, Ruud 117

궈광창Guo Guangchang 299, 300, 302, 303

귈러, 아르다Güler, Arda 319

글레이저, 맬컴Glazer, Malcolm 127, 457

글레이저, 조엘Glaze, Joel 62

나달, 라파엘Nadal, Rafael 64, 153

나이튼, 마이클Knighton, Michael 102

네베스, 후벵Neves, Rúben 301, 329

네빌, 게리Neville, Gary 50

네빌, 필Neville, Phil 438

네이마르 주니오르Neymar Júnior 79, 169, 232, 234, 241, 304, 316, 318, 320, 329, 394, 395

누리, 크리스티안Nourry, Christian 330

뉴슨, 마사Newson, Martha 322

니콜렛, 저스틴Nicolette, Justin 386

다이크, 그렉 Dyke, Greg 102, 112

달림플, 로리Dalrymple, Laurie 301

달만, 메흐메트Dalman, Mehmet 127

대처, 마거릿Thatcher, Margaret Hilda 106

데 라우렌티스, 오렐리오De Laurentiis, Aurelio 247

데 알보르노스, 카를로스 마르티네스De Albornoz, Carlos Martínez 81, 183

데니스, 마크Dennis, Mark 110

데슈무크, 사차Deshmukh, Sacha 459

데인, 데이비드Dein, David 101, 102, 103, 104, 108, 110, 111, 442

델 보스케, 비센테Bosque, Vicente del 404, 405, 443

델 피에로, 알레산드로Del Piero, Alessandro 150

도나도니, 로베르토Donadoni, Roberto 117

도밍고, 플라시도Domingo, Plácido 152

도쉬, 닐Doshi, Neel 473

돈치치, 루카Dončić, Luka 153, 455

드 도나토, 토마소De Donato, Tommaso 431

디 마리아, 앙헬Di María, Ángel 276

디 스테파노, 알프레도Di Stéfano, Alfredo 59, 80, 91, 150, 188, 415, 416

디아스, 브라힘Díaz, Brahim 170

라마다니, 팔리Ramadani, Fali 304, 305

라모스, 세르히오Ramos, Sergio 38, 79, 80, 169, 277, 318, 319, 323, 405

라이하르트, 베른트Reichart, Bernd 67, 260

라즈, 브루누Lage, Bruno 302

라포르타, 주안Laporta, Joan 203

랄라스, 알렉시Lalas, Alexi 279

래드네지, 키어Radnedge, Keir 120

[리그, 규정, 경기장, 도서, 프로그램, 기타]

옮긴이 김인수

미국 웨스턴 일리노이 대학 경영학 학사와 석사 과정을 마쳤으며 제주대학교 통역대학원을 졸업했다. 2002년 월드컵 당시 제주도 서귀포경기장에서 언론 담당자로 일했고, (주)LG스포츠 LG트윈스 프로야구단에서 외국인 선수 관리와 해외업무를 담당했다. 현재 바른번역 회원으로 활동하고 있으며, 번역한 책으로『모든 논쟁에서 승리하는 법』(2024),『인간적인 브랜드가 살아남는다』(2021),『퀀텀 마케팅』(2021) 등이 있다.

레알 마드리드 레볼루션

원제

THE REAL MADRID REVOLUTION
: How the World's Most Successful Club Is Changing the Game for Their Team and for Football

초판 1쇄 발행   2026년 1월 9일

지은이   스티븐 G. 맨디스
펴낸이   신현만
펴낸곳   (주)커리어케어 출판본부 SAYKOREA

출판본부장   박진희
책임편집   손성원
편집   김선도
마케팅   허성권
디자인   육일구디자인

등록   2014년 1월 22일 (제2008-000060호)
주소   04779 서울시 성동구 성수일로 39-34 서울숲더스페이스 12F
전화   02-2286-3813
팩스   02-6008-3980
홈페이지   www.saykorea.co.kr
인스타그램   instagram.com/saykoreabooks
블로그   blog.naver.com/saykoreabooks

ⓒ (주)커리어케어 2026
ISBN 979-11-93239-42-1   03320